MARIE LOUISE FISCHER

TRAUMTÄNZER
SPÄTE LIEBE

WILHELM HEYNE VERLAG
MÜNCHEN

HEYNE ALLGEMEINE REIHE
Nr. 01/10400

Umwelthinweis:
Dieses Buch wurde auf
chlor- und säurefreiem Papier gedruckt.

Copyright © 1997 dieser Ausgabe by
Wilhelm Heyne Verlag GmbH & Co. KG, München
Printed in Germany 1997
Einzelrechte s. Quellenverzeichnis
Umschlagillustration: Comstock, Berlin
Umschlaggestaltung: Atelier Ingrid Schütz, München
Gesamtherstellung: Elsnerdruck, Berlin

ISBN: 3-453-12356-5

TRAUMTÄNZER

Monika Stuffer saß auf einem Bretterstapel hinter der flachgestreckten Fabrikhalle, hatte den weiten Leinenrock bis zum Ansatz ihres Höschens hochgeschoben, die Ärmel aufgekrempelt und hielt ihr junges Gesicht der Frühjahrssonne entgegen. Dabei biß sie kräftig in einen grünen Apfel.

Dieser Apfel und ein Knäckebrot waren ihre Mittagsmahlzeit. Bis vor vier Monaten, als ihr Vater noch lebte, war sie immer mit ihm nach Hause gefahren, wo die Mutter mit dem Essen auf sie gewartet hatte. Aber seit seinem Tod hatte sich das geändert. Sie wohnten auf dem Berg, fünf Kilometer oberhalb der Fabrik und der Autobahn, eine Strecke, die hin und zurück in anderthalb Stunden zu Fuß oder mit dem Rad nicht zu bewältigen war. Das Mofa mußte sie mit ihrer älteren Schwester teilen, die es meist für sich in Anspruch nahm. Sich mit Gabriele auseinanderzusetzen, hatte keinen Zweck, denn sie fühlte sich zu sehr überlegen. Vielleicht war sie es ja auch, mußte Monika sich zugeben, denn während sie selber mit einem Abschluß der mittleren Reife von einer Handelsschule abgegangen war, besuchte Gabriele das Gymnasium in Rosenheim.

Monika mußte, wie immer, eine leise Eifersucht unterdrücken, wenn sie an die Schwester dachte. ›Was soll's?‹ versuchte sie sich zu trösten. ›Kann ja sein, daß sie wirklich klüger ist als ich, aber ich verdiene schon seit fast zwei Jahren, und wann sie das erste Geld an Land zieht, steht ja noch in den Sternen!‹

Während Gabriele ganz davon in Anspruch genommen wurde, sich auf das Abitur vorzubereiten, büffelte sie jetzt für den Führerschein und war entschlossen, ihn mit achtzehn in der Tasche zu haben.

Sie hatte genug gespart, um sich dann ein Auto leisten zu können, natürlich gebraucht. Das würde sie aber nicht mit der Schwester teilen, schwor sie sich, fürchtete aber doch, daß es anders kommen würde.

Monika hatte den Apfel aufgegessen, mitsamt dem Butzen, schnellte den Stiel fort und verzehrte ihr Knäckebrot. Natürlich wurde sie nicht satt davon, aber das war nur gut so. Sie war froh, daß sie seit dem Weglassen des regulären Mittagessens einige Pfunde losgeworden war. Früher hatte sie sich allzu pummelig gefunden, jetzt aber konnte sie mit ihrer Figur zufrieden sein. Zum Glück war sie groß, gute 1,76, das war auch etwas, das sie Gabriele voraushatte.

Zu dumm, daß sie sich dauernd mit Gabriele vergleichen mußte! Warum nur? Sie wußte die Antwort: Gabriele war immer Vaters Liebling gewesen, sein ganzer Stolz. Sie, Monika, hatte immer nur die zweite Geige gespielt. Ob Mutter auch so fühlte? Das war schwer zu sagen. Jedenfalls hatte sie sich immer Mühe gegeben, gerecht zu sein und ihre Liebe gleichmäßig zu verteilen. Vielleicht war sie aber auch nur deshalb ein bißchen netter zu ihr gewesen, weil sie beim Vater immer zu kurz gekommen war. Jedenfalls kümmerte auch sie sich jetzt viel mehr um Gabriele, so als hätte ihr, Monika, Vaters Tod viel weniger ausgemacht.

Aber das war gar nicht wahr. Ihr hatte er ja nicht nur zu Hause, sondern auch in der Firma gefehlt. Sie war doch ganz darauf eingestellt gewesen, sich nach seinen Anweisungen zu richten. Von heute auf morgen hatte sie sich gezwungen gesehen, selbständig zu werden, denn Sepp Mayr war zwar ein erstklassiger Schreinermeister, aber bis dahin hatte er mit dem ganzen Bürokram gar nichts zu tun gehabt und mußte sich selber erst einarbeiten.

Der gute Sepp! Monika wurde es warm ums Herz, wenn sie an ihn dachte. Welch ein Glück, daß Vater ihn vor zwei Jahren in den Betrieb genommen hatte! Ihnen wäre bestimmt bei Vaters plötzlichem Tod alles über den Kopf gewachsen, wenn Sepp ihnen nicht zur Seite gestanden hätte. Sie war ihm so dankbar, und sie wußte, Mutter war es auch. Nur Gabriele wußte ihn natürlich nicht zu schätzen und glaubte auf ihn herabsehen zu können, weil er nur ein Handwerker war. Aber was war Vater denn mehr gewesen, auch wenn er die Fabrik aufgemacht hatte? Auch nur – und Monika dachte das ›nur‹ in Anführungszeichen – ein Schreinermeister. Aber in Gabrieles Augen war er nicht sensibel genug, ihren Schmerz zu verstehen. Ihm fehlte die ›höhere Bildung‹. Wer nicht Klavier spielte und keine Lateinkenntnisse besaß, war für sie ein Mensch zweiter Klasse.

Unwillkürlich lachte Monika auf. Das war doch zu komisch! Nein, eigentlich war es sogar dumm. Vielleicht war Gabriele trotz ihrer guten Noten gar nicht so klug, wie sie selber glaubte.

Im Hof ertönte eine Autohupe.

Monika blickte auf ihre Armbanduhr; noch eine halbe Stunde Mittagspause. Möglicherweise war Sepp schon zurück, aber er hätte nicht gehupt, sondern wäre einfach in sein Büro gegangen. Niemand, der sich hier auskannte, würde hupen. Also konnte es sich nur um einen Fremden handeln.

Warum sollte sie sich stören lassen? Sie beschloß, ihn zu ignorieren, und schloß sogar die Augen.

Aber da ertönte wieder ein Hupsignal, diesmal von einer jener italienischen Dreiklanghupen, wie sie in Deutschland verboten sind.

Jetzt wurde Monika doch neugierig. Sie sprang vom Holzstoß, krempelte die Ärmel herunter und lief um das Gebäude herum. Auf dem Hof stand ein kleines rotes Kabriolett mit offenem Verdeck und Münchner Nummer. »Ein Auto zum Verlieben!« war Monikas erster Gedanke.
Dann erst richtete sich ihr Interesse auf den Fahrer, der neben dem Auto stand, noch einmal hineinjagte und kräftig auf die Dreiklanghupe drückte. Er war schlank, feingliedrig, fast zierlich, hatte braune Locken und war in einem grauen Flanellanzug, wie Monika fand, fast ein wenig zu korrekt und elegant gekleidet. Immerhin trug er das hellblaue Hemd offen und ohne Krawatte.
»Grüß Gott!« sagte sie, näher kommend.
»Wieso läßt sich denn kein Mensch hier blicken?« rief er ungeduldig.
»Bin ich etwa kein Mensch?« entgegnete sie schnippisch.
Es war, als sähe er sie erst jetzt; er musterte sie intensiv von den Füßen, die in roten Sandaletten steckten, über die langen, schlanken, braungebrannten Beine, die schmale Taille, den festen runden Busen, den kräftigen Hals, der aus der weißen Rüschenbluse stieg, bis in das frische Gesicht.
»O doch«, gab er lächelnd zu, »und was für ein Prachtexemplar!«
Sie ärgerte sich, daß sie unter seinem Blick errötete, und wußte nicht sogleich etwas zu erwidern.
»Aber warum haben Sie sich erst so lange locken lassen?« fuhr er fort.
»Mittagspause!« erklärte sie lakonisch.
»Und da macht der ganze Betrieb dicht?«
»Ja. Die Leute wohnen hier so nahe, daß sie zum Essen nach Hause gehen!« erklärte sie und fügte, als ihr bewußt wurde, daß diese Aussage nicht ganz wahrheitsgemäß war, hinzu: »Oder fahren.«

»Und was machen Sie dann hier?«
»Für mich lohnt es sich nicht. Ich habe in der Sonne gesessen. Aber eigentlich geht Sie das gar nichts an.«
Er lachte, und in der braunen Iris seiner Augen funkelten helle grüne Pünktchen. »Dann muß ich mich wohl ganz besonders für Ihre Liebenswürdigkeit bedanken.«
»Hören Sie auf, mich zu verarschen!«
»Das liegt nicht in meiner Absicht!«
»Was wollen Sie eigentlich?«
»Ich habe ein Date …« Er verbesserte sich, als befürchtete er, sie könnte ihn nicht verstehen: »Eine geschäftliche Besprechung mit Ihrem Chef!«
»Aber bestimmt nicht um diese Zeit.«
Er zog ein Notizbuch aus der Innentasche seines Jacketts und blätterte es auf. »Sie haben recht. Um zwei Uhr.«
Monikas runde blaue Augen verengten sich ein wenig. »Dann kommen Sie von der Firma ›Arnold und Corf‹.«
»Erraten, schönes Kind.«
»So was brauche ich nicht zu erraten. Ich weiß es. Ich bin die Sekretärin des Chefs. Ich mache auch die Termine.«
»Donner!« rief er. Sie wußte nicht recht, ob er beeindruckt oder nur belustigt war. Er wirkte dauernd irgendwie belustigt. Aber vielleicht lag das nur daran, daß er, obwohl sein Gesicht sonnengebräunt war, einige noch dunklere Sommersprossen auf dem Nasenrücken hatte.
»Zu früh gekommen«, erklärte sie lehrhaft, »ist auch unpünktlich. Der Chef liebt so was gar nicht.«
»Sagen Sie das nicht! Im allgemeinen haben die Herren es gern, wenn man auf sie wartet.«
»Herr Mayr jedenfalls nicht.«
»Wo steckt er denn? Auch beim Mittagessen? Vielleicht könnten Sie ihn schonend darauf vorbereiten, daß ich schon da bin.«

»Auf einer Baustelle. Oder unterwegs.«
»Dann können Sie ihn also nicht erreichen?«
»Doch«, entgegnete sie nicht ohne Stolz, »er hat ein Autotelefon.«
»So weit hab' ich es noch nicht gebracht«, stellte er bedauernd fest.
»Aber Sie haben ein tolles Auto!« Sie streichelte das Kabriolett mit einem bewundernden Blick. »Ist das ein Firmenwagen?«
»Nein. Bei so einem Prachtwetter fahre ich lieber mit meinem eigenen.«
»Ist er sehr schnell?«
»Wollen Sie ihn mal probieren?«
»Ich hab' noch keinen Führerschein«, bekannte Monika bedauernd.
»Noch nie am Steuer gesessen?«
»Doch. Schon. Ich habe Fahrstunden.«
»Also dann, worauf warten Sie? Hier im Hof können Sie doch eine Runde drehen. Das kann Ihnen niemand verbieten.« Einladend öffnete er die Wagentür.
Monika konnte der Versuchung nicht widerstehen; sie rutschte auf den Sitz. Er flankte von der anderen Seite in das Auto. Der Zündschlüssel steckte. Monika kuppelte, legte mit einigen Schwierigkeiten den ersten Gang ein und gab Gas. Fast im Schrittempo fuhren sie drei Runden durch den Hof.
»Das klappt ja wunderbar!« rief er begeistert.
Sie hatte ganz rote Wangen bekommen. »Ein herrliches Gefühl!«
»Jetzt legen Sie mal den zweiten Gang ein! Er liegt ein Stück weiter hinten ... ja, so ist's recht!«
»Ich werde zu schnell!«
»Dann fahren Sie raus!«

Glücklich lenkte Monika das Kabriolett durch die Ausfahrt, vorbei an mächtigen Bretterstapeln, und stoppte am Straßenrand. Weder von links noch von rechts kam ein anderes Auto. Aber als sie wieder anfahren wollte, zog der Motor nicht.

»Oh, verdammt!« sagte sie bestürzt.

»Kein Grund zur Aufregung!« tröstete er sie. »Sie haben vergessen zu schalten. Also noch einmal ganz von vorn ... erster Gang!«

Monika schaffte die Linkskurve, blieb einige hundert Meter auf der Hauptstraße und bog dann ab. »Das ist ein Wirtschaftsweg!« rief sie ihrem Begleiter zu. »Der führt nur zu einer Baumschule ... und zu einem Bauernhof! Da kann kaum was passieren!«

»Bißchen eng«, meinte er skeptisch.

Tatsächlich war die Straße so schmal, daß zwei Autos nicht aneinander vorbei konnten. Aber Monika, die hier oft mit dem Mofa gefahren war, fühlte sich ganz sicher.

»Es macht unheimlich Spaß!« rief sie.

Er beobachtete sie von der Seite, das klare Profil mit der leicht stupsigen Nase, die vollen Lippen, die sie jetzt vor Eifer aufeinanderpreßte, die runde Stirn, aus der sie das blonde Haar zurückgebürstet und zu einem dick geflochtenen Zopf gebunden hatte, der ihr fast bis in die Taille fiel.

»Man sieht's Ihnen an!« sagte er und strich ihr eine kleine Locke, die sich gelöst hatte, mit einer zärtlichen Geste aus der Stirn.

»Oh, nicht! Bitte, nicht! Sie irritieren mich!«

Erst in diesem Augenblick gewahrten beide den kleinen Lieferwagen, der genau auf sie zukam.

»Stopp!« rief er. »Gas weg! Zieh die Handbremse!«

Auch der Lieferwagen hatte einen knappen Meter vor ihnen abgebremst. Das Fenster wurde herabgekurbelt, und

eine alte Frau mit verwittertem Gesicht, ein Tuch um das graue Haar gebunden, streckte den Kopf heraus. Sie fluchte herzhaft. Dann, als sie die Fahrerin erkannte, fügte sie etwas milder hinzu: »Ach, du bist's, Monika! Wußte ja gar nicht, daß du schon den Führerschein hast!«
»Entschuldige, Tante Anna! Ich habe wohl nicht aufgepaßt!«
»Scheint mir auch so! Drei Meter hinter dir ist die Ausweichstelle! Ist das dein Auto?«
»Leider nicht.«
»Seien Sie nicht böse, gute Frau!« mischte er sich ein. »Aller Anfang ist schwer.«
»Wer nicht fahren kann, sollte es lieber lassen! So was ist ja gemeingefährlich!«
»Fahren Sie zurück!« bat er.
»Wieso ich?« brummte die alte Frau. »Die Ausweichstelle …«
Er fiel ihr ins Wort. »Kennen Sie denn die Straßenverkehrsordnung nicht? Wer am Berg von oben kommt, muß zurück!«
»Unverschämt san's, die jungen Leut' von heut'!« schimpfte die Alte, ließ aber doch den Motor an, wandte das Gesicht nach hinten und setzte ihren Lieferwagen zurück.
»Jetzt ist sie wütend«, stöhnte Monika.
»Mach dir nichts draus! Erstens sind wir im Recht, und zweitens hättest du es unmöglich geschafft, bei all der Aufregung den Rückwärtsgang zu finden!«
»Stimmt schon«, gab sie zu, »aber wie kommen Sie eigentlich dazu, mich zu duzen, wo ich noch nicht mal Ihren Namen kenne?«
»Oliver Baron, Betonung auf der ersten Silbe! Aber sag einfach Oliver zu mir und duz mich zurück!«

»Jetzt muß ich erst mal sehen, wie ich hier von der Stelle komme!«

»Anfahren am Berg! Noch nie geübt?«

»Im letzten Moment die Handbremse lösen, ja?«

»Ganz richtig! Mach's, wie du es in der Fahrschule gelernt hast! Du hast Zeit. Deine Tante muß erst ein gutes Stück hinauf.«

»Sie ist nicht meine Tante«, sagte Monika und mühte sich, den Motor wieder in Gang zu bringen und anzufahren, ohne zurückzurollen, »ich nenn' sie nur so.«

»Aha!«

»Geschafft!« Monika atmete auf, als sie weiter den Berg hinauffuhren; sie lächelte versöhnlich in Richtung der alten Frau, als sie den Lieferwagen passierten, wagte aber nicht die Hand vom Steuer zu nehmen und ihr zuzuwinken, wie sie es am liebsten getan hätte.

Auch Oliver lächelte und machte eine Geste der Dankbarkeit. »Jetzt müssen wir aber bald umkehren«, sagte er.

»Das geht erst bei der Baumschule!« Nun, da die Aufregung überwunden war, fuhr sie mit größerer Sicherheit. »Mit dem Duzen, das habe ich mir inzwischen überlegt. Es geht nicht!«

»Und warum denn nicht? Ich bin zwar ein paar Jährchen älter als du ...«

»Wie alt?« unterbrach sie ihn.

Er grinste. »Vierundzwanzig. Nicht verlobt und nicht verheiratet.«

»Das hatte ich gar nicht wissen wollen!« protestierte sie.

»Ich hab's dir freiwillig gesagt. Und was ist mit dir? Bist du schon in festen Händen?«

Das war eine schwierige Frage. Monika mußte überlegen, bevor sie antwortete. Es war noch niemals ganz deutlich ausgesprochen worden, aber sie wußte, daß Sepp Mayr sie

heiraten wollte. Das wäre auch ganz im Sinn ihrer Mutter gewesen, eine praktische Lösung, die einige der Probleme, die durch den Tod ihres Vaters entstanden waren, gelöst hätte. Sie mochte Sepp und konnte es sich gut vorstellen, seine Frau zu werden – nicht so schnell, aber doch in zwei, drei Jahren. Aber warum sollte sie das diesem hergeschneiten Oliver auf die Nase binden? Eine wirkliche Verlobung oder Absprache bestand ja doch noch gar nicht.
»Eigentlich nicht«, erklärte sie.
»Uneigentlich also doch!« folgerte er sofort.
»Das kann Ihnen doch egal sein!«
»Ist es aber nicht! Wollten wir nicht du zueinander sagen? Ich denke, ihr Leute vom Land duzt euch alle untereinander.«
»Sie sind aber keiner von uns, sondern ein Stadtmensch!«
»Du sagst das, als käme ich vom anderen Stern.«
»So ähnlich ist es ja auch! Du hast ja keine Ahnung!«
»Na endlich!« sagte er. »Du hast den Bann gebrochen!«
»Das war nur ein Versehen! Du mußt ... ich meine, Sie müssen sich nichts dabei denken. Natürlich würde ich Sie gerne duzen, wenn es nach mir ginge. Warum auch nicht? Aber meinem Chef würde es bestimmt nicht passen, wenn ich gleich so vertraut mit einem wie Sie täte, den ich gerade erst kennengelernt habe.«
»Ist er so konventionell?«
»Konventionell?« wiederholte sie und dachte nach, was der Ausdruck bedeutete. »Ja, schon, er hält am Hergebrachten fest. Alles muß seine Ordnung haben. Er sieht's nicht gern, wenn ich mit den Arbeitern oder den Azubis spaße. Ich gehöre ins Büro, und damit bin ich was Besseres. Ich darf auch nicht mit Jeans zum Dienst kommen. Ganz ausgeschlossen. Und das Haar muß ich ordentlich tragen.«
»Aber das brauchst du dir doch nicht gefallen zu lassen!«

»Und was soll ich dagegen tun? Meine Mutter denkt genauso.«
»Und dein Vater?«
»Lebt nicht mehr.«
»Das tut mir leid ... das heißt, was soll ich dazu sagen? Wenn ich es geahnt hätte, hätte ich nicht danach gefragt.«
»Halb so schlimm. Sie konnten es ja nicht wissen. Übrigens war er genauso ... so konventionell, noch konventioneller. Zum Teil hatte er wirklich ganz überholte Ansichten. Kein Wunder, er war ja auch fast schon fünfzig.«

Sie waren bei der Baumschule angekommen, und während Monika das Wendemanöver durchführte, hielt er den Mund, um sie nicht abzulenken. Erst als sie dann bergab fuhren, sagte er: »Dann haben wir doch schon was Gemeinsames. Mein Vater war auch sehr streng, und er lebt nicht mehr.« Er legte seine linke Hand auf ihre Rechte, die das Lenkrad noch übermäßig fest umklammert hielt. »Wir Waisenkinder sollten zusammenhalten.«
Seine Berührung elektrisierte sie; mühsam bat sie: »Bitte, lassen Sie das ... bitte!«
»Was?« fragte er unschuldig.
»Sie wissen es genau! Wenn Sie nicht sofort Ihre Pfote wegnehmen, fahre ich noch in den Graben!«
»Es wäre mir ein Vergnügen, mit dir im Graben zu liegen!«
»Mumpitz!« sagte sie, härter, als es sonst ihre Art war.
Als er seine Hand zurückzog, empfand sie ein ganz unerwartetes Gefühl der Enttäuschung, der Leere, des Verlassenseins; sie hätte es nicht in Worte fassen können, aber sie spürte einen Verlust.
»Du tust mir leid«, behauptete er.
»Ah, ja? Und warum?« fragte sie gereizt, weil sie sich im Augenblick selbst bedauerte, ohne recht zu wissen, warum.

»Es ist doch ein Jammer, daß ein so schönes Mädchen wie du hier auf dem Land versauert! Warum mußt du ausgerechnet auf dieser Klitsche in Niedermoos roboten? In München ...«
»Unsere Fabrik ist keine Klitsche! Mein Vater selbst hat sie aufgebaut, und sie ist ein gutgeführtes, gutgehendes Unternehmen!« sagte sie heftig und fügte dann einschränkend hinzu: »Soweit eine Fabrik für Fenster und Türen heutzutage noch gutgehen kann.«
Er schwieg einen Augenblick verdutzt, dann sagte er: »Dann bist du also die Tochter von Georg Stuffer ›Stuffer Fenster und Türen‹!«
»Du hast's erfaßt.«
»Dann erbst du das alles eines Tages?«
»Oder auch nicht. Zunächst mal hat meine Mutter geerbt, und die ist noch keine vierzig. Außerdem habe ich noch eine Schwester.«
»So sieht das also aus. Aber was hält dich dann noch hier? Ich nehme an, du wirst bald achtzehn ...«
»Im Juni.«
»Dann kannst du doch endlich tun und lassen, was du willst, brauchst dir keine Vorschriften mehr machen zu lassen. Du ahnst ja nicht, was dir auf dem Land alles entgeht!«
»Mir gefällt's ganz gut.«
»Dann ist dir nicht zu helfen.«
Sie schoß ihm einen funkelnden Blick zu. »Ich kann mich nicht erinnern, Sie um Hilfe gebeten zu haben!«
»Laß die Augen bloß auf der Straße, sonst passiert noch was!« mahnte er. »Ich wußte übrigens gar nicht, daß du so wild werden kannst.«
»Du weißt überhaupt nichts von mir!« Plötzlich überfiel sie der unwiderstehliche Wunsch, daß er sie verstehen sollte, und sie erklärte: »Ich habe gleich nach der Schule in

unserer Firma angefangen. Das alte Fräulein Berger hat mich eingearbeitet. Als sie in Rente ging, bin ich Vaters Sekretärin geworden. Nach seinem Tod mußte ich dem neuen Chef, Josef Mayr, erst helfen, eine Übersicht zu bekommen. Wie könnte ich denn jetzt daran denken, einfach alles hinzuschmeißen? Den Betrieb im Stich zu lassen? Meine Mutter? Sie ist noch längst nicht über Vaters Tod weg.«
»Entschuldige«, bat er, wenn auch nicht gerade sehr zerknirscht, »darüber habe ich nicht nachgedacht.«
»Jetzt weißt du es! Und, bitte, keine Vertraulichkeiten mehr, Herr Baron! Ich kann es nicht leiden, wenn jemand so scharf rangeht!«
»Zu Befehl, gnädiges Fräulein!«
»Ach, lassen Sie doch die Faxen!« erwiderte Monika, wurde sich aber bewußt, daß sie sich in seiner Gegenwart so gut unterhalten hatte, wie schon lange nicht mehr, und fügte freundlicher hinzu: »Trotzdem danke ich Ihnen für die Spazierfahrt. Ich glaube, ich habe was dazugelernt.«

Auf dem für ihn reservierten Parkplatz stand Sepp Mayrs schwere Limousine, schon einige Jahre alt, die er nach dem Tod von Josef Stuffer übernommen hatte. Der Betrieb war wieder in vollem Gang, und bis auf den Hof hinaus klang das Schrillen der Elektrosägen und das Brummen der Motoren. Aber sie fanden ihn nicht in dem kleinen Büro, das ganz und gar nicht auf Präsentation, sondern nur nach praktischen Gesichtspunkten eingerichtet war.
Monika nahm den Telefonhörer in die Hand. »Ich werde ihn suchen!«
Aber ehe sie noch den Anschluß in die Werkshalle wählen konnte, wo sie Sepp Mayr vermutete, trat er schon ein, ein großer blonder Mann Anfang 30, der sich zur Schonung seines Anzugs einen weißen Kittel übergezogen hatte.

Er sah, aus der Helle des Frühlingstages kommend, im ersten Augenblick nur Monika. »Wo hast du gesteckt?« fragte er barsch.

»Tut mir leid, Sepp!«

»Wie oft muß ich dir noch sagen, daß wir den Leuten ein Vorbild geben müssen?«

»Du tust, als wenn mir so was alle naselang passieren würde!«

Jetzt trat Oliver Baron, der im Schatten der Tür gestanden hatte, einen Schritt vor. »Schimpfen Sie nicht mit Fräulein Stuffer!« bat er. »Es war meine Schuld!«

»Und wer sind Sie?«

»Oliver Baron«, erwiderte er mit einer leichten Verbeugung, »von der Firma ›Arnold und Corf‹.«

Sepp Mayr blickte auf seine Armbanduhr. »Ich hatte Sie vor einer Viertelstunde erwartet.«

»Ich war zu früh, und Fräulein Stuffer hat sich netterweise erboten, mir die Gegend zu zeigen.«

»Was gibt es denn hier zu sehen?« fragte Sepp Mayr, ehrlich erstaunt.

»Wir sind ein bißchen den Berg hinauf und haben nicht so genau auf die Zeit geachtet.«

Sepp Mayr blickte mit gerunzelter Stirn von ihm zu Monika und wieder zu ihm; das Blau seiner Augen unter den hellen Brauen war sehr intensiv und wurde noch verstärkt durch die dunklen Wimpern. »Na, wir wollen keine Staatsaffäre daraus machen«, entschied er, »ich nehme an, Sie haben die Papiere mitgebracht?«

»Unterschriftsreif!« Oliver beeilte sich, seine Aktentasche zu öffnen.

»Sepp, ich muß dir, glaub ich, noch etwas gestehen!« sagte Monika.

»So?« Er hatte sich eine Brille aufgesetzt und sah sie über

deren Gläser hinweg flüchtig an, um sich dann sogleich dem Kaufvertrag zuzuwenden, den Oliver ihm vorgelegt hatte.
»Er hat mich ans Steuer gelassen!«
»Sehr unvernünftig!« Sepp Mayr nahm hinter dem Schreibtisch Platz und wies Oliver mit einer Handbewegung den gegenüberstehenden Sessel zu. »Hast du dem Herrn ... wie war noch der Name?«
»Baron!« half Oliver.
»... Herrn Baron nicht gesagt, daß du noch keinen Führerschein hast?«
»Doch, das hat sie!« sagte Oliver rasch. »Aber ich finde, daß doch nicht der Führerschein, sondern das Können ausschlaggebend sein sollte! Man liest doch immer wieder, wie viele junge Leute verunglücken, sobald sie den Führerschein haben.«
»Aber dann zahlt wenigstens die Versicherung«, entgegnete Sepp Mayr trocken.
»Es ist ja nichts passiert, Sepp«, sagte Monika begütigend.
»Es hätte gar nichts passieren können«, fügte Oliver hinzu, »ich habe neben ihr gesessen und auf sie aufgepaßt ... und natürlich auch auf mein Auto.«
»Und wer hat dich dabei gesehen?« fragte Sepp Mayr, während er die Zeilen des Vertrags überflog.
»Wie kommst du jetzt darauf?«
»Sonst hättest du es mir wohl kaum erzählt.«
»Ich bin immer ehrlich!« verteidigte sie sich.
»Ja, wenn du fürchtest, erwischt zu werden!«
»Du tust gerade so ...«
Er schnitt ihr das Wort ab. »Vergessen wir die ganze Geschichte.« Über die Gläser seiner Brille hinweg sah er Oliver an. »Ich soll also wirklich so ein Ding kaufen?«
»Unbedingt, Herr Mayr! Schon nach ein paar Monaten

werden Sie nicht mehr wissen, wie Sie ohne Computer haben auskommen können.«
»Wenn sich aber dann herausstellt, daß ich eine zusätzliche Arbeitskraft brauche ...«
»Bestimmt nicht. Ein MCX ist kinderleicht zu bedienen. Das lernt Fräulein Stuffer ganz schnell. In der Firma sagte man, daß Sie sich gerade deshalb für diesen Typ entschieden haben. Sie haben sich doch, soviel ich weiß, fast alle in Frage kommenden Typen vorführen lassen.«
»Warum hast du mich dazu nicht mitgenommen?« fragte Monika, die sich inzwischen an die Schmalseite des Schreibtischs gesetzt hatte, den Platz, an dem sie auch ihre Stenogramme aufzunehmen pflegte.
»Ich hatte in München zu tun und brauchte dich im Büro«, erwiderte er kurz angebunden.
»Sie hatten sich doch schon entschieden, Herr Mayr!«
»Wissen Sie, Ihre Kollegen haben ein sehr geschicktes Verkaufsgespräch mit mir geführt. Man hat mich überzeugt ... nur leider so sehr, daß ich dabei doch auch das Gefühl hatte, überredet zu werden. Deshalb habe ich mir ja auch Bedenkzeit ausgebeten.«
»Aber Mutter und du, ihr hattet euch doch schon seit langem entschlossen, einen Computer einzusetzen!«
»Ja, aber ob sich ein Kauf wirklich lohnt? Ob wir nicht lieber einen mieten sollten?«
»Das bleibt ganz Ihnen überlassen«, erklärte Oliver, es wäre auch eine Kombination möglich ... erst ›Leasing‹ und später dann Kauf. Im Moment wäre es billiger, den Computer zu ›leasen‹, aber auf Dauer gesehen, wäre ein Kauf das bessere Geschäft. Sie sollten auch bedenken, daß wir in jedem Fall Lieferzeiten haben. Gerade der MCX ist sehr gefragt. Je eher Sie ihn anfordern, desto früher kommt er Ihnen ins Haus.«

Sepp Mayr schraubte den Füllhalter auf, den er nur für Unterschriften benutzte, ließ ihn dann aber wieder sinken. »Das wichtigste für mich ist, daß dann aber auch das Programm stimmt ... daß es ganz speziell auf meinen Betrieb zugeschnitten ist.«
»Deshalb bin ich selber zu Ihnen herausgefahren, Herr Mayr! Ich bin Programmierer bei der Firma ›Arnold und Corf‹. Man hielt es für richtig, daß ich die Einzelheiten der Software schon mit Ihnen bespreche. Grundprogramme, wie Sie sie wünschen, liegen natürlich sowieso vor. Die meisten Firmen haben sich ja bereits auf Computer umgestellt.
»Es sollten alle Aufträge, die Liefertermine und die Außenstände gespeichert werden.«
»Das ist selbstverständlich!« Oliver holte ein dickes Merkbuch aus seiner Aktentasche und machte sich Notizen. »Dafür brauchen Sie zwei Disketten.«
»Was ist eine Diskette?« fragte Monika interessiert. Er hob den Kopf und lächelte sie an. »Man nennt die Dinger so, die man in den Computer hineinschiebt und auf denen die Aufzeichnungen gespeichert werden! Wie beim Musikrecorder oder Videorecorder die Kassetten.«
»Und warum gleich zwei?« wollte Sepp Mayr wissen.
»Sicherheitshalber. Denn so eine Diskette ist hochempfindlich. Wenn man sie versehentlich auf die Heizung legt oder eine Flasche Cola oder den Inhalt einer Kaffeetasse darüber vergießt ... Sie werden es kaum glauben, aber so etwas passiert immer wieder ... ist sie nicht mehr zu brauchen, und alle Unterlagen sind gelöscht.«
»Also muß man die ganze Arbeit doppelt machen?« fragte Monika. »Ich meine, es ist doch Arbeit, all diese Daten einzutragen?«
»Halb so wild. Wir liefern ein gut durchdachtes Schema,

und Sie tippen die Daten dann ein. Jeder, der mit zwei Fingern eine Schreibmaschine beherrscht, kann das auch. Außerdem brauchen Sie es nur einmal zu machen. Der Computer überträgt es dann selbständig von der einen Diskette auf die andere.«

»Aha!« sagte Monika und kam sich nicht eben geistreich vor; die bevorstehende Umstellung auf EDV faszinierte und erschreckte sie zugleich.

»Außerdem möchte ich«, verlangte Sepp Mayr, »daß der Computer die Daten sämtlicher Mitarbeiter aufnimmt, ihr Alter, Eintritt in die Firma, Lohn, Zahl der Überstunden und so weiter.«

Oliver machte sich eine Notiz. »Dafür brauchen wir wohl ein zweites System.«

»Kann man mit einem Computer nicht auch Geschäftsbriefe schreiben?« fragte Monika. »Mahnungen und so? Die meisten Briefe haben doch immer den gleichen Wortlaut!«

»Nein, das macht der MCX nicht. Dazu brauchten Sie ein Zusatzgerät für Ihre Schreibmaschine. Was für ein Modell benutzen Sie?«

»Eine ganz moderne, elektronische. Mit Display.«

»Bei uns gekauft?«

»Nein, in Rosenheim.«

»Darf ich sie mir mal ansehen?«

»Noch mehr Unkosten!« stöhnte Sepp Mayr.

»Ach, bitte, Sepp, bitte! Es ist so langweilig, immer die gleichen Briefe zu schreiben!«

»So ein Speicher wäre wirklich eine große Entlastung«, erklärte Oliver.

»Und wie willst du dir dann im Büro die Zeit vertreiben?«

Monika lachte. »Notfalls kann ich ja stricken!« Sie sprang

auf. »Darf ich Ihnen meine Maschine mal zeigen, Herr Baron? Ob es überhaupt geht?«
»Das ist im Moment nicht wichtig«, entschied Sepp Mayr, »befassen wir uns erst mal weiter mit den Programmen.«
Monika setzte sich zögernd. »Aber danach, Sepp, bitte, ja!« –
Es dauerte noch eine gute Stunde, bis Sepp Mayr endlich zufrieden war und seine Unterschrift gab; seine Langsamkeit und Gründlichkeit bildeten einen starken Gegensatz zu Oliver Barons flotter, beweglicher Art.
»Ich danke Ihnen sehr, Herr Mayr«, sagte Oliver, als er die Aufträge in seine Aktentasche steckte, »Sie werden Ihren Entschluß bestimmt nicht bereuen.«
»Wollen wir's hoffen!«
»Jetzt müssen wir nur noch überlegen, wo wir den Computer aufstellen.«
»In Fräulein Stuffers Büro selbstverständlich.«
Das war für Monika das Stichwort, wieder auf den ersehnten Speicher zurückzukommen.
»Darüber ist das letzte Wort noch nicht gesprochen«, sagte Sepp Mayr, erhob sich und ging zur Tür, »du kannst dich aber gerne erkundigen. Entschuldigen Sie mich jetzt. Ich habe zu tun.«
Monikas Büro war sehr klein und noch bescheidener eingerichtet als das Chefzimmer. Aber es war hell, und sie hatte das Fensterbrett mit einem Strauß selbstgepflückter Feldblumen in einem Marmeladenglas geschmückt. Die neue Schreibmaschine war das einzige Glanzstück.
Oliver sah sie sich an. »Ja, es geht«, stellte er fest, »ein gutes Stück. Schweizer Fabrikat. Die hätten Sie auch von mir haben können.«
»Aber da kannte ich Sie ja noch gar nicht!«
»Auch wieder wahr!«

»Oliver, Sie müssen mir helfen, daß ich das Zusatzgerät kriege!«
»Aber natürlich, Monika. Nur immer hübsch eins nach dem anderen. Ihr Chef ist kein Mensch, der sich überfahren läßt.«
»Er war ziemlich schwierig, nicht wahr?«
»Halb so schlimm. Er weiß wenigstens, was er will. Viel schwieriger sind die Kunden, die heute dies und morgen jenes wünschen.« Oliver drehte sich in dem kleinen Raum. »Ziemlich eng hier, nicht?« fragte Monika. »Als Fräulein Berger noch hier arbeitete, war's manchmal unerträglich.«
»Das kriegen wir schon hin. Der Aktenschrank muß natürlich raus.«
»Aber den brauche ich!«
»Nicht mehr, wenn Sie einen Computer haben, dann können Sie das, was Sie noch an Papierkram haben, leicht in einem Unterbau unterbringen.« Er öffnete seine Aktentasche und zog zu Monikas Überraschung einen Zollstock heraus. »Wollen wir mal messen!« Er tat es und trug die Daten in sein Notizbuch ein. »Ja, so ginge es«, stellte er zufrieden fest, »hierher der Tisch mit dem Computer und hierher der Drucker ...«
»Wieso denn Drucker? Was ist das überhaupt?«
»Ein kleiner Apparat, der die gespeicherten Daten aus dem Computer auf Papier überträgt.«
»Aber so was brauchen wir nicht!«
»Doch. Ganz bestimmt sogar. Wenn Sie den Computer erst ein paar Wochen haben, werden Sie es feststellen. Sonst ist das so: wenn du ein ›date‹, eine Gegebenheit, aus dem Computer abrufen willst, drückst du ein paar Knöpfchen, und die Information erscheint auf dem Bildschirm.« Unvermittelt war er wieder zum ›Du‹ übergewechselt. »Aber bis du damit im Chefzimmer bist ...«

»Es ist doch gleich nebenan!«
»Vielleicht mußt du den Chef aber auch erst in der Werkstatt aufsuchen, oder er fragt erst Stunden später danach ...«
»Ich kann's ja aufschreiben!«
»Das ist natürlich eine Möglichkeit, aber sie ist umständlich, altmodisch und uneffektiv. Nein, du wirst sehen, du brauchst einen Drucker. Dann bedienst du nur eine andere Taste, der Apparat macht ratatata und spuckt alles schriftlich aus, was du wissen willst. Zack, du reißt das Papier ab und kannst es vorzeigen.«
»Das finde ich nun wieder umständlich.«
»Wart erst mal ab, bis du Erfahrungen mit deinem MCX gemacht hast!«
»Aber wenn es wirklich so ist, wenn man einen Drucker braucht ...« Unwillkürlich ging auch sie zum ›Du‹ über. »... warum hast du das nicht vorhin gesagt? Drinnen? Zu Sepp Mayr?«
Er grinste. »Immer schön eins nach dem anderen, mein liebes Mädchen! Wenn es dir schon nicht einleuchtet, wie hätte ich es dann deinem Chef klarmachen können?«
»Nun, ich finde, du hättest es wenigstens andeuten müssen.«
»Wozu die Pferde scheu machen?«
Das heimliche ›Du‹ und das nahe Zusammensein in dem kleinen Raum schafften eine seltsame Atmosphäre der Intimität, die Monika verwirrte.
»Ach, Oliver, du bist ein unmöglicher Mensch«, sagte sie und wich einen Schritt zurück, als müßte sie sich in Sicherheit bringen.
Er lächelte, und in seinen braunen Augen tanzten die grünen Fünkchen. »Das sagt meine Mutter auch immer.«
»Sie hätte dich besser erziehen sollen.«

»Strenger, meinst du? Das findet sie auch! Er folgte ihr und blieb dicht vor ihr stehen. »Hör mal, du solltest sie kennenlernen.«

»Wozu?«

»Weil sie meine Mutter ist. Ihr beide würdet euch bestimmt prächtig verstehen.«

Sie stand jetzt beim Fenster, so dicht, daß sie fast das Blumenglas mit dem Ellbogen umgestoßen hätte; sie konnte es gerade noch rechtzeitig mit der anderen Hand auffangen. Dabei sah sie, daß draußen Gesellen und Arbeiter in Gruppen vorbeizogen. »Feierabend!« stellte sie fest. »Wir müssen raus hier, sonst werden wir noch eingeschlossen!«

»Wäre vielleicht gar nicht mal so übel!«

»Red keinen Mumpitz! Los, gib den Weg frei!«

»Nur gegen Lösegeld!«

»Du mußt verrückt sein!«

»Einen Kuß!«

Er stand so nahe vor ihr, daß sein Atem ihre Wange streifte. Sie mußte gegen den Impuls kämpfen, sich in seine Arme zu werfen. Es verstörte sie. Ihre Augen weiteten sich, und er merkte es, deutete es aber falsch.

»Hast du etwa Angst?«

»Ich kann auch aus dem Fenster springen!«

»Dann tu's doch, wenn es dir Spaß macht!«

»Soll ich?« Mit einem Ruck riß sie den Fensterflügel auf.

»Dann stehst du aber ganz schön blöd da!«

»Wieso ich?«

»Na, was glaubst du, was die Leute sich für einen Reim darauf machen werden? Und Sepp Mayr?«

Das ernüchterte ihn; er gab den Weg frei und ließ sie vorbei, konnte sich aber nicht enthalten zu fragen: »Hat er dir etwa auch was in deinem Privatleben zu sagen?«

»Hier in der Firma bin ich nicht privat!« Sie holte ihre Um-

hängetasche aus dem Schreibtisch, streifte den Riemen über die Schulter und trat auf den Hof hinaus.
Oliver folgte ihr. »Kommst du noch mit auf ein Bier?«
»Nein, danke.«
»Also gehörst du zu denen, die auf Kaffee und Kuchen stehen? Soll mir auch recht sein.«
»Weder noch. Ich muß nach Hause.«
»Dann fahre ich dich!« Sie streifte mit einem sehnsüchtigen Blick seinen roten Flitzer und sagte weicher: »Danke, Oliver, das ist lieb von dir. Aber es geht leider nicht. Meine Schwester holt mich ab. Mit dem Mofa.« Sie sah auf ihre Armbanduhr. »Sie müßte eigentlich schon hier sein.«
»Vielleicht hat sie dich versetzt.«
»Nein, das traut sie sich denn doch nicht. Warten läßt sie mich ja öfter.«
»Dann spielen wir ihr jetzt mal einen Streich und fahren einfach los! Komm schon, sei nicht fad! Was soll schon sein? Sie wird doch merken, daß du nicht mehr da bist.«
»Eigentlich hast du recht«, sagte sie, schon halb gewonnen.
»Und uneigentlich auch!« Er warf seine Aktenmappe auf den Notsitz. »Los, steig ein! Aber diesmal fahre ich!«
Sie folgte seiner Aufforderung und ließ sich mit einem zufriedenen Seufzer auf den Beifahrersitz fallen. »Ist mir auch lieber so! Zum zweiten Mal am gleichen Tag würde ich es nicht riskieren!«
Er kurvte aus dem Hof, auf dem jetzt nur noch zwei, drei Fahrzeuge standen, unter ihnen Sepp Mayrs Limousine.
»Was treibt der Chef noch hier?« fragte Oliver.
»Weiß nicht. Er arbeitet oft länger.«
»Muß er ja wohl. Weil er ein Langsamdenker ist.«
»Das darfst du nicht sagen!« protestierte sie, obwohl sie sich ein Lächeln nicht verkneifen konnte. »Er ist sehr tüchtig! Mein Vater hat große Stücke auf ihn gehalten.«

»Und du?«
»Ich auch.«
»Sonst ließest du dir wohl nicht so viel von ihm gefallen.«
»Tu ich ja gar nicht!«
»Gib doch zu, daß du einen Riesenbammel vor ihm hast!«
Fast im gleichen Atemzug fragte er: »Und wohin jetzt?«
»Immer den Karberg hinauf! Nicht den Wirtschaftsweg, die Hauptstraße!« Sie sah ihn von der Seite an. »Dir macht es wohl Spaß, die Leute zu ärgern?«
»Ja«, gab er zu.
»Das versteh' ich nicht.«
»Versetz dich mal in meine Lage! Tag für Tag sitze ich bei ›Arnold und Corf‹, starre auf die Mattscheibe und entwickle Programme, muß mir von meinen Chefs sagen lassen, was ich tun und lassen soll und mich noch von den Kunden anmeckern lassen. Daß ich mal unterwegs sein kann wie heute, ist eine glückliche Ausnahme und für mich ein Grund, ein bißchen vergnügt zu sein.«
»Das heißt aber doch nicht, daß du mich ärgern mußt.«
»Irgendwie muß ich meine Freude doch loswerden.«
Sie lachte. »Armer Junge!«
»Ich habe es wirklich nicht leicht«, behauptete er. »Obwohl du im sagenumwobenen München leben darfst? Das hast du mir doch noch vorhin so schmackhaft zu machen versucht. Siehst du, das ist der Unterschied zwischen uns: Ich lebe auf dem Land und bin ganz glücklich und zufrieden.«
»Bist du es wirklich?«
Sie fuhren die kurvenreiche, mit Hecken umsäumte Straße hinauf, vorbei an satten Weiden und Gruppen frühlingsgrüner Bäume. »Ist es nicht schön hier?« fragte sie mit einer weit ausholenden Handbewegung.
»Ja, sehr! Aber das habe ich dich nicht gefragt.«
»Ob ich wirklich glücklich bin?« wiederholte sie nach-

denklich. »Das Leben ist eben so, wie es ist, und so muß man es auch nehmen.«
»Das hat dir deine Mutter eingetrichtert! Aber hast du dir nicht doch schon einmal überlegt, ob es wirklich so sein muß? Ob man es nicht ändern könnte? Hast du niemals die Sehnsucht, auszubrechen?«
Sie spürte diese Sehnsucht ganz stark, gerade in diesem Augenblick, mit ihm weiter zu fahren und immer weiter, ziellos und sorglos. Aber das mochte sie nicht zugeben, sondern sagte statt dessen mit einer Stimme, die brüchig wirkte, weil sie sich so sehr beherrschen mußte: »Wohin denn? Komm mir jetzt nicht wieder mit München. Du hast ja eben selber zugegeben, daß dort auch nicht das Glück auf der Straße liegt.«
»Irgendwohin!«
»Irgendwohin?« wiederholte sie, und es sollte spöttisch klingen, kam aber ganz versonnen heraus; sie merkte es selber und zwang sich zu lachen. »Du kannst einen vielleicht auf Ideen bringen!«
Dann entdeckte sie Gabriele, die ihnen aus einer Kurve kommend mit dem Mofa entgegenfuhr. »Da ist sie endlich!« rief sie. »Meine Schwester!«
»Da hättest du aber ganz schön lange warten können!«
Monika zückte ein Taschentuch und winkte Gabriele zu. »Juhu!«
Schon waren das Mofa und das Kabriolett aneinander vorbeigesaust.
Monika blickte sich über die Schulter nach ihrer Schwester um. »Jetzt wird die aber ganz schön sauer sein!«
»Recht geschieht's ihr!«
Monika lachte. »Da will ich dir gar nicht widersprechen! Aber, bitte, halte bei der nächsten Gelegenheit. Sie kommt bestimmt zurück, und dann kann ich bei ihr aufsitzen.«

»Nein«, widersprach er, »jetzt fahre ich dich auch noch ganz bis nach Hause.«
»Aber warum ...«
Er fiel ihr ins Wort. »Weil ich gern mit dir zusammen bin.«
Sie errötete und kam sich dumm vor, weil sie darauf nichts zu erwidern wußte.
»Das kann dich doch nicht überraschen«, sagte er, »das mußt du doch schon längst gemerkt haben.«
Sie nestelte an ihrem Taschentuch. »Nett so etwas zu hören.«
»Das müssen dir doch schon viele Burschen gesagt haben!«
»Da kennst du die Hiesigen nicht! Denen kommt kein Kompliment über die Lippen!«
»Es war auch kein Kompliment, sondern die Wahrheit.«
Verschiedene Antworten schossen ihr durch den Kopf, ›Hör auf damit!‹ und ›Du machst mich ganz verlegen‹, aber dann bekannte sie offen: »Ich bin auch gern mit dir zusammen, Oliver!«
»Na, wunderbar! Also ... wann sehen wir uns wieder?«
Höhenmoos tauchte vor ihnen auf, ein vor dem Hintergrund der Alpen gelegenes Dorf mit schönen alten Bauernhöfen, deren Gärten zur Straße hin hübsch bepflanzt waren, und Neubauten im alpenländischen Stil.
»Wir müssen quer durchs Dorf«, erklärte sie, »das letzte Haus ganz hinten rechts ist es.«
»Ich habe dich etwas gefragt, Monika.«
»Ich hab's gehört. Aber so einfach kann ich darauf nicht antworten.«
»Du wirst doch wenigstens in deinem Privatleben deine Freiheit haben?«
»Nicht unbedingt. Natürlich kann ich ausgehen, wann und mit wem ich will.«
»Na also!«

»Aber nicht mit einem Wildfremden.«
»Na hör mal! Ich stehe zu eurer Firma in Geschäftsbeziehungen.«
»An denen dir einiges gelegen sein sollte.«
»Natürlich ist das so.«
Sie waren jetzt vor Monikas Elternhaus angekommen, einem zweistöckigen Gebäude mit tief gezogenem Dach, Daubenfenstern an der ausgebauten Mansarde und einem Balkon mit gedrechselten Stützen, der um das ganze Obergeschoß führte. Auf ein Zeichen von Monika hatte Oliver gebremst, ließ aber den Motor laufen.
»Dann ist ein Flirt mit mir das letzte, was du dir erlauben könntest.«
»Wer spricht denn von einem Flirt?«
»Ist doch egal, wie man es nennt, du weißt schon, was ich meine. Heimlichkeiten mag ich nicht, und es würde meine Mutter beunruhigen, wenn ich mich mit dir träfe. Sie würde mit Sepp Mayr sprechen, sie sieht ihn ohnehin fast jeden Tag, und es könnte ihm durchaus einfallen, sich in Zukunft an eine andere Computerfirma zu wenden, um meiner Mutter diese Sorge aus der Welt zu schaffen.«
»Soll er doch!«
»Und was wird aus dem Drucker, den du ihm noch verkaufen wolltest? Und dem Zusatzgerät für meine Schreibmaschine?«
Oliver lachte. »Die kauft er dann eben anderswo oder gar nicht! Bildest du dir denn ein, es wäre so entsetzlich, wenn ›Arnold und Corf‹ einmal das Nachsehen hätten?«
Monika, die von kleinauf gehört hatte, wie wichtig es war, daß die Fabrik genügend Aufträge hatte und daß alle Kunden zufriedengestellt wurden, sah ihn mit großen Augen an. »Das verstehe ich nicht«, sagte sie ehrlich.
»Daß du mir mehr bedeutest als ein paar Maschinchen?«

Das Gespräch wurde von Gabriele unterbrochen, die auf ihrem Mofa neben ihnen hielt. Sie war ganz anders als ihre Schwester, klein, zierlich, mit braunen Augen, braungelocktem Haar und einer sehr geraden, fast spitzen Nase.
»Grüß dich!« sagte sie mürrisch. »Du hättest mich wenigstens anrufen können, wenn du mich nicht brauchst!«
»Aber, Gaby, ich ...« wollte Monika sich verteidigen.
Oliver ließ sie nicht zu Wort kommen. »Ich habe mir erlaubt, Ihre Schwester nach Hause zu fahren, nachdem sie zuerst vergeblich auf Sie gewartet hat!«
»Vergeblich? Ich habe mich ein paar Minuten verspätet. Was ist schon dabei? Ich habe schließlich mehr zu tun, als sie hin und her zu kutschieren!«
»Niemand macht Ihnen einen Vorwurf. Ich versuche nur, die Dinge richtigzustellen.
»Gaby«, sagte Monika rasch, »das ist Oliver Baron von der Firma ›Arnold und Corf‹ ... und das ist meine Schwester Gabriele!« Sie nahm die Gelegenheit wahr, aus dem Auto zu klettern.
»Sie sollten Ihren Motor abstellen«, bemerkte Gabriele mit einem schiefen Blick, »Sie verpesten noch die ganze Umgebung!« Sie schob das Mofa zur Garage.
»Reg dich nicht auf! Er fährt ja schon ab!« rief Monika hinter ihr her und wandte sich wieder Oliver zu. »Also ... bis dann!«
»Bis wann, Monika?«
»Bis wir uns wiedersehn!« Sie lächelte ihm zu, spürte, daß ihr Tränen in die Augen schossen, drehte sich rasch um, lief auf das Haus zu und verschwand hinter ihrer Schwester in der Garage. – Oliver warf noch einen Blick auf das schöne, gut erhaltene Gebäude, dann wendete er und fuhr in Richtung Niedermoos und Autobahn zurück.

»Was war denn das für ein Typ?« fragte Gabriele und stellte das Mofa neben das kleine Auto der Mutter.

»Ich hab's dir doch gesagt!«

»Und wie bist du an den gekommen?«

»Er war wegen des Computers da! Jetzt stell dich doch nicht blöd! Sepp und Mami haben in letzter Zeit doch immerzu davon gesprochen!«

Gabriele zuckte die Achseln. »Du weißt, das interessiert mich nicht.«

»Aber Oliver Baron?«

»Den kannst du dir an den Hut stecken! Ein aalglatter Typ in einer Angeberkiste. Wer so einen Wagen fährt, hat's nötig!«

Sie traten durch die innere Garagentür, die tagsüber nie abgeschlossen war, und den Hausflur in das Wohnzimmer. Frau Barbara Stuffer saß am Schreibtisch, hatte einige Rechnungen vor sich und war dabei, Schecks auszustellen; sie hob den Kopf. »Da seid ihr ja, ihr beiden«, sagte sie freundlich.

»Hallo, Mami!« grüßte Monika, lief zu ihr hin, beugte sich zu ihr herab und gab ihr einen leichten Kuß auf die Wange. Barbara Stuffer war eine sehr gut aussehende, fast schön zu nennende Frau, kleiner als Monika, ihr aber sehr ähnlich. In einem der schwarzen Gewänder, die sie seit dem Tod ihres Mannes trug und die ihre zarte Blässe noch unterstrichen, wirkte sie rührend und etwas hilfsbedürftig. Tatsächlich aber war sie, obwohl ihre Trauer echt war, durchaus imstande, mit Belastungen des Alltags alleine fertig zu werden.

»Stell dir vor, Mami«, berichtete Gabriele sofort, »Monika hat sich einen Typ angelacht!«

»Ist ja gar nicht wahr!« protestierte Monika.

»Wie kannst du das leugnen? Ich hab' es doch selber gese-

hen! Du hättest mich gar nicht so jagen müssen, Mami. Sie hat sich von ihm nach Hause bringen lassen. In einem offenen Sportcoupé.«
»Ist das wahr, Monika?«
»Warum fragst du das?« rief Gabriele. »Ich lüge dir doch nichts vor!«
»Ich möchte nur wissen, was Monika dazu zu sagen hat.«
Monika legte ihre Umhängetasche ab, warf sich in einen der kleinen bequemen Sessel, die um den Couchtisch gruppiert waren, und streckte die Beine von sich. »Er hat's mir angeboten, und als Gaby sich dann nicht blicken ließ, habe ich mich von ihm fahren lassen.«
»Er heißt Oliver Baron«, ergänzte Gabriele, »und ist Vertreter von einer Computerfirma.«
»Programmierer«, verbesserte Monika.
»Kommt doch aufs gleiche raus.«
»Seit wann kennst du ihn?« fragte die Mutter.
»Überhaupt nicht.«
»Und dann steigst du in sein Auto?«
»Nicht privat, habe ich gemeint. Er war heute in der Firma, um mit Sepp über die ›Software‹ zu sprechen, die wir für den Computer brauchen.«
»Hat er ihn jetzt wirklich gekauft?« fragte die Mutter interessiert.
»Er hat ihn bestellt, und Herr Baron bemüht sich, das Programm unseren Bedürfnissen anzupassen, damit es fertig ist, wenn wir die ›Hardware‹ geliefert bekommen.«
»Ich hoffe, du verstehst dein Fachchinesisch«, spottete Gabriele.
»Ich schon und Mutter auch! Nicht wahr, Mami?«
»Ob es richtig ist, den Betrieb auf EDV umzustellen?« fragte die Mutter und malte Kringel auf ein Stück Papier. »Vater war immer dagegen.«

»Aber du warst doch schon seit langem dafür«, erinnerte Monika und war froh, daß das Gespräch sich nicht länger um Oliver Baron und ihre Heimfahrt drehte, »gib's doch zu! Und ich finde das auch ganz richtig. Man muß mit der Zeit gehen.«

»Wer soll euren Computer denn bedienen?« erkundigte sich Gabriele.

»Ich natürlich«, sagte Monika und stand auf, »ich freu' mich schon darauf.« Sie nahm ihre Umhängetasche und ging zur Tür.

»Wo willst du hin?« fragte ihre Mutter.

»Mich frisch machen und umziehen!«

»Ich schwing' mich auch«, verkündete Gabriele, »ich muß noch lernen.«

Als sie hintereinander die Treppe zum Dachgeschoß hinaufgingen, in dem sie beide ihre Zimmer hatten, sagte sie: »Da bist du noch mal mit 'nem blauen Auge davongekommen!«

»Das war nicht dein Verdienst! Du mußtest ja unbedingt versuchen, mich reinzureißen.«

»War doch nur Spaß.«

»Schöne Späße. Ich verpetz' dich nie.«

»Weil's bei mir nichts zu verpetzen gibt.«

»Und deine Knutscherei mit Hans? Letzten Samstag vor dem Wirtshaus?«

»Das war doch harmlos. Mit so einem Bauerntölpel würde ich mich nie einlassen.«

»Mami hätte es aber bestimmt nicht gefallen.«

»Ach ja, Mami. Wie kommst du überhaupt darauf, daß ich geknutscht hätte? Du warst doch gar nicht draußen.«

»Aber genügend andere. Das ganze Dorf weiß Bescheid.«

»Das verdammte Dorf! Gott, werde ich froh sein, wenn ich hier endlich weg kann!«

»Du willst fort?«
»Dumme Frage! Warum, glaubst du, büffle ich so? Weil mir die Schule Spaß macht? Ich will ein anständiges Abi bauen, damit ich anschließend einen Studienplatz bekomme. Kennst du etwa eine Hochschule in Rosenheim und Umgebung?«
»Das Holztechnikum!« erwiderte Monika prompt.
»Laß mich bloß damit in Frieden! Meinst du, ich will mich später abplagen wie Vater? Er hätte nicht so früh sterben müssen, wenn ...« Gabriele brach ab, lief in ihr Zimmer und knallte die Tür hinter sich zu.
Unwillkürlich machte Monika ein, zwei Schritte hinter ihr her, besann sich dann aber anders, weil ihr bewußt wurde, daß sie die Schwester doch nicht trösten konnte. Sie ging in das kleine Bad, das zwischen ihren Zimmern lag, zog sich aus, steckte sich den langen Zopf hoch und duschte gründlich. In ihrem eigenen Zimmer zog sie dann frische Unterwäsche an, Jeans und ein T-Shirt, statt der Sandaletten Turnschuhe. Den wadenlangen Rock hängte sie über einen Bügel, die Rüschenbluse und die Unterwäsche stopfte sie zu den Schmutzsachen. Sie löste den Zopf und bürstete ihr Haar, das ihr jetzt in einer blonden Woge bis über die Taille hinabfiel, mit langen, kräftigen Strichen.
Das war ein merkwürdiger Tag gewesen. Dieser Oliver Baron, der so plötzlich in ihrem Leben aufgetaucht war! Noch nie hatte sie einen jungen Mann kennengelernt, der sich so benahm. Sie hatte schon oft erlebt, daß jemand zudringlich geworden war, nie aber, daß jemand so unverschämt gewesen war wie Oliver. Aber konnte man sein Benehmen wirklich als unverschämt bezeichnen? Er hatte bloß von Anfang an und ohne jede Schüchternheit vorausgesetzt, daß er ihr gefiel und auch sein Kabriolett. Damit hatte er ja auch durchaus recht gehabt.

Vielleicht war sie es gewesen, die ihn durch ihr Verhalten ermutigt hatte. Oder benahm er sich allen Mädchen gegenüber so? Auch das war möglich. Einen Jungen wie ihn konnte sie nicht einstufen, dazu fehlte es ihr an Erfahrung. Ein aalglatter Typ, wie Gabriele behauptet hatte, war er jedenfalls nicht.

Dieses seltsame Gefühl, das sie an seiner Seite im Auto überkommen hatte, dieser brennende Wunsch, bei ihm zu bleiben, immer weiter und weiter mit ihm zu fahren, irgendwohin und nie mehr zurück und schon gar nicht nach Hause. Das war, so fand sie, ein richtiger Anfall von Verrücktheit gewesen. Dabei hatte sie nicht einmal einen Funken Vertrauen zu ihm und konnte nie ausmachen, ob er das, was er sagte, ernst meinte oder ob er das nur daherredete. Sie verstand sich selber nicht mehr.

Und auch die Schwester sah sie nach dieser unvermuteten Eröffnung auf der Treppe in einem ganz anderen Licht. Nie wäre sie auf die Idee gekommen, daß Gabriele von zu Hause fort wollte. Es war auch nie darüber gesprochen worden, nicht zu Lebzeiten des Vaters und auch danach nicht. Monika hatte es als selbstverständlich angenommen, daß Gabriele bald heiraten würde. Verehrer hatte sie ja genug, wenn sie auch die meisten mit einer gewissen Hochnäsigkeit behandelte. Trotzdem war sie sicher gewesen, daß Gabriele zum guten Schluß sich hier einen Mann vom Karberg nehmen würde. Es gab ja einige junge Beamte und Rechtsanwälte, die hier lebten und täglich zur Arbeit nach Rosenheim fuhren. Eine passende Partie hätte sich schon finden lassen.

Niemand hier auf dem Land glaubte an die große Liebe. Jeder heiratsfähige und heiratswillige Mann suchte sich eine Frau, die zu ihm paßte, die gesund war, wirtschaften konnte und etwas mit in die Ehe brachte. Die Mädchen dachten genauso. Es kam nicht darauf an, ob ein Mann hübsch und charmant war – zwei Adjektive, die, wie es Monika auffiel, sehr gut zu Oliver Baron paßten –, sondern daß er ehrlich, anständig, zuverlässig war und eine sichere Existenz hatte.

Als Monika in ihren Gedanken so weit gekommen war faßte sie den Entschluß, sich Oliver Baron aus dem Kopf zu schlagen. Mochte Gabriele zusehen, wie sie in der Großstadt glücklich würde. Monika zweifelte sehr daran, daß es ihr gelingen könnte. Wahrscheinlich würde sie nach ein, zwei Jahren, vielleicht sogar schon nach wenigen Monaten reumütig zurückkehren.

Monika hatte ihr Haar ausgebürstet, betrachtete sich wohlgefällig im Spiegel, bevor sie es im Nacken zusammenband.

Dann lief sie die Treppen hinunter, steckte den Kopf ins Wohnzimmer und rief: »Ich fahr' noch ein bißchen los, Mammi! Wenn ich zum Abendessen nicht zurück bin, rufe ich rechtzeitig an!«

Sie war schon fast in der Garage, als sie in scharfem Ton zurückgerufen wurde. Im Hausflur begegnete sie ihrer Mutter.

»Wo willst du hin?« fragte Barbara Stuffer.

»Bißchen Mofafahren. Gaby braucht's gerade nicht.«

»Wohin?« hakte die Mutter nach.

»Weiß noch nicht genau. Vielleicht bis Frasdorf. Mal sehen, ob ich Anni oder Katrin treffe.«

»Machst du mir auch nichts vor?«

»Aber, Mami, warum sollte ich denn?«

»Du könntest dich mit diesem jungen Mann im Sportwagen treffen wollen.«

Monika ärgerte sich so sehr, gerade weil sie sich keiner Schuld bewußt war, daß sie rot wurde.

Die Mutter deutete ihr Erröten anders. »Mir scheint, ich habe den Nagel auf den Kopf getroffen.«
»Aber, Mami, wie kannst du denn so was glauben?«
Die Mutter schnupperte. »Jedenfalls riechst du wie ein ganzer Parfümladen!«
»Wär's dir lieber, ich stänke nach Mist?« rief Monika wütend, aber sie merkte selber sofort, daß sie zu weit gegangen war, und fügte in einem sanfteren Ton hinzu: »Entschuldige, Mami, aber was du auch dauernd hast! Ich habe mich geduscht und ein Toilettenwasser benutzt, genau das, was du mir selber geschenkt hast. Das tue ich doch fast jeden Tag, wenn ich von der Arbeit nach Hause komme.«
»Na schön, vielleicht habe ich mich geirrt. Du triffst dich also wirklich nicht mit diesem Menschen?«
»Und wenn ich es täte, wäre das denn so schlimm?«
»Also doch!«
»Nein, Mami, nein, wirklich nicht! Der ist inzwischen längst wieder in München! Ich möchte nur wissen, was so schlimm daran wäre.«
»Du weißt, daß du so gut wie verlobt bist.«
»So gut wie, aber doch noch nicht wirklich! Sepp hat noch nie mit mir darüber gesprochen.«
»Aber mit mir. Daß ihr heiratet, ist eine ausgemachte Sache.«
»Ihr habt das also ausgemacht? So einfach über meinen Kopf weg?«
»Ich hätte dir das vielleicht nicht sagen sollen.«
»Nein, wirklich nicht. Jetzt komme ich mir vor wie eine Kuh, die verkauft wird!«
»Nun übertreibe aber mal nicht. Du magst ihn doch, sonst hätte ich nie ...«
Monika ließ ihre Mutter nicht aussprechen. »Natürlich

mag ich ihn! Warum auch nicht? Es ist ja nichts gegen ihn einzuwenden. Aber er hat mir noch nie gesagt, daß ich ihm etwas bedeute!«
»Aber er zeigt es doch! Er ist immer nett zu dir ...«
»Hast du eine Ahnung, wie oft der mich in der Firma anpfeift!«
»Du weißt, wie genau und wie zuverlässig er ist. Das gleiche erwartet er dann selbstverständlich auch von seinen Mitarbeitern. Aber er kümmert sich doch um dich! Er geht abends mit dir aus ...«
»Aber meist mit mir und mit Gaby!«
»In seinem Benehmen Gaby gegenüber ist doch ein deutlicher Unterschied. Sag mir jetzt nicht, daß du das nicht spürst.«
Monika begriff, daß sie ihrer Mutter nicht klarmachen konnte, was ihr in ihrer Beziehung zu Sepp wirklich fehlte; sie wußte es ja selber nicht einmal ganz genau. »Ach«, sagte sie, »lassen wir das. Vielleicht wäre es ja nicht das schlechteste, ich würde ihn heiraten. Aber bis es so weit ist, werde ich ja doch wohl noch auch andere Männer treffen dürfen.«
»Nein, Monika«, sagte ihre Mutter ruhig und sehr bestimmt.
»Nicht? Aber es ist doch nichts dabei!«
»Ich weiß, du bist ein anständiges Mädchen. In dieser Beziehung mache ich mir keine Sorgen. Aber es würde Sepp verletzen, und mit Recht. Es geht um deinen und um seinen Ruf. Die Leute hier erwarten alle, daß ihr beide heiratet. Wenn du jetzt mit anderen Burschen herumziehst, macht das einen ganz schlechten Eindruck. Du weißt, wie die Leute denken. Ich wollte vorhin in Gabys Gegenwart nicht zu sehr mit dir schelten. Aber es war durchaus nicht passend, daß du mit diesem Münchner im offenen Auto durch die Gegend gefahren bist.«

Monika riß entgeistert die Augen auf. »Ich denk', ich steh' im Wald!«
»Wenn du in Ruhe darüber nachdenkst, wirst du einsehen, daß ich recht habe.«
»Aber, Mami, ich bin doch erst siebzehn!«
»Das wird dir auf einmal klar? Erstaunlich. Sonst versuchst du doch immer die Erwachsene zu spielen.«
»Du kannst doch nicht verlangen, daß ich auf jeden Spaß verzichte! Ich hab's ja eingesehen, daß wir wegen Vaters Tod nicht tanzen gehen dürfen ...«
»Dazu solltest du nicht einmal Lust haben!«
»... aber ich kann doch nun nicht auf jeden Spaß verzichten!«
»Das sollst du ja auch nicht. Im Winter bist du Ski gefahren, jetzt hat die Tennissaison schon wieder begonnen, bald wirst du deinen Führerschein machen, um nur einiges aufzuzählen. Ich wünsche nur, daß du darauf verzichtest, mit fremden Männern herumzuziehen.«
»Aber Oliver Baron ist mir ja gar nicht mehr fremd!« platzte Monika heraus. »Wenn du es genau wissen willst: ich habe mit ihm mehr geplaudert und gelacht als mit Sepp in der ganzen Zeit, seit ich ihn kenne!«
Nach diesem Ausbruch standen sich Mutter und Tochter stumm gegenüber.
»Ich wußte es«, sagte Barbara Stuffer dann tonlos und mit mühsamer Beherrschung, »ich habe gespürt, daß etwas mit dir nicht in Ordnung ist, gleich als du nach Hause kamst. Noch bevor Gabriele mir etwas erzählt hat, habe ich es gespürt.« Ihre Augen waren voller Schmerz.
»Mutter, bitte, nun mach doch nicht gleich ein Drama daraus! Es ist ja nichts passiert, und es wird auch nichts passieren. Oliver ist ein netter, intelligenter und lustiger Bursche. Aber du brauchst dich gar nicht aufzuregen. Ich habe

mich entschlossen, ihn nie wiederzusehen, noch bevor du mir hier diesen ›trouble‹ gemacht hast.«
»Und das soll ich dir glauben?«
»Du weißt doch, ich lüge nie!« Einschränkend fügte sie hinzu: »Oder doch nur sehr selten. Ich will ihn nicht wiedersehn, einfach weil er mir zu städtisch ist. Irgendwie paßt er nicht zu uns, mal ganz davon abgesehen, daß ich gar nicht sicher bin, ob er sich wirklich für mich interessiert. Du kannst ganz beruhigt sein. Meinetwegen sollst du keinen Kummer haben.« Sie nahm die Mutter zärtlich in die Arme. »Alles klar?«
»Wenn dein Vater noch lebte ...« sagte Barbara seufzend.
»Ja, du hast ganz recht, dann hätte so was nie passieren können. Er hätte mich in seinem Auto zu uns auf den Berg gebracht. Warum kann diese Gaby auch nie pünktlich sein?«
Sofort nahm Barbara ihre Älteste in Schutz. »Es ist kein böser Wille von ihr! Sie hat so viel zu arbeiten. Alles dieses Latein und Mathematik und ...«
»Ja, ja, ja!« Monika gab ihr einen zärtlichen Kuß. »Ich bin froh, daß mir das erspart geblieben ist.«
Die Mutter überhörte Monikas leichten Spott. »Ja, das solltest du wirklich! Du verdienst jetzt schon dein eigenes Geld ...«
»... während die arme, arme Gaby auf deine großzügigen Spenden angewiesen ist! Kann ich jetzt fahren, Mami? Sonst lohnt es sich schon gar nicht mehr.«
»Mußt du denn jeden Tag losbrausen? Es wäre mir lieber, du würdest mir in der Küche helfen.«
Monika setzte schon zum Widerspruch an, dann aber besann sie sich anders und stimmte zu. »Von mir aus. Um des lieben Friedens willen. Es kommt ja auch nicht drauf an.«
»Was soll denn das nun schon wieder heißen?«
»Nichts. Gar nichts. Ich habe es bloß so gesagt.«

»Wenn du so wenig Lust hast, dann möchte ich doch lieber auf deine Hilfe verzichten.«
»Was heißt hier ›Lust‹? Hast du etwa Lust zu kochen? Und gerade dann, wenn du etwas ganz anderes vorgehabt hast?«
»Vielleicht war es wirklich eine dumme Idee von mir. Nun fahr schon los!«
»Bist du mir auch wirklich nicht böse?«
»Nein, Monika. Aber, bitte, sei pünktlich zum Essen zurück. Auch wenn eine deiner Freundinnen dich einladen sollte. Ich möchte dich heute abend zu Hause haben. Nach all diesen Aufregungen. Das wirst du doch verstehen.«
Monika willigte ein.
Sie hatte gedacht, daß sie glücklich sein würde, wenn sie endlich auf ihrem Mofa saß und sich den Wind um die Ohren wehen lassen konnte. Aber sie war es nicht. Zu viele einander widersprechende Gedanken und Gefühle stritten sich in ihr, und der Ausflug bot ihr keine Gelegenheit, mit sich ins reine zu kommen.
So bog sie denn gleich hinter dem Dorf von der Hauptstraße ab und in einen Feldweg ein und hoppelte langsam und vorsichtig weiter, bis sie zu einer Bank kam. Dort stellte sie das Mofa ab und setzte sich.
Die Bank war für die Fremden aufgestellt, die sommers und winters in das Erholungsgebiet Karberg kamen, und bot einen Blick auf die Berge, deren bizarre Gipfel sich klar vom frühlingsblauen Himmel abzeichneten. Aber es war kein Föhn, und so wirkten sie nicht erdrückend nah und bedrohlich, sondern freundlich und einladend. Dennoch fühlte Monika sich beengt und eingekreist.
Sie hatte immer gerne hier gelebt und war überzeugt, daß der Karberg und Höhenmoos zu den schönsten Flecken Oberbayerns zählten. Das war auch der Grund gewesen, warum sie nicht, wie Gabriele, auf das Gymnasium ge-

drängt hatte, denn das bedeutete, jeden Tag nach Rosenheim hinein zu fahren. Wahrscheinlich wäre sie sogar so lange wie möglich auf der Hauptschule geblieben, wenn ihre Lehrer die Eltern nicht beeinflußt hätten, sie nach der 6. Klasse auf die Handelsschule zu schicken. Sie hatte die Strapaze nur auf sich genommen, weil sie gewußt hatte, daß sie in drei Jahren erlöst sein würde. Es war von vornherein ganz selbstverständlich gewesen, daß sie danach in der Firma ihres Vaters arbeiten würde. Jetzt, zum ersten Mal, zweifelte sie daran, ob nicht alles in ihrem Leben zu selbstverständlich gewesen war, ob sie jemals eigene Entschlüsse gefaßt oder sich einfach auf eine bestimmte Bahn hatte schieben lassen. Sie fühlte sich manipuliert.

Dabei mußte sie sich zugeben, daß sie bisher niemals auch nur den Wunsch gehabt hatte, etwas anderes zu tun, als die Mutter von ihr erwartete. Als der Vater noch lebte, waren sie hin und wieder alle zusammen nach München gefahren, hatten ein Konzert gehört oder eine Theateraufführung besucht. Einmal war sie auch mit der Schule im Deutschen Museum gewesen. Die Großstadt hatte ihr gefallen, wenn sie sie auch als ziemlich verwirrend empfunden hatte, und sie war jedesmal wieder froh gewesen, wenn nach dem Irschenberg die Alpenkette wieder vor ihr aufgetaucht war. Ihr genügte die kleine Kreisstadt Rosenheim, die sie mit dem Bus erreichen konnte, um einzukaufen, ins Kino zu gehen oder Pizza zu essen, auch einmal abends eine Vorführung in der neuen Stadthalle zu besuchen.

Ihr gefiel das Leben auf dem Karberg mit den vielen Möglichkeiten, Sport zu treiben, all den Freundinnen, die sie hatte, den Burschen, die sie kannte. Sie liebte ihr Elternhaus mit dem weiten Blick ins Tal, ihrem gemütlichen Zimmer mit den Postern an den Wänden, die sie nach Geschmack und Laune auswechseln konnte, und sie war

auch durchaus bereit, den guten Sepp zu heiraten. Nein, Oliver Baron war nichts für sie, dessen war sie sicher, obwohl ihr Herz unsinnigerweise schneller zu klopfen schien, sooft sie an ihn dachte.
Wenn die Mutter nur verstanden hätte, daß sie trotz ihrer Gefügigkeit und ihrem Einverständnis zu dem Lebensplan, den man ihr gemacht hatte, doch auch ein wenig Freiheit brauchte, vielleicht auch nur die Illusion von Freiheit! Später, wenn sie erst verheiratet war, würde ohnehin alles vorbei sein. Sepp würde Kinder haben wollen, und die wollte sie ja auch. Aber wenn sie erst da waren, würde sie ans Haus gebunden sein. Sie würde nicht mehr in der Firma arbeiten, wahrscheinlich kaum noch Sport treiben, nicht mehr ins Kino fahren können und allein abends ausgehen schon gar nicht. Außer Besuchen und Gegenbesuchen von Nachbarinnen und Freundinnen, abends Fernsehen und Spaziergängen mit der Familie würde es nichts mehr für sie geben. Die Männer nahmen ihre Frauen nicht mit ins Wirtshaus und nicht auf Tanzveranstaltungen, das war hier nun einmal so. Auch ihr Vater hatte seine Frau ja kaum jemals irgendwohin mitgenommen, vielleicht dreimal im Jahr, und dann zu Einladungen von Geschäftsfreunden, die wiederum ihre Ehefrauen mitbrachten, wobei das Vergnügen sich sehr in Grenzen hielt.
Jetzt, nach der Schule und vor der Ehe, war doch die einzige Zeit, in der sie Freiheit brauchte und sich Freiheit auch hätte leisten können, wenn die Mutter nicht so streng gewesen wäre. Diese Verständnislosigkeit machte Monika das Herz schwer.

In den nächsten Wochen verlief Monikas Leben in der gewohnten Bahn, aber über ihre schöne heile Welt war ein Schatten gefallen, der nicht, wie sie gehofft hatte, gleich

wieder verschwand, sondern sich verdunkelte. Oft sagte sie sich, daß es an ihr selber lag, aber das half nichts. Überempfindlich reagierte sie auf all jene Mahnungen der Mutter, die sie früher als selbstverständlich hingenommen hatte. Es war, als hätte sie sich einen Dorn ins Fleisch gezogen, der bei jedem »Aber bleib nicht so lange aus!«, »Mußt du denn schon wieder fort?« und »Was hast du vor?« tiefer und tiefer eindrang. Auch Sepps manchmal etwas barsche Art, die ihr sonst gar nichts ausgemacht hatte, weil sie wußte, daß er es nicht böse meinte, verletzte sie jetzt.
»Mußt du denn dauernd auf mir herumtrampeln?« schrie sie einmal zurück.
Er ließ seine Brille auf die Nasenspitze rutschen und blickte sie über die Gläser hinweg ganz erstaunt an. »Man wird doch wohl noch was sagen dürfen.«
»Aber nicht in diesem Ton!«
»Meine Geduld hat Grenzen.«
»Meine auch!« brüllte sie, zog sich in ihr kleines Büro zurück und schlug die Tür hinter sich zu.
Voll Wut und Selbstmitleid wartete sie danach darauf, daß die Mutter ihr wegen ihres Benehmens Vorwürfe machen würde. Aber dazu kam es nicht. Er war zu klug, um sich bei Barbara zu beschweren. Statt dessen bemühte er sich, ihr gegenüber nachsichtiger und höflicher zu sein, aber das hatte zur Folge, daß ihr Umgangston seine Natürlichkeit verlor.
Einmal rief Oliver Baron an und wollte mit ihr plaudern. Es gelang ihr, ihn kühl und geschäftsmäßig abzufertigen, und sie war stolz auf sich. Nachts aber kamen ihr die Tränen.
Als er dann wieder vor ihr stand – er brachte den Computer und die Disketten –, war es ihr nicht möglich, ihre ablehnende Haltung zu bewahren. Sie versuchte es, kam sich aber bald albern vor. Sein Charme brachte ihren Widerstand zum Schmelzen.

Sepp, der sich zuerst die Programme hatte vorführen lassen, ließ die beiden jungen Leute dann allein, damit er ihr den Umgang mit dem Computer genau erklären konnte.
Er machte es ihr vor. »Siehst du, es ist ganz einfach: Die Programmdiskette kommt in das rechte Laufwerk, in das linke die zu beschriftende Diskette. Dann drückst du auf das kleine ›b‹ und gibst euer Codewort ein und drückst die Leertaste. Dann erscheint mit Zahlen versehen das gesamte Programm auf dem Bildschirm. Du drückst die Zahl, die du haben willst, zum Beispiel drei ›Hilfsarbeiter‹. Siehst du, jetzt tippst du den Namen ein! In die Rubrik ›Alter‹ das Alter, in die ›Antritt‹, wann er bei eurer Firma eingetreten ist, ›Lohn‹ ist ja ganz klar und so weiter und so fort. Versuch es einmal selber!«
Sie wechselten die Plätze, und er stand jetzt dicht hinter ihr. Monika hatte sich auf den Computer gefreut und versuchte, alles richtig zu machen. Aber es gelang ihr nicht.
»Tut mir leid, daß ich mich so dumm anstelle!« sagte sie endlich. »Aber du machst mich nervös!«
»Wieso denn? Ich bin doch ganz still!«
»Ich weiß auch nicht, woran es liegt, aber ich kann mich einfach nicht konzentrieren.« Sie wandte ihm das Gesicht zu und blickte geradewegs in seine schönen braunen Augen, in denen die grünen Fünkchen glühten.
»Mein armes Mädchen!« sagte er lächelnd.
»Ich komme mir ja so blöd vor!« klagte sie.
»Weißt du was, du schreibst es dir einfach auf, Punkt für Punkt. Ich geh' dann für eine Weile nach draußen, und du versuchst es allein!«
»Das Zimmer ist einfach zu eng für zwei Personen.«
»Ja, daran wird's schon liegen!« Er diktierte ihr, was zu tun war, und trat dann auf den Hof hinaus.
Monika atmete tief durch, wartete ab, bis sich ihr Puls-

schlag normalisiert hatte, und drückte, wie angegeben, eine Taste nach der anderen. Zu ihrer freudigen Verblüffung erschien die Rubrik ›Hilfsarbeiter‹ tatsächlich auf dem Bildschirm. Mutig geworden, tippte sie den Namen eines Mannes ein, der ihr gerade einfiel, und er erschien an der dafür gedachten Stelle.
»Ich hab's!« schrie sie, sprang auf und stürzte in den Hof. »Oliver, ich hab's!« Nahe daran, sich ihm in die Arme zu werfen, konnte sie den Schritt knapp vorher noch stoppen. In seinen Augen glaubte sie zu lesen, daß er begriff, was beinahe passiert wäre, und sie wich ein wenig zurück.
»Wußt ich's doch!« sagte er, gar nicht überrascht.
Sepp Mayr kam heraus. »Was macht ihr denn hier?«
»Sepp, ich hab's schon raus! Ich hab's kapiert!«
»Schlimm, wenn es anders wäre. Aber ich verstehe trotzdem nicht, warum ihr hier draußen rumsteht.«
»Ich habe Fräulein Stuffer allein gelassen, damit sie es ganz selbständig versuchen konnte, und gerade eben kam sie mit der Erfolgsmeldung«, erklärte Oliver rasch und glatt.
»Dann können Sie also schon wieder zurück.«
»Nein, so schnell denn doch nicht. Das war erst der Anfang.«
»Ach so. Na, bitte. Wie lange wird's noch dauern?«
»Schwer zu sagen«, wich Oliver aus.
Sepp warf einen Blick auf seine Armbanduhr. »Ich muß noch fort. Gabriele kann dich heute nicht abholen. Wenn ihr fertig seid, wartest du einfach auf mich, ja?«
»Ich kann Fräulein Monika ja nach Hause bringen«, erbot sich Oliver.
»Sehr nett von Ihnen!« sagte Sepp und »Bitte, nicht!« sagte Monika gleichzeitig.
Die beiden Männer blickten Monika an.
»Was ist denn los mit dir?« fragte Sepp.

Und Oliver: »Warum denn nicht?«
Sie biß sich auf die Lippen. »Es ist nur, weil Mutter es nicht für richtig hält. Sie hat mir schon einmal einen Riesenwirbel deswegen gemacht.«
»Wann war denn das? Davon weiß ich ja gar nichts.«
»Als ...« Monika stockte, wußte nicht, ob sie »Herr Baron« oder »Oliver« sagen sollte, und fand dann eine neutrale Lösung. »... er zum ersten Mal hier war.«
»Deine Mutter ist übermäßig besorgt um dich. Aber du hast recht, wir dürfen ihr keinen unnötigen Kummer bereiten.« Sepp lächelte ihr zu. »Also wartest du auf mich. Ich werde mich beeilen.« Er grüßte Oliver, stieg in seinen Mercedes und setzte das schwere Auto rückwärts aus dem Hof. »Er hätte nichts dagegen gehabt«, sagte Oliver vorwurfsvoll.
»Kann schon sein.«
»Aber du mußtest alles vermasseln.« Er wirkte nicht mehr strahlend und selbstsicher wie sonst; sein Gesicht hatte sich verdüstert, die Lippen waren schmal geworden, und die grünen Funken in seinen Augen schienen erloschen.
Monika versuchte leichthin zu reden. »Nimm's nicht tragisch!«
»Nie hätte ich dir so eine Gemeinheit zugetraut. Ich hatte mich auf das Wiedersehen mit dir wie ein Verrückter gefreut, und die Gelegenheit war so günstig ...«
»Für was?« fiel Monika ihm ins Wort.
»Ein bißchen mit dir spazierenzufahren, was sonst? Meinst du, ich hätte vorgehabt, dich zu verführen?«
»Du mußt mich für eine schreckliche Landpomeranze halten.«
Er trat auf sie zu, packte sie bei den Schultern und schüttelte sie. »Warum? Sag mir, warum bloß hast du das getan?«
Sie fühlte, wie die Knie unter ihr nachzugeben drohten;

mit letzter Beherrschung forderte sie: »Laß mich los: Sofort! Wir sind nicht allein!«
Tatsächlich waren zwei Männer damit beschäftigt, Bretter vom Hof in die Fabrikhalle zu schleppen.
Er gab sie frei. »Ich will eine Antwort!«
»Aber die hast du doch schon. Es ist genauso, wie ich es vorhin erklärt habe. Meine Mutter hat sich letztes Mal aufgeregt.«
»Das ist doch unsinnig! Wie kannst du dir ein so harmloses Vergnügen verbieten lassen?«
»Für mich ist es nicht ganz so harmlos, Oliver!«
Seine Züge entspannten sich. »Monika!«
Sie wich vor ihm zurück. »Und jetzt wollen wir wieder an die Arbeit gehen, ja? Es ist noch nicht Feierabend.« Sie ging in ihr Büro zurück, und es blieb ihm nichts übrig, als ihr zu folgen.
Die nächste Stunde wurde für Monika zu einer Qual. Seine Nähe, die Verwirrung ihrer Gefühle, der Zwang, sich auf ein ihr bisher unbekanntes Metier zu konzentrieren, dies alles versetzte sie in einen Zustand, der sie einem Zusammenbruch nahe brachte.
Dabei bemühte sich Oliver, sie nicht zu verunsichern. Erst als sie Sepps Auto wieder in den Hof einfahren hörten, sagte er: »Wir müssen uns wiedersehen, Monika! Du willst es doch auch.«
»Nein, Oliver. Es wäre sinnlos.«
»Sag doch so was nicht!«
»Es ist die Wahrheit.«
»Du machst dir was vor!«
Sie war froh, daß Sepp das Gespräch unterbrach. Er steckte den Kopf durch die Tür, die zu seinem Büro hin offenstand, und fragte: »Komme ich etwa zu früh?«
»Nein, Sepp, wir haben es gerade geschafft.«

»Na, da bin ich aber froh. Ich hätte mich ungern wegen nichts und wieder nichts derartig gesputet. Dann schreib jetzt gleich den Scheck für ›Arnold und Corf‹ aus!«
»Wegen des Zusatzgerätes für die Schreibmaschine habe ich mich erkundigt«, sagte Oliver rasch, »es würde ...«
Sepp winkte ab. »Ein andermal. Monika hat in der nächsten Zeit genug damit zu tun, ihren Computer zu speichern.«
»Aber es würde ihr Routinearbeiten abnehmen und damit Zeit sparen!«
»Das glaube ich Ihnen ja gerne. Wir können uns später noch einmal darüber unterhalten. Das letzte Wort in dieser Sache ist noch nicht gesprochen.«
Mit dieser Entscheidung mußte Oliver sich zufriedengeben. Monika stellte den Scheck aus, Sepp unterschrieb, und er bedankte sich, als er ihn einsteckte.
Der Abschied fiel kühl und förmlich aus.

»Sag mal, Monika, ist der Kerl dir gegenüber etwa frech geworden?« fragte Sepp, als er sie den Karberg hinauffuhr.
»Nein, im Gegenteil. Er hat bemerkenswert gute Manieren und ist ausgesprochen höflich.«
»Das ist genau mein Eindruck.«
»Warum fragst du dann so was?«
»Es war doch merkwürdig, daß du dich von ihm nicht nach Hause bringen lassen wolltest.«
»Nur Mamis wegen. Weil ich keinen Ärger haben will.«
Er sah sie von der Seite an. »Du bist nicht sehr glücklich in letzter Zeit.«
»Wie kommst du darauf?«
»Weil du mit einer Trauermiene herumläufst. Erzähl mir jetzt nicht, daß das mit dem Tod deines Vaters zusammenhängt. Den hast du doch mit einiger Haltung verkraftet.«

Monika versuchte ihre Betroffenheit hinter Spott zu verbergen. »Ich wußte gar nicht, daß du ein so scharfer Beobachter bist!«
»Das hat's nicht gebraucht.« Danach schwieg er.
Monika glaubte, eine Erklärung abgeben zu müssen. »Ich fühle mich einfach nicht wohl in meiner Haut. Ich komme auch mit Mami nicht zurecht. Sie behandelt mich wie ein Baby.«
»Das bist du wohl auch in ihren Augen.«
»Aber ich bin ja fast erwachsen.«
»Mütter sind nun mal so. Es ist Unsinn, sich darüber zu ärgern. Meine Mutter fragt heute noch: ›Bub, bist du auch warm genug angezogen?‹ oder sie sagt: ›Ich verstehe nicht, warum du keinen Regenschirm mitnehmen willst!‹ und lauter solche Sachen.« Er lachte in sich hinein.
»Ja, du kannst darüber lachen! Aber deine Mutter kann dir auch nichts mehr ernstlich verbieten oder dir irgendwelche Vorschriften machen.«
»In ein paar Wochen, wenn du erst achtzehn bist, ist das auch vorbei.«
»Da kennst du Mami schlecht! Solange ich in ihrem Haus lebe, werde ich tun müssen, was sie von mir verlangt. Das hat sie mir selber oft genug gesagt.«
»Dann solltest du ausziehen.«
Monika richtete sich auf. »Ist das dein Ernst?«
»Es ist ein Vorschlag. Ich wollte zwar jetzt noch nicht darüber sprechen, es schien mir nicht der richtige Zeitpunkt ... das Trauerjahr, du weißt ja ... aber ich glaube doch, daß wir uns längst einig sind. Ich meine, wir sollten so bald wie möglich heiraten.«
Darauf wußte sie nicht sogleich etwas zu antworten. »Ich bin so verwirrt«, sagte sie endlich.
»Im Herbst wird mein neues Haus fertig. Wir können es

uns dann gemütlich einrichten, und im Januar, wenn das Trauerjahr um ist, ziehst du bei mir ein. Ich denke, du wirst in den ersten Jahren noch keine Kinder wollen. Das ist mir recht so, du bist ja noch sehr jung. Außerdem brauche ich dich auch noch in der Firma. Du wirst also weiter leben können wie bisher, nur daß dir niemand mehr etwas hereinreden wird.«
»Außer dir!«
Er lachte. »Du hältst mich doch hoffentlich nicht für einen Tyrannen! Von mir aus kannst du schalten und walten, wie du möchtest. Das verspreche ich dir. Wir werden viel mehr zusammen unternehmen können. Ein guter Tänzer bin ich allerdings nicht, das weißt du ja. Dafür wirst du mich im Tennis kaum je schlagen, und auf den Brettern stehe ich genauso gern wie du, wenn es nur meine Zeit erlaubt. Wir können auch zusammen übers Wochenende wegfahren, wenn auf dem Karberg noch nicht genug Schnee liegt.«
»Das alles klingt sehr verlockend«, sagte sie lahm.
»Wir werden auch Gaby nicht mehr dauernd am Bein haben.«
»Stört sie dich?«
»Sie nicht. Aber ihr Benehmen. Sie ist wirklich noch sehr unreif.«
»Ich auch, Sepp.«
»Diese Bemerkung zeigt schon, daß du es nicht bist. Du wirst eine prachtvolle Frau und Mutter werden. Ich verspreche dir, daß ich dir Zeit lasse. In jeder Hinsicht.«
Monika verstand nicht ganz, was er ihr sagen wollte, und sie schwieg.
»Du mußt dich nicht jetzt entscheiden. Denk darüber nach!«
»Das werde ich, Sepp«, versprach sie, aber sie war noch verwirrter als zuvor.

Hätte er nur ein Wort von Liebe gesprochen, vielleicht hätte sie sich auf der Stelle für ihn entschieden. Aber sie wagte nicht zu sagen, was sie vermißte, weil sie fürchtete, daß er sie nur auslachen würde. Vielleicht war ja alles gut und richtig so, vielleicht war sie selber dumm, vielleicht ging es wirklich im Leben anders zu als in den Romanen, die sie gelesen hatte. Aber sie sehnte sich nach einem zärtlichen Wort, wünschte, er würde mit ihr in einen der Seitenwege einbiegen, sie in die Arme nehmen und küssen. Dann, glaubte sie, hätte sie gewußt, woran sie mit ihm und mit sich selber war.
Aber er tat es nicht, sondern fuhr sie geradewegs durch das Dorf und zum Haus ihrer Mutter.
Dort stieg sie aus. »Bis morgen, Sepp«, sagte sie mit einem unsicheren Lächeln.
Er hatte die Hand am Griff der Tür, um sie hinter ihr ins Schloß zu ziehen. »Grüß Barbara!«
»Werd' ich!« rief sie.
Aber er hörte sie nicht mehr, denn er war schon dabei zurückzusetzen.

Die Tage gingen dahin. Monika arbeitete angespannt im Büro. Sie mußte sich stark konzentrieren, um die erforderlichen Daten in den Computer einzuspeichern. Aber die Arbeit lenkte sie ab und machte ihr Freude. Zweimal in der Woche hatte sie Fahrstunden, und auch damit gab sie sich Mühe. Wenn sie frei hatte, spielte sie Tennis, ging schwimmen oder fuhr mit dem Mofa herum. Bei Regenwetter lief sie, um fit zu bleiben, morgens den Karberg zu Fuß hinunter und in die Firma. Aber es war ein schöner Sommer, und es regnete nicht allzu oft.
Immer wieder sagte sie sich, daß sie allen Grund hatte, glücklich zu sein. Aber sie war es nicht.

Die Führerscheinprüfung bestand sie auf Anhieb und wurde von ihrer Schwester und ihren Freundinnen ein wenig neidvoll beglückwünscht.

Sepp gratulierte sehr herzlich. »Du kannst stolz auf dich sein!«

»Aber wieso?« entgegnete sie. »Es war gar nicht schwer, und Auto fahren kann schließlich jeder Depp.«

Unendlich viel schwerer schien es ihr, eine Entscheidung über ihre Zukunft zu treffen. Selbst wenn Sepp sich in der Ehe so verhalten würde, wie er es ihr versprochen hatte, kam es ihr doch vor, als würde sie nur einen Käfig mit dem anderen tauschen. Sie fühlte sich wie ein junger Vogel, der doch auch ein bißchen fliegen und flattern will, bevor er ein Nest für seine Jungen baut.

Der achtzehnte Geburtstag brachte eine große Überraschung. Im Hof der Fabrik wartete ein strahlendblaues kleines Auto auf sie. Sie war überwältigt.

»Für dich!« sagte Sepp lächelnd. »Umtausch ausgeschlossen. Hoffentlich gefällt er dir.«

»Gefallen ist gar kein Ausdruck! Aber er sieht ja noch ganz neu aus!«

»Er ist neu.«

»So etwas Teures kann ich mir doch nicht von dir schenken lassen!«

»Von deiner Mutter und mir. Wir haben ihn zusammen ausgesucht. Er ist als Firmenwagen eingetragen.«

Ein Schatten fiel über ihre Freude. »Also gehört er gar nicht mir!«

»Aber ja doch. Es ist nur wegen der Steuer. Du brauchst ein Auto. In der Zukunft wirst du wahrscheinlich auch öfter mal nach München müssen. Darüber hinaus steht er dir privat zur Verfügung. Abrechnen kannst du natürlich nur das Benzin, das du für die Firma verfährst.«

»Eine praktische Lösung«, sagte sie nicht ohne Bitterkeit.
»Du mußt das verstehen. Du bist doch Geschäftsfrau.«
»Bin ich das wirklich?«
»Was denn sonst?« Er übergab ihr die Schlüssel. »In der Mittagspause kannst du ihn ausprobieren. Ich komme natürlich mit.«
»Warum bist du nur so?« begehrte sie auf.
Er ließ seine Brille auf die Nasenspitze rutschen und sah sie über die Gläser hinweg an. »Wie denn?«
»Ich kann's nicht sagen! Aber du hast eine Art, einem jeden Spaß zu verderben.«
»Erklär mir das näher!« sagte er mit einem Blick auf die Armbanduhr.
Aber sie hatte schon keine Lust mehr, sich mit ihm auseinanderzusetzen. Sie wußte, sie konnte ihm nicht klarmachen, wieso ihr der schäbigste Gebrauchtwagen als ein wirkliches Geschenk lieber gewesen wäre, ein Auto, in das sie auch einmal eine Beule hätte praktizieren können, ohne Vorwürfe befürchten zu müssen. Er würde auch nicht verstehen, wie ernüchternd das alles für sie war und daß sie jetzt, sofort, hätte fahren mögen und sich nicht bis zur Mittagspause gedulden müssen. Sie kannte seine Argumente, auch ohne daß er sie aussprach. Aber wäre es denn nicht wirklich möglich gewesen, sie heute, an ihrem Geburtstag, mal ein halbes Stündchen schwänzen zu lassen?
»Was soll's«, sagte sie, »es ist doch sinnlos.«
Sepp, der Szenen haßte, ließ es dabei bewenden. Später einmal sollte er denken, daß er die Gelegenheit zu einer Aussprache verpaßt hatte.
Am späten Vormittag überbrachte dann ein Bote einen Strauß langstieliger gelber Rosen aus einem Geschäft in Prien. Monika errötete vor Freude, noch ehe sie wußte, wer der Spender war. »Oh, Sepp!« rief sie.

Er runzelte die Stirn. »Du glaubst doch nicht etwa, die sind von mir?«
»Und warum nicht?«
»Du scheinst mich schlecht zu kennen. Ich würde nie etwas über Fleurop besorgen lassen. Die Anfahrt von Prien kostet doch schon ein Vermögen. Rausgeschmissenes Geld, wenn du mich fragst.«
Monika enthüllte die Rosen und steckte ihre Nase hinein. »Es sind achtzehn Stück!« sagte sie begeistert.
Aber er tat, als wäre er in seine Arbeit vertieft, und murmelte nur etwas Unverständliches.
»Ich muß sie rasch ins Wasser stellen!«
Monika lief aus dem Büro in ihr eigenes kleines Arbeitszimmer. Dort erst riß sie den Umschlag ab und öffnete ihn. »Herzlichen Glückwunsch zur endlich erreichten Freiheit!« las sie. »Wann sehen wir uns wieder? In Sehnsucht – Oliver.«
Einen Augenblick stand sie verwirrt. Der Wunsch, diesen zärtlichen kleinen Glückwunsch zu bewahren, war stärker als der Druck, das Kärtchen sofort zu vernichten; hastig ließ sie es in einem Seitenfach ihrer Umhängetasche verschwinden. Dann holte sie ihr größtes Marmeladenglas, füllte es am Waschtisch der Toilette mit Wasser und stellte die Rosen hinein.
Sepp erwartete sie schon ungeduldig. »Können wir?«
»Aber ja doch.« Sie setzte sich an die Schmalseite des Schreibtisches, wo ihr Stenoblock noch aufgeschlagen lag, und nahm den Bleistift zur Hand.
Er diktierte das Übliche: ein paar Mahnungen, einige Bestellungen und ein Angebot mit Kostenvoranschlag für ein großes Bauvorhaben in München. Wie immer arbeitete er sehr konzentriert, und sie hoffte schon, daß er die Sache mit den Rosen vergessen hätte.

»Das wär's«, sagte er endlich.
Monika stand auf.
»Von wem sind sie?« fragte er unvermittelt.
Monika verstand ihn sofort. »Was?« fragte sie trotzdem.
»Na, du weißt schon. Stell dich nicht dumm!«
»Du meinst die Rosen? Von Oliver Baron.«
»Wer ... ach ja, ich weiß, es ist der junge Mann von ›Arnold und Corf‹.« Mit einem spöttischen Lächeln fügte er hinzu: »Sieh mal einer an! Ein kluger Junge!«
»Was willst du damit sagen?«
»Daß er uns, scheint's, noch mehr verkaufen möchte.«
»Ja«, gab sie zu, »sicher.«
»Die Taktik ist nicht neu, aber immer wieder wirkungsvoll. Willst du was vom Chef, dann schenk seiner Sekretärin Rosen.« Sepp irrte sich so sehr, daß sein Spott Monika nicht verletzte.
»Vielleicht hast du recht«, sagte sie ganz ruhig, »ich finde es aber trotzdem nett. Wie er bloß herausgebracht hat, daß ich heute Geburtstag habe?« Sie bereute diese Frage sofort. Aber er antwortete nur uninteressiert: »Da gibt es Mittel und Wege.«

Als Monika am späten Nachmittag nach Hause kam, öffnete Gabriele das Garagentor von innen, noch ehe sie ausgestiegen war.
Monika hob die Hand zum Gruß. »Danke für den Service!«
»Na toll!« sagte Gabriele neidvoll. »Du hast es geschafft, Kleine.«

»Bring dich in Sicherheit!« Monika hatte vorgehabt, das Auto rückwärts in die Garage zu setzen, zog es aber vor, unter den kritischen Augen ihrer Schwester auf das Kunststück zu verzichten, und fuhr einfach hinein.

Gabriele streichelte das Schutzblech. »Ich frage mich wirklich, mit was du den verdient hast.«
Monika nahm ihre Umhängetasche und die Blumen, deren Stengel sie in feuchtes Zeitungspapier gewickelt hatte, und stieg aus.
»Rosen auch noch!« schrie Gabriele.
Monika lächelte nur.
»Aber die sind nicht von Sepp!« behauptete die Schwester.
»Wie kommst du darauf?«
»Sepp würde für so was nie Geld ausgeben, so lange wir jede Menge im Garten haben! Also ... von wem sind sie?«
»Das geht dich einen Dreck an!« erwiderte Monika freundlich.
Sofort stürzte Gabriele ins Haus. »Mami, Mami!« schrie sie. »Stell dir vor, Monika hat Rosen geschenkt gekriegt ... und sie will nicht sagen, von wem!«
Barbara Stuffer kam ihren Töchtern im Hausflur entgegen. »Aber mir wird sie es erzählen«, sagte sie lächelnd.
Monika drückte ihr einen Kuß auf die Wange. »Danke für das fabelhafte Auto!«
»Zeig mal die Rosen! Die sind aber wirklich sehr schön! Du solltest die Stengel gleich noch einmal schräg abschneiden, bevor du sie in die Vase gibst.«
»Mach ich, Mami.«
»Und wer hat sie dir spendiert?«
»Kann man denn in diesem Haus nie ein Geheimnis haben?« protestierte Monika.
Barbara lachte. »Nein, wirklich nicht. Damit fangen wir gar nicht erst an.«
Monika gab auf. »Na, wenn ihr es absolut wissen wollt: sie sind von ›Arnold und Corf‹. Die können sie sicher von der Steuer absetzen.«
»›Arnold und Corf‹?« wiederholte Gabriele verständnislos.

»Das ist die Firma, von der wir den Computer haben. Die wollen uns noch einiges mehr verkaufen. Deshalb die Blumen.«
»Das nehme ich dir nicht ab!« sagte Gabriele prompt.
»›Arnold und Corf‹, jetzt erinnere ich mich wieder! Von denen war doch dieser Typ, der dich in seiner Angeberkutsche nach Hause gefahren hat!«
»Weil du mich wieder mal hattest hängenlassen!« parierte Monika geistesgegenwärtig. »Gott, bin ich froh, daß ich endlich ein eigenes Auto habe!« Sie stürmte an Mutter und Schwester vorbei die Treppe hinauf und ins Bad.
Dort schloß sie sich ein, nahm Olivers Kärtchen aus der Tasche, las noch einmal die zärtlichen Zeilen, dann zerriß sie es in kleine Schnipsel und spülte es im Klo hinunter.
Dabei liefen ihr Tränen über die Wangen, aber sie wußte selber nicht, ob es Tränen der Trauer oder der Liebe waren. Erst als sie sich wieder gefaßt hatte, lief sie hinunter, um sich eine Vase zu holen.

Für den Abend hatte die Mutter ein festliches kleines Essen vorbereitet. Die Geburtstagsfeier mit den Freunden und Freundinnen sollte am Wochenende nachgeholt werden. Heute war nur Sepp eingeladen, und er wirkte im dunklen Anzug mit silbergrauer Krawatte sehr elegant.
Er hatte Monika eine goldene Brosche in Form einer Schleife mitgebracht. »Als Zeichen meiner Liebe!« sagte er.
»Oh, die ist aber reizend!« rief Monika und küßte ihn auf die Wange; sie hatte ihr langes blondes Haar noch am Nachmittag gewaschen, und es fiel ihr wie eine schimmernde Wolke über Schultern und Rücken.
Auch die Mutter und Gabriele bewunderten das kleine Schmuckstück. Monika freute sich wirklich über die Brosche und steckte sie sich gleich an. Aber sie hatte das un-

gute Gefühl, daß Sepp vorhaben könnte, ihren Geburtstag in eine Verlobung umzufunktionieren. Dazu trug bei, daß er sehr viel schweigsamer als sonst war und leicht gehemmt wirkte. Monika versuchte sich einzureden, daß es nur an dem ungewohnten feinen Anzug lag. Aber ihr Unbehagen blieb, und auch sie war ziemlich still, stiller, als es dem Anlaß entsprach.

»Was ist los mit dir?« fragte die Mutter, als sie beim Braten saßen. »Wieso kriegst du die Zähne nicht auseinander?«

»Siehst du nicht, wie ich kaue?« entgegnete Monika mit vollem Mund.

»Du weißt genau, was ich meine. So lange hast du dich auf diesen Tag gefreut, und jetzt könnte man fast meinen, du wärst enttäuscht. Was hattest du dir denn erwartet?«

»Laß sie in Frieden, Barbara!« mischte Sepp sich ein. »Man muß ja nicht immer plappern, wenn man vergnügt ist!«

»Aber sie ist nicht vergnügt, Sepp. Ich kenne sie doch. Willst du nicht sprechen, Monika?«

»Sie ist enttäuscht, daß Sepp ihr keine roten Rosen geschenkt hat!« stichelte Gabriele.

Monika ließ Messer und Gabel sinken. »Ich finde, es besteht kein Grund, Juhu zu schreien, wenn man erwachsen wird ...«

»Auf einmal nicht?« warf Gabriele ein.

»... sondern gründlich nachzudenken!« beendete Monika ihren Satz.

»Über was?« fragte Gabriele.

»Über alles!« Monika fühlte alle Aufmerksamkeit auf sich gerichtet und entschloß sich spontan, zum Angriff überzugehen. »Es ist doch alles ganz so geblieben, wie es war. Ich kann doch heute hundertmal erwachsen geworden sein, aber in euren Augen bin ich es doch nicht. Ihr behandelt mich weiter wie ein Kind.«

Gabriele lachte. »Hast du erwartet, daß wir plötzlich ›Sie‹ zu dir sagen?«
»Du kannst deine Situation ändern!« sagte Sepp eindringlich. »Erinnere dich, daß ich dir einen Vorschlag gemacht habe.«
»Was für einen Vorschlag?« fragte die Mutter sofort, aber sie bekam keine Antwort.
»Ich möchte endlich selbständig werden!« verlangte Monika.
»Wenn du von nun an deine Sachen allein in Ordnung halten willst, ist nichts dagegen einzuwenden!« erwiderte die Mutter. »Aber kochen darf ich doch wohl auch in Zukunft noch für dich.«
»Du verstehst mich überhaupt nicht!« sagte Monika scharf. »Ich möchte Abstand von euch gewinnen, mich endlich frei schwimmen ... ach, ich weiß nicht, wie ich euch das erklären soll.«
»Wahrscheinlich weißt du selber nicht, was du willst. Jedenfalls sind das keine Tischgespräche.«
»Wer hat denn damit angefangen?« rief Monika. »Ich doch nicht! Ich habe ganz still und friedlich dagesessen. Aber nicht einmal seine eigenen Gedanken darf man hier bei euch haben!«
»Bitte, nicht dieser Ton!«
Monika schnappte Luft und sagte beherrscht: »Selbst wenn ich es dir mit Engelstönen flöten würde, du wärst dagegen. Aber daß du es weißt: ich will fort von hier.«
»Fort?« Mutter und Schwester sagten es fast gleichzeitig und sahen Monika entgeistert an.
Sepp reagierte nicht so überrascht; er nippte an seinem Weinglas.
»Wohin um alles in der Welt?« fragte die Mutter.
»Irgendwohin. Ich weiß es nicht.«

»Wenn du wenigstens einen Plan hättest ...«
»Den werde ich mir schon noch machen!«
»Aber wozu? Seit wann gefällt es dir nicht mehr hier? Du hast doch alles, was du brauchst! In der Firma bist du doch gar nicht zu ersetzen! Nun sag du doch auch mal etwas, Sepp!«
Er blickte in sein Glas, als könnte er darin der Wahrheit letzten Schluß ergründen. »Ich glaube, ich kann Monika ganz gut verstehen. Sie möchte sich den Wind ein bißchen um die Nase wehen lassen.« Jetzt sah er sie an. »Ist es das?«
»Ja, Sepp!« rief sie erleichtert. »Du hast es erfaßt! Ich will ja nicht für immer fort, Mami! Ich weiß doch, wie schön es hier ist und daß es mir an nichts fehlt! Ich bin ja kein Idiot! Ich möchte wirklich nur mal etwas anderes kennenlernen, Erfahrungen sammeln ...«
»Erfahrungen?« rief die Mutter dazwischen. »Ein anständiges Mädchen braucht keine Erfahrungen!«
»... auf eigenen Füßen stehen! Ich denke nicht an Männerbekanntschaften, Mutter! Ich will nur mal feststellen, wie es ist, wenn man alleine lebt, von dem Geld, das man sich selber verdient ... nur auf ein Jahr, Mami!«
»Und ich will wetten, daß sie nach einem Jahr reumütig wieder zurückkommt!« unterstützte Sepp sie.
»Ja, seid ihr denn alle beide wahnsinnig geworden? Sepp, du willst zulassen, daß sie in ihr Unglück rennt? Sie hat doch keine Ahnung, wie es in der Großstadt zugeht!«
»Es muß ja nicht unbedingt eine Großstadt sein, Mami! Vielleicht finde ich ja hier in der Umgebung eine Arbeit!«
»Dann sehe ich auch nicht ein, warum du fort willst!«
»Das war nur ein Vorschlag zur Güte, Mami! Natürlich würde ich lieber nach London gehen, vielleicht als Aupair-Mädchen!«

»Hört, hört!« sagte Gabriele vergnügt. »Wer möchte das wohl nicht?«
Die Mutter sah sie streng an. »Du etwa auch?«
»Um anständig Englisch zu lernen. Ich finde das gar keine schlechte Idee.«
»Schlagt euch das aus dem Kopf, alle beide. Ich werde niemals zulassen, daß ihr für fremde Leute die Drecksarbeit macht.«
»Auch das könnte vielleicht ganz lehrreich sein«, entgegnete Gabriele unbeirrt.
»Nein! Ich weiß doch, wie es zugeht. Als Ausländerinnen sind Au-pair-Mädchen Freiwild!«
»Wir könnten Monika vielleicht ja auch einen Studienaufenthalt im Ausland finanzieren«, schlug Sepp vor.
»Was sind das für Ideen! Du brauchst sie doch in der Firma!«
»Stimmt schon. Aber niemand ist unersetzlich, Barbara. Außerdem nehme ich nicht an, daß sie von heute auf morgen lossausen will. Erst müßte ja auch noch ein geeignetes Institut gefunden werden.«
»Nein!«
»Ich kann mich des Eindrucks nicht erwehren«, bemerkte Gabriele spöttisch, »daß der gute Sepp dich ganz gerne loshaben will, Monika! Findest du nicht?«
»Giftspritze!« konterte Monika.
»Ihr wißt alle, wie ernst meine Absichten sind«, erklärte Sepp bedächtig, »aber ich finde doch, sie hat das Recht, sich den Wind ...«
Barbara Stuffer unterbrach ihn. »Hör mir auf mit dem Wind! Wind haben wir hier auf dem Karberg wahrhaftig genug!«
Sepp versuchte es noch einmal. »Ich weiß noch ganz gut, als ich in ihrem Alter war ...«

Wieder ließ Barbara ihn nicht aussprechen. »Aber du warst ein Mann! Wäre sie ein Junge, dann wäre es etwas anderes. Ich habe meine Töchter nicht zu anständigen Menschen aufgezogen, um sie dann Gefahren auszusetzen, die ... die ...« Sie suchte nach dem treffenden Wort. »... völlig unkalkulierbar sind.«
»Du hast verdammt wenig Vertrauen in mich«, stellte Monika fest.
»Es gibt Situationen, in denen ich mir selber nicht vertrauen würde!«
»Oha!« warf Gabriele ein.
»Mit achtzehn ist man einfach noch nicht erwachsen, auch wenn das Gesetz es jetzt so bestimmt. Was haben Gesetze denn auch für eine Ahnung von Menschen? Du hältst dich für wer weiß wie reif und überlegen, Monika, aber du bist es doch noch lange nicht! Sieh doch bloß mal in den Spiegel! Wenn du ungeschminkt bist, könnte man dich glatt für fünfzehn halten.«
»Aber darum geht's mir ja gerade! Ich will erwachsen werden, und ich muß erwachsen werden!«
»Das kannst du auch hier bei uns zu Hause! Wenn es soweit ist, reden wir weiter.«
»Der Kalbsbraten«, sagte Sepp, »schmeckt wirklich ausgezeichnet, Barbara. Kann ich noch ein Stück haben?«
»Aber gerne!« Sie reichte ihm die Platte hinüber.
Doch wenn er gehofft hatte, durch seine Bemerkung die Stimmung beruhigt zu haben, sah er sich getäuscht.
»Wie unreif du noch bist«, fuhr Barbara fast im gleichen Atemzug fort, »beweist ja schon allein die Idee, uns mir nichts, dir nichts zu verlassen, kaum daß dein Vater ein halbes Jahr unter der Erde ist! Wenn ich nicht wüßte, wie jung und dumm du tatsächlich bist, würde ich es lieblos nennen.«

Dieser Hieb saß. In ihren Bemühungen, mit sich selber fertig zu werden, hatte Monika wirklich nicht daran gedacht, daß die Mutter erst seit kurzem Witwe war und sich ohne sie vielleicht noch verlassener fühlen könnte. »Verzeih mir, Mami!« bat sie betroffen, aber doch mit dem Gefühl, daß man unfair zu ihr war.
»Schon gut. Aber in Zukunft will ich von diesem Gerede nichts mehr hören. Einverstanden?«
Monika schwieg.
Barbara schien es als Zustimmung zu nehmen, denn sie schnitt ohne abzuwarten ein anderes Thema an und fragte Sepp, der im Gemeinderat saß: »Sag mal, wieviel hat eigentlich die neue Umwälzanlage für das öffentliche Schwimmbad gekostet? Man munkelt von Zigtausenden!«
»Ja, sie war nicht billig. Dafür hoffen wir aber, daß sie die nächsten Jahre halten wird.«
Monika zwang sich, an dem Gespräch teilzunehmen, obwohl sie nicht die geringste Lust dazu verspürte. Aber sie wollte den anderen den Abend nicht verderben.
Später, als sie Sepp zu seinem Auto brachte, sagte sie: »Ich danke dir! Es war lieb von dir, daß du versucht hast, mir zu helfen.«
»Das war doch selbstverständlich.«
»Für mich nicht. Ich hatte es nicht erwartet.«
»Da sieht man mal wieder, wie schlecht du mich kennst.«
»Kann sein. Ich war wirklich überrascht.« Als er schwieg, fügte sie hinzu: »Warum eigentlich hast du es getan? Wärst du wirklich damit einverstanden, wenn ich für ein Jahr wegginge? Oder hast du von vornherein damit gerechnet, daß Mami es nicht zulassen würde?«
»Ich möchte verhindern, daß du dir eines Tages einbilden wirst, etwas versäumt zu haben.«
»Ja«, gestand sie, »davor habe ich Angst.«

»Laß erst mal das Trauerjahr vorbei sein, dann wagen wir einen neuen Vorstoß.« Er nahm sie in die Arme und küßte sie auf die Wangen.
»Es ist gut, daß es dich gibt«, sagte sie.
»Wenn du das nur einsiehst!«

In den nächsten Wochen mußte Monika feststellen, daß das Computerprogramm, das Oliver Baron ausgearbeitet hatte, nicht ganz den Bedürfnissen des Betriebes entsprach. Sie berichtete es eines Nachmittags Sepp Mayr.
»So, so!« sagte er. »Dann ist der junge Mann wohl doch nicht so tüchtig, wie er sich einbildet.
Sie mußte den Impuls unterdrücken, Oliver hitzig in Schutz zu nehmen, und zwang sich sehr beherrscht zu antworten: »Ich fürchte, es ist eher meine Schuld. Ich wußte anfangs nicht so genau, was für Rubriken wir brauchen würden.«
»Wo hapert's denn?«
»Ich kann jetzt zum Beispiel nur den Bruttolohn der einzelnen Mitarbeiter eingeben, würde den aber gern in den Nettolohn, die Sozialabgaben und so weiter aufgliedern.«
»Klingt ganz vernünftig.«
»Da sind noch einige andere Sachen ...«
Er unterbrach. »Hör mal, es hat keinen großen Sinn, mir das zu erzählen. Du arbeitest ja mit dem Computer, nicht ich. Schreib es auf und schick es ›Arnold und Corf‹!«
»Meinst du, daß die noch nachträglich was dran machen können?«
»Ich will's hoffen. Ein neues Programm können wir uns im Augenblick nicht leisten.«
»Gut«, sagte Monika, »wird gemacht. Hoffentlich vergesse ich nicht wieder was.« Sie wollte sich in ihr Büro zurückziehen.

»Weißt du was?« rief er ihr nach. »Verbind mich mal mit der Firma!«
Sie wählte von ihrem eigenen Apparat aus die Nummer von ›Arnold & Corf‹, ließ sich aber nicht mit Oliver Baron verbinden, sondern sagte: »Hier Sekretariat der Firma ›Stuffer Fenster und Türen‹, Medermoos. Wir haben von Ihnen einen Computer MCX bezogen. Unser Herr Mayr möchte einen der leitenden Herren in dieser Angelegenheit sprechen.« Noch während die Telefonistin sie verband, gab Monika das Gespräch an Sepp weiter. »Übernimmst du?«
Sie ärgerte sich vor ihrer Scheu, mit Oliver zu sprechen. Es wäre eine gute Gelegenheit gewesen, sich endlich für seinen Geburtstagsgruß zu bedanken. Aber sie hatte das ganz starke Gefühl, ihm nicht gewachsen zu sein.
Zehn Minuten später steckte Sepp den Kopf in ihr Büro. »Alles in Ordnung«, sagte er vergnügt.
Sie sah von ihrer Schreibmaschine zu ihm auf. »Wie das?«
»Baron hat mir versprochen, die nötigen Änderungen durchzuführen. Er hat zwar heute den ganzen Tag zu tun, aber wenn du ihm das Programm nach München bringst, wird er sich sofort an die Arbeit machen. Falls es sein muß, die ganze Nacht durch.«
»Ich?«
»Ja, natürlich du! Er meint, daß bestimmt noch dies und das zu besprechen wäre und du die Software bestimmt so schnell wie möglich zurückhaben möchtest.«
»Ja, schon«, sagte sie matt.
»Ich finde das sehr entgegenkommend! Aber wahrscheinlich wird er die Gelegenheit benutzen wollen, mir noch dies und jenes anzudrehen. Ich begleite dich natürlich.«
Monika wußte nicht, ob sie sich darüber freuen oder ärgern sollte. »Ein Drucker wäre natürlich schon sehr praktisch«, sagte sie.

»Wenn die Geschäfte weiter so laufen, kriegst du ihn noch vor Ende des Jahres!« versprach er. »Jetzt schreib erst mal schön alles auf!«
»Sepp!« rief sie.
»Ja?«
»Wann fahren wir?«
»Gleich nach Arbeitsschluß.«
»Kann ich nicht vorher noch nach Hause?«
»Wozu? Du bist schön genug, und wenn es länger dauern sollte, essen wir eine Kleinigkeit in München. Ich sage Barbara gleich Bescheid!«
Monika war verwirrt und verärgert. Sie wußte, Sepp meinte es nicht böse, aber sie haßte die Selbstverständlichkeit, mit der er über sie bestimmte. Auf die Idee, sie nach ihren Wünschen zu fragen, kam er gar nicht. Natürlich hätte sie für München gern etwas anderes angezogen als das einfache blaue Baumwollkleid, in dem sie zur Arbeit gefahren war. Sie hätte sich lieber vorher kurz geduscht, weil sie sich verschwitzt fühlte, und am liebsten hätte sie sich auch noch die Haare gewaschen. Außerdem hatte sie zu Mittag wieder einmal nichts anderes gegessen als ein Knäckebrot und einen Apfel. Aber darauf nahm ja niemand Rücksicht. So hatte sie gerade nur noch Gelegenheit, ihren Zopf zu lösen, ihr Haar durchzubürsten, die Wimpern kräftig zu tuschen und die Lippen nachzuziehen.
»Donnerwetter!« sagte Sepp, als sie sich später bei seinem Auto im Hof trafen. »Du scheinst was vorzuhaben!« Halb bewundernd, halb amüsiert blickte er sie an.
»Ich dachte, du wolltest mit mir essen gehen«, entgegnete sie.
»Du erwartest doch wohl nicht, daß ich dich in ein Feinschmeckerrestaurant führe?«
»Von mir aus gehen wir zu ›MacDonald's‹! Aber auf kei-

nen Fall möchte ich wie eine Landpomeranze wirken, und das willst du doch wohl auch nicht.«
»Ich finde dich immer einigermaßen präsentabel.«
Sie machte es sich auf dem Beifahrersitz bequem. »Soll ich das als Kompliment oder als Beleidigung auffassen?«
»Es war eine sachliche Feststellung.« Er setzte sich hinter das Steuer und ließ den Motor an. »Im übrigen muß ich dich leider enttäuschen.«
»Wir haben keine Zeit, essen zu gehen?«
»Vielleicht doch. Jedenfalls kann ich dich aber nicht zu ›Arnold und Corf‹ begleiten.«
»Halt!« rief sie spontan. »Dann laß mich aussteigen!«
Sie waren gerade dabei, aus dem Hof zu kurven, und Sepp machte keine Anstalten, Gas wegzunehmen oder auf die Bremse zu treten. »Was ist los?« fragte er unbeeindruckt. »Bist du verrückt geworden?«
»Ich will nicht allein dorthin!«
»Sei nicht albern! Sonst spielst du dich mit Vorliebe als Erwachsene auf, und wenn man mal ein bißchen Selbständigkeit von dir verlangt, flippst du aus.«
»Aber wir müssen doch nicht ausgerechnet heute nach München! Wenn du keine Zeit hast, ruf doch einfach an ...«
»Du weißt, wie ungern ich Termine über den Haufen werfe, und in diesem Fall wäre es ja auch ganz unnötig. Ich muß sowieso nach München, also kann ich dich auch bringen und nachher wieder mit nach Hause nehmen.«
»Aber wir wollten doch zusammen ...«
»Monika! Von der elektronischen Datenverarbeitung verstehe ich überhaupt nichts und will mich auch gar nicht erst damit befassen. Dafür bist du zuständig. Also brauchst du mich bei diesem Gespräch mit Baron gar nicht. Hast du dich eigentlich für die Rosen bedankt?«
»Nein.«

»Sehr wenig höflich von dir.«
»Ich fand sie übertrieben.«
»Nach den Aufträgen, die sie noch von uns erwarten, durften die paar Blumen doch schon drin sein!«
Sie waren jetzt schon auf der Autobahneinfahrt, und Monika wußte, daß sie Sepp jetzt auf keinen Fall mehr dazu überreden konnte, umzukehren. Dennoch konnte sie das Thema nicht einfach fallenlassen. »Aber erst hast du mir doch gesagt ...« beklagte sie sich und war nahe daran, in Tränen auszubrechen. »... wenn ich das wenigstens von Anfang an gewußt hätte! Warum auf einmal ...«
»Hinkel hat mich angerufen. Er will mich sprechen!«
Hubert Hinkel war der Chef eines bedeutenden Bauunternehmens, für den die Firma ›Stuffer Fenster und Türen‹ häufig arbeitete, fast hätte man sagen können, daß sie von ihm abhängig war.
Monika wußte das sehr gut, und trotzdem quengelte sie: »Für Hinkel macht es dir also überhaupt nichts aus, deine Termine umzustoßen, aber wenn es um mich geht ...«
»Monika, jetzt nimm endlich Vernunft an! Es paßt doch alles großartig! Da ich sowieso nach München muß, kann ich geradesogut mit Hinkel sprechen.«
»Ja, wenn er pfeift, springst du!«
»Ich selber habe ihm vorgeschlagen, ihn gleich heute zu treffen!«
»Also, das wird ja immer schöner! Um mich kümmerst du dich überhaupt nicht!«
»Ich werd' es kurz machen bei Hinkel. Ich wette, ich bin eher fertig als du bei ›Arnold und Corf‹, und dann hol' ich dich ab, und wir gehen zusammen essen. Wohin soll ich dich ausführen? Hast du einen besonderen Wunsch?«
»Nein.«
»Komm, hör auf zu schmollen! Sag schon!«

»Kannst du wirklich nicht begreifen, daß es mir nicht ums Essen geht?«
»Aber um was dann?«
»Ich gebe es auf. Mit dir kann man ja nicht reden.«
Tatsächlich hatte sie keine Lust mehr, mit ihm zu sprechen, aber es kränkte sie, daß er mit diesem Ende ihrer Auseinandersetzung ganz zufrieden zu sein schien. Jedenfalls machte er keinen Versuch, sie aus ihrem Schweigen zu locken. Wie immer fuhr er sehr schnell, auf der Autobahn schon gar, und die schöne oberbayerische Landschaft mit ihren Wäldern und Seen flog an ihr vorüber. Schon zwanzig Minuten nach ihrer Abfahrt erreichten sie die Höhe des Irschenbergs, und noch einmal zwanzig Minuten später München. Auf dem Mittleren Ring ordneten sie sich in den Stadtverkehr ein.
»Hast du deine Aufzeichnungen mit?« fragte Sepp.
Monika schwieg.
»Warum antwortest du mir nicht?«
»Weil das eine zu depperte Frage ist.«
»Du hast noch nie im Leben was vergessen, wie?«
Monika hüllte sich wieder in Schweigen.
»Ich sollte wohl auch nicht fragen, ob du die Disketten auch eingesteckt hast?«
»Erst mal nur eine. Mit der anderen kann ich dann noch weiterarbeiten.«
»Siehst du, daran hätte ich gar nicht gedacht! Du verstehst wirklich mehr von diesen Dingen als ich.«
»Kunststück!« sagte Monika, hatte aber selber das Gefühl, zu vorlaut gewesen zu sein, und fügte rasch hinzu: »Da du dich gar nicht damit befaßt.«
Er registrierte ihren versöhnlichen Ton und legte ihr kurz die Hand aufs Knie. »Sei nicht böse, Monika! Ich werde mich bestimmt beeilen.«

›Meinetwegen nicht‹, hätte sie am liebsten gesagt, verbiß es sich aber und fragte statt dessen: »Und wenn ich vor dir fertig bin?«
»Sobald du alles besprochen hast, rufst du Hinkel an. In der Privatwohnung. Wenn ich nicht mehr da bin, bleibst du, wo du bist, und wartest auf mich. Falls ich noch dort sein sollte, machen wir was anderes aus.«
In Monikas Augen war das keine zufriedenstellende Lösung, aber sie beschwerte sich nicht, weil sie, wie sie fand, für heute schon genug revoltiert hatte. »Na gut«, sagte sie nur.
Sepp bog vom Mittleren Ring ab, und sie fuhren quer durch die Stadt, vorbei an »Feinkost Käfer«, das Monika kannte, weil sie schon einmal mit der Mutter und Gabriele dort Einkäufe gemacht und gegessen hatte. Vor ihnen strahlte der riesige Friedensengel auf seiner Säule in goldenem Glanz. Sie fuhren an ihm vorbei die breite geschwungene Straße hinunter und über die Brücke auf die linke Seite der Isar. Als sie in den Tunnel unter dem »Prinz-Carl-Palais« einfuhren, kannte Monika sich nicht mehr aus, und sie fragte Sepp auch nicht, wo sie waren, denn wie immer wirkte die Großstadt leicht verwirrend auf sie, und sie fürchtete, sich seine Auskünfte doch nicht merken zu können. Sie saß still neben ihm und hing ihren Gedanken nach. Es war merkwürdig, fand sie, daß Sepp sie ganz allein zu Oliver Baron schickte. Wenn er sie liebte, hätte er doch wenigstens eine Spur von Eifersucht zeigen müssen. Oliver war zumindest ein sehr gut aussehender junger Mann. Sepp selber hatte einmal, wie sie sich erinnerte, seine Manieren gelobt. Intelligent und gewandt war er auch. War es Sepp denn gar nicht aufgefallen, daß es Oliver verstand, sie zu beunruhigen? Glaubte er wirklich, daß die Rosen zu ihrem Geburtstag nur eine geschäftliche

Aufmerksamkeit gewesen waren? Sie war dankbar gewesen, daß er keine Szene deswegen gemacht hatte. Aber daß er sich so gar keine Sorgen um sie machte, befremdete sie. Setzte er so unbegrenztes Vertrauen in sie? Oder wollte er sie auf die Probe stellen?
»Hier sind wir!« sagte er endlich. »Schillerstraße. Da vorne ist der Hauptbahnhof. Da findest du im Notfall ein Taxi.«
»Notfall?« fragte sie. »Was meinst du damit?«
Er lachte. »Ich wollte dich nicht erschrecken. Das sollte nur eine Orientierungshilfe sein. Du kennst dich in München doch nicht aus. In dieser Gegend hier schon gar nicht.«
»Rechnest du damit, daß du verunglückst? Oder hast du heute abend noch etwas Besonderes vor?«
»Sei nicht albern!«
»Warum sagst du dann so etwas?«
»Damit du dich sicherer fühlst. Ich finde, man fühlt sich sicherer, wenn man weiß, wo man ist.«
»Ich würde mich sicherer fühlen, wenn du mich begleitetest.«
»Du weißt, daß das unmöglich ist. Fang nicht wieder an!«
»Ich finde, das Ganze ist eine Zumutung.«
»Allein in ein Geschäft zu gehen? Ich bitte dich. Wenn du nicht Barbaras Tochter, sondern einfach nur eine Sekretärin wärst, würde ich nicht daran denken, dich nachher abzuholen. Ich würde von dir erwarten, daß du zu Hinkel kommst, und ich würde dir kein Taxi für die Fahrt empfehlen, sondern die U-Bahn.«
»Was für ein Glück, daß ich Barbaras Tochter bin.«
»Ganz richtig. Du weißt gar nicht, wie verwöhnt du bist.«
Er nahm Gas weg, schaltete in den ersten Gang herunter und hielt Ausschau nach einer Parklücke. »Nichts zu machen!« stellte er fest und hielt in der zweiten Reihe. »Hier ist es«, sagte er, »steig rasch aus! Du mußt durch den Hof.«

Wortlos schlüpfte sie aus dem Auto.

»Bis nachher!« rief er ihr noch zu.

Aber darauf reagierte sie nicht mehr. Als er wieder anfuhr, sah sie ihm auch nicht nach, sondern konzentrierte sich scheinbar nur darauf, sich schmal zu machen, um zwischen den parkenden Fahrzeugen durchzukommen, ohne ihr Kleid zu beschmutzen. Tatsächlich war sie wütend. Als wäre es ihre Schuld, daß sie noch nie dazu gekommen war, U-Bahn zu fahren! Sie »Barbaras Tochter« zu nennen, als wäre sie nichts als ein Anhängsel ihrer Mutter!

Im Erdgeschoß des großen Mietshauses, vor dem Sepp sie hatte aussteigen lassen, waren ein Blumenladen und ein Konfektionsgeschäft. Aber eine Hinweistafel mit der Aufschrift ›Arnold & Corf‹ zeigte in einen Hinterhof, in dem mehrere Fahrzeuge geparkt waren, darunter ein Lastwagen, der gerade mit Kisten beladen wurde. Als Monika sich vorbeischlängelte, unterbrachen die Männer kurz ihre Arbeit und starrten sie an. Einer stieß einen anerkennenden Pfiff aus. Sie tat so, als hätte sie es nicht bemerkt, aber es hob ihr Selbstbewußtsein.

Die Geschäftsräume der Firma lagen im dritten Stock des Hinterhauses. Es gab einen Aufzug, aber Monika zog es vor, die Treppen zu Fuß hinaufzuklettern. Das machte ihr nichts aus, weil sie von kleinauf auf die Berge gekraxelt war.

›Arnold & Corf‹ war kein offenes Geschäft; Monika mußte an der Etagentür läuten.

Der junge Mann, der ihr öffnete, blickte sie mit unverhohlenem Erstaunen an.

»Grüß Gott!« sagte Monika rasch. »Ich komme von ›Stuffer Fenster und Türen‹. Herr Baron erwartet mich.«

»So?« fragte der junge Mann, immer noch ein wenig verwirrt, fing sich dann aber. »Sie müssen schon entschuldigen!« Er trat beiseite, um sie einzulassen. »Damenbesuche sind wir hier eigentlich nicht gewohnt.«

»Das habe ich mir schon gedacht«, erwiderte sie, »würden Sie Herrn Baron bitte Bescheid sagen?«

»Ja, sofort!« Er führte sie durch ein Vorzimmer in einen sehr großen Raum, der vollgestellt mit Tischen war, auf denen Computer und andere elektronische Geräte in verschiedenen Ausführungen und Größen standen, und verschwand. Monika sah sich um und stellte fest, daß sie nicht der einzige Kunde war. Im Hintergrund des Raumes führten drei Herren ein Gespräch, bei dem es um technische Daten ging. Die Atmosphäre war so sachlich, wie sie nur sein konnte. Monika war sehr erleichtert, gleichzeitig ärgerte sie sich aber über sich selber und tat Sepp in Gedanken Abbitte. Er mußte sie ja wirklich für eine dumme Pute gehalten haben, weil sie sich gesträubt hatte, allein hierher zu kommen. Sie wußte selber nicht, wovor sie sich gefürchtet hatte.

Aber als er dann auf sie zukam, mit seinem beschwingten, leicht federnden Gang, der zu signalisieren schien, daß das Leben für ihn ein Vergnügen war, traf es sie wie ein Schlag. Trotz der Hitze trug er einen korrekten Anzug, nur die Krawatte war leicht verrutscht, als hätte er sie sich gerade erst hastig umgebunden, und die braunen Locken wirkten zerzaust, als wäre er sich mit allen fünf Fingern durch das Haar gefahren. – Schon von weitem strahlte er sie an, und als er vor ihr stand, entdeckte sie wieder die grünen funkelnden Lichter in seinen braunen Augen und die winzigen Sommersprossen auf seinem Nasenrücken. Sie hatte nicht mehr gewußt, wie bezaubernd er wirken konnte.

»Monika!« rief er halblaut und sehr vergnügt. »Wie schön, daß du deinen Chef abgehängt hast!«

»Das habe ich nicht getan!« widersprach sie mit soviel Würde, wie sie aufbringen konnte.

Er ließ sich die Laune nicht verderben. »Jedenfalls sind wir ihn für heute los!«

»Auch das nicht. Er holt mich nachher ab.«

»Darüber brauchen wir uns also jetzt noch keine Sorgen zu machen«, erklärte er unbekümmert.

»Oliver! Wir müssen arbeiten!«

»Das werden wir auch! Aber wir können doch erst ein paar Worte …«

Sie kramte in ihrer Tasche. »Bei den beiden Programmen, die du für uns eingerichtet hast, fehlt noch einiges. Bitte, glaub nicht, daß ich dir einen Vorwurf daraus machen will! Ich selber habe anfangs nicht gewußt …«

»Ach, mach dir nichts draus! Das geht meist so!«

Sie reichte ihm ihre Liste.

Er warf nur einen flüchtigen Blick darauf. »Hör mal«, sagte er, »hast du eigentlich meine Rosen nicht bekommen?«

»Doch. Sie waren wunderschön.«

»Aber?«

»Hast du gar nicht daran gedacht, daß meine Familie sich darüber aufregen könnte?«

Er grinste ohne eine Spur von Schuldbewußtsein. »Aber ich habe sie dir doch in die Firma geschickt.«

»Meinst du, das wäre mir angenehm vor meinem Chef gewesen?«

»Also war er es, der sich aufgeregt hat?«

»Keine Spur. Er dachte, es wäre ein Versuch, mit der Wurst nach der Speckseite zu werfen.«

Oliver lachte herzlich.

»Das ist durchaus kein Spaß«, sagte sie streng.

»Finde ich doch.«

»Es wäre schlimm gewesen, wenn er in deinen Rosen etwas anderes gesehen hätte als eine geschäftliche Aufmerksamkeit. Schlimm für mich und schlimm für dich.«

»Wieso denn?«
»Weil ich ihm versprochen bin.«
»Er will dich heiraten?« rief Oliver entgeistert.
»Ja.«
»Und darauf läßt du dich ein? Er ist doch viel zu alt für dich! Ein Tattergreis!«
»Vierunddreißig.«
»Das sag' ich ja! Wenn er früh genug angefangen hätte, könnte er dein Vater sein!«
»Das Alter spielt doch keine Rolle.«
»Natürlich tut es das! Erzähl mir jetzt bloß nicht, daß du ihn liebst.«
»Doch.«
»Das nehme ich dir nicht ab. Er ist ja ein netter Kerl, und du magst ihn gernhaben. Aber von Liebe kann zwischen euch keine Rede sein. Man manipuliert dich einfach. Deine Mutter will dich versorgt wissen, und dein Chef will die Firma.« Monika war betroffen, denn er sprach etwas aus, was sie selber seit einiger Zeit mit dumpfem Unbehagen gespürt hatte; es klang sehr schwach, als sie widersprach: »Aber die Firma gehört nicht mir!«
»Du wirst sie erben! Dann zahlt Sepp Mayr deine Schwester aus, und er ist der Besitzer!«
Monika holte tief Atem. »Und was geht dich das an?«
Aus dem Hintergrund des Raumes kamen die drei Herren noch in ihr Verkaufsgespräch vertieft; nur einer blickte im Vorbeigehen interessiert zu Monika und Oliver hin.
»Komm, laß uns irgendwohin gehen, wo wir in Ruhe miteinander reden können!« schlug er vor.
»Aber wir müssen doch arbeiten!«
»Nicht wir ... ich! Du hast mir das alles sehr schön aufgeschrieben. Ich bin durchaus imstande, das zu kapieren. Also los!«

»Kannst du denn so ohne weiteres weg?«
»Natürlich. Mein regulärer Arbeitstag ist ja schon zu Ende. Also hab dich nicht!«
»Oliver, das geht nicht! Sepp will mich hier abholen und ...«
»Ruf ihn halt an! Ich kann dich ja auch nach Hause fahren ...«
»Nein!«
»Dann ruf ich ihn eben selber an. Wo steckt er?«
»Bei Hubert Hinkel, dem Bauunternehmer. Sie sind in dessen Privatwohnung beisammen.« Sie nannte ihm die Telefonnummer.
»Dann warte hier! Ich bin gleich zurück.«
»Kann ich nicht lieber mitkommen?«
Er blickte ihr amüsiert in die Augen. »Hast du Angst, ich könnte etwas Dummes sagen?«
»Nein, das nicht«, behauptete sie ein wenig beschämt.
»Oder dich anschwindeln?«
»Was hast du dagegen, wenn ich zuhöre?«
»Gar nichts. Also komm.«
Sie folgte ihm durch den Vorraum und dann durch eine Tür rechter Hand, die in ein Büro mit vier Schreibtischen führte, die jetzt schon verlassen und aufgeräumt waren.
Oliver schwang sich auf eine leere Schreibtischplatte, nahm den Hörer des Telefons und wählte Hinkels Nummer.
»Am besten, du sagst, daß ich Hunger habe«, soufflierte sie. Oliver hatte Sepp Mayr rasch an der Leitung. »Wir sind gut vorangekommen«, behauptete er, »Monika hat mir ihre Wünsche genau erklärt, und ich denke, es läßt sich machen ... ja, es ist schneller gegangen, als ich gedacht hatte ... darf ich fragen, wie lange es bei Ihnen noch dauern wird? ... Brauchen Sie Monika denn dort? Sie hat nämlich Hunger! ... Ja, das wäre natürlich eine Möglich-

keit, aber ich würde sie gern zum Essen ausführen ... die Arbeit erledige ich heute nacht, Ehrensache ... Sie können Sie später im Lokal treffen ... wo sind Sie denn jetzt? Dann bleiben wir doch bei der Leopoldstraße ... Sagen wir im ›Adria‹. Da bekommt man um diese Zeit bestimmt noch einen Tisch! ... Danke, Herr Mayr! Monika steht neben mir ... möchten Sie sie sprechen? ... Bis später!« Er legte den Hörer auf. »Siehst du, es war ganz einfach! Das mit dem Hunger war eine gute Idee.«
»Mir knurrt der Magen tatsächlich.«
»Warum hast du das denn nicht gleich gesagt? Mit leerem Magen kann man nicht arbeiten.« Er schwang sich vom Schreibtisch, nahm sie, ehe sie sich's versah, in die Arme und küßte sie ganz leicht und zärtlich auf den Mund.
Für eine Sekunde verließ sie die Kraft, sich zu wehren; sie mußte sich zwingen, ihn zurückzustoßen. »Nicht hier!«
Lächelnd blickte er ihr in die Augen. »Aber überall anders, ja? Wir machen Fortschritte, meine Kleine.«
»Mußt du dich immer über mich lustig machen?«
»Aber das tue ich doch überhaupt nicht! Ich bin nur froh ... so froh, mit dir zusammen zu sein.«
Es wurde ihr bänglich zumute mit ihm allein in dem verlassenen Raum, denn sie spürte, daß sie seinem Werben nur wenig Widerstand entgegenzusetzen vermochte. »Laß uns gehen!« drängte sie.
»Ich muß nur noch meinem Chef Bescheid sagen.«
»Ist er denn noch da?«
»Natürlich, du Schäfchen! Was, glaubst du, wäre sonst der Grund meiner Zurückhaltung?«
Sie fühlte sich durchschaut und errötete heiß.
»Du bist so süß!« Er streichelte sanft ihre Wange. »Wann wirst du endlich aufhören, Angst vor mir zu haben? Begreifst du denn nicht, daß ich dich liebe?«

Der nüchterne Büroraum schien plötzlich ins Schwanken zu geraten. Monika hatte das Gefühl, in einem Karussell zu sitzen, dessen Fahrt sie mit ungeheurer Freude erfüllte, bis es sich so rasch zu drehen begann, daß es sie aus der Bahn schleuderte.
Sie fand sich in Olivers Armen wieder.
»Was ist los mit dir?« fragte er besorgt. »Du bist ganz blaß geworden!«
Sie mochte nicht zugeben, daß ihr vor Glück schwindelig geworden war – konnte man denn überhaupt vor Glück einer Ohnmacht nahe kommen? – »Ich habe seit dem Frühstück fast nichts mehr gegessen«, gestand sie.
»Was für eine Dummheit!« sagte er, zog einen Stuhl unter einem Schreibtisch vor und schob ihn ihr unter die Knie. »Besser?«
Sie nickte stumm.
»Ich bin gleich zurück.«
Monika war dankbar, für einige Minuten allein zu sein. Das gab ihr Gelegenheit, sich wieder zu fassen. ›Ich liebe dich‹, dachte sie, ›das ist leicht dahingesprochen. Oliver ist ein Typ, dem das spielend über die Lippen kommt. Ich muß mich zusammenreißen, sonst glaubt er noch, ich bin verrückt nach ihm.‹
Dann, wie in einer Schrecksekunde, erkannte sie die Wahrheit: ja, sie war verrückt nach ihm!

Olivers rotes Kabriolett stand im Parkverbot.
Er vergewisserte sich, daß kein Strafzettel hinter den Scheibenwischern steckte, und rief: »Glück gehabt!« Er schloß auf und ließ sie zuerst einsteigen. »Soll ich das Verdeck aufklappen?«
»Wie du willst«, sagte Monika ergeben.
»Lohnt sich nicht für die kurze Fahrt.« Er setzte sich hinter

das Steuer, ließ den Motor an und wartete auf eine Gelegenheit, in den Verkehr einscheren zu können. Dabei legte er den rechten Arm um ihre Schultern und ließ ihn auch dort, als er fahren konnte.
Sie dachte daran, ihn zu ermahnen, beide Hände ans Steuer zu legen, aber sie fühlte sich zu beglückt von seiner Berührung, um es auszusprechen. »Ich weiß gar nichts von dir«, stellte sie fest.
»Was willst du wissen?«
»Parkst du immer im Halteverbot?«
Er lachte und zog sie noch enger an sich. »Nur, wenn im Hof nichts frei ist.«
»Aber das kannst du doch nicht machen!« protestierte sie schwach.
»Was denn sonst? Verlangst du von mir, daß ich eine Viertelstunde zu Fuß gehe? Mal erwischen sie mich und mal nicht. Meistens nicht.«
»Und wenn sie dich erwischen?«
»Bezahl ich's eben.«
»Aber wird das nicht schrecklich teuer?«
»Ich kann's mir leisten.«
Sie schwieg verwirrt, denn seine Auffassung war so ganz anders als die, die man sie gelehrt hatte.
»Sonst noch was?« fragte er nach einer Weile.
Es schien ihr, daß seine Stimme verärgert klang. »Bitte, sei nicht böse!« bat sie. »Ich wollte dich nicht kritisieren.«
»Das möchte ich mir auch verbeten haben. Ich hasse es, wenn man an mir rumkritisiert. Meine Mutter tut's zur Genüge.«
›Deine Mutter?‹ hätte sie beinahe töricht gefragt, verkniff es sich aber gerade noch rechtzeitig, weil ihr aufging, daß ein junger Mann in seinem Alter doch ganz natürlicherweise eine Mutter haben mußte.

»Ich lebe bei meiner Mutter«, erklärte er, »es ist bequemer so für mich. Ich habe mir oft überlegt, mir eine eigene Bude zu suchen. Die große Freiheit, weißt du. Aber warum sollte ich? Sie kocht und bügelt und wäscht für mich, räumt hinter mir her. Überhaupt, sie ist ein Schatz. Du wirst sie bald kennenlernen.«
Von ganz weit her tauchte die Erinnerung in ihr auf, daß diese Haltung doch in krassem Gegensatz zu den Ratschlägen stand, die er ihr gegeben hatte.
Er schien es zu spüren und fügte fast trotzig hinzu: »Außerdem läßt sie mir jede Freiheit. Sie ist nicht wie deine Leute. Ich kann kommen und gehen, wie und wann ich will. Auch Besuche empfangen.«
»Und dein Vater?«
»Lebt schon lange nicht mehr. Ist gestorben, als ich zwölf war. Herzinfarkt.« Nach einer kurzen Pause fügte er hinzu: »Übrigens wollte ich dich immer schon mal fragen: Wie ist das mit deinem Vater passiert?«
»Er hatte sich schwer erkältet. Jedenfalls sagte er das. Wahrscheinlich hatte er eine Grippe, aber er wollte sich kein Fieber messen. Er hatte damals besonders viel zu tun. Ein Winterbau sollte durchgezogen werden. Immer wieder fuhr er zur Baustelle. Wahrscheinlich stand er dort stundenlang im Zug. Dann brach er eines Tages einfach zusammen, hatte hohes Fieber, redete verwirrtes Zeug und so. Als der Arzt kam, war er schon tot.«
»Mein armes Mädchen!« Er verstärkte den Druck seiner Hand auf ihrem Arm.
»Das schlimmste daran war, daß es nicht hätte zu passieren brauchen. Wenn er ein bißchen weniger pflichtbewußt gewesen wäre, wenn er nur auf meine Mutter gehört hätte! Natürlich hat sie sich hinterher wahnsinnige Vorwürfe gemacht, daß sie nicht energischer gewesen ist. Aber natür-

lich ist das Quatsch. Papi war einfach so. Er ließ sich nichts sagen.«
»Und das imponiert dir?«
»Er hat mir imponiert, ja, mir und auch Gabriele, wenn er auch immer furchtbar streng war. Aber das zum Schluß ... einfach weiterarbeiten und das Letzte von sich fordern, bis man umkippt, das habe ich doch für sehr unvernünftig gehalten. Das habe ich übrigens noch nie jemand anderem zugegeben. Es war der reinste Wahnsinn!«
»Mir könnte das nicht passieren.«
»Wenn er wenigstens zum Arzt gegangen wäre und sich etwas hätte verschreiben lassen. Penicillin vielleicht.« Monika spürte, daß ihre Augen feucht geworden waren und ihre Stimme ihr nicht mehr gehorchen wollte. »Aber reden wir nicht mehr darüber. Es ist nicht mehr zu ändern.« Sie zwang sich zur Munterkeit. »Sind wir bald da?«
»Ja, mein Herz. Sieh mal zum Fenster raus!«
Monika erblickte ein großes Gebäude mit einem weiten Hof, in dem ein Springbrunnen plätscherte. »Die Universität, ja? Ein bißchen kenne ich mich schon aus! Und da vorne ist das Siegestor.«
»Gleich sind wir auf der Leopoldstraße. Wenn ich einen Platz finde, wo ich meinen Wagen lassen kann, dauert's nur noch fünf Minuten. Weißt du was? Dir zuliebe stelle ich ihn im Parkhaus unter, damit du dir keine Sorgen wegen eines Strafmandats machen brauchst. Es würde dir womöglich noch den Appetit verschlagen.«
Er fuhr sein Kabriolett in die Hertie-Tiefgarage kurz vor der »Münchner Freiheit«. Kaum daß er den Motor abgestellt hatte, legte er auch den linken Arm um sie, zog sie an sich und küßte sie mit zärtlicher Leidenschaft. Noch nie war Monika so geküßt worden, und ein ganz ungeahntes Gefühl brach in ihr auf.

»Verzeih mir!« bat er, als er sie freigab.
»Weshalb?«
»Dies ist der unromantischste Ort der Welt, und ich vergaß, daß du Hunger hast.«
»Ich auch!« gestand sie. »Stell dir vor: ich hatte es auch vergessen!«
»Gutes Zeichen!« Er stieg aus und half ihr aus dem Auto. Hand in Hand liefen sie die Treppen hinauf. Als sie auf die Straße traten, waren sie sekundenlang vom Licht geblendet. Es war später Nachmittag, aber immer noch sehr hell. Die Geschäfte waren geschlossen, aber auf der Leopoldstraße drängten die Menschen in beide Richtungen.
»Was für ein Betrieb!« rief Monika beeindruckt.
»Großstadt!« erklärte er und zog sie weiter. »Hier kannst du dich nie einsam fühlen. Wenn mir mal die Decke auf den Kopf fällt, gehe ich einfach in ein Café, und in fünf Minuten finde ich jemanden, mit dem ich mich unterhalten kann.«
»Ja, du!« Es fiel ihr etwas ein, was sie ihn schon lange hatte fragen wollen. »Hast du eigentlich keine Freundin?«
Er blieb stehen. »Wie kommst du darauf?«
»Liegt doch auf der Hand. Ich kann mir schwer vorstellen, daß ein Typ wie du solo sein sollte.«
»Du traust mir zu, daß ich mit dir anbandele, obwohl ich eine andere habe?«
»Bis heute habe ich dich ja nicht gerade ermutigt. Sag mir jetzt bloß nicht, daß du auf mich gewartet hast!«
»Du wirst lachen ... doch!«
»Das glaube ich dir nicht.«
Sie gingen weiter.
»Natürlich«, gab er zu, »hat es dieses und jenes Mädchen in meinem Leben gegeben, aber wirklich ernst war es nie, außer mit einer.«

»Wie hieß sie?«
»Yvonne. Aber Mutter war dagegen, und nachträglich glaube ich, daß sie recht gehabt hat.«
Monika machte große Augen. »Du hast sie also aufgegeben, nur weil deine Mutter nicht einverstanden war?«
»Ich habe sie ja nicht wirklich geliebt ... nicht wie dich! Yvonne gefiel mir nur sehr. Sie war hübsch, und sie war witzig und gescheit, aber es stimmt schon, was Mutter über sie sagte: sie war schlampig.«
»Wie meinst du das?«
»Sie war halt sehr unordentlich, hatte manchmal Schmutz unter ihren rot lackierten Nägeln, und sie war auch ziemlich leichtfertig. Jedenfalls redete sie leichtfertig daher. Das hatte ich schon mitbekommen, als ich noch sehr verliebt in sie war. Später, als sie sich dann gegen Mutter stellte ...«
»Wie denn?«
»Sie hat von mir verlangt, mich zu entscheiden ... natürlich hatte es vorher jede Menge Stänkereien gegeben, so daß ich es schon fast satt hatte.«
»Wird deine Mutter denn mich leiden können?« fragte sie. Er machte einen raschen Schritt vor, vertrat ihr den Weg, nahm sie bei beiden Händen und blickte ihr in die Augen. »Du willst also? Mit Mayr Schluß machen? Mich heiraten?« Am liebsten hätte sie ›Ja‹ gerufen, aber noch fehlte ihr der Mut. »Das ist alles nicht so einfach«, sagte sie und merkte selber, wie lahm das klang.
»Ach was, mein Herz! Wir schaffen es, wenn wir nur zusammenhalten!«
Sie bildeten ein Hindernis im Strom der Passanten, aber er kümmerte sich nicht darum, zog sie an sich und küßte sie.
»Sag, daß du willst!« drängte er.
Verwirrt suchte sie nach der richtigen Antwort. »Auf jeden Fall will ich dich nicht verlieren«, gestand sie endlich.

»Bravo!« Er küßte sie wieder, ohne sich von den Menschen ringsum stören zu lassen. »Zur Belohnung sollst du auch endlich was zu essen kriegen!«
Wenige Meter weiter war ein kleines Stehimbißlokal. Aus seiner Durchreiche drang eine Wolke von Gerüchen auf die Straße. Dahinter klatschte ein rundlicher Riese in nicht ganz sauberem weißen Kittel nach Bestellung viereckige Pizzastücke, Wiener Würste mit Senf und Rostbratwürste mit Kraut auf schmale Pappteller.
»Was möchtest du?« fragte Oliver.
»Das ist doch nicht das ›Adria‹?«
»Natürlich nicht. Das liegt auf der anderen Straßenseite und noch ein ganzes Stück weiter. Also sag schon!«
»Aber wir müssen doch ...«
»Natürlich treffen wir uns mit Mayr. Das ist jetzt nur eine kleine Zwischenmahlzeit, damit du mir nicht noch zusammenbrichst.« Als sie immer noch zögerte, bestellte er, ohne sie länger zu fragen: »Zweimal Wiener mit Semmeln!«, nahm die Pappteller entgegen, drückte einen davon Monika in die Hand und zahlte.
Monika führte ihre Wurst in den dicken Klecks von hellem Senf und biß hinein. Sie war sehr heiß und schmeckte köstlich. Es kam ihr vor, als hätte sie noch nie etwas Besseres gegessen. Aber das konnte doch nicht der Grund sein, warum sie sich wie verzaubert fühlte. Mitten in dem Geschiebe der Passanten, dem Gestank der vorbeisausenden Autos, die Wurst in der einen, den Pappteller mit dem Senf und der Semmel in der anderen Hand balancierend, fühlte sie sich wie in eine Märchenwelt entrückt. Dabei notierte ihr Verstand, daß die Situation mehr als banal war. Nur hatte er die Herrschaft über sie verloren. Sie blickte in Olivers lachende Augen, in denen die grünen Fünkchen tanzten, und es war ihr, als schwebte sie auf Wolken.

Selbst die Semmel hatte einen ganz besonderen Geschmack. Als sie aufgegessen hatten, leckte Oliver sich die Finger ab und zog ein sauberes großes Taschentuch aus seinem Jackett und reichte es ihr. Sie wischte sich Hände und Mund ab und gab es ihm zurück. Auch er benutzte das Tuch, um die Reste von Fett und Senf zu beseitigen.
»Gib es mir!« bat sie. »Ich werde es für dich waschen und bügeln.«
»Das brauchst du nicht.«
»Erstens gehört's sich so, und zweitens möchte ich keinen schlechten Eindruck auf deine Mutter machen, bevor sie mich noch kennt.«
Ernsthaft betrachtete er die Spuren von Lippenstift. »Du hast recht.«
Sie nahm das Tuch und steckte es in ihre Umhängetasche.
»Was für ein schöner Tag!« sagte sie und wußte, daß es keine Worte gab, um auszudrücken, wie glücklich sie war. Aber er verstand sie. »Es ist erst der Anfang!« erwiderte er. »Wir zwei beide ... wir werden ein wundervolles Leben haben!«
Obwohl Monika jetzt nicht mehr hungrig war und sie keine Angst haben mußten, etwas zu versäumen, eilten sie fast im Laufschritt weiter; sie fühlten sich zu beschwingt, um langsam zu gehen. Ohne nach links und rechts zu sehen, überquerten sie die breite Fahrbahn, achteten nicht darauf, daß Bremsen quietschten und Autofahrer schimpften. Alle Gesetze schienen für sie aufgehoben.
Die Straßentische des Restaurants ›Adria‹ waren voll besetzt von Menschen, die den lauen Sommerabend im Freien genießen wollten. Aber als Monika und Oliver ankamen, wurde gerade einer frei, und es war ihnen ganz selbstverständlich. Das Glück mußte ihnen ja zufliegen, in kleinen wie in großen Dingen.

Er bestellte einen halben Liter herben Chiantiwein.
»Ist das nicht zu viel?« fragte Monika, als der Ober gegangen war. »Du mußt noch Auto fahren.«
»Falls ich beschwipst sein sollte«, versprach er, »nehme ich mir ein Taxi. Sei doch nicht immer so furchtbar vernünftig.«
»Wenn ich das wäre, säße ich nicht hier mit dir.«
»Sondern in einer verräucherten Stube bei ein paar Männern, die dich nicht beachten würden und von Geschäften sprächen.«
»Davor hast du mich bewahrt!« gab sie strahlend zu. »Entschuldige, daß ich das mit dem Wein gesagt habe. Ich habe es gar nicht so gemeint, ich weiß schon, daß du immer das Richtige tust. Es ist nur so eine dumme Gewohnheit von mir. Wir müssen ihn ja auch gar nicht austrinken.«
Aber als der Wein dann kam, leerten beide ihr Glas in einem Zug, denn die scharf gewürzte Wurst hatte sie durstig gemacht. Sie studierten die Speisekarte und einigten sich, da sie kaum noch Hunger hatten, auf gegrillte Scampi am Spieß. Während sie auf das Essen warteten, sagte Oliver: »Deine Familie denkt sehr konventionell, nicht wahr?«
Sie lächelte ihn an. »Ich danke dir, daß du nicht provinziell gesagt hast.«
»Wir müssen uns darauf einstellen. Ich werde einen Antrittsbesuch bei euch machen, am Sonntagmorgen, ganz wie es sich gehört. Wenn wir die Formen wahren, muß deine Mutter es auch.«
»Aber sie sieht in mir Sepp Mayrs künftige Frau!«
»Dann mußt du zuerst die Verlobung lösen oder ... richtig verlobt bist du ja noch nicht?«
»Nein.«
»Ihm sagen, wie es mit uns beiden steht.«
»Es fällt mir schwer, ihm weh zu tun. Er hat das nicht verdient.«

»Er wird schon nicht darunter zusammenbrechen.«
»Nein, das natürlich nicht.«
»Aber ich würde es, wenn du nicht zu mir hältst. Im Ernst: Ich würde es nicht überleben.«
»So etwas darfst du nicht sagen ... nicht einmal denken!« sagte sie erschrocken.
»Du mußt wissen, wie es um mich steht.« Sein hübsches Gesicht hatte sich verdüstert.
»Du kannst dich auf mich verlassen«, versprach sie rasch, »ich steh' es durch!«
»Deine Leute werden dich bearbeiten.«
»Das ganz bestimmt«, gab sie zu, »weißt du, sie haben ja auch Argumente. Bevor ich dich kannte, habe ich ja nie daran gedacht, den Karberg zu verlassen. Sie werden mir einreden, daß ich in der Großstadt unglücklich werde, und ich bin selbst nicht ganz sicher, ob ich ... ob ich immer hier leben möchte.«
»Aber du brauchst ja gar nicht fort«, erwiderte er, »warum auch? Ich bin nicht auf München fixiert und auch nicht auf ›Arnold und Corf‹. Bestimmt könnte ich auch in Rosenheim eine Stellung finden.«
»Daran habe ich überhaupt nicht gedacht!«
Er legte seine schmale feingliedrige Hand auf die ihre, die so viel kräftiger war.
»Mir scheint, daß ich es bin, der für uns zwei denken muß! Ich habe nichts dagegen, auf den Karberg zu ziehen. Bestimmt lebt man dort billiger.«
»Das Einkaufen in Höhenmoos ist teuer. Sepp sagt immer ...« Sie stockte.
»Warum sprichst du nicht weiter?«
»Weil es mir blöd vorkommt, ausgerechnet Sepp zu zitieren.«
»Mir macht das nichts aus.«

»Na ja, er meint, die Geschäfte dort wären wahre Apotheken.«

»Dafür sind die Mieten billiger, da bin ich ganz sicher. Nein, mir macht's nichts aus, dort zu wohnen, so lange ich motorisiert bin. Wir können ja jederzeit nach München fahren oder nach Salzburg oder Innsbruck.«

»Und ich kann weiter in der Firma arbeiten?«

»Auch das. Mit dem Kinderkriegen warten wir noch ein bißchen, ja?«

Sie waren ganz ins Pläneschmieden vertieft, als der Ober die Scampi brachte. Der Wein war ausgetrunken, und Oliver bestellte noch eine Karaffe. Monika erhob keinen Einwand dagegen. Auch ihr war nach Feiern zumute.

Als Sepp Mayr kam, löffelten sie Eis. Sie waren so in ihr Gespräch vertieft, daß sie ihn erst bemerkten, als er neben ihrem Tisch stand. »Tut mir leid, daß es so spät geworden ist«, sagte er. Überrascht sahen sie hoch.

»Macht doch nichts«, erwiderte Oliver, »wir haben uns prächtig unterhalten.«

»Ich hatte ganz den Eindruck. Es war nett von Ihnen, sich um Fräulein Stuffer zu kümmern. Aber jetzt wollen wir Sie nicht länger von der Arbeit abhalten.«

Unglücklich stellte Oliver fest, daß er sein Eis aufgegessen hatte. »Ich habe noch nicht gezahlt.«

»Das übernehme ich.«

»Kommt nicht in Frage.«

»Doch, Herr Baron, ich bestehe darauf! Das ist doch selbstverständlich. Ich will Sie nicht länger aufhalten.«

Widerwillig erhob sich Oliver. »Auf Wiedersehn, Monika!«

Sie lächelte ihn zärtlich an. »Bis bald, Oliver!«

»Auf Wiedersehn, Herr Mayr.«

Auf der Heimfahrt schloß Monika die Augen; sie wollte die Stunden mit Oliver noch einmal durchträumen.
»Ihr scheint euch ja recht nahe gekommen zu sein«, sagte Sepp Mayr unvermittelt.
Monika fuhr hoch. »Wie meinst du das?«
»Du scheinst dich mit diesem Baron gut zu verstehen.«
»Ja«, gab sie zu und entschloß sich, obwohl sie im Augenblick keine rechte Lust dazu hatte, den Stier bei den Hörnern zu packen, »ich liebe ihn.«
Er lachte. »Dummheit. Du kennst ihn ja kaum.«
»Jedenfalls habe ich mich in ihn verliebt.«
»So was soll vorkommen.«
»Es macht dir nichts aus?« fragte sie erstaunt.
»Besser vor der Ehe als später.«
»Er will mich heiraten.«
»Ich nehme an, er kann es sich finanziell erlauben.«
»Ja, sicher. Er verdient dreitausend im Monat.«
»Brutto oder netto?«
»Danach habe ich ihn nicht gefragt.«
»An deiner Stelle würde ich ihm eine Menge Fragen stellen, bevor ich ihm das Jawort gäbe.«
»Er hat mir viel von sich erzählt.«
»Erzählen kann er dir alles. Aber weißt du denn, wieviel davon stimmt? Mich kennst du seit Kindesbeinen.«
»Aber ich war nie verliebt in dich. Ich meine, ich hatte dich immer sehr gern. Das tue ich jetzt noch. Aber Liebe ...«
»Eine Ehe hat sehr viel mehr mit Freundschaft und mit gegenseitiger Achtung zu tun als mit Liebe.« Nach einer Pause fügte er hinzu: »Wenn sie dauern soll.«
»Ich bin nicht so vernünftig wie du.«
»Ich weiß, und ich nehme es dir nicht übel. Du bist eben noch hundejung.«
»Du bist mir nicht böse?«

»Wie könnte ich denn? Du hast dich doch nicht absichtlich verliebt oder um mich zu ärgern.«
»Du verstehst mich also?«
»Ich hatte so etwas kommen sehen. In den ganzen letzten Monaten hat es ja in dir rumort. Ich meine nur, mit dem Heiraten solltest du es langsam angehen lassen. Verliebt sein heißt nicht, daß man wirklich zueinander paßt.«
»Vielleicht hast du recht. So Hals über Kopf möchte ich das auch gar nicht. Obwohl ich sicher bin, daß wir füreinander geschaffen sind.«
Er lachte auf. »Kindskopf!«
»Du darfst mich nicht auslachen. Ich versuche nur, dir ganz ehrlich klarzumachen, wie es um mich steht.«
»Das brauchst du gar nicht. Ich hab' dir angesehen, daß du dich wie im siebten Himmel fühlst.«
»Hoffentlich merkt's Mami nicht sofort.«
»Wie willst du es ihr beibringen?«
»Oliver kommt nächsten Sonntag zu Besuch. Er will ihr seine Aufwartung machen ... so sagt man doch, oder?«
»Ich habe keine Ahnung. Aber er hat sich da etwas sehr Schwieriges vorgenommen.«
»Er will um mich kämpfen, verstehst du?«
»Das ehrt ihn.«
»Ich sehe keinen anderen Weg. Du weißt, Heimlichkeiten mag ich nicht. Ganz davon abgesehen, daß man Mami nur schwer hinters Licht führen kann.«
»Du wirst eine Menge Ärger kriegen.«
»Könntest du nicht ein gutes Wort für uns einlegen?«
»Ausgerechnet!«
»Du bist der einzige, der Einfluß auf sie hat. Du weißt doch, daß ich nie von zu Hause weg und gleich heiraten wollte. Das kommt mir auch jetzt noch irgendwie dumm vor. Ich möchte Oliver einfach wiedersehen, ihn so oft wie

möglich treffen. Du hast gesagt, daß ich ihn nicht wirklich kenne. Aber so lange ich ihn nicht kenne, kann ich mich auch nicht entscheiden.«

»Soll das heißen, daß du mir trotz allem noch Hoffnung machst?«

Sie dachte nach. »Nein«, sagte sie ehrlich, »das wäre unfair. Wenn es mit Oliver nicht klappt, werde ich von zu Hause weggehen. Irgendwo anders etwas ganz anderes versuchen. Du wirst doch selber nicht wollen, daß ich dich als Notstopper betrachte.«

»Ich fände es nicht das schlechteste. Wenn es mit Oliver schiefgeht, kannst du jederzeit zu mir zurück.«

»Nein. Das ist lieb von dir, aber das will ich nicht.«

»So denkst du jetzt. Aber später einmal wirst du vielleicht froh sein, wenn du jemanden hast, auf den du dich verlassen kannst.«

Die Auseinandersetzung mit der Mutter, das wußte Monika, würde nicht so ruhig verlaufen. Deshalb schob sie die Aussprache so lange wie möglich hinaus.

Erst am Sonntagmorgen, beim Frühstück, erklärte sie: »Du wirst heute Besuch bekommen, Mami!«

»Besuch? Aber ich erwarte niemanden.«

»Das kannst du auch nicht. Es ist ein junger Mann, den ich kennengelernt habe. Ich habe dir schon von ihm erzählt. Oliver Baron von ›Arnold und Corf‹.«

»Der dir die Rosen zum Geburtstag geschenkt hatte?« rief Gabriele dazwischen.

»Genau der.«

»Aber was will er von mir?« fragte Barbara. »Hast du ihm nicht gesagt, daß alles Geschäftliche von Sepp erledigt wird?«

»Das weiß er natürlich. Er kommt privat.«

»Ich weiß nicht, was ich mit diesem Menschen privat zu schaffen haben sollte.«

»Nun sei doch nicht so, Mami! Wir haben uns befreundet. Es ist doch klar, daß er sich dir vorstellen möchte. Damit du dir keine Sorgen zu machen brauchst, wenn ich mich hie und da mit ihm treffe.«

»Das dulde ich unter keinen Umständen!«

»Ach, Mami, nun sei doch nicht so! Sieh ihn dir doch erst mal an! Er ist sehr nett und sehr anständig!«

»Du bist Sepp versprochen.«

»Sag lieber: du hast mich Sepp versprochen. Das trifft es eher. Außerdem weiß Sepp Bescheid.«

»Das glaube ich dir nicht.«

»Lieber nimmst du an, daß ich dich anlüge, wie? So blöd müßte ich sein. Du brauchst doch bloß zum Hörer greifen und ihn anrufen. Dann weißt du Bescheid.«

»Ich kann mir nicht vorstellen, daß er zulassen würde ...«

»Doch, das tut er. Er war sehr verständnisvoll ... wunderbar verständnisvoll ...«

»Und so einen Mann willst du vor den Kopf stoßen?« rief Barbara.

Fast gleichzeitig tönte Gabriele: »Ich an seiner Stelle hätte dich übers Knie gelegt!«

»Er versteht, daß ich mich in Oliver verliebt habe ...«

»Hört, hört!« rief Gabriele.

Barbara sah sie nur entgeistert an.

»... und er weiß auch, daß man eine solche Neigung nicht mit Gewalt unterbinden kann. Es muß ja nichts Ernsthaftes draus werden. Ich möchte ihn einfach nur näher kennenlernen.«

»Für so etwas solltest du dir zu schade sein«, behauptete Barbara.

»Er will mich natürlich heiraten«, erklärte Monika.

»Natürlich«, wiederholte Gabriele und lachte.
»Das ist doch natürlich, wenn man jemanden liebt ... oder etwa nicht?«
»Selbst ein Mädchen vom Land sollte nicht so weltfremd sein«, sagte Gabriele.
»Wenn er keine ehrbaren Absichten hätte, würde er doch nicht Mami kennenlernen wollen und dich übrigens auch. Dann würde er drauf aus sein, mich heimlich zu treffen. Aber gerade das will er eben nicht.«
»Gott, wie edel!« spottete Gabriele.
»Eine Heirat kommt gar nicht in Frage!« entschied Barbara.
»So weit ist es ja auch überhaupt nicht. Sepp meint, wenn ich ihn erst näher kennen würde, würde ich ihm bestimmt den Laufpaß geben.«
»Warum tust du es dann nicht jetzt gleich?«
»Weil er mich noch brennend interessiert!«
»Gib doch lieber zu, daß du dich in ihn verknallt hast!« meinte Gabriele.
»Ja, ich habe mich in ihn verliebt! Ist das meine Schuld? Wenn Sepp nicht immer so verdammt väterlich oder onkelhaft zu mir gewesen wäre, wäre es vielleicht nicht passiert!«
»Er war immer viel zu anständig zu dir«, behauptete Barbara. »Das war vielleicht ein Fehler. Auch daß er diese Beziehung jetzt einfach duldet, anstatt ein Machtwort zu sprechen, geht mir nicht in den Kopf. Ich jedenfalls bin absolut dagegen. Dieser junge Mann kommt mir nicht ins Haus.«
»Warum willst du ihn dir nicht wenigstens ansehen? Ein paar Worte mit ihm reden? Dadurch brichst du dir doch keine Verzierung ab.«
»Ich habe nicht vor, ihn zu ermutigen.«
»Aber du kannst ihn doch nicht einfach vor der Tür stehen lassen!«

»Und ob ich das kann.«
»Das wäre aber doch reichlich unhöflich«, schaltete Gabriele sich ein, »unter zivilisierten Menschen absolut nicht üblich.«
»Das sagst ausgerechnet du?« rief Barbara.
»Ja, ich. Tut mir leid, wenn du jetzt den Eindruck hast, daß ich dir in den Rücken falle. Aber es gibt ein paar gesellschaftliche Regeln, die man schon beachten sollte.«
»Hast du das in der Tanzstunde gelernt?«
»Ich habe einige Bücher gelesen.«
»Romane!« schnaubte Barbara verächtlich.
»Außerdem sind meine Rosenheimer Freundinnen aus sehr guter Familie.«
»Du etwa nicht?«
»Eben drum. Wenn du ihm die Tür vor der Nase zuschlägst, wird er dich für bescheuert halten.«
»Jetzt erlaube aber mal! So spricht man nicht mit seiner Mutter!«
»Aber Gaby hat ja recht!« flehte Monika. »Er wird denken, daß wir uns nicht zu benehmen wissen, daß wir keine Konversation machen können, daß wir uns in Gegenwart eines Fremden geniert fühlen.«
»Ich mache einen Vorschlag zur Güte«, sagte Gabriele, »ich werde mir den Burschen mal ansehen. Du kannst oben bleiben, Mami, oder auf der Terrasse oder dich in die Küche zurückziehen.«
»Ich soll mich in meinem eigenen Haus verstecken?«
»Wenn's dir zu dumm wird, trittst du einfach in Erscheinung. Aber du wirst staunen, wie schnell ich den abgewimmelt haben werde.«
Barbara seufzte schwer und wischte sich eine blonde Strähne aus der Stirn. »Ich muß mich wohl geschlagen geben. Wann will er denn kommen?«

»Gegen elf, denke ich«, erklärte Monika, »nach dem Kirchgang.«
»Aber auf keinen Fall kann er zum Mittagessen ...«
»Daran habe ich auch gar nicht gedacht!« fiel Monika ihr ins Wort. »Er will nur kurz ›Grüß Gott‹ sagen, sonst gar nichts.«

Ziemlich pünktlich gegen elf Uhr klingelte es an der Haustür.
»Das ist er!« rief Monika, die wie auf Kohlen gesessen hatte, und sprang auf. »Bitte, bleib doch, Mami!«
Aber Barbara hatte sich schon erhoben. »Nein«, sagte sie, »ich habe in der Küche zu tun.«
Damit mußte Monika sich zufriedengeben, denn für weiteres Streiten fehlte die Zeit. Sie rannte zur Haustür und öffnete.
Oliver stand vor ihr in einem hellen Leinenanzug mit braunem Seidenhemd und einer mattgelben Krawatte. Lächelnd blickte er ihr in die Augen. So gut sah er aus und so schnell klopfte ihr Herz, daß sie kein Wort der Begrüßung herausbrachte.
»Hei, Monika!«
»Grüß dich!« sagte sie befangen.
Er beugte sich vor und gab ihr einen raschen Kuß auf den Mund. »Kann dir die Hand nicht geben ...«
Jetzt erst wurde ihr bewußt, daß er drei Blumensträuße, noch in Papier gewickelt, in den Händen hielt. Sie stand immer noch mitten in der Tür.
Er genoß ihre Verwirrung. »Schön siehst du aus!« stellte er fest, und in seinem Blick lag echte Bewunderung.
Nicht für Oliver, sondern der Mutter zuliebe hatte sie auf jegliches Make-up verzichtet und ein Dirndl angezogen, hellblau mit einer dunkelblauen Schürze und weißer Blu-

se; das Haar trug sie offen, nur hinten im Nacken mit einer Schleife geschmückt. »Gefall ich dir im Dirndl?«
»Bei dir wirkt's ganz natürlich.«
»Ich bin es von kleinauf gewöhnt. Wir tragen so etwas sonntags und zu den Festen und überhaupt.« Allmählich wich ihre Befangenheit. »Komm doch herein!« Sie gab die Haustür frei. »Darf ich dir die Blumen abnehmen?«
»Nein, das mache ich schon selber.« Er bemühte sich, einen der Sträuße zu enthüllen, aber er wurde durch die beiden anderen so behindert, daß er sich dann doch von Monika helfen ließ.
»Der ist für dich!« Er reichte ihr einen Strauß Moosröschen. »Danke, Oliver!«
Er enthüllte sieben langstielige Teerosen. »Die für deine Mutter! Und für deine Schwester habe ich auch Moosröschen mitgebracht.«
»Du bist fabelhaft!« Sie führte ihn durch die holzverkleidete Diele in das sonnendurchflutete Wohnzimmer.
»Das ist Oliver Baron ... meine Schwester Gabriele! Ihr kennt euch ja schon.«
Gabriele warf einen spöttischen Blick von Oliver zu den Teerosen. »Ah, unser Rosenkavalier!«
»Die sind für Mami!« erklärte Monika. »Ich stelle sie rasch ins Wasser.«
Er wandte sich mit einer leichten Verbeugung an Gabriele. »Hoffentlich bist du nicht enttäuscht, daß ich dir nur Moosröschen mitgebracht habe! Ich darf doch du sagen, ja?«
»Bist du nicht ein bißchen zu alt dazu? Dich mit jedermann zu duzen?«
»Nicht mit jedermann, sondern mit Monikas zauberhafter Schwester!«
»Du irrst dich, wenn du glaubst, daß ich auf Komplimente fliege.«

»Als wenn du nicht wüßtest, daß du zauberhaft aussiehst!« Auch Gabriele hatte eines ihrer Dirndl angezogen, aber ihres war rot, mit weißer Bluse und weißer Spitzenschürze, und sie wußte, daß sie mit ihrer zierlich schlanken Figur, der gebräunten Haut und den braunen Augen sehr gut darin aussah. »Dann ist es doch unnötig, darüber zu sprechen«, entgegnete sie schnippisch.

Monika ließ die beiden nur ungern allein, aber sie hielt es für wichtiger, die Mutter aus der Küche zu locken. »Soll ich für deine Blumen auch eine Vase besorgen?« erbot sie sich und hoffte, daß nun die Schwester ihrerseits aufstehen und ihre Blumen versorgen würde.

Aber darauf ließ Gabriele sich nicht ein. »Ja«, sagte sie, »du kannst mir eine holen!« Dann fügte sie hinzu: »Mit Wasser.«

»Hältst du mich für deppert?« gab Monika zurück und lief über die Diele in die Küche. »Sieh mal, Mami!« rief sie und hielt Barbara die Teerosen vor die Nase. »Sind sie nicht wundervoll?«

»Er will sich eintegerln!« entgegnete Barbara kühl. »Aber mit so was erreicht er bei mir gar nichts.« Sie saß an dem runden Holztisch, eine Sonntagszeitung aufgeschlagen vor sich.

»Findest du es nicht ein bißchen albern, daß du ausgerechnet hier deine Zeitung liest?« fragte Monika.

»Ich könnte auch in meine Kammer hinaufgehen, aber ihr werdet euch ja doch nicht um das Essen kümmern.« Das, was Barbara als »meine Kammer« bezeichnete, war ein sehr elegant eingerichteter kleiner Raum mit einer Nähmaschine, einer bequemen Couch und einer Stereoanlage ausgestattet, in den sie sich schon zu Lebzeiten ihres Mannes zurückzuziehen pflegte, wenn sie allein sein wollte.

»Das werden wir schon noch, Mami!« versprach Monika.

»In spätestens einer Viertelstunde ist er fort. Willst du ihm nicht wenigstens die Hand geben?«
Barbara gab keine Antwort und tat, als wäre sie in die Lektüre der Zeitung vertieft. Monika hatte drei Vasen herausgesucht, zwei kleine aus weißem Porzellan und eine hohe aus Kristall. Sie füllte Wasser ein, steckte die Teerosen in das Glas und stellte es ostentativ vor ihre Mutter auf den Tisch. Dann tat sie ihre Moosröschen in eine der kleinen Vasen und trug beide ins Wohnzimmer zurück.
»Mutter dankt sehr für die Rosen!« verkündete sie. »Leider ist sie furchtbar beschäftigt, Oliver. Sie weiß noch nicht, ob sie dir ›Grüß Gott‹ sagen kann.«
Oliver, der sich neben Gabriele auf das Sofa gesetzt hatte, stand auf. »Vielleicht sollte ich zu ihr gehen?«
»Lieber nicht«, wiegelte Monika ab.
»Du hast kein Gefühl dafür, ob du erwünscht bist oder nicht, Oliver, wie?« stichelte Gabriele.
»Ich kann mir nicht vorstellen, was eure Mutter gegen mich haben könnte!«
»Dann mangelt es dir an Fantasie.« Gabriele versorgte ihren Blumenstrauß.
»Tut mir leid«, sagte Oliver, nun doch pikiert, »ich wollte nicht stören.« Er machte Anstalten zu gehen.
Monika lief zu ihm hin. »Bitte, sei nicht böse!«
»Und glaub nur nicht, daß wir mit dem Verhalten unserer Mutter einverstanden sind!« fügte Gabriele hinzu.
Oliver entdeckte das Klavier. »Ihr seid musikalisch?« rief er. »Spielst du, Monika?«
»Nein, Gabriele.«
»Spielst du mir vor?«
»Wozu?«
»Ich möchte gern was hören. Ich spiele selber, wißt ihr.«
»Dann zeig uns mal, was du kannst!« meinte Gabriele.

Sofort setzte er sich auf den Hocker und schlug den Deckel auf. »Was darf's denn sein?«
»Bloß nicht ›An Adeline‹. Das habe ich selber bis zur Vergasung geübt.«
Er lachte. »Wie wäre es mit Chopin?« Er schlug ein paar Töne an. »Au weia, das müßte gestimmt werden.«
»Weiß ich. Aber es ist ziemlich schwierig, einen Experten aus Rosenheim hier herauf zu locken.«
»Ansonsten ist der Klang nicht schlecht. Ein ›Sauter‹, aha!«
»Nun spiel schon!« drängte Gabriele.
Er schloß für Sekunden die Augen, als müßte er sich sammeln, dann begann er. Er spielte einen kleinen Walzer in a-Moll, und er brachte ihn sehr zart und sehr anrührend.
Monika stiegen die Tränen in die Augen.
»Du, das war toll!« rief Gabriele, als er geendet hatte. »So weit bin ich lange noch nicht!« Überraschend ehrlich fügte sie hinzu: »Wahrscheinlich werde ich auch nie so weit kommen.«
»Ich war eine Art Wunderkind«, erklärte er, »aber für eine Karriere hat es dann doch nicht gereicht.«
»Warum nicht?«
»Man braucht Geld dazu, einen langen Atem, Förderer, was weiß ich.« Er zuckte die Achseln. »Mein Vater war Hornist, und als er starb …« Seine Stimme brach. »Meine Mutter wollte, daß ich etwas Vernünftiges lerne.«
»Wie schade!« sagte Monika.
Er zog eine Grimasse. »Ach, es hat auch was Gutes!« behauptete er. »So brauche ich nicht mehr täglich stundenlang zu üben und kann spielen, wann es mir Spaß macht. Außerdem … als Pianist hätte ich Monika wohl kaum kennengelernt.«
»Kannst du auch was Modernes?« erkundigte sich Gabriele. »Was du willst.«

»Singing in the rain.«
»Warum nicht?« Er spielte die alte Melodie flott und jazzig, pfiff erst dazu und begann dann zu singen.
Die beiden Mädchen stimmten mit ein. Beide hatten helle und schöne Stimmen. Obwohl Monika Noten nur in der Schule gelernt hatte, war sie doch nicht weniger musikalisch als ihre Schwester. Zwar konnten sie alle drei den Text nicht vollständig und mußten sich immer wieder mit einem »La La La« behelfen, aber das minderte den Spaß nicht.
»Sehr schön!« lobte Oliver, als sie geendet hatten. »Was jetzt?«
»›Das alte Haus von Rocky-Docky‹?« schlug Monika vor. Er ließ sich nicht zweimal bitten, und wieder sangen sie um die Wette. Sie waren so in ihr Musizieren vertieft, daß sie Barbaras Eintreten gar nicht bemerkten.
Erst als sie sagte: »Was ist das für ein Lärm?« fuhren sie auseinander.
Oliver sprang auf und verbeugte sich. »Entschuldigen Sie, bitte, gnädige Frau ...«
»Ich bin keine gnädige Frau, und ich finde Ihr Verhalten sehr ungewöhnlich«, erklärte Barbara. Sie wirkte sehr schön und sehr würdevoll in ihrem schwarzen Dirndl mit der violetten Seidenschürze, dazu trug sie ihren Trachtenschmuck, Türkise in Silber gefaßt.
»Aber, Mami, bitte!« rief Monika. »Wir haben doch nur musiziert!«
»Er kann gar nichts dafür!« beteuerte Gabriele. »Ich habe ihn aufgefordert, Klavier zu spielen.«
»Ich finde es nicht richtig, sich in einem fremden Haus ans Klavier zu setzen. Außerdem habt ihr so laut geschrien, daß ich es bis in die Küche gehört habe.«
»Gesungen, nicht geschrien«, stellte Gabriele richtig.
»Ihre Töchter haben beide sehr schöne Stimmen!«

»Ich glaube kaum, daß Sie das beurteilen können«, entgegnete Barbara kalt.
»Doch, Mami, das kann er«, versuchte Monika ihn zu verteidigen, »er war ...«
»Ich will jetzt nichts mehr hören!« unterbrach Barbara sie. »Man macht am heiligen Sonntag nicht solch einen Lärm.« Mit Überwindung fügte sie hinzu: »Trotzdem habe ich mich gefreut, Sie kennenzulernen, Herr Baron! Die Rosen, die Sie mir gebracht haben, sind sehr schön.«
»Ich danke Ihnen, gnädige ...« begann Oliver, verbesserte sich dann aber gleich: »Frau Stuffer! Ich darf mich jetzt wohl verabschieden.«
»Gute Heimfahrt!«
»Oh, ich fahre noch nicht gleich nach München zurück. Ich bin mit meiner Mutter hier. Wir wollen heute nachmittag auf dem Karberg spazierengehen. Darf ich Monika wohl abholen? So gegen zwei? Oder ist das zu früh?«
»Ich bin sicher, daß Monika heute nachmittag etwas anderes vorhat.«
»O nein, Mami!«
»Wolltest du nicht Tennis spielen?« fragte Barbara, und es klang drohend.
»Monika hielt ihrem Blick stand. »Heute nicht.«
»Dann tu, was du nicht lassen kannst.«
»Das werd' ich, Mutter!«
Oliver wandte sich Gabriele zu. »Auf Wiedersehn, Gaby!« Monika brachte Oliver zur Haustür.
»Du hast dich ja sehr rasch einwickeln lassen«, hörten sie Barbara noch zu Gabriele sagen.
»Ich hatte dich gewarnt!« flüsterte Monika ihm zu. »Ich wußte, daß es schwierig werden wurde.«
»Halb so wild. Das kriegen wir schon hin. Der Anfang wäre jedenfalls gemacht.«

Als Oliver Baron in seinem roten Sportkabriolett vorfuhr, heute mit offenem Verdeck, kam Monika sofort aus dem Haus und stieg zu ihm ein. Er beugte sich vor und gab ihr einen raschen Kuß.
»Oliver, doch nicht hier!«
Er lachte. »Hast du Angst, deine Mutter lauert hinter der Gardine?«
»So was täte sie nie!«
»Na also.« Er wendete, fuhr die Sackgasse zurück, aber nicht in Richtung Dorf, sondern um die Kurve und noch höher den Berg hinauf. »Meine Mutter wartet im ›Café Schönblick‹.«
»Sie ist wirklich mit?«
»Was hattest du denn gedacht? Daß es eine Finte wäre?«
»So etwas Ähnliches.« Sie holte aus ihrer kleinen weißen Ledertasche einen Spiegel und prüfte ihr Aussehen.
»Du bist schön genug«, sagte er, »ich bin sicher, du wirst meiner Mutter gefallen.«
Sie ließ den Spiegel sinken und sah ihn an. »Warum müssen sie sich in alles einmischen? Warum lassen sie uns nicht einfach machen, was wir wollen? Schließlich sind wir doch beide erwachsen.«
»Take it easy! Wollen können sie uns ja nichts, und trennen schon gar nicht. Es wäre bloß angenehmer, wenn deine Mutter mich akzeptieren würde.«
»Das wird sie nie, selbst wenn du der Erbprinz von Thurn und Taxis wärst! Sie hat sich nun mal Sepp Mayr für mich in den Kopf gesetzt, und dabei bleibt sie.«
»Na, dann seien wir froh, daß meine Mutter noch keine Braut für mich in petto hat!«
»Das heißt aber noch nicht, daß sie mich mögen wird!«
Er legte ihr die Hand aufs Knie und drückte es beruhigend. »Sie wird, mein Herz! Kein Grund, nervös zu werden.«

Oliver parkte sein Auto neben der Aussichtsterrasse, nahm Monika bei der Hand und lief mit ihr die Stufen hoch. Die Terrasse des Cafés war an diesem schönen Sommernachmittag voll besetzt. Der Blick, den man von hier aus über das Inntal bis zum Wendelstein hatte, war berühmt. Es gab Leute, die aus München kamen, nur um hier Kaffee zu trinken. Für die Sommerfrischler war es ein beliebter Treffpunkt. Einheimische allerdings ließen sich selten blicken, weil sie lieber ihren eigenen Kuchen in ihrem eigenen Garten aßen. Die kleinen Tische standen dicht an dicht, so daß die Serviererinnen Mühe hatten, mit ihren hoch erhobenen Tabletts durchzukommen. Kinder, die ihnen zwischen die Beine liefen, machten es ihnen noch schwerer.
Im Schatten eines kleinen Sonnenschirmes saß eine Dame in einem langärmeligen hellen Seidenkleid. Monika hätte sie niemals für Olivers Mutter gehalten, wenn sie nicht als einzige allein gesessen und ihnen so erwartungsvoll entgegengeblickt hätte. Maria Baron war groß, schlank und elegant. Monika hatte das Gefühl, daß sie einmal sehr schön gewesen sein mußte. Ihr Gesicht unter dem weißen Haar war braun gebrannt, aber es war zerfurcht. Monika schien sie uralt.
Oliver hatte sich bis zu ihrem Tisch durchgedrängt. »Mutti, das ist Monika!« verkündete er und zog sie neben sich.
»Nicht so laut, Oliver!« mahnte Maria Baron und reichte Monika eine stark geäderte Hand, an der ein Ring mit einem großen Smaragd funkelte. »Mein liebes Kind, ich freue mich! Setzen Sie sich neben mich! Oliver, bitte, bestell Kaffee und Kuchen für euch beide!«
»Wird gemacht, Mutti! Sobald eine der Damen so gnädig ist, mir ihren Blick zu schenken ...«
Wenn Oliver auch versichert hatte, daß kein Grund zur Nervosität bestünde, so benahm er selber sich jetzt doch

sehr hektisch. Die ersten Minuten des Beisammenseins vergingen damit, daß er ununterbrochen redete und aus seinem Bemühen, die Aufmerksamkeit einer Serviererin auf sich zu ziehen, eine komische Nummer machte.

»Hör auf, dummes Zeug zu reden!« sagte seine Mutter endlich. »Geh hinein und gib deine Bestellung am Buffet auf. Dann hast du auch die Auswahl.«

Er sprang auf, und Monika wollte seinem Beispiel folgen.

»Sie bleiben hier!« entschied Maria Baron. »Wir müssen miteinander reden.«

»Mach es nicht zu arg, Mutti!« Er eilte davon.

Sehnsuchtsvoll blickte Monika ihm nach.

»Er ist ein guter Junge«, erklärte Maria Baron, »aber manchmal benimmt er sich sehr dumm.«

Monika wollte ihn verteidigen. »Nein, das finde ich nicht! Im Gegenteil, er ist so gewandt und …« Sie fand nicht das richtige Wort.

»Wie lange kennen Sie ihn?«

»Seit ein paar Monaten.«

»Aber Sie sind nicht sehr häufig mit ihm zusammen gewesen?«

»Ja, das stimmt«, mußte Monika zugeben.

»Und warum nicht?«

»Er war doch ein Fremder.«

»Sie hatten nicht den Wunsch, ihn näher kennenzulernen?«

»Ich wollte mich nicht in ihn verlieben. Er paßte irgendwie nicht in mein Leben. Ich hatte auch das Gefühl, daß er es nicht ernst meinte.« Das alles brachte Monika ziemlich stockend vor, weil Maria Baron sie durch ihr ruhiges Zuhören dazu zwang, weiter zu reden.

»Inzwischen haben Sie alle Ihre Einwände gegen eine Verbindung überwunden?«

»Nein … das heißt, ich weiß es nicht. Ich bin immer so

glücklich, wenn ich mit ihm zusammen bin, aber nachher ... dann kommen mir manchmal noch Bedenken. Hals über Kopf heiraten möchte ich ihn jedenfalls nicht. Ich möchte mehr über ihn wissen. Bitte, erzählen Sie mir über ihn!«
Maria Baron zog die Mundwinkel hoch, eine kleine Grimasse, die wohl ein Lächeln darstellen sollte. »Sie werden ihn schon noch kennenlernen. Bedenken Sie, daß ich gar nichts über Sie weiß.«
»Hat Oliver Ihnen denn nichts erzählt?«
»Männer sind schlechte Beobachter, vor allem, wenn sie verliebt sind.« Sie musterte Monika sehr kritisch, wenn auch nicht ohne Freundlichkeit. »Sie sind eine schöne junge Person, Sie sind anständig, Sie halten auf sich, keine von diesen Schlampen, die er bisher angeschleppt hat. Das habe ich auf den ersten Blick gesehen. Aber wie steht's mit Ihrer Schulausbildung? Haben Sie hauswirtschaftliche Kenntnisse?«
In Monika rebellierte es; sie hatte keine Lust, einem solchen Verhör standzuhalten. »Ich habe nicht einmal Oliver solche Fragen gestellt!« protestierte sie. »Kann er denn zur Not einen Knopf annähen? Sich eine Mahlzeit kochen? Sein Badezimmer sauberhalten?«
Zu ihrer Überraschung lachte Maria Baron auf, es klang nicht sehr heiter, aber immerhin war es ein Lachen. »Da haben Sie's mir aber schön gegeben!«
»Das alles müßte ich doch wissen, falls ich mich entschließen sollte, ihn zu heiraten. Daß ein normales Mädchen hauswirtschaftliche Kenntnisse besitzt, kann man voraussetzen. Ich jedenfalls habe sie. In der Schule bin ich bis zur mittleren Reife gekommen. Und Oliver?«
»Ja, die hat er.«
»Meine Schwester macht das Abitur!«

»Er hatte andere Interessen.«
»Die Musik?«
»Ja, die auch.« Maria Baron schien noch etwas hinzufügen zu wollen, verstummte aber.
Oliver Baron balancierte zwei Teller mit großen Tortenstücken an den Tisch. »Kaffee kommt gleich, wenn man's glauben darf!« Er stellte die Teller ab und setzte sich. »Na, ihr beiden, habt ihr euch nett unterhalten?«
»Monika ist nicht auf den Mund gefallen«, sagte Maria Baron und rührte in ihrer Tasse, in der der Kaffee kalt geworden war.
»Hat sie dich geärgert?« Er sah erschrocken von einer zur anderen.
»Ich wollte bloß wissen, ob du dir einen Knopf annähen kannst.«
»Ich nehme es an. Was soll schon dabeisein?«
»Aber versucht hast du es noch nicht?«
»Ich habe immer jemanden gefunden, der es für mich getan hat.«
»Das hatte ich mir gedacht.«
Er hob die Augenbrauen. »Warum sagst du das so? Willst du mich etwa zum Hausmann machen?«
»Das nicht. Aber da deine Mutter sich nach meinen Fähigkeiten erkundigt, kann ich doch wohl auch nach deinen fragen.«
»Eine Retourkutsche also?«
»Ich mag mich nicht verhören lassen.« Monika funkelte Frau Baron an. »Ich sehe nicht ein, wozu das gut sein soll.«
»Ist es nicht nur natürlich, daß ich etwas mehr über Sie wissen möchte, mein liebes Kind?«
»Das verstehe ich schon. Aber so eine Ausfragerei bringt's doch nicht. Es würde mir nicht schwerfallen, all die Ant-

worten zu finden, die Sie hören wollen. Aber wozu? Um uns wirklich kennenzulernen, braucht es Zeit.«
»Sie sind ein erstaunliches Mädchen!« sagte Frau Baron, und ihrem Ton war nicht zu entnehmen, ob sie beeindruckt oder gekränkt war.
Monika war erleichtert, als die Serviererin mit dem Kaffee kam und das Gespräch unterbrach. Sie nahm einen Schluck und ließ einen Bissen der Torte folgen. »Schwarzwälder Kirsch«, sagte sie, »fein. Du hast meinen Geschmack getroffen, Oliver!« Sie lächelte ihn über ihre Gabel hinweg an. Aber er gab ihr Lächeln nicht zurück.
Als sie später allein waren – Maria Baron war ins Haus gegangen, um sich frisch zu machen –, sagte er: »Du warst vorhin reichlich arrogant!«
Sie hatte seinen Angriff erwartet und reagierte gelassen. »Findest du?« fragte sie kühl.
»Meine Mutter ist so einen Ton nicht gewöhnt.«
»Und ich bin es nicht gewöhnt, ins Kreuzverhör genommen zu werden.«
»Jetzt übertreibst du aber!«
»Das kannst du gar nicht beurteilen, du warst ja nicht dabei. Ich kam mir zumindest so vor, als müßte ich mich um einen Posten bewerben.«
Jetzt heiterte sich seine Miene wieder auf. »Stimmt ja auch ... als meine Ehefrau.«
»So weit sind wir noch lange nicht.«
Maria Baron kam zurück, Oliver zahlte, und auf dem Spaziergang – Oliver zwischen den beiden Frauen – wurden nur noch unverfängliche Themen berührt. Man bewunderte die Landschaft, redete über Musik, über Mode und die allgemeine Wirtschaftslage. Oliver hatte Jacke und Schlips abgenommen und im Kofferraum des Autos verstaut. Zum ersten Mal erlebte Monika ihn ihm offenen

Hemd und hochgekrempelten Ärmeln, und sie mußte gegen den Wunsch ankämpfen, seine glatte braune Haut zärtlich zu berühren. Es kostete sie Anstrengung, sich an dem Gespräch zu beteiligen.
Nach einer Weile kamen sie an eine Bank, die gerade von einem jungen Paar freigegeben wurde. »Setzen wir uns!« schlug Maria Baron vor, fügte aber im gleichen Atemzug hinzu: »Oder nein ... laßt mich ein bißchen hier ausruhen! Ihr wollt sicher noch weiter laufen, nicht wahr?« Sie nahm Platz.
»Aber wir können Sie hier doch nicht einfach zurücklassen!« sagte Monika.
»Warum denn nicht? Auf dem Rückweg holt ihr mich dann wieder ab.«
Oliver blieb zögernd stehen. »Nein, Mutti, das möchte ich nicht.«
»Wenn ich es aber ausdrücklich so wünsche? Ich werde hier sehr gern ganz ruhig sitzen und den schönen Tag genießen.«
»Na gut. Einverstanden. In zehn Minuten sind wir wieder zurück.«
»Laßt euch nur Zeit!«
Hand in Hand wanderten sie weiter, drehten sich aber nach einigen Metern noch einmal um und winkten Maria Baron zu.
»Sie ist sehr rücksichtsvoll«, erklärte Monika.
»Ja, das ist sie.«
»Wir hätten sie doch nicht allein lassen sollen. Sie muß sich wie ...« Monika suchte das richtige Wort. »... wie ausgeschlossen vorkommen.«
»Ihr macht es nichts aus, allein zu sein.«
»Allein sein ist aber was anderes, als allein gelassen zu werden.«

»Mein weises kleines Mädchen!« Er legte ihr den Arm um die Taille und zog sie an sich. »Dann beeilen wir uns eben.«
»Womit?«
»Das weißt du doch! Behaupte bloß, daß du keine Lust hast, ein bißchen zu schmusen!«
Die asphaltierte Straße hatte schon beim ›Café Schönblick‹ aufgehört. Autos kamen auf den Berg nicht mehr herauf. Aber selbst hier oben wimmelte es noch von Ausflüglern.
»Klettern wir zu dem Wäldchen hinunter!« schlug er vor.
»Aber da gibt es keine Bank«, wandte sie ein.
»Du scheinst dich ja fabelhaft auszukennen.«
»Natürlich. Wir haben schon als Schulkinder darin gespielt. Das Wäldchen, wie du es nennst, ist ein ausgewachsener Buchenwald. An manchen Wochenenden werden Bierfeste und Weinfeste dort abgehalten. Dazu werden Bänke und Tische aufgebaut.« Sie blickte kritisch auf ihre leichten weißen Sandalen und zog sie nach kurzem Überlegen aus. »Ich will sie mir nicht ruinieren.«
»Du wirst dir die Füße verletzen.«
»Ach was. Ich bin barfuß laufen gewöhnt!« Tatsächlich gelangte sie schneller und geschickter als er den Abhang hinunter und reichte ihm, unten angekommen, die Hand, um ihn zu stützen.
»Ich bin aus der Puste«, gestand er.
»Warte nur, bis du bei uns lebst, dann werde ich dich trainieren.«
»Aber das ist ja toll hier!« sagte er beeindruckt und sah sich um.
Aus den lichtüberfluteten Wiesen und Weiden waren sie unvermittelt in den grünen Schatten der dicht beieinander stehenden Buchen gelangt. Die glatten Stämme gaben in der Mitte einen runden Platz frei, der aber auch noch vom Laub überdacht war.

»Es ist wie in einem Dom, nicht wahr?« meinte sie.
Er intonierte aus der »Zauberflöte«: »In diesen heilgen Hallen ...«
»... kennt man die Lüge nicht ...« fiel sie mit ein.
Er brach ab. »Wieso ›Lüge‹ Ich dachte, es heißt Rache?«
»So genau weiß ich's nicht. Mir fiel nur gerade Lüge ein.«
»Auf jeden Fall ist es herrlich hier ...« Er nahm sie in die Arme und küßte sie zärtlich. »... mit dir!«
Auch sie fühlte sich wie verzaubert; alles in ihr drängte zu ihm hin.
»Mit dir«, raunte er zwischen den Küssen, »würde ich auch im elendsten Loch glücklich sein.«
Sie trennten sich erst, als Kinderstimmen laut wurden.
»Schade«, sagte er, »daß wir nicht allein auf der Welt sind!«
»Wie sehe ich aus?«
»Ein bißchen zerzaust, das ist alles.«
Monika löste die blaue Schleife im Nacken, kämmte ihr langes Haar sorgfältig durch und band es dann wieder zusammen.
Oliver hatte ihr bewundernd zugesehen. »Du brauchtest dich eigentlich nie anzumalen«, behauptete er.
»Schön wär's! Aber im Winter sehe ich käsig aus.«
Beide wollten sich noch einmal umarmen, aber da waren die Kinder da, eine kleine Gruppe, die die Stimmung im Buchenwald mit Gejohle zerstörte und das Paar neugierig und kichernd anstarrte.
»Wir brauchen nicht zur Straße zurück«, erklärte Monika, »dort, wo die Kinder herkamen, geht ein Weg. Es ist eine Abkürzung.« Sie nahm ihn bei der Hand und zog ihn mit sich.
Oliver war es, als würde sie sich mit dieser Geste zu ihm bekennen. »Morgen weiß der ganze Karberg über uns Bescheid!«

»Wieso? Ach, du meinst, die Kinder würden über uns reden? Aber die sind nicht von hier.«
»Bist du da sicher?«
»Aber ja. Es gibt kein Kind hier aus der Gegend, das ich nicht mindestens vom Ansehen her kenne.«
Er sagte nichts, aber als sie ihn anblickte, sah sie, wie enttäuscht er war. »Mach dir nichts draus! Ich habe nicht vor, dich zu verstecken. Ich werde dich mit allen meinen Freundinnen und Freunden bekannt machen.«
»Sind das so viele?«
»Mein Jahrgang halt und die etwas Älteren. Wir kennen uns alle von Kindesbeinen an.«

Bei der ländlichen Jugend hatte Oliver keinen Erfolg. Monika nahm ihn zu den Tennisplätzen mit. Er sah blendend aus im weißen Dreß, und er spielte leidlich, aber nicht gut. Die jungen Karberger, die sich dem Sport verschrieben hatten, waren durchtrainiert. Bei gutem Wetter pflegten sie jede Stunde auszunutzen, in der die Plätze nicht von Fremden belegt waren. Sie waren kräftiger und derber als Oliver. Es machte keinen Spaß, gegen ihn zu spielen, selbst Monika war ihm weit überlegen.
Sie war nicht enttäuscht, denn dieses erste Zusammentreffen mit ihren alten Freunden zeigte deutlich, wie anders Oliver war. Gerade das gefiel ihr.
Ein andermal trafen sie sich auf einem abendlichen Bierfest, das mitten auf dem Dorfplatz von Höhenmoos, zwischen Kirche und Gasthaus, gefeiert wurde. Es wurde vom Trachtenverein veranstaltet. Oliver hatte sich für diesen Anlaß eigens einen grauen Lodenanzug anfertigen lassen. Er stand ihm auch, aber er wirkte darin wie verkleidet. Den Mädchen gefiel Oliver schon, aber sie trauten sich nicht, es zu zeigen. Die Burschen hielten sich erst argwöhnisch zurück.

Später wurden ihre Stimmen lauter, ihre Späße derber, als es gewöhnlich der Fall war. Monika erkannte, daß sie ihn herausfordern wollten.

Schon gegen zehn, als die Blasmusik gerade einmal Pause machte, flüsterte sie ihm zu: »Bring mich, bitte, nach Hause!«

»Mich auch!« bat Gabriele, die die Schwester verstanden hatte.

Er konnte seine Erleichterung nicht verbergen. Dennoch vergewisserte er sich: »Ihr wollt wirklich schon gehen?«

»Ja, und so unauffällig wie möglich!« raunte Monika ihm zu. »Steh jetzt auf und verzieh dich. Wir treffen dich bei deinem Auto.«

Monika und Gabriele warteten, bis er verschwunden war, dann taten sie so, als wollten sie zum Toilettenwagen gehen, bogen dann aber zum Parkplatz ab.

»Eigentlich«, sagte Gabriele, als sie auf Oliver stießen, »hätten wir das Fest gar nicht besuchen dürfen. Du weißt ja, Vaters Trauerjahr ist noch nicht um.«

Monika war der Schwester dankbar für diese Erklärung. »So merkt's Mami nicht«, fügte sie hinzu.

»Deshalb brauchten wir uns doch nicht heimlich davonzuschleichen!«

»Es sieht dumm aus, wenn man so früh aufbricht!« behauptete Gabriele.

Oliver ließ sich nicht überzeugen. »Aber ich verstehe nicht ...«

»Jetzt laßt uns erst mal einsteigen!« drängte Gabriele. »Unterwegs klären wir dich dann auf!«

Die Mädchen atmeten auf, als die Lichter des Dorfes hinter ihnen verschwanden.

»Am besten«, sagte Gabriele, »benutzt du für die Rückfahrt nicht die Hauptstraße, sondern die, die kurz vor un-

serem Haus abbiegt. Die ist zwar sehr schmal und steil, eine Landwirtschaftsstraße eben. Aber sie ist sicherer.«
»Ihr tut, als wäre ich in Gefahr!«
»Ja, das bist du auch!« sagte Monika. »Die Burschen sind in ziemlich wüster Stimmung. Hast du das denn nicht gemerkt?«
»Ich weiß ja nicht, wie sie sonst sind.«
»Wenn sie so sind«, erklärte Gabriele, »gibt es hinterher meist eine Rauferei.«
»Das kann doch nicht wahr sein!«
»Aber das ist so. Früher soll es noch viel schlimmer gewesen sein. So was macht ihnen Spaß, und wenn sie genügend getrunken haben, spüren sie die Schläge gar nicht.«
»Wir sind schon öfter mal bei so einer Prügelei dabeigewesen«, berichtete Monika, »und es war nicht so gefährlich, denn jeder weiß ja sowieso vom anderen, wie stark er ist.«
»Aber heute hatten sie es auf dich abgesehen.«
»Glaubt ihr, ich würde mich provozieren lassen?«
»Das hätten die schon geschafft.«
»Das bildet ihr euch alles nur ein«, sagte Oliver, aber es klang jetzt doch schon unsicher, »ich habe doch niemandem etwas getan.«
»Sie denken«, erklärte Gabriele, »du willst ihnen ein Mädchen wegnehmen: Monika. Und das willst du ja auch.«
»Aber ich dachte, sie gehörte zu Sepp Mayr.«
»Der ist einer von ihnen.«
»Ich hätte niemals geglaubt, daß es so etwas noch geben könnte!« sagte Oliver betroffen.
»Dann sei froh, daß du was dazugelernt hast«, entgegnete Gabriele schnippisch.
»Aber wir leben schließlich im zwanzigsten Jahrhundert! Der Karberg ist ein Erholungsgebiet! Es wimmelt hier doch nur so von Fremden!«

»Aber die sind und bleiben eben Fremde. Die Einheimischen sind ein anderer Schlag. Gib es auf, Oliver. Du wirst es doch nie verstehen. Sei uns dankbar, daß wir dich gerettet haben.«
Als er das Auto vor dem Elternhaus der Mädchen bremste, sprang Gabriele gleich hinaus, damit das Liebespaar noch miteinander allein sein konnte.
Aber Monika war zu nervös. »Ich muß auch rein«, sagte sie und gab ihm einen flüchtigen Kuß, »Mami schimpft sonst! Sei nur vorsichtig, ja?«
Tatsächlich wäre es auf diese eine Schelte nicht angekommen, denn die Stimmung in der Familie Stuffer war schlecht. Seit Monika der Mutter Oliver vorgestellt hatte, waren die heiteren Stunden selten geworden. Barbara wollte die Beziehung mit Gewalt unterbinden, ohne zu merken, daß sie Monika dadurch geradewegs auf Oliver zutrieb. Seinen Namen auch nur zu erwähnen beschwor ein Donnerwetter herauf.
Nur mit Gabriele konnte Monika, der das Herz voll war, über Oliver reden. Die Schwester fand ihn immerhin »Ganz nett« und »Ganz witzig«.

Oliver war durch die Ablehnung der Dorfjugend verletzt. Er, der überzeugt war, durch seinen Charme die Menschen für sich gewinnen zu können, kränkte sich über diese Niederlage. Da er sich selber keine Schuld gab, mußte es seiner Meinung nach an den anderen liegen.
»Deine Freunde«, fragte er, als sie sich das nächste Mal trafen, »was sind das eigentlich für Leute?«
Er hatte sie von der Firma abgeholt, und sie fuhren zum Chiemsee. Der Mutter hatte sie erzählt, Kathi und Anni begleiteten sie zum Schwimmen. Mit der Wahrheit nahm sie es nicht mehr genau.

»Du hast sie ja kennengelernt«, erwiderte sie, den Kopf an seine Schulter gelehnt.
»Außer, daß sie mich verprügeln wollten, weiß ich nichts von ihnen.«
Monika dachte nach. Ihre Jugendfreunde waren für sie immer ein selbstverständlicher Bestandteil ihres Lebens gewesen. Sie hatte nie versucht, sie zu klassifizieren. Ein Bursche war vielleicht etwas fröhlicher, ein anderer ernster, ein Mädchen etwas klatschsüchtig, ein anderes verschwiegen. »Was kann ich dir schon sagen?« fragte sie endlich. »Es sind ganz normale junge Leute.«
»Was, zum Beispiel, tun sie beruflich?«
»Sepp ist gelernter Maler, versucht aber jetzt die mittlere Reife nachzumachen, Peter arbeitet auf dem väterlichen Hof, Schorschi ist Hilfsarbeiter, Paul Elektriker, Hans macht eine Lehre bei der Raiffeisenbank ... keiner ist was Besonderes, aber keiner ist ein Versager.«
»Nicht mal der Hilfsarbeiter?«
»Schorschi ist ein Supersportler und einfach zu faul zum Lernen. Ich bin sicher ... wir alle sind sicher, daß er sich eines Tages doch noch auf den Hosenboden setzen wird.«
»Ich verstehe nicht, was euch miteinander verbindet.«
»Viele von uns sind schon zusammen im Kindergarten gewesen, alle haben wir ein paar Jahre zusammen die Hauptschule besucht, und dann ... wir sind eben alle von hier.«
»Diese Menschen«, erklärte er, »sind nicht der passende Umgang für dich.«
Sie löste den Kopf von seiner Schulter und richtete sich auf. »Findest du? Ich bin doch auch nichts Besseres als die anderen.«
Sein Mund war schmal geworden. »Immerhin war dein Vater Fabrikant.«
»Na und? Er war gelernter Schreinermeister und hat sich

dann auf die Fabrikation geworfen. Sein Vater war noch Bauer, Sepp Mayrs Vater übrigens auch. Wir alle stammen von irgendwelchen Höfen oder haben zumindest noch Verwandtschaft in der Landwirtschaft. So ist das nun mal hier: einer übernimmt den Hof, die anderen lernen was oder auch nicht. Die Mädchen heiraten oder werden alte Tanten. Das gibt aber doch niemandem das Recht, auf die anderen herabzusehen.«

»Warum ereiferst du dich so?« fragte er, immer noch mit schmalen Lippen.

»Weil du ein Snob bist!«

»Ich meine einfach, daß man doch gewisse Ansprüche an sich und seine Mitmenschen stellen sollte.«

»Du bist mit ihnen nicht zurechtgekommen, deshalb willst du sie mir madig machen!« sagte sie klarsichtig. »Aber es sind alles sehr anständige Burschen.«

»Vergessen wir mal für einen Augenblick deine ungehobelten Verehrer! Willst du wirklich behaupten, daß du dich im Kreis deiner sogenannten Freundinnen, dieser kichernden Dorfgänse, wohl fühlst?«

»Das sind sie nicht! Sie waren in deiner Gegenwart ein bißchen befangen und auch, weil sie fürchteten, daß es Rabbatz geben würde!«

»Jedenfalls, wenn du erst meine Frau bist, werde ich dich mit anderen Menschen zusammenbringen.« –

Natürlich dauerte es nicht lange, dann versöhnten sie sich wieder.

Am Ufer des Chiemsees fanden sie, hinter Büschen versteckt, eine kleine Sandkuhle, in der sie es sich gemütlich machen konnten. Sie hatten ihr Badezeug mitgenommen und zogen sich um. An diesem Nachmittag sah Monika ihn zum ersten Mal nackt, und sie fand ihn, schmalhüftig, mit flachem Bauch und gut modellierten Schultern, so schön wie einen jungen Gott. Dann lagen sie im Sand und freuten sich aneinander. Aber der Strand war doch zu belebt, als daß es zu wirklichen Intimitäten hätte kommen können. Als sie spürte, daß er sehr erregt war, sprang sie auf und lief ins Wasser. Er kam ihr nach. Sie schwammen, planschten, tauchten sich gegenseitig unter und genossen das gemeinsame Badevergnügen in vollen Zügen.

So heftig Monika ihre Jugendfreunde Oliver gegenüber in Schutz genommen, und so ernst es ihr damit gewesen war, mußte sie doch sehr bald erfahren, daß sie sie mit anderen Augen ansah als früher. Das hatten nicht seine herabsetzenden Worte bewirkt, sondern die Tatsache, daß sie sie ständig mit ihm verglich. Mehr und mehr gewann sie die Überzeugung, daß sie ihm nicht das Wasser reichen könnten.
Gabriele, die sich der Landjugend gegenüber immer schon ein bißchen erhaben gefühlt hatte, bestärkte sie noch in dieser Einstellung.
Dazu kam, daß ihre alten Kumpel ihr die Freundschaft mit Oliver übelnahmen und nicht bereit waren, Verständnis oder wenigstens Nachsicht zu zeigen. Monika haßte es, ständig gefragt zu werden: »Na, wie geht's deinem Herrn Baron?«, wobei der Name auf der zweiten Silbe betont wurde. Anfangs hatte Monika noch gelacht und es für eine harmlose Neckerei gehalten. Aber nachdem sie zum hundertsten Mal erklärt hatte, daß man Olivers Nachnamen auf der ersten Silbe richtig betonen mußte, wurde es ihr zu viel. Sie glaubte eine gewisse Boshaftigkeit in diesem Spott zu erkennen. Den Jungen konnte sie es gerade noch nachsehen, denn sie lebten in ständiger Rivalität untereinander und schon gar einem Fremden gegenüber, der in ihr Revier eingebrochen war. Sie lehnten ihn aus Eifersucht ab,

obwohl keiner von ihnen je eine Chance bei ihr gehabt hatte. Aber daß die alten Freundinnen sich ganz ähnlich verhielten, stieß Monika vor den Kopf. Sie hätten doch nachfühlen müssen, wie schwierig ihre Situation war. Aber sie fanden kein verständnisvolles Wort und keine freundschaftliche Geste. Statt dessen faselten sie auch ständig von dem »Herrn Baron«.
Monika bekam es satt und fing an, allen aus dem Weg zu gehen. Sogar das Tennisspielen gab sie auf.
Nur Sepp war ihr gegenüber ganz wie immer, vielleicht noch ein wenig onkelhafter als früher. Er kaufte ihr sogar das Zusatzgerät, das die Standardbriefe selbständig tippen konnte, und den Drucker für den Computer bei ›Arnold & Corf‹. Die Software war inzwischen den Notwendigkeiten des Betriebes angepaßt, und Monika nutzte die neuen Möglichkeiten mit großem Vergnügen aus. Es gab nur zwei Dinge, die sie in dieser Zeit gern tat: mit Oliver zusammen sein oder in der Firma arbeiten. Alles andere, was sie vorher geliebt hatte, verlor seinen Sinn für sie.
Zu Hause herrschte eine ständige Spannung, die sich immer wieder in Gewittern entlud. Nie konnte sie fort, ohne daß es vorher oder nachher einen Riesenkrach gegeben hätte. Anfangs hatte sie noch versucht, sich zu verteidigen; sie hatte sich fast so sehr aufgeregt wie die Mutter. Jetzt nahm sie es gleichmütig, ja fast gleichgültig hin wie eine Plage, die sie ertragen mußte. Sie konnte es nur entweder der Mutter recht machen oder mit Oliver zusammen sein. Den Mittelweg, nach dem sie so verzweifelt gesucht hatte, gab es nicht. Trotz allem hatte sie nicht das Herz auszuziehen, denn sie wußte, daß ihr die Mutter nicht verziehen hätte. Zum endgültigen Bruch wollte sie es nicht kommen lassen.

Monikas Verhältnis zu Olivers Mutter gestaltete sich allmählich immer besser. Wenn Maria Baron sie auch nicht gerade liebevoll behandelte, so wußte sie doch ihre guten Eigenschaften zu schätzen, und sie zeigte es auch.
Monika hatte es inzwischen gelernt, allein nach München zu fahren, und sie tat es, sooft sich eine Gelegenheit bot. Die Barons wohnten im Stadtteil Bogenhausen in einer schönen alten Wohnung mit hohen, stuckverzierten Decken und Parkettböden, die eigentlich zu geräumig für zwei Personen war. Aber Frau Baron hatte sie nie aufgeben mögen. Es gab das ehemalige eheliche Schlafzimmer, das Maria seit dem Tod ihres Mannes allein benutzte, ein Wohnzimmer, ein kleines Eßzimmer und sogar ein sogenanntes Musikzimmer, in dessen Mittelpunkt ein schwarzer Flügel Marke Bösendorfer stand. In Olivers früherem Jugendzimmer gab es jetzt nur noch sein Bett und zwei hohe Kleiderschränke, die sich an den Wänden entlangzogen. Er besaß, wie Monika fand, unglaublich viel Garderobe, Hosen und Jacken, komplette Anzüge und Stöße von Hemden und Kaschmirpullovern. Tagsüber hauste er im Zimmer seines verstorbenen Vaters, einem großen Raum, den er sich nach seinem Geschmack umgestaltet hatte. Die schwere braune Ledergarnitur, drei Sessel und ein Sofa, hatte er behalten, sich aber von den Ölbildern und dem Perserteppich getrennt. Jetzt war der Boden mit einem leichten weißen Teppich bedeckt, und an den Wänden hingen Poster, vornehmlich Ankündigungen von Konzerten und Opern. Selbstverständlich besaß er auch eine wertvolle Stereoanlage. In dem alten Bücherschrank, den er abgebeizt hatte, stand nur Fachliteratur, Bücher über Datenverarbeitung und über Musik und Musiker.
Es dauerte nicht lange, bis Monika sich hier heimisch fühlte. Was sie störte, war nur die Dunkelheit der Räume.

Zwar waren sie nicht wirklich finster, denn die Fenster waren hoch. Aber überall dämpften Gardinen das Licht. Anders als in Höhenmoos mußte man sich hier gegen die Menschen von gegenüber abschirmen. Auch auf der Straße schien die Sonne selten so hell wie auf dem Karberg; an vielen Tagen mußte sie sich erst durch eine Glokke von Smog arbeiten. Die hohen Mietshäuser links und rechts der Straßen, der dichte und laute Verkehr von Autos und Bussen bedrückten Monika noch, aber allmählich wurde ihr alles immer vertrauter.

Maria Baron behandelte sie fast wie ein Mitglied der Familie. Sie begrüßte sie freundlich, hatte ihr auch immer etwas anzubieten, Kaffee, Tee oder ein kleines Abendbrot. Anfangs hatte Monika ihr beim Abräumen und Abwaschen geholfen. Aber nachdem Frau Baron merkte, daß Monika alles flinker von der Hand ging als ihr selber, ließ sie sie bald alles alleine machen. Manchmal hatte sie auch noch andere Aufträge für Monika. Sie bat sie, die frischgewaschenen Gardinen aufzuhängen oder die Fenster zu putzen. Monika tat das alles gerne, weil sie das Gefühl hatte, daß Frau Baron ihre Hilfe wirklich brauchte und ihr dankbar war.

Wenn Oliver auf dem Flügel spielte, was er gerne und oft tat, lauschte Monika ihm voll Bewunderung. Seine Mutter ließ sie beide dann bald allein. Sie hatte auch nichts dagegen, wenn sich die jungen Leute in sein Zimmer zurückzogen. Sie plauderten dann, hörten Musik und schmusten miteinander. Aber obwohl sie wußten, daß die alte Dame niemals versuchen würde, sie zu kontrollieren oder gar zu überraschen, wirkte ihre Anwesenheit doch hemmend. Sie übten Zurückhaltung. Monika fiel das leicht. Sie genoß Olivers Zärtlichkeit, und sie rechnete es ihm hoch an, daß er sie nie bedrängte.

Es blieben ihnen immer nur kurze Stunden, denn späte-

stens um zehn mußte Monika die Heimfahrt antreten, da sie früh auf mußte und nicht verschlafen bei der Arbeit sein wollte.
Danach galt es dann möglichst ungesehen ins Haus zu kommen und einen Zusammenstoß mit Barbara zu vermeiden.
Monika erfand alle möglichen Ausreden für ihr häufiges Fortfahren, Verabredungen mit Freundinnen, Theater- und Konzertbesuche in Rosenheim oder eine Einladung nach da und dort. Es fiel ihr nicht leicht, und es war ihrer Natur ganz zuwider, aber sie sah keine andere Möglichkeit. Sie schwindelte schlecht und hatte dabei stets das Gefühl, daß Barbara sie durchschaute. Wenn die Mutter Zweifel zeigte, so versteifte Monika sich noch auf ihre Version. In ihren Augen war das alles entwürdigend.
Wenn Gabriele nicht zu ihr gehalten hätte, wäre alles noch schlimmer gewesen. Die Schwester hätte oft die Beweise dafür erbringen können, daß Monika sich nicht an die Wahrheit hielt. Aber seit Gabriele Oliver kennengelernt hatte, hatte sich ihre Einstellung geändert. Sie hatte es völlig aufgegeben, Monika anzuschwärzen. Monika war ihr dankbar dafür, wenn ihr auch diese völlig veränderte Haltung ein wenig unheimlich war.
Einmal sprach sie die Schwester darauf an.
»Du traust mir wohl nicht recht über den Weg?« fragte Gabriele amüsiert.
»Früher hast du mich doch dauernd verpetzt.«
»Das waren Kindereien! Um was ging's denn da?«
»Stimmt schon«, gab Monika zu, »trotzdem sehe ich keinen Grund ...«
»Denk doch mal nach! Kannst du dir nicht vorstellen, daß ich auch mal deine Hilfe brauchen könnte?«
Monikas Miene klärte sich auf. »Gibt es jemanden?«

»Noch nicht. Aber ich bin ziemlich sicher, daß Mami in meinem Fall das gleiche Theater aufführen wird, wenn es nicht gerade ein Einheimischer ist. Aber auf die steh' ich nun wirklich nicht.«

Daß Gabriele, wenn auch nur passiv, zu ihrer Schwester hielt, verärgerte Barbara. Sie fühlte sich von beiden Töchtern im Stich gelassen, gab aber nur Monika die Schuld. Bei jeder Auseinandersetzung bekam Monika auch ihren »schlechten Einfluß« vorgehalten, eine Beschuldigung, gegen die es keine Argumente gab.

An einem Samstagnachmittag Mitte Oktober fuhr Monika wieder einmal nach München. Der Himmel war südlich blau mit einigen schwachen Wolkenbögen, die verrieten, daß der Föhnwind herrschte. Neben der Autobahn glühten die Bäume im Schmuck ihrer roten, braunen und gelben Blätter. Der Verkehr war hektisch.

Monikas Herz jubelte Oliver entgegen. Es war wie immer schwierig gewesen, von zu Hause fortzukommen. Aber es war ihr gelungen. Das erfüllte sie mit Triumph. Sie hatte kein schlechtes Gewissen mehr, daß sie die Mutter beschwindelt hatte. Ihre Lügen erschienen ihr jetzt als erlaubte Waffen in ihrem Kampf um ihre Freiheit und ihre Liebe.

Als sie bei Ramersdorf auf den Mittleren Ring einfuhr, wäre sie fast von einem Motorradfahrer gerammt worden, weil sie die Vorfahrt nicht beachtet hatte. Sie erschrak, und der junge Mann hob sein Visier und schimpfte. Mit einem Lächeln und einer Handbewegung entschuldigte sie sich, fuhr von da an sehr vorsichtig.

Oliver empfing sie an der geöffneten Wohnungstür, zog sie hinein und küßte sie. »Was ist los mit dir?« fragte er. »Du zitterst ja.«

»Fast hätte ich einen Zusammenstoß gehabt. Mit einem Motorradfahrer.«
»Diese Rowdys!«
»Es war meine Schuld«, gestand sie.
»Dieser verdammte Föhn!«
»Ohne ihn«, sagte sie, »hätten wir jetzt bestimmt Regen.«
Er half ihr aus ihrer Jacke, wollte sie schon aufhängen, hielt dann aber in der Bewegung inne und schlug vor: »Wir könnten in einen Biergarten gehen!«
»O ja! Aber erst möchte ich deine Mutter begrüßen.«
»Sie ist nicht da.«
»Dann laß uns losziehen, so lange es noch warm ist.«
Sie einigten sich darauf, ihre Autos stehenzulassen, und fuhren erst mit dem Bus, dann mit der U-Bahn zur Leopoldstraße und liefen von dort zu Fuß zum Englischen Garten. Nahe dem Chinesischen Turm waren Tische und Klappstühle aufgestellt. Eine Menge vergnügter Menschen saß dort vor ihren Maßkrügen. Manche hatten ihre Kinder mitgebracht, die natürlich nicht stillsitzen konnten, sondern herumsprangen. Ein Baby schrie im Kinderwagen, und die sehr jungen Eltern stritten sich, ob man es mit einem Schluck Bier beruhigen dürfte.
Monika und Oliver fanden einen Tisch in der Sonne, und sie setzte sich.
»Halt mir den Platz frei!« sagte er. »Ich hole uns eine Maß.«
Monika bewunderte den bunten Chinesischen Turm, der wie eine Pagode gebaut war, und sah sich neugierig um. Ganz wohl war es ihr nicht, allein unter diesen vielen Leuten.
Ein junger Mann in Jeans und Rollkragenpulli schlenderte auf sie zu. »Na, Mädel, wie wär's mit uns beiden?«
Ohne zu antworten, versuchte sie kühl durch ihn hindurch zu blicken.

Er ließ sich nicht abschrecken und wollte sich neben sie setzen.

»Bitte, der Platz ist besetzt!«

»Sehe ich nicht.«

»Mein Freund holt nur das Bier.«

»Sind ja noch genügend Stühle frei«, sagte er und legte ihr den Arm um die Schultern.

Mit einer heftigen Bewegung machte sie sich frei, stand auf und sah sich nach Oliver um. Sie konnte ihn nicht entdecken. Aber ein großer, sehr kräftiger Mann, in jeder Hand einen Bierkrug, kam vom Ausschank her in ihre Richtung.

»Da ist er!« erklärte sie.

Der Bursche auf Olivers Stuhl musterte den Riesen, machte »oh« und verzog sich.

Erleichtert sank Monika auf ihren Stuhl.

Ein älteres Ehepaar, sehr sorgfältig angezogen, kam an ihren Tisch.

»Ist hier noch frei, Fräulein?« fragte der Herr.

»Zwei Stühle sind besetzt.«

»Dann mach mal, Anna!« Er stellte einen großen Korb ab und ging zum Ausschank.

Mit Erstaunen sah Monika, daß die alte Dame eine rotweiß karierte Decke auf dem oberen Teil des Tisches ausbreitete, Teller und Besteck hinlegte, Semmeln und Brezen, verschiedene Würste, Käse und einen Radi.

Die alte Dame bemerkte Monikas Blick. »Man muß es sich doch gemütlich machen«, erklärte sie.

»Ich habe ja gar nichts gesagt.«

»Aber gedacht haben Sie sich was. Ihr jungen Leute habt's immer eilig. Ihr denkt alleweil, es könnte euch was entgehen. Wenn man in die Jahre kommt, dann genießt man jeden Augenblick.«

Oliver brachte den Maßkrug und gab ihn Monika. »Trink! Ich habe schon einen Schluck genommen.«
Das Bier war kühl und stark.
Monika spürte ein Prickeln in Händen und Füßen. »Wunderbar!« Sie wischte sich mit dem Handrücken den Schaum vom Mund. »Überhaupt, was für ein herrlicher Tag! Sag nie mehr was gegen den Föhn!«
Sie tranken abwechselnd, plauderten und lachten. Das Ehepaar an ihrem Tisch hatte bedachtsam zu schmausen begonnen. Die beiden kümmerten sich nicht um sie.
»Monika«, sagte er leise, »ich habe einen großen Wunsch, ich möchte nicht, daß du heute abend schon wieder zurückfährst.«
»Aber das muß ich doch!«
»Mußt du nicht!«
»Du kennst Mami!«
»Gerade weil ich sie kenne! Die macht dir doch auf jeden Fall einen Krach. Sieh mal, Monika, meine Mutter ist heute nacht nicht da. Sie ist zu einer Freundin nach Berchtesgaden gefahren und kommt frühestens morgen abend zurück. Wir könnten ins Kino gehen und nachher tanzen. Wir haben noch nie zusammen getanzt!«
»Ja, das ist wahr.«
»Tu mir die Liebe!« Flehend blickte er ihr in die Augen.
»Ich tanze furchtbar gern, aber ...«
»Bitte, Monika! Es ist schrecklich, daß wir uns immer nur so kurz sehen und eigentlich nie allein sind.«
»Meinst du, mir wär das angenehm?«
»Wenn du mich liebtest ...«
»Du weißt, daß ich dich liebe.«
»Nein.«
Sie legte ihre kräftige Hand auf seine schmale. »Bitte, Oliver, laß uns doch nicht streiten! Bis zum Abend bleibt uns

ja noch so viel Zeit! Ich war auf deinen Vorschlag nicht gefaßt, verstehst du denn nicht?«
Er erwiderte ihr Lächeln, rasch versöhnt. »Überleg dir's!« Er blickte in den Bierkrug. »Nichts mehr drin! Ich hol uns noch eine Maß, ja?«
»Lieber nicht. Ich fall' sonst um.«
»Warte! Ich hol' dir was zu essen.«
»Nein, bitte, laß uns jetzt gehen!« Nach einer kleinen Pause fügte sie hinzu: »Zu dir!«
Er sprang auf und zog sie hoch. »Mein Liebling!« Er küßte sie. »Einen schönen Tag noch!« sagte er zu den alten Leuten. Monika lächelte ihnen zu.
Als Gegengruß erhielten sie nur ein bedenkliches Kopfschütteln.
»Meinst du, die haben was gemerkt?« fragte Monika, als sie außer Hörweite waren.
»Ich habe so leise wie möglich geredet!«
»Ich fürchte, wir waren sehr pantomimisch!«
Sie schüttelten sich vor Lachen.
Im Vorbeigehen kauften sie sich an einem Stand zwei Schnittlauchbrote und aßen sie aus der Hand, während sie weitereilten. Sie hatten nicht mehr die Geduld, die städtischen Fahrzeuge zu benutzen, sondern hielten unterwegs ein Taxi an. Auf dem Rücksitz saßen sie eng aneinander gekuschelt, und es war ihnen gleichgültig, was der Chauffeur von ihnen denken mochte. Als sie am Ziel angekommen waren und Oliver zahlte, lächelte der Mann verständnisvoll. Sie sausten die Treppen hinauf und fielen sich, kaum daß sich die Wohnungstür hinter ihnen geschlossen hatte, in die Arme. Monika war es, als hätte sie endlos auf diesen Augenblick warten müssen.
Später, als es vorbei war, hielten sie sich immer noch fest umklammert. Sie lagen nackt auf seinem Bett, und Monika

konnte nicht aufhören, seine glatte Haut, unter der die Muskeln spielten, mit kleinen sanften Küssen zu bedecken. Er sagte ihr all die wunderbaren Worte, die sie nur aus Romanen kannte.
Dann faßte er sie bei den Schultern und zwang sie, ihm in die Augen zu sehen. »Hat es dir weh getan?«
»Ein bißchen.«
»Das wollte ich nicht.«
»Vergiß es! Niemand hätte rücksichtsvoller sein können als du.«
»Du bist die erste Jungfrau in meinem Leben.«
»Nun bin ich es ja auch nicht mehr.«
»Tut es dir leid?«
»Im Gegenteil, ich bin so glücklich.«
»Das nächste Mal wird es schöner für dich werden.«
»Es war schön. Es hat mir nichts ausgemacht, für dich zu leiden.«
»So schlimm?«
»Nein, gar nicht.« Sie sah an ihren Beinen hinab. »Sieh mal! Tatsächlich!«
»Blut«, konstatierte er, leicht geschockt.
»Ich hätte nicht gedacht, daß es wirklich bluten würde.« Sie wollte sich von ihm lösen.
Er hielt sie fest. »Was hast du vor?«
»Ich will es auswaschen.«
»Ach was. Ich werfe das nachher einfach in die Wäsche.«
»Aber deine Mutter ...«
»... soll es ruhig sehen. Es ist ganz gut, wenn sie Bescheid weiß.«
Sie knabberte zärtlich an seiner Schulter. »Hätte es dir was ausgemacht, wenn ich nicht ... nicht unschuldig ... ach, das klingt so albern ... gewesen wäre?«
»Nein, natürlich nicht. Aber so war es ... was Einmaliges!«

»Für mich erst!«

»Dann bleibst du heute nacht?«

»Ja. Aber ich muß zu Hause anrufen.« Sie sprang aus dem Bett. Es hatte sie bei aller Verliebtheit Überwindung gekostet, sich vor ihm auszuziehen. Jetzt aber störte es sie nicht mehr, daß seine Blicke ihr folgten. Sie war sich ihrer langen Beine, ihrer schmalen Taille und ihres festen, hoch angesetzten Busens angenehm bewußt. Ein ganz klein wenig verrucht kam sie sich vor, aber auch das war ein prickelndes Gefühl, nachdem sie so lange brav gewesen war.

Nackt, wie sie war, ging sie zum Telefon, das im Wohnzimmer stand, und wählte die Nummer von Höhenmoos. Gabriele meldete sich.

»Ich bin es nur«, sagte Monika, »hör mal, Gaby, ich rufe nur an, weil ich heute abend nicht nach Hause komme.«

»Das wird Mami gar nicht passen.«

»Ich kann es nicht ändern.«

»Und was soll ich ihr sagen?«

»Daß ich bei Kathi übernachte.«

Gabriele lachte. »So nennt man das also!«

»Ist doch ganz egal. Jedenfalls ... morgen mittag bin ich wieder zu Hause.«

»Wie beruhigend!«

»Bring's Mami schonend bei, ja?«

»Viel Spaß. Und schöne Grüße!«

»An wen?«

»Na, das weißt du doch!«

Monika legte auf, lief zu Oliver zurück und setzte sich auf das schmale Bett. »Ist erledigt«, meldete sie, »Gaby läßt grüßen.«

Er streckte die Arme nach ihr aus.

»Komm wieder zu mir!«

»Erst möchte ich mich waschen.«

»Wie wär's, wenn wir beide zusammen unter die Brause gingen!«
»O ja!« Sie zog ihn aus dem Bett.
Aber anstatt das Bad aufzusuchen, standen beide eng aneinander geschmiegt. Sie konnten nicht genug voneinander haben.
»Ich liebe dich so!« flüsterte sie.
»Mein schöner wunderbarer einmaliger Liebling!« Er streichelte sie zärtlich. »Wollen wir wirklich noch zum Tanzen?«
»O ja!«
Aber die Dunkelheit war schon hereingebrochen, als sie das Haus verließen.

Am nächsten Tag herrschte immer noch Föhn, und die Alpenkette zeichnete sich mit beeindruckender Klarheit vom blauen Himmel ab. Monika genoß den Anblick, und er schien ihr mit der eigenen Stimmung zu harmonieren. So nahe gerückt, wie die Berge wirkten, war ihr auch das eigene Glück.
Es war ein wundervoller Abend gewesen. Noch nie hatte ein Mann so mit ihr getanzt wie Oliver. Er hatte den gleichen Rhythmus wie sie im Blut. Dieser Tanz zu den Klängen einer kleinen Schwabinger Band war etwas ganz anderes gewesen als das Hopsen und Drehen zur Blasmusik, wie sie es bisher gewohnt gewesen war. Viel getrunken hatten sie nicht. Sie waren beschwipst gewesen vor Glück. In der Nacht hatten sie sich dann noch einmal geliebt. Es hatte wieder ein wenig weh getan, aber das hatte ihr nichts ausgemacht. Ihn zu spüren war alles, was sie ersehnte.
Natürlich hatte er sie am Morgen nicht gehen lassen wollen, und sie war sich selber ein wenig albern vorgekommen, weil sie darauf bestand. Aber ihr Pflichtgefühl siegte. Sie hatte versprochen, zum Mittagessen nach Hause zu

kommen, also mußte sie es tun. Auf keinen Fall wollte sie die Mutter mit ihrem Fortbleiben beunruhigen.
Als sie Höhenmoos erreichte, war die Kirche schon aus. Männer in grünen Trachtenanzügen drängten ins Wirtshaus. Gruppen von Mädchen und Frauen standen noch beieinander und tratschten.
Monika überlegte kurz, ob sie versuchen sollte, Mutter und Schwester auf ihrem Heimweg aufzugabeln. Dann aber sagte sie sich, daß sie bestimmt mit dem Auto dagewesen und schon zurück waren. Die Zeiten, da man zu Fuß zur Kirche ging, waren auch in Höhenmoos vorbei.
Tatsächlich stand Barbaras Auto in der Garage, und das Tor war offen. Monika hupte vergnügt, bevor sie einfuhr. Sie stellte den Motor ab, stieg aus und ging ins Haus.
Im Flur trat ihr die Mutter entgegen. »Wo warst du?« fragte sie scharf.
»Aber du weißt doch! Ich habe angerufen.«
»Du warst nicht bei Kathi. Ich habe mich erkundigt.«
»Das hättest du nicht tun sollen!«
»Hätte ich nicht? Habe ich etwa kein Recht zu erfahren, wo du dich rumtreibst?«
»Ich habe mich nicht rumgetrieben.«
»Du hast dir die Nacht um die Ohren geschlagen ...«
Monika fiel ihr ins Wort. »Aber das hab' ich nicht!«
»Guck doch bloß mal in den Spiegel, wie du aussiehst! Total verhurt!«
»Mutter!«
»Und dann wagst du es noch, nach der Kirche durchs Dorf zu fahren, damit nur ja alle wissen, daß du in der Nacht nicht zu Hause warst!«
»Aber, Mami, kein Mensch hat sich was dabei gedacht ... oder hätte sich was dabei gedacht, wenn du mir nicht nachspioniert hättest!«

»Diese Schande! Ein Glück, daß Vater das nicht mehr erleben mußte!«
»Er hätte bestimmt nicht versucht, mich gegen meinen Willen in eine Ehe zu drängen! Er hätte ...« Weiter kam sie nicht.
Barbara holte aus und schlug ihr mit aller Kraft ins Gesicht.
Im ersten Augenblick war Monika zu verblüfft, um zu reagieren. Sie war es nicht gewohnt, so behandelt zu werden. Nicht einmal als Kind hatte sie Prügel bekommen. Sie starrte ihre Mutter nur ganz benommen an und legte die Hand auf die schmerzende Wange.
»Sag mir nicht, was dein Vater getan hätte!« schrie Barbara. »Er würde sich im Grab umdrehen, wenn er es wüßte! Niemals hätte er zugelassen ...«
Gabriele kam die Treppe herunter. »Mami«, versuchte sie zu begütigen, »nun reg dich doch nicht so auf!«
Barbara fuhr zu ihr herum. »Sei du nur still, du bist ja auch nicht besser! Du hast gewußt, daß sie nicht bei Kathi war! Sonst hättest du nicht versucht, mich davon abzuhalten ...«
»Aber, Mami, das war ja auch wirklich nicht klug! Jetzt ist es bestimmt schon rum, daß Monika nicht zu Hause war! Und daß du keine Ahnung hattest, wo sie gesteckt hat!«
»Glaubt ihr, ihr könnt mich für dumm verkaufen? In München war sie, bei diesem Taugenichts, diesem ... diesem entsetzlichen Menschen!« Sie war so außer sich geraten, daß sie um Atem ringen mußte.
Monika hatte sich wieder gefaßt. »Wenn du es weißt, warum hast du mich dann gefragt?«
»Weil ich es satt habe, von hinten bis vorn belogen zu werden! Ich wollte endlich die Wahrheit von dir hören!«
»Oliver und ich, wir lieben uns. Das ist die Wahrheit.«

»Du schlägst die Hand eines guten Mannes aus und wirfst dich einem windigen Burschen an den Hals?«
»Du wirst zugeben müssen, daß Oliver alles versucht hat, sich gut mit dir zu stellen.«
»Weil er hinter deinem Geld her ist!«
»Ich habe doch gar keins!« sagte Monika ganz erstaunt.
»Aber eines Tages wirst du erben ... die Fabrik ... das Haus ...«
»Wenn du tot bist, Mutter! Das kann doch noch fünfzig Jahre dauern! Bildest du dir wirklich ein, jemand würde darauf spekulieren?«
»Bis dahin«, unterstützte Gabriele sie, »kann die Fabrik längst pleite sein. Oder es hat einen Atomkrieg gegeben, und keiner von uns existiert mehr!«
»So denkt ihr, aber nicht dieser Bursche! Er ist ein Mitgiftjäger, da bin ich mir ganz sicher!«
»Und woraus schließt du das?« fragte Monika, in der eine gefährliche Ruhe aufstieg.
»Mein Instinkt ... meine Erfahrung ...«
»Die haben dich aber bei Sepp ganz im Stich gelassen! Hast du dich jemals gefragt, ob Sepp mich würde haben wollen, wenn die Firma nicht wäre? Warum sollte er denn?«
Wieder hob Barbara die Hand.
»Schlag mich nicht noch mal! Sonst verlasse ich das Haus!«
»Damit kannst du mir nicht drohen!« sagte Barbara, ließ aber doch die Hand sinken. »Von mir aus geh zum Teufel!«
»Dann ist ja alles klar!« Monika lief, an Mutter und Schwester vorbei, auf die Treppe zu.
»Wo willst du hin?« rief Barbara ihr nach.
»Meine Sachen packen.«
»Aber, Monika, wegen eines Streits! Du wirst doch zugeben, daß ich im Recht bin ...«
»Weißt du, Mutter«, sagte Monika sehr beherrscht, »nicht

nur du hast die ewige Lügerei satt, ich noch viel mehr. Ich möchte endlich tun und lassen können, was ich will und was ich für richtig halte.«
»Dich mit diesem Windhund herumtreiben?«
»Wenn du es so nennen willst ... ja.«
»Dann geh! Verschwinde! Mach, daß du fort kommst!«
»Das hast du schon einmal gesagt, und genau das werde ich tun.« Monika stieg die Treppe hinauf.
In ihrem Zimmer überfiel sie der starke Wunsch, sich auf ihr Bett zu werfen und zu weinen, wie sie es früher nach Auseinandersetzungen oder wenn sie unglücklich war getan hatte. Aber sie wußte, daß sie dann schwach werden würde, und das wollte sie nicht. Gabriele würde kommen und sie trösten. Sie würde sich zwingen, die Mutter um Entschuldigung zu bitten, und alles würde wieder von vorn anfangen. Da kam Gabriele auch schon herein.
Monika blickte sie aus tränenlosen Augen an. »Holst du mir ein paar Koffer vom Dachboden?«
»Du willst also wirklich ...?«
»Ja, es ist besser so.«
Gabriele begriff, daß Monika fest entschlossen war. »Wie viele brauchst du denn?«
»Sagen wir zwei. Alles kann ich jetzt doch nicht mitnehmen.«
Gabriele ging, und Monika öffnete den Schrank und warf Kleider, Röcke, Blusen und Pullover auf das Bett. Als Gabriele zurück kam, hatte sie auch schon die Kommode ausgeräumt.
»Soll ich dir helfen?« fragte die Schwester.
»Lieb von dir, aber nicht nötig. Ich schaff' das schon alleine. Wenn du mir nur den restlichen Krempel zusammenpacken würdest, so bald ich weiß, wo ich bleibe.«
»Du ziehst nicht zu Oliver?«

»Wo denkst du hin? Ich kann mich da doch nicht einfach einquartieren.«

»Was hast du dann vor?«

»Ich weiß noch nicht. Ich muß es mir erst in Ruhe überlegen. Hauptsache, ich bin weg von hier.« Während sie sprach, war sie ununterbrochen dabei, den Koffer zu packen.

»Willst du nicht wenigstens noch zum Mittagessen bleiben?«

»Nach der Szene?«

»Barbara tut es längst schon leid.«

»Aber mir nicht. Ich habe die Nase voll. Lieber ein Ende mit Schrecken als ein Schrecken ohne Ende.«

»Ich versteh' dich nicht.«

»Doch, Gabriele, das tust du, und zwar sehr gut.« Monika knallte den vollen Koffer zu und öffnete den nächsten.

»Ich hätte nie gedacht, daß du das fertigbringen würdest.«

»Ich auch nicht. Aber mir bleibt keine Wahl.« Sie zog die Tagesdecke von ihrer Bettcouch und wickelte eine Obstschale hinein, die sie selber einmal getöpfert hatte.

»Willst du das auch mitnehmen?«

»Irgendwie muß ich es mir doch gemütlich machen.«

»Und deine Poster?«

»Kannst du haben, wenn du willst. Ich beschaffe mir neue.« Die Koffer waren gepackt, und sie sah sich abschiednehmend in ihren alten vier Wänden um.

Als erriete sie ihre Gedanken, sagte Gabriele: »Du wirst es nie wieder so schön haben wie hier!«

»Kann sein. Aber das macht ja nichts.« Sie beugte sich zu Gabriele und küßte sie auf die Wangen. »Wir bleiben in Verbindung, ja?«

»Mach's gut, altes Haus! Und bestell Oliver: meinen Segen habt ihr!«

Rasch stieß Monika die Tür auf, weil ihr nun doch die Tränen kamen, aber sie schluckte sie tapfer. Die Umhängetasche über der Schulter, den Regenmantel über dem Arm, in jeder Hand einen Koffer, stieg sie die Treppe hinunter. Die Tür zur Küche stand offen, und sie hörte darin die Mutter rumoren. Aber sie verabschiedete sich nicht.

Monika hätte den Landwirtschaftsweg nach Niedermoos und zur Autobahn nehmen können. Sie spielte auch einen Augenblick mit dem Gedanken, aber dann verwarf sie ihn. Sie wollte sich nicht wie eine Verbrecherin oder eine Verfemte aus der Heimat schleichen. Also nahm sie die Hauptstraße und fuhr durch das Dorf.
Der Platz vor der Kirche war immer noch sonntäglich belebt. Monika grüßte hierhin und dahin und begegnete neugierigen Blicken. Noch wußte niemand, daß sie sich für immer davonmachte, aber in einigen Tagen würde es rund sein. »Mein Gott, wo es mit dieser Jugend noch hin soll«, würden die Leute wohl sagen. Aber ihr konnte es herzlich gleichgültig sein – zum ersten Mal in ihrem Leben –, was man über sie dachte.
Erst als sie schon auf der Autobahn war, begann sie zu überlegen, wo sie denn hin wollte. Als sie ihre Koffer packte, war es ihr noch selbstverständlich gewesen, nach München zu ziehen. Aber inzwischen war ihr klargeworden, daß die Großstadt ein teures Pflaster war. Sie hatte oft genug in der Zeitung gelesen, daß es für junge Leute, ob Studenten oder Polizisten, schwer, ja fast unmöglich war, ein preiswertes Zimmer zu bekommen. Wie sollte sie dann, die sich in München nicht auskannte, eins ausfindig machen. Sicher, Oliver würde ihr helfen. Aber es widerstrebte ihr, ihn mit ihren Problemen zu belasten.
Außerdem wollte sie ihre Stelle in der Firma behalten, und

es würde doch ziemlich umständlich sein, jeden Tag zweimal die etwa 70 Kilometer zu fahren. Also war es besser, in der Nähe von Niedermoos zu bleiben, nur weit genug entfernt, daß man sie dort nicht mehr kannte. Sie wollte der Mutter nicht noch unnötig »Schande« machen.
Also verließ sie am Irschenberg die Autobahn und erreichte nach wenigen Minuten das Dorf Steinbichel. Wie sie erwartet hatte, gab es hier nicht nur einen Gasthof, sondern an einigen Häusern und Höfen hingen Schilder mit dem Hinweis »Zimmer zu vermieten«. Sie fuhr einmal langsam durch das Dorf und dann wieder zurück und hielt vor einem Gehöft, das ihr besonders sauber und gepflegt schien. Auch lag es ein wenig außerhalb des Ortes und nahe der Autobahn.
Die Haustür war nicht abgeschlossen. Sie klopfte an und trat ein, ging durch den steinernen Flur den Stimmen nach. Die Familie saß in der Stube, Vater, Mutter, Kinder und eine Großmutter, alle im Sonntagsstaat, am gedeckten Tisch. Die Gabel in der Hand, blickten sie zu Monika.
»Entschuldigen Sie, bitte, ich ... ich habe gar nicht daran gedacht, daß jetzt Mittagszeit ist!« stotterte sie. »Ich fahre zum Gasthof und komme nachher wieder!«
»Was wollen Sie denn, Fräulein?« fragte die Bäuerin.
»Ich suche ein Zimmer.«
»Für heute nacht? Da lohnt sich die Mühe nicht.«
»Nein. Für länger.«
Nachdem Monika ihren Wunsch geäußert hatte, aßen die anderen weiter, als wäre sie für sie nicht mehr interessant. Nur die Bäuerin musterte sie aufmerksam. »Zehn Mark pro Nacht mit Frühstück.«
»Das ist ziemlich teuer. Ich suche etwas für ein paar Monate. Den Winter über.«
»San S' aus München?«

»Nein. Ich bin keine Sommerfrischlerin. Ich arbeite in Niedermoos.«

»Und warum suchen S' nicht da ein Zimmer?«

»Mein Freund wohnt in München, und da dachte ich ...«

»... daß er Sie hier besuchen kann?« Der Ton war alles andere als ermunternd.

»Nein, nein, natürlich nicht! Aber ich fahre gelegentlich in die Stadt, und von hier aus ist es näher.«

»Zenzi, zeig dem Fräulein ein Zimmer. Das kloane.« Die Bäuerin wandte sich wieder ihrem Essen zu. Ein junges Mädchen, etwa zwölf Jahre, war aufgesprungen.

»Aber das muß wirklich nicht jetzt sein«, wehrte Monika ab.

»Bringen wir's hinter uns«, erklärte die Bäuerin energisch. Monika folgte Zenzi, die vor ihr her die Treppen zum zweiten Stock hinaufsprang und ihr dann eine Tür öffnete. Das Zimmer war winzig, aber es hatte ein Waschbecken und einen Heizkörper, und als Monika zum Fenster trat, sah sie die Alpen.

»Fast wie zu Hause«, sagte sie.

»Gefallt's Ihnen?«

»Ja. Aber so viel kann ich nicht zahlen. Das wären ja dreihundert Mark im Monat.«

»Die Mutter wird's schon günstiger hergeben.«

»Meinst du?«

»Ja, gewiß«, versicherte Zenzi altklug, »während der schlechten Jahreszeit haben wir ja sonst keine Gäste, höchstens übers Wochenende, und das haßt sie, weil sie da immer die Wäsche machen muß.«

Zenzi zeigte Monika auch das Bad, das einige Türen entfernt auf dem gleichen Stock lag. So bequem wie zu Hause würde sie es nicht mehr haben, das wußte Monika, aber es lag ihr viel daran, hier unterzukommen.

Als sie wieder in die Stube kamen, hatte die Familie die Mahlzeit beendet. Zenzis Teller hatte die Bäuerin warm gestellt und setzte ihn ihr jetzt vor.

»Das Zimmer ist hübsch«, sagte Monika, »aber ich kann nicht so viel ausgeben. Ich würde es auch selber putzen und in Ordnung halten, und frische Bettwäsche brauche ich höchstens alle vierzehn Tage.«

»Setzen S' Eahna daher!« sagte die Bäuerin und wies auf einen Holzstuhl, auf dem einer der Jungen gesessen hatte, der jetzt schon aufgestanden war. »Wie heißen S', haben S' gesagt?«

»Monika Stuffer.«

»Und ich bin die Huber-Bäuerin. Jetzt wollen wir mal in Ruhe mitnand reden. Wie alt san S'?«

»Achtzehn.«

»Grad achtzehn, ja? Und da hat's Eahna daheim nicht mehr paßt?«

»Ich sollte einen heiraten, den ich nicht wollte ...«

»... und den du wolle hast, den sollst nicht?«

Monika nickte.

»Tsss, tsss!« machte die Bäuerin. »Da red man so viel von die neuen Zeiten, und doch san's immer wieder die alten Geschichten.«

Jetzt sagte der Bauer, der sich inzwischen eine Pfeife angesteckt hatte: »Nun sei nicht so, Mutter!«

»Ja, dir könnt's schon passen, ein saubres Madl im Haus zu haben!« sagte die Bäuerin.

»Oh, ich werde nicht ... ich werde bestimmt nicht ...« versicherte Monika etwas erschrocken.

»War ja nur Spaß!« beruhigte die Bäuerin sie. »Moanst, ich glaub' im Ernst, daß du junges Ding mit meinem alten Grantler anbandeln könnst?«

»Bestimmt nicht«, versicherte Monika rasch und warf ei-

nen scheuen Blick auf den Bauern, einen durchaus stattlichen Mann.
»Als was arbeitst denn?« wollte die Bäuerin wissen.
»Im Büro.«
»Dann mußt doch viel Geld verdienen?«
»Aber sie spart gewiß auf die Aussteuer«, warf Zenzi mit vollem Mund ein.
»Hundertfuffzig im Monat san genua!« bestimmte der Bauer. »Ich denke, das ist ein schönes Zubrot für dich. Was hast denn schon für Unkosten? Und Arbeit macht dir das Mädel bestimmt nicht.«
»Möcht ich mir auch verbeten haben! Immer schön das Bad saubermachen, wannst es benutzt hast! In die Küch' derfst auch, wannst ka Umständ machst.«
»Danke«, sagte Monika erleichtert, »das ist aber sehr lieb von Ihnen.«
»Also abgemacht!«
Sie besiegelten die Übereinkunft mit Handschlag. Monika war froh, wieder ein Dach über dem Kopf zu haben.

Am nächsten Morgen erschien Monika pünktlich wie immer in der Firma.
Sepp Mayr saß schon hinter seinem Schreibtisch und sah sie mit seinem Blick über die Brille hin an.
»Grüß dich, Sepp«, sagte sie so ungezwungen wie möglich.
»Das gnädige Fräulein ... sieh mal einer an.«
»Ist was?«
»Ich dachte, du hättest mir was zu erzählen.«
»Wie ich Mami kenne, weißt du längst Bescheid.«
»Ich würde es aber gerne mal aus deiner Sicht hören.«
»Wozu? Es ist nun mal passiert. Du würdest mir sicher so und so nicht recht geben ...«
»Kommt ganz drauf an!«

»... und selbst wenn! Es würde mir doch nichts mehr nützen.«
»Barbara kann sehr hart sein. Aber es tut ihr jetzt schon leid. So weit wollte sie es nicht treiben. Ich könnte sie vielleicht dazu bringen, daß sie sich bei dir entschuldigt.«
»Das möchte ich gar nicht. Es ging nicht mehr so weiter, Sepp. Du kennst doch uns beide. Wir können das nicht aushalten, nicht das Lügen und das Belogen werden.«
»Und was sagt er nun dazu?«
»Er weiß es noch gar nicht.«
»Barbara war ganz sicher, daß du gleich zu ihm gefahren wärst.«
»Irrtum. Ich wollte die ganze Sache erst mal überschlafen.«
»Sehr vernünftig von dir. Und wo bist du untergekommen?« Monika erzählte es ihm.
»Das wird Barbara hoffentlich beruhigen. Sag mal, haben diese Leute nicht nach deiner Familie gefragt?«
»Die Bäuerin ist ziemlich neugierig. Aber es gibt doch so viele Stuffers hier bei uns! Ich werd's ihr nicht auf die Nase binden.«
»Na, dann mach dich mal an deine Arbeit!«

Am Nachmittag fuhr Monika nach Rosenheim und suchte einen Gynäkologen auf. Das Wartezimmer war sehr voll, und sie mußte über zwei Stunden warten. Aber da sie keinen Termin ausgemacht hatte, war sie froh, daß sie überhaupt noch an die Reihe kam.
Der Arzt war brummig und überarbeitet, versuchte aber, wenn auch ohne viel Erfolg, freundlich zu sein.
Sie mußte sich auf den Untersuchungsstuhl legen und die Beine spreizen. Das war für sie, die noch nie zuvor bei einem Frauenarzt gewesen war, ziemlich peinlich. Es war ein unangenehmes Gefühl, fremde Hände in ihrem Unter-

leib tasten zu fühlen. Aber weh tat es nicht, und sie ließ es mit zusammengebissenen Zähnen über sich ergehen. »Alles in Ordnung«, sagte er endlich, »Sie können sich wieder anziehen.«
»Danke!« Sie beeilte sich, vom Stuhl und wieder in ihr Höschen zu kommen.
Dann fragte er sie nach ihrer Regel, und sie war froh, daß sie genaue Auskunft erteilen konnte. »Ich stehe wieder mal kurz davor, in zwei bis drei Tagen ...«
»Diesen Eindruck hatte ich auch. Der Uterus ist ein wenig geschwollen. Jetzt warten Sie also erst mal ab bis zu Ihrer nächsten Menstruation ...«
»Vorher kann ich gar nichts tun?«
Er warf ihr einen abschätzenden Blick zu, unter dem sie errötete.
»Es ist ja nicht so wichtig«, stotterte sie, »ich kann ja auch ... ich meine nur, ich hatte gedacht ...«
»In den Tagen kurz vor der Menstruation ist eine Empfängnis ohnehin so gut wie ausgeschlossen.«
Sie nickte. »Ich weiß.«
»Am fünften Tag der Menstruation nehmen Sie dann die erste Pille. In einer Schachtel sind zwanzig Stück. Wenn Sie die aufgebraucht haben, machen Sie eine Pause. Nach etwa drei Tagen setzt Ihre Regel dann wieder ein, so daß Sie dann wieder in einen Rhythmus von achtundzwanzig Tagen kommen. Haben Sie verstanden?«
»Ja. Und am fünften Tag meiner Regel fange ich dann wieder mit der Pille an.«
»So ist es. Ich verschreibe sie Ihnen jetzt mal für drei Monate. Danach möchte ich Sie wieder bei mir sehen. Wenn ein bißchen Schwindel, Übelkeit oder Kopfweh auftauchten, hat das nichts zu sagen. Der Körper muß sich erst umstellen. Wenn Sie aber ernsthafte Beschwerden haben soll-

ten, kommen Sie, bitte, sofort zu mir. Dann versuchen wir es mit einem anderen Präparat.«

Er brummelte etwas vor sich hin, während er das Rezept ausschrieb. Monika verstand, daß es für einen Geburtshelfer nicht befriedigend sein konnte, Pillen zur Empfängnisverhütung verschreiben zu müssen. Sie stellte sich das ziemlich frustrierend vor.

Als sie ihr Rezept endlich in die Tasche stecken konnte, sagte sie: »Danke, Herr Doktor!« Und impulsiv fügte sie hinzu: »Wenn ich mal schwanger werden sollte ...«

»Das werden Sie nicht, wenn Sie nur Ihre Pillen regelmäßig nehmen!«

»Aber das habe ich doch nicht für alle Zukunft vor! Gerade das wollte ich Ihnen ja sagen.«

Er blickte sie so aufmerksam an, als sähe er jetzt erst einen Menschen in ihr. »Wozu?«

»Zum Trost.«

Jetzt wurde sein Lächeln wärmer. »Sie sind sehr nett.«

Vom Arzt ging Monika zur Apotheke und danach ins »Duschl-Bräu« zum Abendessen. Später rief sie aus einer Telefonzelle Oliver Baron an. Zuerst war seine Mutter am Apparat, etwas barsch wie meist. Monika hörte, wie sie nach Oliver rief. Seine Stimme war ganz atemlos, als er sich meldete. »Monika! Na endlich! Ich wollte schon bei dir zu Hause anrufen ...«

»Nein, bitte, tu das nicht!«

»Hat es Ärger gegeben?«

»Ja.«

»Los, erzähl schon!«

Aber sie tat es nicht; sie hatte plötzlich das Gefühl, daß sie sein Gesicht sehen müßte, wenn sie ihm eröffnete, daß sie von daheim fort war. »Nicht so wichtig«, sagte sie ausweichend.

»Du, ich hab' Sehnsucht nach dir!«
»Ich auch!«
»Wir haben im Moment ziemlich viel zu tun bei ›Arnold und Corf‹. Überstunden blöderweise, und wenn ich erst so spät nach Hause komme ...«
»... lohnt es sich nicht mehr!« ergänzte sie. »Hör mal, du brauchst dich doch nicht zu entschuldigen, weil du keine Zeit hast!«
»Ich könnte natürlich vorgeben, daß ich mich schlecht fühle ...«
»Nein, nur nicht! Also wann?«
»Donnerstag! Da mache ich unbedingt zeitig Schluß, und wenn ich denen den ganzen Krempel vor die Füße werfen muß!«
»Red nicht so daher! Du mußt nichts überstürzen. Ich werde einfach auf dich warten und deiner Mutter Gesellschaft leisten.«
Es hatte ihr doch einen kleinen Stich gegeben, daß er plötzlich keine Zeit für sie zu haben schien. Aber sie sagte sich, dies Gefühl wäre albern. Sie hatten sich bisher nie öfter als zweimal in der Woche sehen können, weil sie so schwer von zu Hause fortgekommen war. Dadurch hatte sie den Eindruck gewonnen, daß er immer für sie da wäre. Anscheinend hatte sie sich darin getäuscht. Das war alles.
Vielleicht, tröstete sie sich, war es ja sogar ganz gut, daß sie sich nicht so bald wiedersehen konnten. Als sie sich das erste Mal geliebt hatten, hatte sie nur vage gedacht, daß sie schon ziemlich kurz vor ihren Tagen stehen mußte – falls sie denn überhaupt etwas gedacht hatte. Noch einmal aber wollte sie nicht mit ihm ins Bett gehen, ohne ganz sicher zu sein, daß nichts passieren konnte.

Bei der nächsten Begegnung empfing Oliver sie strahlend wie immer; er nahm sie in die Arme und küßte sie zärtlich.
»Ich hab's fast nicht mehr ausgehalten!« flüsterte er.
Monikas Herz machte einen gewaltigen Sprung. Trotzdem sagte sie: »Nun übertreib nicht!«
»Ich und übertreiben? Wie oft soll ich noch sagen, daß ich dich liebe!«
Maria Baron rief aus dem Eßzimmer: »Oliver! Monika! Kommt zum Tee!«
Jetzt erst half er ihr aus der Jacke, und sie lief zu seiner Mutter, um sie zu begrüßen.
»Schön, daß du dich mal wieder blicken läßt«, sagte Frau Baron.
»Ich wäre eher gekommen, wenn Oliver nicht diese Überstunden gehabt hätte.«
»Daß ich dich nicht mehr anrufen darf«, sagte Oliver rasch, »finde ich nun aber wirklich unmöglich! Ich hab's ja noch verstanden, daß es in der Firma stört, aber ...«
»Reg dich ab!« schnitt Monika ihm das Wort ab. »Du kannst mich wieder anrufen. Nur unter einer anderen Nummer.«
Mutter und Sohn blickten sie verständnislos an.
»Ich bin fort von daheim«, erklärte sie, ohne die Augen von Oliver zu lassen.
»Wie?« fragte er verblüfft. Dann klärte sich seine Miene: »Monika, das ist ja fantastisch! Endlich hast du es geschafft!« Er nahm sie in die Arme und wirbelte sie durch das kleine Zimmer.
»Bitte, Oliver, hör auf damit!« befahl Maria Baron. »Sei nicht so wild, du wirst dir noch weh tun oder etwas umstoßen. Setzt euch jetzt endlich, und laßt uns erst einmal Tee trinken. Den Apfelkuchen habe ich nach einem ganz alten Rezept gebacken. Hoffentlich schmeckt er Monika.«

»Da bin ich sicher!« sagte Monika vergnügt; Olivers Begeisterung hatte ihr einen Stein vom Herzen gewälzt.
Er gab sie frei und setzte sich. Sie nahm die Teekanne und schenkte ein, weil sie wußte, daß Olivers Mutter ihr das gerne überließ. Manchmal zitterten der alten Dame die Hände. Monika reichte auch die Platte mit den Kuchenstücken herum.
»Du wohnst jetzt also in München?« fragte Oliver.
»Nun laß sie doch erst einmal essen!« mahnte seine Mutter. Monika hatte ein Stück Kuchen abgebissen und wartete mit der Antwort, bis sie den Mund frei hatte. »Nein, ich habe mich in Steinbichel niedergelassen.«
»Wo ist denn das?«
»Auf dem Irschenberg. Wißt ihr, ich muß ja nach wie vor fünfmal in der Woche nach Medermoos zur Arbeit, und da habe ich mir ausgerechnet, daß es am gescheitesten ist, mich sozusagen auf halbem Weg niederzulassen.«
»Aber in München ist doch viel mehr los!«
»Das ist eine Binsenweisheit, Oliver«, sagte Maria Baron, »wie die, daß man in München nur schwer ein Zimmer bekommt. Wo wohnst du denn jetzt, Monika?«
»Auf einem Hof. Bei sehr netten Leuten.«
Oliver konnte sich das anscheinend nicht vorstellen. »Und was treibst du da Abend für Abend?«
»Ich geh spazieren. Ich sitze auf meinem Zimmer und lese. Ich schalte mein Transistorradio ein. Ich habe begonnen, mir einen Pullover zu stricken. Wenn ich Lust habe, kann ich 'runter zum Fernsehen gehen.«
»Das klingt aber ziemlich trist und trübe.«
»Ich finde, es ist das ganz normale Leben. Wenigstens motzt mich jetzt niemand mehr an.«
»Aber in München ...« begann Oliver wieder.
»Ich habe ja nicht vor, ewig in Steinbichel zu bleiben: Es ist

natürlich nur eine Übergangslösung. Ich hätte gar nichts dagegen, wenn du dich wegen eines Zimmers umhören würdest.«
»Warum ziehst du nicht zu uns?«
»Unmöglich!«
»So unmöglich«, sagte Maria Baron, »finde ich diesen Vorschlag gar nicht.«
»Nein?« fragte Monika sehr erstaunt.
»Ich wüßte nicht, was dagegen einzuwenden wäre.«
»Aber hier ist doch gar kein Platz für mich!«
»Platz genug. Man müßte nur einiges umräumen.«
»Das kann doch nicht Ihr Ernst sein!«
»Ja, warum denn nicht?«
»Wenn das meine Leute daheim erführen!«
»Kannst du dich nicht endlich von deinen altmodischen Vorstellungen lösen?« fragte Oliver.
»Es gibt einfach Dinge ... Handlungsweisen, meine ich ... die sich nicht gehören!«
»In welchem Jahrhundert lebst du?«
»Besser wäre es natürlich«, sagte Maria Baron und stocherte mit der Kuchengabel auf ihrem Teller, »ihr würdet heiraten.«
»Ja«, sagte Oliver, »Monika, warum heiratest du mich nicht?
»Das geht mir alles viel zu schnell! Ich bin ja gerade erst fort von daheim! Ich muß doch erst einmal lernen, allein mit dem Leben zurechtzukommen!«
»Wir brauchen dich, Monika!« sagte Maria Baron.
»Nein, nein, nein! Hört auf damit!«
Zu Monikas Erleichterung wurde das Thema fallengelassen. Aber nachher, als sie in der Küche stand und die hauchdünnen Tassen abspülte, kam Maria Baron herein.
»Du machst das sehr geschickt«, lobte sie.

»Ich würde heulen, wenn ich eine zerbräche.«
»Alles geht einmal zugrunde.«
»Ich weiß schon, daß dies Geschirr nicht ewig halten wird. Aber ich will nicht schuld sein, wenn es entzweigeht.«
Sie nahm die Teekanne und spülte sie mit heißem Wasser aus.
Maria Baron ließ sich auf einen der Stühle sinken. »Monika, du darfst nicht glauben, daß ich dich nicht verstehe. Du bist so wunderbar jung. Das Leben liegt wie eine Ewigkeit vor dir. Du glaubst, du kannst dir Zeit für deine Entscheidungen lassen.«
»Ist es denn nicht so?«
»Für dich, ja. Aber denk auch mal an mich! Ich bin eine alte Frau. Ich möchte noch erleben, daß die Dinge ihre Ordnung haben.«
»Aber das wirst du ja auch!« Es war das erste Mal, daß Monika Olivers Mutter duzte, aber nie zuvor hatte sie sich ihr auch so nah gefühlt.
»Ich möchte es bald erleben«, sagte Maria Baron mit Nachdruck. »Du bist ein so gutes, anständiges und liebes Mädchen. Ich bin froh, daß Oliver dich gefunden hat. Ich verstehe vollkommen, daß er dich fest an sich binden möchte. Trotzdem ... er kann es vielleicht ertragen, noch abzuwarten und dich an der langen Leine laufen zu lassen. Aber mich reibt es auf.«
»So viel liegt dir daran?« fragte Monika überrascht.
»Manchmal liege ich nachts wach vor Sorge, daß es mit euch beiden doch nichts werden könnte.«
»Das solltest du aber nicht! Oliver ist so nett, so charmant und sieht so gut aus. Ich wette, er könnte an jedem Finger zehn Mädchen haben.«
»Zehn Flittchen, ja. Aber keine wie dich.«
Monika hatte begonnen abzutrocknen. »Schade, daß mei-

ne Mutter dich nicht hören kann. Sie war gar nicht mit mir einverstanden.«
»Besonders in der letzten Zeit nicht ... seit du Oliver kennengelernt hast.«
Monika dachte nach. »Ja«, gab sie zu, »vorher war alles anders. Wenn sie auch immer größere Stücke auf meine Schwester gehalten hat. Gabriele geht aufs Gymnasium.«
»Du bist vernünftig und anstellig und tüchtig, das ist viel wichtiger.«
»Ich hatte keine Ahnung ...« sagte Monika und stockte.
»Von was?«
»Daß du mich so schätzt! Ich darf doch ›du‹ sagen?«
»Natürlich. Ich freue mich darüber. Es tut mir leid, daß ich dir wohl oft etwas unfreundlich vorgekommen bin. Aber das ist nun mal so meine Art.«
»Ich werd's mir merken«, sagte Monika lächelnd und stellte das gute Porzellan auf dem Tablett zusammen, um es ins Wohnzimmer zu bringen.
»Da ist noch etwas«, sagte Maria Baron.
»Ja?«
»Du hast sicher schon gemerkt, daß ich deine Hilfe brauche. Manche Arbeiten werden mir einfach zu schwer. Vielleicht hätte ich Oliver anleiten sollen, mir im Haushalt zu helfen. Aber du weißt, er ist ohne Vater aufgewachsen. Ich hatte Angst, ein Muttersöhnchen aus ihm zu machen.«
»Das ist er ja auch nicht geworden.«
»Natürlich könnte ich mir eine Zugehfrau suchen. Aber ich habe nie einen fremden Menschen um mich gehabt, und ich fürchte, ich kann mich jetzt nicht mehr daran gewöhnen.«
»Das versteh' ich ja.«
»Bitte, glaube nicht, daß ich dich ausnutzen will ...«
Monika, die schon ungeduldig war, wieder zu Oliver zu

kommen, fiel ihr ins Wort. »Aber natürlich nicht! Jetzt, da ich von daheim weg bin, kannst du jederzeit mit mir rechnen ... ich meine natürlich, nach der Arbeitszeit. Auch, wenn ich mich nicht so bald entschließen kann zu heiraten.«
Maria Baron faßte Monika bei der Hand; es war ein erstaunlich fester Griff für eine Frau, die sich selber als schwach bezeichnete. »Bitte, mein liebes Kind, bitte! Schieb es nicht zu lang hinaus! Bitte.

Monika erzählte Oliver nichts von diesem Gespräch, das ihr etwas sonderbar vorkam. Sie verstand nicht, wie seiner Mutter so viel an einer Heirat gelegen sein konnte. Bisher hatte sie eher das Gefühl gehabt, daß Maria Baron sie um Olivers willen duldete, und hatte sie eher als eine jener Frauen eingeschätzt, denen für ihren Sohn kein Mädchen gut genug sein kann.
An diesem Abend gingen Monika und Oliver zuerst ins Kino und dann tanzen. Sie schmusten noch ein wenig in seinem Auto, aber in die Wohnung wollte sie ihn nicht begleiten. Er war klug genug, nicht darauf zu drängen.
»Du, ich habe eine fabelhafte Idee!« sagte er statt dessen. »Wir könnten übers Wochenende miteinander verreisen. Einfach ins Blaue! Irgendwohin. Endlich werden wir zwei Nächte für uns allein haben.«
»Ich weiß nicht«, sagte sie zögernd.
»Du hast keine Lust?« fragte er enttäuscht, fast schockiert.
»Lust schon, aber ... es ist nur so ... ich werde unwohl.«
»Krank?«
»Ach, du weißt doch ... was man als Frau so alle vier Wochen hat!«
»Deshalb? Aber das macht doch nichts, mir nicht jedenfalls. Oder leidest du echt?«

»Nein. Es ist bloß ... unangenehm.«
Er nahm ihr Gesicht in beide Hände und küßte sie. »Wird ganz gut sein, wenn ich mich daran gewöhne. Ich bin ja kein Muselmann, der ›unrein, unrein‹ schreit. Also abgemacht, ich hole dich morgen nachmittag ab.«
»Treffen wir uns bei der Raststätte Irschenberg.«
»Fünf Uhr?«
»Du, ich freu' mich!« Aber bis zum nächsten Tag war Monikas Menstruation immer noch nicht eingetreten, und allmählich begann sie sich zu beunruhigen. Sie sagte es Oliver, als sie neben ihm im Auto saß. Sie fuhren in Richtung Salzburg. Er verstand sie nicht sogleich. »Dann haben wir ja noch einmal Glück gehabt«, sagte er leichthin, »Montag wäre immer noch früh genug.«
»Ich bin schon drei Tage über der Zeit.«
»Weißt du das so genau?«
»Ja, sicher. Man führt doch einen Kalender.«
»Das habe ich nicht gewußt. Drei Tage ... machen die denn etwas aus?«
»Nicht unbedingt. So was kann schon mal vorkommen. Aber ich habe mir erst nachher ... nachdem wir ... die Pille verschreiben lassen.«
Er blickte sie entgeistert an. »Du meinst, es wäre möglich, daß wir ein Baby bekommen?«
»Bitte, sieh geradeaus!«
»Du hältst das wirklich für möglich?«
»Ja«, sagte sie beklommen.
»Monika, mein Herz, das wäre doch wunderbar!«
»Es würde alle meine Pläne über den Haufen werfen.«
»So ein Unsinn! Weißt du, was ich darin sehe? Ein Zeichen des Himmels! Jetzt wird geheiratet!« Er jubelte es geradezu heraus, legte den freien Arm um ihre Schulter und zog sie fest an sich.

›Ein Zeichen des Himmels!‹ dachte sie. ›Ja, vielleicht war es wirklich ein Zeichen des Himmels, wenn sie schwanger wäre!‹ Laut sagte sie: »Aber es ist doch noch gar nicht sicher!«
»Willst du warten, bis du einen dicken Bauch hast? Damit deine lieben Karberger uns auslachen?«
»Nein, aber ich werde noch einmal zum Arzt gehen.«
»Wozu? Entweder kriegst du ein Kind oder keins. Oder hast du etwa vor, es wegmachen zu lassen?«
Sie schauderte; auch der Gedanke, wieder auf dem Untersuchungsstuhl die Beine spreizen zu müssen, war alles andere als angenehm. »Das brächte ich nicht über mich.«
»Na also! Jetzt will ich dir mal was sagen: wir warten ab bis Montag. Wenn du dann immer noch nicht deine Tage hast, wird geheiratet. Kriegst du ein Kind, ist es wunderbar, kriegst du keins, haben wir wenigstens endlich eine Entscheidung getroffen. Sag doch selber: warum sollst du auf dem blöden Bauernhof leben und ich bei meiner Mutter, wenn uns in Wirklichkeit nichts hindert zusammenzusein?«
»Wir kennen uns erst so kurz«, sagte sie, fühlte aber selber, daß es nur noch ein Rückzugsgefecht war. Sie war so sicher, daß sie ihn liebte. Er wünschte die Ehe, und seine Mutter war ihr so herzlich entgegengekommen. Sie kam sich selber albern vor, weil sie sich noch immer sträubte.
Er ging auch gar nicht mehr darauf ein. »Ich gehe gleich Montag früh zum Standesamt«, entschied er, ›Arnold und Corf‹ können auch mal auf mich warten. Hast du deine Papiere?«
»Man braucht doch sicher nur die Geburtsurkunde.«
»Keine Ahnung. Hast du dich schon polizeilich umgemeldet?«
»Nein.«

»Dann gehst du am besten zur Gemeinde Höhenmoos, fragst, was du brauchst, und läßt dir die nötigen Papiere ausstellen.«

Seine Begeisterung steckte sie an. Es würde herrlich sein, endlich wieder zu wissen, wohin sie gehörte. Noch nie war sie so glücklich gewesen wie an seiner Seite.

»Wir machen eine kleine Hochzeit«, sagte er, »nur du und ich, meine Mutter, deine Mutter, ein paar Freunde, Gabriele und vielleicht Sepp Mayr? Nein, das wäre doch geschmacklos.«

»Ganz wie du willst«, sagte sie, denn es war ihr wirklich gleichgültig. Doch dann fiel ihr ein: »Aber das kostet doch auch Geld! Ich meine, wir müssen ihnen ein Essen geben oder irgendwas. Hast du Ersparnisse?«

Er lachte. »Nein! Wozu? Ich gebe immer alles aus, was ich habe. Dazu ist Geld doch da. Man ist nur einmal jung.«

»Da hast du sicher recht. Aber für die Hochzeit ... eigentlich müßte meine Mutter sie ja ausrichten, aber ich denke, unter diesen Umständen ...«

»Zerbrich dir nicht den Kopf! Einen Kredit von der Bank kriegt man immer.«

»Bitte, Oliver«, sagte sie rasch, »nein, das möchte ich nicht. Bloß keine Schulden. Ein bißchen was habe ich ja selbst auf dem Konto.«

Er verstärkte den Druck seiner Hand. »Hab' ich es mir doch gedacht! Meine kleine Kapitalistin!«

»Aber es ist wirklich nur ein bißchen. Etwas über dreitausend Mark.«

»Das genügt doch.«

»Wir werden Anschaffungen machen müssen, und wenn das Kind kommt ...«

»Du lieber Himmel! Warum bist du bloß so ängstlich? Wir sind jung, wir sind gesund, wir verdienen beide ...«

»Aber wenn das Kind erst da ist ...«
»... stehst du erst einmal unter Mutterschutz! Wart's doch einfach ab. Es wird sich schon alles regeln.«
Sie glaubte ihm nur zu gern.
Das Wetter war umgeschlagen. Der Himmel war nicht mehr föhnig blau, sondern grau, und es sah nach Regen aus. Ursprünglich hatten sie vorgehabt, weit ins Salzkammergut, vielleicht sogar bis in die Steiermark hinein zu fahren. Aber sie entschlossen sich dann doch, in Salzburg zu übernachten. Sie fanden ein hübsches Hotelzimmer in der Innenstadt. Oliver besorgte beim Portier Karten für ein Kammerkonzert des Mozarteums. Beide hatten Freude an der guten Musik. Ursprünglich hatten sie beide nachher noch tanzen gehen wollen. Aber als sie dann, Arm in Arm, durch die nächtlichen Straßen bummelten, gestanden sie sich, daß sie beide den gleichen Wunsch hatten: miteinander zu Bett zu gehen.
Sie liebten sich zärtlich, und als der Regen auf das Dach und gegen die Fensterscheiben zu trommeln begann, hatten sie das Gefühl, auf seiner Arche Noah zu sein, die beiden einzigen Menschen auf der Welt, warm und geborgen.
»Mein armes Mädchen«, sagte er unvermittelt, als sie schon nahe daran war, einzuschlafen, »was habe ich bloß aus deinem Leben gemacht?«
Sie berührte seine glatte, straffe Haut mit kleinen Küssen.
»Glücklich«, murmelte sie.
»Gib doch zu, daß du dir dein Leben anders vorgestellt hast!«
»Ist doch egal.«
»Eine große Hochzeit in der Kirche ... du im Staatsdirndl ... der ganze Karberg auf den Beinen ...«
Er hatte recht, aber sie mochte es nicht zugeben. »Laß uns schlafen, ja?« bat sie.

Doch er löste sich von ihr und richtete sich auf. »Daß ich daran nicht gedacht habe! Natürlich müssen wir auch kirchlich heiraten.«
»Später.«
»Nein, sofort. Es muß alles seine Ordnung haben. Damit du mich nie mehr verlassen kannst.«
»Als wenn ich das vorhätte!«
»In Bogenhausen gibt es eine sehr hübsche Kirche, du wirst schon sehen.«
»Ich wußte gar nicht, daß du katholisch bist.«
»Bin ich auch nicht. Deshalb können wir trotzdem kirchlich heiraten. Ich muß bloß unterschreiben, daß die Kinder katholisch erzogen werden, nicht wahr?«
»Keine Ahnung.«
»Wir werden gleich hier in Salzburg einen Pfarrer fragen.«
Mit einem Seufzer der Erleichterung lehnte er sich zurück und ließ sich in die Kissen fallen; wenige Minuten später war er eingeschlafen.
Aber sie war jetzt hellwach. Sie empfand nicht einmal mehr das Bedürfnis nach Schlaf. Ihr Herz klopfte wild vor Glück. Sie lauschte dem Regen und den Atemzügen ihres Geliebten. Wie wunderbar er war, wie gut und wie bemüht, alles schön für sie zu machen!
Nie hatte sie gedacht, daß das Leben so herrlich sein könnte.

Monika erwachte davon, daß Oliver sie sanft an der Schulter rüttelte. Sie blinzelte, sah, daß es schon Tag war, und erinnerte sich wieder, wo sie war.
»Wach auf, mein Herz!« sagte er. »Es ist gleich zehn! Ich habe uns das Frühstück bestellt.« Er war gewaschen und rasiert, aber noch oder wieder im Schlafanzug.
»Aufs Zimmer?« fragte sie ein wenig erschrocken, denn es

war ihr peinlich, von einem fremden Kellner mit einem Mann im Bett gefunden zu werden.
»Warum denn nicht?« entgegnete er lächelnd. »Schließlich sind wir doch auf unserer Vorhochzeitsreise.«
Sie erwiderte seinen Kuß, aber als angeklopft wurde, sprang sie rasch aus dem Bett. »Ich will mich frisch machen!« entschuldigte sie sich und verschwand im Bad.
Sie hörte sein Lachen hinter ihr her und dann die Stimme eines freundlich grüßenden Stubenmädchens.
»Haben Sie auch alles gebracht? Eier, Schinken, Mokka ... sehr schön. Ich möchte meine junge Frau nämlich ein wenig verwöhnen. Wir sind noch in den Flitterwochen.«
»Oh, dann gratuliere ich aber!« erwiderte das Mädchen und fügte, etwas unzusammenhängend, hinzu: »Die Semmeln sind ganz frisch!«
»Da haben wir aber Glück gehabt!«
Nach einer flüchtigen Toilette ging Monika wieder in das Zimmer zurück; mit einem Satz hüpfte sie ins Bett. »Du alter Schwindler!«
Er stand bei der Tür. »Flittern wir etwa nicht?«
»Was machst du denn da?«
»Ich hänge das Schild raus: ›Bitte, nicht stören!‹« Er nahm das Tablett und trug es zum Bett. »Sitzt du richtig?«
Monika hatte sich ein Kopfkissen in den Rücken gestopft. »Ja.«
»Dann halt mal!« Er übergab ihr das Tablett und kletterte auf der anderen Seite ins Bett. »Eigentlich wäre ein Champagnerfrühstück ja angebrachter gewesen, aber ich dachte, Kaffee am Morgen wäre dir lieber.«
Sie frühstückten ausgiebig. Danach trug er das Tablett vor die Tür und kam wieder zu ihr. Sie liebten sich wieder, lagen danach eng umschlungen und standen erst gegen Mittag auf. –

Das Wochenende in Salzburg wurde für Monika unvergeßlich. Jetzt im Herbst war die schöne alte Stadt nicht mehr überfüllt. Es war eine Freude, durch die Straßen zu bummeln. Sie fuhren auf die Feste Hohensalzburg hinauf und genossen den Ausblick auf die vom Regen gewaschenen roten Dächer der Stiftskirche St. Peter. Obwohl es immer noch nieselte, liefen sie lange spazieren, bis zum ›Café Winkler‹. Sie stellten fest, daß am Abend dort Tanz sein würde, und beschlossen hinaufzufahren. Vorher aber besuchten sie noch eine Komödie von Shakespeare im Landestheater.
Oliver war unermüdlich, unterhaltend und anregend, und er steckte Monika mit seiner Begeisterung und Lebensfreude an. Die Stunden und Tage waren erfüllt von Erlebnissen, die an sich kaum von Bedeutung waren, den beiden aber hochinteressant erschienen. Ihre Verliebtheit verschaffte ihnen eine verzauberte Welt. Sogar die ›Wienerli‹, die sie an einer Bude kauften, schienen ihnen die leckersten Würstchen, die sie je gegessen hatten.
Falls Monika noch Zweifel gehabt hatte, ob es richtig war, sich so Hals über Kopf in eine Ehe zu stürzen, so waren sie ihr jetzt völlig vergangen. Sie liebte ihn so sehr. Es würde nie einen anderen Mann für sie geben, und sie hatte nur den einen Wunsch, für immer mit ihm zusammenzusein.

Monika sagte es Sepp Mayr erst, als der Termin für die standesamtliche Trauung feststand.
Er sah sie über seine Brille hinweg an, mit jenem halb verwundert, halb skeptischen Blick, den sie so gut an ihm kannte. »Also doch? So geschwind?«
»Wir wissen, daß wir zusammengehören. Was für einen Sinn soll es da haben, noch länger zu warten?«
»Ist das der einzige Grund?«

Sie errötete. »Nein. Es gibt eine Menge. Soll ich sie dir alle aufzählen?«
»Du bist mir keine Erklärung schuldig.«
»Danke. Es geht mir nur darum, daß ich am Mittwoch frei bekomme. Die kirchliche Hochzeit ist dann am Samstag. Anders ging es nicht.«
»Weil ihr es so eilig hattet«, setzte er hinzu.
Dazu schwieg Monika; sie wollte nicht, daß sie in den Augen der Leute eine »Muß-Ehe« einging, denn so war es ja auch gar nicht, wenn sie es auch nur schwer hätte erklären können.
»Hast du es dir wirklich gut überlegt? Entschuldige die Frage, das geht mich ja nichts an. Aber eines möchte ich doch wissen: kann ich auch in Zukunft mit deiner Arbeitskraft rechnen?«
»Ja, natürlich.«
»Das wird aber ein ziemlicher Schlauch für dich werden, täglich von München nach Niedermoos und zurück.«
»Ich denke, daß ich mich daran gewöhnen werde. Du fährst ja auch dauernd durch die Gegend.«
»Wenn ich jetzt sagen würde: ›Aber ich bin auch ein Mann!‹ würde dich das auf die Palme bringen. Aber du wirst wohl zugeben müssen, daß ich kräftiger bin als du.«
»Dafür bist du einige Jahre älter!« Sie hielt seinem forschenden Blick stand.
Er senkte als erster die Augen. »Ich sehe, du bist guten Willens, in der Firma zu bleiben. Dann kann ich dir nur noch gratulieren.«
»Danke, Sepp und ... können wir Freunde bleiben?«
»Wenn du wissen willst, ob ich dir böse bin: nein, das bin ich nicht.«
Monika hatte sich eine herzlichere Antwort erhofft, gab sich aber zufrieden.

»Weiß es Barbara?«
»Ich will heute nach der Arbeit zu ihr.«
»Es wird ein Schock für sie sein.«

Die Schwester öffnete Monika die Haustür. »Du kommst deine Sachen holen, wie? Ich habe dir alles säuberlich zusammengepackt, zum Teil allerdings in Kartons. Den einen Koffer mußt du zurückbringen.«
»Ich danke dir. Das war sicher 'ne Menge Arbeit.«
»Kann man wohl sagen. Steht alles in der Garage. Du brauchst nur einzuladen.«
»In der Garage? Warum?« fragte Monika betroffen.
»Ich wollte es dir bequem machen. Was ist falsch daran?«
»Ich weiß nicht, Gaby. Kommt mir nur ein bißchen komisch vor. Als könntest du es nicht abwarten, mich loszuwerden.«
»Das stimmt gar nicht! Nur …« Jetzt wurde Gabriele doch ein bißchen verlegen. »… ich habe mich anders eingerichtet. Aus deinem Zimmer habe ich mein Wohnzimmer gemacht, und das andere ist nur noch zum Schlafen.« Herausfordernd blickte sie Monika an. »Mami hat's erlaubt, und Sepp hat mir dabei geholfen.«
»Und wenn ich nun reumütig zurückgekommen wäre?«
»Ach, du doch nicht! Dazu kenne ich dich zu gut.«
»Wo ist Barbara?« Unwillkürlich nannte Monika die Mutter beim Vornamen, wie Sepp es zu tun pflegte. »Ich hoffe doch, sie wird mich empfangen?«
»Aber gewiß doch! Komm nur herein! Wir haben gerade Kaffee gekocht. Du kannst sogar eine Tasse mittrinken.«
»Das ist aber reizend von euch«.
Gabriele überhörte ihren Spott oder hielt es für besser, so zu tun, als überhörte sie ihn. »Mami!« rief sie ins Haus. »Monika ist da!«

Mutter und Tochter begegneten sich im Flur. Barbara trug die heiße, gefüllte Kaffeekanne, so daß Monika sie nicht herzlich und versöhnlich in die Arme nehmen konnte, wie sie eigentlich vorgehabt hatte. Zudem blickte sie so kühl und abschätzend, daß sogar Monikas Lächeln gefror.
»Grüß dich, Mami!« brachte sie mühsam hervor.
»Daß du dich auch mal wieder blicken läßt!«
»Darf ich daraus schließen, daß du dich nach mir gesehnt hast?« – Diese Bemerkung klang frech, Monika merkte es selber, dabei hatte sie nur ihre Unsicherheit überspielen wollen.
»Nein!« entgegnete Barbara kalt.
»Na, dann kann ich ja wohl wieder gehen!« sagte Monika und hoffte, daß die Mutter sie zum Bleiben auffordern würde.
Aber Barbara sagte nur: »Wie du meinst!«
Zum Glück kam Gabriele der Schwester zur Hilfe. »Nun sei doch nicht blöd, Monika«, sagte sie, »du kannst doch nicht gleich wieder abzischen, wenn du gerade erst gekommen bist! Warum müßt ihr euch bloß immer streiten? Trink jetzt Kaffee mit uns, und nachher helfe ich dir einladen!«
Monika griff das Stichwort auf. »Ich bin nicht nur deshalb gekommen. Ich muß euch was erzählen.«
Gabriele gab ihr einen freundschaftlichen Stoß. »Geh nur schon rein! Ich hole dir eine Tasse.«
So kam es, daß Monika dann wenig später mit Mutter und Schwester am Kaffeetisch saß. Alles war ihr so vertraut, die Übertöpfe der Blumen auf der Fensterbank, die weiße Leinendecke mit dem roten Kreuzstichmuster, das Bild mit den Sonnenblumen – jeder einzelne Gegenstand im Zimmer. Dennoch fühlte sie sich fremd. Es war ihr, als wäre sie Jahre fort gewesen, dabei war es doch nur eine kurze Zeit. War sie selber so anders geworden? Oder lag es an

der ablehnenden Haltung ihrer Mutter? Barbara hatte zwar auch schon früher oft an ihr herumgenörgelt, aber sie war nie so feindselig gewesen.

»Was hast du bloß gegen mich?« platzte sie heraus. »Ich meine, es tut mir alles so leid!«

»Deine ganze Lebenshaltung paßt mir nicht!«

»Wenn es das ist ... ich werde sie ändern! Oliver und ich werden heiraten!«

Barbaras Lippen wurden bei dieser Ankündigung noch schmaler.

Gabriele rief: »Tatsächlich? Das hätte ich nicht gedacht!«

»Und warum nicht? Ich habe euch doch früher schon erzählt, daß er es ernst meint.«

»Erzählen kann man viel! Ehrlich gestanden, ich hatte ihn für einen Hallodri gehalten.«

»Das ist er nicht!«

»Und wo wollt ihr leben?«

»Ich glaube nicht, daß er sich auf dem Karberg wohl fühlen würde.«

»Also in München?«

»Ja.«

»Du, das finde ich ganz toll! Herzlichen Glückwunsch!«

»Ihr kommt doch zur Hochzeit?« Monika blickte die Mutter flehend an. »Ich meine, zur kirchlichen Trauung? Die standesamtliche ...«

Gabriele ließ sie nicht aussprechen.

»Was, sogar kirchlich?«

»Es soll doch alles seine Richtigkeit haben.«

»Ich muß schon sagen: du hast Mut!«

»Und du, Mutter, was hältst du davon?«

»Du kennst meine Meinung über Herrn Baron.«

»Das ist keine Meinung, das ist ein Vorurteil!«

»Er paßt nicht zu uns.«

»Aber zu mir, und das ist ja wohl die Hauptsache!« Monika funkelte ihre Mutter an.
»Ich sehe schon, es hat keinen Zweck«, sagte Barbara.
»Nein, hat es wirklich nicht. Jetzt, vierzehn Tage vor der Hochzeit, werde ich bestimmt nicht mehr abspringen. Du mußt meine Entscheidung akzeptieren, Mutter.«
»Das werde ich nie.«
»Aber du kommst doch zur Trauung? Wenn du erst mal seine Mutter kennenlernst! Sie wird dir bestimmt gefallen. Sie ist eine fabelhafte Frau.«
»Ja, vielleicht«, sagte Barbara unbestimmt.
»Das mußt du! Es gehört sich einfach so. Du kannst mich doch an einem solchen Tag nicht hängenlassen.«
»Wir werden sehen.«
»Monika hat recht«, sagte Gabriele, »als Brautmutter gehörst du dazu.«
»Versprich es mir!« drängte Monika.
»Also gut ... ja, ich komme.«
»Oh, Mami, das ist lieb von dir!« In Monikas Augen traten Tränen. »Mir fällt ein Stein vom Herzen. Es wäre schrecklich für mich gewesen, ohne dich zum Traualtar zu gehen.«

Die standesamtliche Trauung hielten Monika und Oliver ganz klein. Nicht einmal Frau Baron nahm daran teil. Die Zeugen holten sie sich von der Straße und fanden das einen großen Spaß. Olivers Freunde hatten sich an diesem ganz gewöhnlichen Wochentag nicht freimachen können. Anschließend feierten sie zu Hause mit Rehrücken und Rotwein. Maria Baron freute sich über das Glück der jungen Leute und nahm Monika zum ersten Mal herzlich in die Arme.
Aber dann, noch bei Tisch, kam es zum ersten Streit. Oli-

ver wollte am Abend groß ausgehen, doch Monika lehnte das ab.

»Aber, Geliebter«, sagte sie zärtlich, »das ist doch unmöglich! Wir müssen beide morgen arbeiten!«

»Warum?«

»Fragst du das im Ernst? Weil wir keinen Urlaub haben!«

»Die zwei Tage können wir doch schwänzen!«

»Du vielleicht, aber ich bestimmt nicht! Ich habe Sepp ausdrücklich gesagt, daß ich nur den Mittwoch frei haben will. Es würde ihn schwer enttäuschen, wenn ich morgen nicht zur Arbeit käme.«

»Was liegt schon dran, wie er über dich denkt!«

»Immerhin ist er mein Arbeitgeber. Jetzt hör mal, Oliver! Wir haben doch diese Woche wirklich Spaß genug: Freitag haben wir unseren Polterabend und Samstag die Hochzeit ...«

»Aber heute haben wir geheiratet, und ich finde, das muß einfach gefeiert werden!«

»Ich würd's ja auch gerne, Oliver! Du weißt, wie gerne ich mit dir ausgehe! Aber wenn du das vorhattest, hättest du es mir vorher sagen sollen. Dann hätte ich Sepp gebeten, mir bis Montag freizugeben.«

»Das kannst du ja jetzt immer noch! Ruf ihn einfach an.«

»Das wäre nicht korrekt.« Monika wandte sich an ihre Schwiegermutter: »Bitte, Maria, sag du doch auch mal was!«

»Ich habe mir fest vorgenommen, mich nicht in eure Ehe einzumischen.«

»Das ist doch keine Einmischung, wenn wir dich ausdrücklich um deinen Rat bitten!«

»Ich nicht«, sagte Oliver, »ich brauche keinen Rat. Ich weiß selber, was ich will.«

»Nein, das ist es nicht! Du willst nicht hören, was deine

Mutter dazu sagt, weil du weißt, daß sie meine Ansicht teilt. Du benimmst dich unvernünftig.«
Oliver warf seine Serviette auf den Tisch. »Ist dir die Vernunft denn wichtiger als die Liebe?«
»Ohne ein bißchen Vernunft muß selbst die schönste Liebe entzweigehen!«
Sie starrten sich über den festlich gedeckten Tisch an wie zwei Feinde.
»Oh, Oliver!« rief Monika. »Was ist mit uns geschehen? Warum streiten wir nur? Am ersten Tag unserer Ehe?«
»Weil du nicht mit mir ausgehen willst!«
Monika holte tief Atem. »Also gut«, sagte sie beherrscht, »dann gehen wir eben aus! Aber ich werde morgen früh pünktlich in Niedermoos sein. Du kannst es damit halten, wie du magst.«
»Er wird natürlich auch in seine Firma fahren«, entschied Maria Baron.
Einen Augenblick sah es so aus, als wollte Oliver aufbegehren. Aber dann zuckte er nur die Achseln. –
Monika und Oliver versöhnten sich rasch wieder, und der Abend wurde dann doch noch schön. Sie tanzten im Schwabinger »Käpt'n Cook«, und obwohl sie ganz ineinander versunken waren, genossen sie doch auch die bewundernden Blicke der anderen Gäste. Sie waren ein so gut aussehendes Paar, er mit seinem braunen Wuschelkopf und sie mit ihrem schimmernden blonden Haar, das ihr bis zur Taille reichte. Dazu strahlte ihnen das Glück aus den Augen.
Sie machte nicht den Fehler, ihn, als es immer später wurde, zum Aufbruch zu drängen, denn sie wußte, daß sie ihn damit nur verärgert hätte. Auch dachte sie, daß man am Tag nach der Eheschließung auch einmal unausgeschlafen ins Büro kommen könnte. Wenn Sepp das nicht verstehen

konnte, hatte er es sich selber zuzuschreiben. Unbekümmert gab sie sich ihrer Freude hin.
Als er endlich auf die Uhr blickte und vorschlug zu zahlen, lachte sie ihn an und fragte: »Schon?«
Er zog sie noch enger an sich und küßte sie. »Du bist wirklich das wunderbarste Mädchen auf der Welt!«
»Ich bin kein Mädchen mehr, sondern eine Frau ... deine Frau!«
»Gott sei Dank!«

Am nächsten Morgen war Monika noch vor Sepp Mayr in der Firma. Als erstes setzte sie die kleine Kaffeemaschine in Gang. Während sie darauf wartete, daß das kochende Wasser durch den Filter lief, betrachtete sie sich prüfend im Spiegel. Sie sah nicht einmal übernächtigt aus, stellte sie fest. Die leichten Schatten ließen ihre blauen Augen nur noch größer und leuchtender scheinen.
So konnte sie Sepps prüfendem Blick später lächelnd standhalten.
»Ich muß nachher mit dir sprechen«, sagte er.
»Ja?«
»Nicht jetzt. Wenn ich von der Baustelle zurück bin.«
Monika hatte ihm eine Tasse Kaffee anbieten wollen, aber da er gleich wieder fort mußte, trank sie ihn allein. Danach machte sie sich daran, einige nicht ganz alltägliche Geschäftsbriefe in ihre neue Schreibmaschine zu speichern. Wie immer hatte sie Spaß an ihrer Arbeit und verrichtete sie mit großer Sorgfalt.
Dann kam die Post. Sie mußte ein Einschreiben quittieren. Dann blieb sie in Sepps Büroraum, um für ihn die Briefe zu öffnen und zu sortieren. Als ihr ein Umschlag mit ihrem eigenen Namen in die Hände fiel, lächelte sie überrascht. Sie erkannte sofort Gabrieles Handschrift und erwartete

nichts anderes, als daß die Schwester ihr zur Trauung gratulieren wollte.
Aber als sie dann die ersten Zeilen las, verlor sie die Fassung.
»Mein liebes Schwesterherz«, schrieb Gabriele, »Du mußt mir, bitte, glauben, daß es mir sehr leid tut. Ich muß Dir eine unerfreuliche Mitteilung machen. Du weißt, Mami hatte versprochen, zu Deiner Hochzeit zu kommen. Aber das geht jetzt leider doch nicht, weil sie krank geworden ist. Sie hat die Grippe und läßt sich deshalb bei Dir entschuldigen.
Auf mich kannst Du natürlich rechnen! Ich freu mich schon! Ob ich bei Barons übernachten kann? Sonst müßte ich dich bitten, mir ein Zimmer ganz in der Nähe zu besorgen. Es lohnt sich für mich ja nicht, in der Nacht zurückzufahren.
Sei nicht traurig! Deine Gabriele.«
Monika spürte, wie ihr das Blut vor Zorn in den Kopf stieg. Wie konnte die Mutter ihr das antun! Natürlich glaubte sie keinen Augenblick an diese vorgeschobene Grippe. Seit sie auf der Welt war, hatte sie keinen einzigen Tag erlebt, an dem Barbara wegen Krankheit das Bett gehütet hätte. Wie konnte sie sie nur so blamieren? Wie konnte sie den Barons so unverhüllt ihre Verachtung zeigen? Und welches Recht besaß sie überhaupt, auf diese andere Familie herabzusehen?
Ihre ganze Kindheit hindurch hatte Monika das Gefühl gehabt, daß ihre Mutter sie nicht wirklich liebte. Aber erst jetzt hatte sie den Eindruck, daß sie sich überhaupt nichts aus ihr zu machen schien. Dabei hatte sie doch immer versucht, eine gute Tochter zu sein.
Erst als heiße Tropfen den Briefbogen netzten, merkte sie, daß sie in Tränen ausgebrochen war. Sie wollte nicht wei-

nen, aber sie konnte es nicht unterdrücken. Sie schluchzte jammervoll.
So fand Sepp sie vor, als er von seiner Inspektion zurückkam.
»Nanu«, sagte er und blieb in der Tür stehen, »was ist denn hier los?«
Wortlos, weil sie nicht sprechen konnte, reichte sie ihm Gabrieles Schreiben.
»Barbara hat die Grippe«, konstatierte er, »schade. Aber das ist doch kein Grund, so zu heulen.«
»Sie liebt mich nicht«, brach es aus Monika heraus, »sie hat mich niemals liebgehabt!«
»Das bildest du dir doch nur ein!«
»Nein, sonst könnte sie doch nicht so sein! Mir das anzutun!«
»Im falschesten Moment krank zu werden, meinst du?«
»Ach, versuch doch nicht, mir was vorzumachen! Du weißt genau, daß es gar nicht wahr ist. Sie ist nicht krank.«
Monika schnüffelte und suchte nach ihrem Taschentuch.
»Vielleicht«, sagte er nachdenklich, »seid ihr euch zu ähnlich. Ihr wollt beide immer das durchsetzen, was ihr euch in den Kopf gesetzt habt. Keine ist bereit, über das Für und Wider auch nur zu diskutieren.«
Monika wischte sich die Tränen ab und putzte sich die Nase. »Ich bin ganz anders als sie«, sagte sie, trotz aller Beherrschung immer wieder aufschluchzend.
»Bist du nicht!«
»Ich jedenfalls habe sie immer liebgehabt!«
»Sie dich doch auch. Wenn es anders wäre, würde sie sich nicht so aufregen, sondern dich einfach laufenlassen.«
»Sie hat mich laufenlassen!«
»Aber jetzt bist du doch genau dort angekommen, wo du sein wolltest ... bei deinem hübschen Bengel! Ob Barbara

nun zur Hochzeit kommt oder nicht, ist doch nicht so schlimm. Hauptsache ist, du heiratest.«

»Du verstehst mich nicht.«

»Du verstehst deine Mutter nicht. Sie bringt's beim besten Willen nicht, diesen aufgezwungenen Schwiegersohn von heute auf morgen zu akzeptieren. Aber warte nur ab. Mit der Zeit wird sich alles einrenken. Wenn erst mal ein Enkelkind da ist ...«

»Nein«, sagte Monika, »das stimmt nicht. Sie fühlt sich noch viel zu jung, um Großmutter zu sein.«

»Auf jeden Fall mußt du ihr Zeit lassen.«

»Und was soll ich Oliver sagen? Und meiner Schwiegermutter?«

»Genau das, was Gabriele schreibt.«

»Also wieder lügen! Nein, ich kann und will meine Ehe nicht mit Lügen beginnen.«

»Dann sag ihnen die Wahrheit! Hör mal, Monika, es hat doch wirklich keinen Zweck, wenn du dich jetzt mit dieser Geschichte verrückt machst. Wir beide kennen Barbara. Es hilft nichts, du mußt diese Weigerung einstecken.« Er ging um seinen Schreibtisch herum und setzte sich. »Aber ich wollte über etwas anderes mit dir reden. Vielleicht tröstet dich das ein bißchen.«

»Über was?« fragte Monika uninteressiert.

»Über Geld. Deine Mutter und ich sind der Meinung, daß du eine Mitgift bekommen solltest.«

»Ich will ihr blödes Geld nicht! Sie soll es sich sonstwohin stecken!« rief Monika wild.

»Red nicht so dumm daher«, sagte er gelassen, »Geld kann man immer brauchen! Gerade du in deiner Situation wirst es vielleicht schon bald sehr nötig haben. Eigentlich hatte ich doch von dir etwas mehr kaufmännischen Geist erwartet. Sonst hättest du deinen Beruf verfehlt.«

»Was hat das damit zu tun?«
»Ein vernünftiger Mensch schlägt niemals Geld aus, wenn es ihm angeboten wird. Es sei denn, man verlangt eine Gegenleistung von dir, die du nicht bringen willst. Aber das ist ja hier gar nicht der Fall.«
»Aber ich will mich nicht abfinden lassen!«
»Das Wort hast du gar nicht schlecht gewählt. Deine Mitgift soll tatsächlich in gewisser Weise eine Abfindung darstellen.«
»Jetzt verstehe ich gar nichts mehr.«
»Tatsache ist doch, daß dein Vater die Fabrik aufgebaut hat. Er hat Grund dafür verkauft und sein ganzes Geld und seine Arbeitskraft in dieses Unternehmen hineingesteckt. Deine Mutter hat die Firma nur geerbt.«
»Aber jetzt gehört sie ihr.«
»Richtig. Trotzdem hat sie das Gefühl, daß du zumindest ein moralisches Recht auf den Besitz hast. Gabriele natürlich auch. Dein Vater hat das zwar nicht ausdrücklich in seinem Testament geschrieben, aber Barbara weiß, daß er es so gemeint hat. Er ist davon ausgegangen, daß sie für euch sorgen würde, und nicht nur bis zu eurem achtzehnten Lebensjahr. Da du dich nun durch deine Heirat selbständig gemacht hast ...«
Monika, die schon seit einiger Zeit drauf und dran war, ihn zu unterbrechen, fiel ihm ins Wort. »Ja, ich bin selbständig und will selbständig bleiben! Deshalb pfeife ich auf ihre Unterstützung! Wenn sie wenigstens in die Kirche käme ...«
»Das eine hat doch mit dem anderen gar nichts zu tun! Das Geld kommt aus der Firma, und es steht dir zu. Nimm es als Vermächtnis deines Vaters.«
»Aber er hat mir nichts hinterlassen!«
»Weil er davon ausging, daß Barbara für dich sorgen wür-

de. Herrgott, Mädel, merkst du denn nicht, daß wir uns im Kreis drehen? Barbara bietet es dir ja auch aus egoistischen Gründen an, damit sie eines Tages mit der Firma schalten und walten kann, wie sie will.«
»Will sie sie etwa verkaufen?«
»Vielleicht auch das. Jedenfalls will sie nicht für alle Zeiten nur Sachwalterin ihrer Töchter sein.«
»Die Firma ist Vaters Lebenswerk«, sagte Monika betroffen.
»Das wissen wir doch alle. Ich habe ja auch nicht gesagt, daß Barbara verkaufen will. Das warst du. Aber vielleicht will sie eines Tages einen Teilhaber hineinnehmen, oder sie ist gezwungen, größere geschäftliche Risiken einzugehen. Sie will sich von einer Verpflichtung dir gegenüber freimachen. Das mußt du doch verstehen. Außerdem brauchst du dich ja nicht jetzt sofort zu entscheiden.« Er sah sie über den Rand seiner Brille hinweg an. »Sprich mit deinem Mann darüber. Ich bin sicher, er wird's nicht ausschlagen wollen, und das mit Recht. Wenn du mich geheiratet hättest, hättest du ja auch eine Mitgift bekommen.«
»Daran habe ich nie gedacht!«
»Aber ich. Also sei nicht dumm und nimm das Geld! Denk daran, wieviel Kosten Gabriele mit ihrem Studium noch machen wird! Oder willst du, daß die Barons glauben, du kommst auf einer Brennsuppe dahergeschwommen?«
Monika war nahe daran, ihren Widerstand aufzugeben. »Wieviel ist es denn?«
»Eine gute Frage. Dreißigtausend. Steuerfrei. Es war gar nicht so einfach, das zusammenzukratzen.«
»Dreißigtausend!« wiederholte Monika beeindruckt, denn sie wußte, wie scharf er kalkulieren mußte. »Du lieber Himmel!«
Er grinste plötzlich. »Wenn du mich genommen hättest,

wären es fünfzigtausend gewesen. So war es abgemacht. Du siehst, es ist nicht einmal ein schlechtes Geschäft für deine Mutter. Du brauchst dir also wirklich keine Gewissensbisse daraus zu machen, das Geld einzusacken.«
Monika kam eine Erleuchtung. »Das war nicht Mutters Idee, sondern deine!«
»Stimmt!« gab er unumwunden zu. »Ich habe sie überzeugen müssen, daß sie dich nicht einfach so ziehen lassen kann.«
»Aber warum? Du hättest das Geld in der Firma doch unbedingt brauchen können!«
»Weil ich mich immer noch ein bißchen für dich verantwortlich gefühlt habe. Aber das ist jetzt vorbei. Du bist jetzt eine verheiratete Frau. Du mußt dein eigenes Leben leben.«

Am Abend flog Monika in Olivers Arme und erzählte ihm als erstes von der Mitgift, die sie bekommen hatte. Zu ihrer Überraschung war er keineswegs beeindruckt.
»Na«, sagte er, »sehr großzügig ist das aber nicht.«
Sie löste sich von ihm, um ihm ins Gesicht sehen zu können. »Hattest du mit mehr gerechnet? Davon hast du mir nie etwas gesagt.«
Er grinste. »Gerechnet natürlich nicht. Aber ›Stuffer Fenster und Türen‹ ist doch ein Millionenwert.«
»Was hat das damit zu tun?«
»Von der Firma wirst du nie wieder einen Pfennig zu sehen bekommen. Das wird deine Mutter schon so einrichten.«
Noch einen Tag zuvor hätte Monika ihm heftig widersprochen. Aber nach dem Gespräch mit Sepp Mayr wußte sie, daß er recht haben konnte. »Soll sie doch damit selig werden!« sagte sie heftig. »Stell dir vor: sie kommt nicht einmal zur Kirche!«
»Ts, ts, ts!« machte er. »Das ist aber nicht die feine Art!«

»Sie hat Gaby einen Entschuldigungsbrief schreiben lassen. Angeblich hat sie die Grippe. Aber ich glaube ihr kein Wort. Hoffentlich ist deine Mutter jetzt nicht beleidigt.«
»Wir werden es ihr schonend beibringen.« Er hatte ihr indessen aus dem Regenmantel geholfen und wollte mit ihr hineingehen.
»Einen Augenblick noch!« bat sie. »Sag mir eines: bist du sehr enttäuscht?«
»Wegen deiner Mutter? Nein, ich finde, das paßt ganz in ihre Linie.«
»Wegen des Geldes!«
Er tippte ihr auf das Kinn. »Ein Glück, daß ich dich nicht deiner Mitgift wegen geheiratet habe, wie? Mit dreißigtausend läßt sich ja auch schon eine ganze Menge anfangen!«
Maria Baron nahm die Neuigkeiten sehr gelassen hin. Monika bewunderte ihre Art, über den Dingen zu stehen, und sie sagte es ihr auch.
»Wenn man erst …« begann Maria Baron, stockte dann und fügte hinzu: »… in meinem Alter ist, sieht man alles gelassener.«
»Jetzt könnt ihr euch wenigstens ein schönes Schlafzimmer einrichten«, fuhr Maria fort, »am besten nehmt ihr das Musikzimmer!«
Oliver fuhr hoch. »Und wo soll mein Flügel hin?«
»Verkauf ihn!« sagte seine Mutter sehr ruhig.
»Nein!« Oliver war so blaß geworden, daß die winzigen Sommersprossen auf seinem Nasenrücken sich scharf abhoben. »Niemals!«
»Dann stell ihn irgendwo unter!«
»Du weißt, daß ich den Flügel brauche!«
»Wozu?«
»Mutter!«
Noch nie hatte Monika erlebt, daß Oliver und seine Mutter

so heftig aufeinander losgegangen waren, und sie begriff, daß der Anlaß zu ihrem Streit nicht erst in diesem Augenblick entstanden war. Sie erinnerte sich auch, daß Maria das Zimmer zu verlassen pflegte, wenn er sich an den Flügel setzte. Monika war das unverständlich, denn sie selber hörte ihm immer wieder gerne zu.
»Für deine Klimpereien«, sagte Maria Baron jetzt, »würde es ein Klavier auch tun, und es nimmt weniger Platz weg.«
»Bitte, hört auf damit!« rief Monika. »Wir brauchen doch gar kein Schlafzimmer! Wir können doch sehr gut schlafen wie bisher.«
»In Olivers schmalem Bett?«
»Ja, warum denn nicht? Es macht uns Spaß, nicht wahr, Oliver?«
»Noch«, sagte Maria, »aber das kann doch kein Dauerzustand sein.«
»Jedenfalls brauchen wir uns jetzt noch nicht den Kopf darüber zu zerbrechen. Wenn wir keine Lust mehr dazu haben, wird uns schon eine Lösung einfallen. Wichtiger ist, daß ich Platz für meine Kleider bekomme. Könnten wir die Sommersachen nicht auf dem Dachboden unterbringen?«
»Bestimmt!« sagte Oliver rasch. »Wir brauchen nur solche Plastikmottenschränke zu kaufen. Die kosten keine hundert Mark.«
»Wunderbar!« Monika lief zu ihm hin und küßte ihn auf die Wange; sie hatte das Bedürfnis, ihm ihre Liebe zu zeigen. »Jetzt gebt mir doch mal ein Maßband! Vielleicht kann man sogar ein breiteres Bett hineinstellen!«
Diese Annahme erwies sich als richtig. Oliver bewahrte seine Kleidungsstücke in Schränken mit Schiebetüren auf, die zum Öffnen keinen Platz brauchten.
»Sechzig Zentimeter!« verkündete Monika strahlend, als sie, das Maßband noch in der Hand, zu den anderen zu-

rückkam. »Das alte Bett ist hundertundzehn. Wir können also ein Bett von hundertundsiebzig Zentimeter Breite aufstellen. Das muß doch wohl genügen!« Allerdings verschwieg sie, daß man dann, um an den Inhalt der Schränke zu kommen, jedesmal auf das Bett würde steigen müssen.
»Bravo, meine Kleine!« sagte Oliver dankbar.
»Und wenn das Kind erst da ist?« bohrte Maria weiter; sie war die einzige, der sie erzählt hatten, daß Monikas Menstruation ausgeblieben war.
»Aber bis dahin, Maria!« rief Monika. »Was bis dahin noch alles passieren kann!«
Überraschend lenkte Olivers Mutter ein. »Da muß ich dir recht geben«, sagte sie.
Noch am gleichen Abend begannen Monika und Oliver damit, seine Sommersachen auszusortieren. Vorläufig stapelten sie sie im Wohnzimmer. Er versprach, am nächsten Tag die Mottenschränke zu besorgen. Sie liefen auch auf den Dachboden des alten Hauses hinauf und stellten fest, daß reichlich Platz da war. Dabei hatten sie viel Spaß. Sie fanden ein altes Schaukelpferd, das sie reparieren wollten, wenn ihr Kind erst soweit war, und eine Gipsbüste, die er gleich mit hinunternahm, um sie bunt anzumalen.
Lachend und albernd kamen sie wieder in die Wohnung.
»Ihr seid noch zwei richtige Kindsköpfe«, meinte Maria.
»Aber wieso denn?« gab er zurück. »Du wirst sehen, die Büste macht sich prächtig! Sie ist viel schöner, als die Styroporköpfe, die heutzutage alle Welt hat.«
»Aber, bitte, stell sie in deinem Zimmer auf!«
»Immerhin«, sagte Monika, »haben wir den einen Schrank schon geleert. Ich werde ihn jetzt mal ausputzen und dann meine Wintersachen verstauen.« Sie hatte den Wunsch, sich so schnell wie möglich häuslich einzurichten.
»Soll ich dir helfen?« fragte er.

»Ach ja, bitte!«
Er schlüpfte aus seinen Schuhen und setzte sich im Schneidersitz auf das Bett, während Monika die Wände und Ablagen des Schrankes erst feucht, dann trocken abrieb.
»Die geborene kleine Hausfrau!« sagte er.
»Bin ich gar nicht! Hol mir doch schon mal einen Koffer!«
Als sie sah, daß er nur sehr umständlich Anstalten machte, sich die Schuhe anzuziehen, sagte sie: »Laß nur! Ich mach's schon selber.« Sie brachte die Tücher, die sie benutzt hatte, und die Schüssel mit Wasser in die Küche und kam mit einem ihrer Koffer zurück.
Er saß immer noch in der vorherigen Haltung auf dem Bett. »Aber ich möchte dir doch helfen!« behauptete er.
»Es genügt, wenn du Platz für den Koffer machst ... ja, da am Fußende!« Sie wuchtete das schwere Gepäckstück hoch; aus Platzmangel hatte sie bisher nur das Nötigste ausgepackt und begann Kleider, Blusen und Hosen in den Schrank zu hängen. »Zum Glück habe ich ja wesentlich weniger Garderobe als du!«
»Soll das ein Vorwurf sein?«
»Nur eine Feststellung.« Sie holte ein knöchellanges Dirndl heraus, sehr hübsch, aus blausilbernem Brokat mit einer silbern schimmernden Seidenschürze. »Muß gebügelt werden«, konstatierte sie und hängte es außen an den Schrank.
»Ist das das Kleid, das du zur Trauung tragen willst?«
»Ja.«
»Gefällt mir.«
»Wenn ich gewußt hätte, daß wir so viel Geld bekommen würden, hätte ich mir ein richtiges Brautkleid gekauft.«
»Das kannst du ja immer noch.«
»Meinst du?« fragte sie, begeistert von der Idee, aber doch noch schwankend.

Er dämpfte ihre freudige Erwartung sofort. »Aber natürlich wäre es rausgeschmissenes Geld.«
»Und wer weiß, ob ich in der Eile was Optimales kriegen würde«, tröstete sie sich.
Als sie den ersten Koffer geleert hatte, sagte er: »Jetzt mach mal Pause. Komm zu mir!«
»Ach ja!« sagte sie und kletterte zu ihm auf das Bett. »Fünf Minütchen kann ich mir schon gönnen.«
Er nahm sie in die Arme, und sie legte ihren Kopf an seine Brust. Sanft schaukelte er sie wie ein Kind. »Hast du eine Ahnung, was wir mit unseren Piepen anfangen sollen?«
»Festverzinsliche Papiere.«
»Was?« Er hielt in der Bewegung inne.
Sie sah zu ihm hoch. »Hast du etwa vor zu spekulieren?« fragte sie überrascht.
»Etwas Dümmeres habe ich nie gehört!«
»Jetzt verstehe ich dich nicht mehr.« Sie löste sich aus seinen Armen. »Machst du Witze?«
»Das gleiche könnte ich dich fragen! Da schüttet uns das Schicksal unverhofft einen Haufen Kies in den Schoß, und dir fällt nichts Besseres ein, als es zur Bank zu bringen!«
»Was denn sonst?«
»Weißt du denn nicht, zu was Geld da ist? Um es auszugeben, mein Schatz!«
»Aber doch nicht sofort! Wir werden Ausgaben haben: Wenn das Kind erst da ist ...«
»Glaubst du, wir beide wären nicht imstande, ein Kind zu ernähren?«
»Aber ich werde nicht gleich danach wieder arbeiten können.«
»Warum denn nicht? Mutter kann doch darauf aufpassen. Ich weiß, sie ist nicht mehr so gut beieinander. Aber zum Babysitten wird's ja wohl noch reichen.«

»Daran habe ich nicht gedacht.«
»Du wolltest Tag und Nacht für das Kind zu Hause bleiben? Wo dir die Arbeit doch so viel Spaß macht?« Er sah die Beunruhigung in ihren Augen und fügte rasch hinzu: »Von mir aus! Du kannst das machen, wie du willst. Ich verdiene ja genug, und Mutter hat ihre Pension. Es ist deine Entscheidung. Aber mit dem Geld hat es gar nichts zu tun.«
»Danke, Oliver«, sagte sie erleichtert, »danke! Ich bin selber noch nicht sicher. Aber ich bin froh, daß ich mich nicht unter Druck entscheiden muß.«
»Auch nicht wegen des Geldes!« sagte er. »Ich will dich überhaupt nicht drängen, aber ich finde es idiotisch, heutzutage was zu sparen. Du solltest doch wissen, daß sich der Wert des Geldes von Jahr zu Jahr verringert. Selbst wenn du anständige Zinsen kriegst ... und damit kannst du bei festverzinslichen Papieren ja nicht rechnen ... sind deine Dreißigtausend in drei Jahren weniger wert als heute! Was versprichst du dir also davon?«
»Es kann immer mal was passieren.«
»Wir sind in der Krankenkasse, mein Herz, unsere Autos sind versichert, und wenn einer von uns zu Tode kommen sollte, dann würden dem anderen die paar Zechinen auch nichts nutzen! Ja, wenn deine werte Familie mehr ausgespuckt hätte, eine sechsstellige Zahl, dann hätte sich damit was anfangen lassen. Wir hätten uns selbständig machen können. Das wär's gewesen. Aber so! Für dreißigtausend kriegst du ja noch nicht mal ein anständiges Auto!«
Monika spürte, daß er mit dem Geld schon etwas Bestimmtes vorhatte, aber sie wollte es ihm nicht zu leicht machen. »Wir brauchen uns ja nicht jetzt zu entscheiden«, sagte sie deshalb und gab ihm einen raschen Kuß, »ich muß wieder an die Arbeit!« Sie schwang sich vom Bett, trug den leeren Koffer hinaus und holte den nächsten.

»Meinst du, ob Gaby hier bei uns übernachten kann?« fragte sie. »Vielleicht auf dem Sofa im Wohnzimmer?«
»Weiß ich doch nicht«, erwiderte er mürrisch.
Monika tat so, als bemerkte sie seine schlechte Laune gar nicht, und es dauerte nicht lange, dann war er wieder obenauf.

Am Polterabend lernte Monika endlich Olivers Freunde kennen.
Als erster kam Sven Lamprecht. Er hatte das Auftreten eines erfolgreichen Geschäftsmannes. Tatsächlich aber verdiente er noch gar nichts, sondern lebte vom Geld seines Vaters. Er versuchte, sein Abitur auf einer Abendschule nachzuholen. Da er tagsüber nicht wie seine meisten Mitschüler arbeiten mußte, hatte er viel freie Zeit, die er verbummelte.
Monika mochte ihn auf Anhieb. Er war groß, blond, blauäugig und hatte Humor. Gabriele begann sofort einen Flirt mit ihm.
Helmut Kittner dagegen war überhaupt nicht attraktiv. Er war klein und mager, hatte glattes dunkles Haar, das in den Stirnecken schon zurückging, und trug eine Brille mit dicken Gläsern. Die anderen behandelten ihn mit einem gewissen Respekt, weil er als Assistent eines Produktionsleiters in einer Schallplattenfirma arbeitete. Er nahm sich sehr wichtig, so daß bei den Mädchen unwillkürlich der Verdacht entstand, daß er so tüchtig, wie er tat, wohl nicht sein könnte.
Tilo Herberger brachte seine Freundin Tessy mit, ein hübsches rothaariges junges Mädchen, Jurastudentin, zu der Monika und auch Gabriele nur schlecht Kontakt fanden, weil sie sich sehr überlegen fühlte. Erst im Laufe des Abends ging sie aus sich heraus. Tilo war schlank und ele-

gant und hatte ein schwarzes Bärtchen auf der Oberlippe, was ihm ein etwas dämonisches Aussehen verlieh. Tatsächlich aber war er harmlos und gutmütig und stets beflissen, den anderen einen Gefallen zu tun. Er verdiente sich seinen Lebensunterhalt als Verkäufer in einem Herrenmodengeschäft. Tessy behandelte ihn von oben herab, was ihn aber nicht zu stören schien.
Maria Baron zog sich gleich nach der Begrüßung zurück. Monika hatte den Eindruck, daß sie Olivers Freunde nicht mochte, konnte sich aber nicht vorstellen, warum. Es waren gutunerzogene und nette junge Leute, und sie gaben sich gerade der alten Dame gegenüber ausgesprochen höflich. Erst als sie unter sich waren, kam Stimmung auf.
Gabriele war gleich von der Schule aus nach München gefahren, und die beiden Mädchen hatten den ganzen Nachmittag damit verbracht, Salate anzurichten und Schnittchen zu machen. Zu trinken gab es Sekt, Wein und Bier. Die Gäste aßen und tranken mit gutem Appetit. Nur Tessy verschmähte, wahrscheinlich ihrer Figur zuliebe, die belegten Brote. Das hatte zur Folge, daß sie als erste beschwipst wurde, was sie aber sehr viel menschlicher machte.
Natürlich wurden die üblichen Witze gerissen. Die Freunde rieten Oliver mit bewegten Worten davon ab, sich schon jetzt fest zu binden. Wenn sie das auch sehr lustig taten, spürte Monika doch einen ernsten Hintergrund. Es war den anderen nicht ganz recht, daß Oliver heiratete. Wahrscheinlich hatten sie nichts gegen sie, aber sie fürchteten wohl, ihn zu verlieren. Monika war froh, daß Oliver sich gar nicht von dem Gerede beeinflussen ließ.
»Ich weiß, ihr meint es gut mit mir«, wehrte er lächelnd ab, »aber eure Warnungen kommen zu spät!«
»Du hättest vorher mit uns darüber reden sollen!« rief Sven. »Es gab kein ›Vorher‹!« behauptete Oliver. »Als ich

Monika zum erstenmal sah, war ich bereits verloren! Kommt, machen wir ein bißchen Musik!« Er gab Helmut seine alte Gitarre und ging ins Musikzimmer. Die anderen folgten ihm. Oliver setzte sich an den Flügel und schlug ihn an. Helmut stimmte die Gitarre, und Sven zauberte eine Querflöte hervor.
»Schade, daß ich mein Schlagzeug nicht dabei habe«, sagte Tilo.
»Viel zu laut!« entschied Oliver. »Du weißt, meine Mutter verträgt das nicht.«
Monika begriff, daß es die Musik war, die die jungen Männer verband. Sie waren aufeinander eingespielt und hatten ein ganz hübsches Repertoire, vorwiegend Rockmusik. Den Mädchen gefiel es, und auch die Musiker selber waren von ihrer eigenen Leistung beeindruckt.
»Wir sollten wirklich eine Band gründen!« rief Sven.
»Dilettanten gibt es schon zu viele in München und Umgebung!« erklärte Helmut daraufhin. »Wann wird das endlich in deinen Kopf gehen? Um was zu leisten, müßten wir acht Stunden am Tag üben. Wer, außer dir, hat dazu die Zeit und das Geld?«
»Aber schade ist es doch«, sagte Tilo, der mangels seines Schlagzeugs den Takt mit einem Löffel auf ein Glas schlug.
»Jetzt spielen wir noch etwas, das die Mädchen singen können, und dann machen wir Schluß!« schlug Oliver vor. »Ich will nicht wegen ruhestörenden Lärms aus der Wohnung geschmissen werden.«
»Aber alle wissen doch, daß wir heute unseren Polterabend feiern!« sagte Monika.
Er warf ihr einen liebevollen Blick zu. »Gutes Mädchen! Also los: ›The house of the rising sun‹ ... das kennt ihr doch wohl?«
»So ungefähr«, sagte Gabriele.

Monika und Gabriele sangen mit Begeisterung. Danach klappte Oliver den Flügel zu.
»Nicht einmal schlecht«, sagte Helmut, »ich hoffe nur, ihr wollt keinen Beruf draus machen!«
Gabriele lachte. »Wir sind doch nicht verrückt!«
Sie verzogen sich wieder in Olivers Wohnzimmer, das Monika bei sich immer noch so nannte, obwohl es doch jetzt ihr gemeinsames Wohnzimmer sein sollte. Auch ihre selbst getöpferte Schale hatte einen hübschen Platz auf dem Regal gefunden. Heute stand sie mit Knabberzeug gefüllt mitten auf dem Tisch.
Es wurde weitergetrunken und gescherzt. Monika und Gabriele gingen in die Küche und arrangierten die restlichen Schnittchen und Salate neu, um sie noch einmal anzubieten. Um Mitternacht servierten sie eine Gulaschsuppe, und obwohl das für die Gäste das Signal zum Aufbruch sein sollte, blieben sie, bis auch die letzte Flasche sich mit Luft gefüllt hatte. Dann endlich verabschiedeten sie sich.
»Meine Freunde mögen dich«, sagte Oliver und nahm Monika in die Arme. »Dich übrigens auch, Gaby!«
»Wieviel mir daran liegt!« erwiderte Gabriele schnippisch.
»Sie sind sehr nett«, sagte Monika, »sie gefallen mir. Aber jetzt ... keine Müdigkeit vorschützen, an die Arbeit!«
»Räum du die Zimmer auf, Oliver!« befahl Gabriele. »Leer die Aschenbecher und lüfte! Monika und ich gehen in die Küche.«
Oliver zog eine Grimasse. »Hat das nicht Zeit bis morgen?«
»Nein, wirklich nicht, Geliebter«, sagte Monika sanft, aber entschieden.
»Glaubst du, wir wollen in einem Saustall aufwachen?« fragte Gabriele.
»Und was wird aus meiner Hochzeitsnacht?«
Gabriele lachte. »Die ist doch erst morgen!«

In der Küche sah es ziemlich schlimm aus. Aber da die Schwestern darin geübt waren, gemeinsam Ordnung zu schaffen, kamen sie flink voran. Die leeren Wein- und Sektflaschen, die Plastikplatten, die Teller und auch das Besteck stopften sie in einen Müllsack. Die Bierflaschen stellten sie zurück in die Kästen. So blieben nur noch die Gläser zu spülen und der Topf, in dem sie die Gulaschsuppe gekocht hatten. Als Oliver den braunen Wuschelkopf in die Küche steckte, waren sie schon fast fertig.
Er gähnte ausgiebig. »Ihr braucht mich wohl nicht mehr?«
»Geh schon ins Bad!« sagte Monika und mahnte liebevoll: »Aber bummle nicht! Gaby und ich wollen auch noch drankommen!«
»Dann gute Nacht, meine liebe Schwägerin!« Er nahm Gabriele in die Arme und küßte sie auf beide Wangen.
»Schlaf gut, du Schlawiner!«
Monika freute sich, daß die beiden sich immer besser zu verstehen schienen.
Später schufen die Schwestern gemeinsam mit Decken, Laken und Kissen eine Schlafstätte für Gabriele auf dem Sofa im Wohnzimmer. »Weißt du, Monika«, sagte Gabriele, »es ist komisch! Es will mir einfach nicht in den Kopf, daß du jetzt wirklich verheiratet bist!«
»Aber ich bin es!« sagte Monika strahlend.
»Du hast dich überhaupt nicht verändert!«
Monika war nahe daran, ihr von der vermutlichen Schwangerschaft zu erzählen, tat es dann aber doch nicht. »Vielleicht hast du es nur noch nicht gemerkt«, sagte sie statt dessen.
»Möglich, daß es ja auch an Oliver liegt! Er ist wirklich süß, aber irgendwie alles andere als ein Ehemann!«
Monika glaubte es besser zu wissen; sie lächelte nur und gab der Schwester einen Kuß.

»Ist dir nicht doch ein bißchen bänglich zumute?« bohrte die Schwester weiter.
»Nein, Gaby! Ich freu' mich auf das Leben an seiner Seite! Noch nie war ich so glücklich!«

Aber als der Pfarrer am nächsten Morgen jenes unheimlich fordernde, beschwörende Wort aussprach: »... bis daß der Tod euch scheide!«, erschauerte Monika. Sie hob den Kopf und warf einen Blick auf Olivers hübsches regelmäßiges Profil. Er schien völlig gelassen, nicht einmal seine langen Wimpern flatterten. Unwillkürlich tat Monika einen Seufzer. Da wandte er sich ihr kurz zu, und seine Augen funkelten vor Glück und Zuversicht.
Sie spürte Tränen in sich aufsteigen. ›Nur das nicht!‹ wies sie sich zurecht. ›Nur nicht sentimental werden, damit seine Freunde dich für eine dumme Pute halten!‹
Die Trauung fand in der Kapelle des St.-Anna-Klosters im Lehel statt. Da sie nur eine kleine Hochzeitsgesellschaft waren, hatten sie sich für diesen sehr schlichten Ort entschieden. In einer großen Kirche hätten sie sich womöglich verloren gefühlt. So war alles wunderschön. Der Altar war mit gelben Rosen geschmückt und von Kerzenflammen erleuchtet.
Als alles vorüber war, als sie sich das Sakrament der Ehe gegeben und die Ringe getauscht hatten, küßten sie sich so lange und so innig, daß die Freunde sich zu räuspern begannen.
Beim Verlassen der Kapelle warf Monika ihren Brautstrauß aus Maiglöckchen Tessy zu. Gabriele, der das symbolische Geschenk zuerst zugedacht gewesen war, hatte eine entsetzte Gebärde der Abwehr gemacht. Tessy fing das Sträußchen zwar auf, betrachtete es dann aber irritiert.
Nach der Trauung fuhren sie in verschiedenen Autos zu

»Feinkost Käfer«, wo sie sich eines der hinteren Zimmer hatten reservieren lassen. Auch hier brannten Kerzen, und der Raum war mit Gestecken von rosa Rosen und weißen Fresien geschmückt. Monika und Oliver nahmen oben am schmalen Ende des Tisches Platz, ihnen gegenüber Maria Baron und ihr Bruder, der von Straubing angereist war. Von dem alten Herrn abgesehen, war es derselbe Kreis wie am Abend zuvor. Alle waren elegant gekleidet und sehr vergnügt.

Monika saß still an Olivers Seite. Jetzt, zum ersten Mal, an ihrer Hochzeitstafel wurde ihr bewußt, daß sie eine Grenze überschritten hatte, hinter die es kein Zurück mehr gab. Nie mehr würde sie so unbekümmert flirten können wie Gabriele und Tessy. Das Leben lag nicht mehr mit all seinen Verlockungen und Möglichkeiten vor ihr, sondern es hatte sich beschränkt. Schon seit Tagen hatte sie sich auf das wunderbare Menü gefreut, das sie nach den Ratschlägen des Geschäftsführers zusammengestellt hatte. Aber jetzt hatte sie, obwohl sie kaum gefrühstückt hatte, keinen Hunger. Sie hätte allein sein mögen.

Oliver dagegen löffelte die Bouillon mit gutem Appetit, trank mehr als gewöhnlich, lachte, redete und scherzte mit den anderen jungen Leuten, als begriffe er gar nicht die Last der Verantwortung, die er auf sich geladen hatte.

Erst als die Suppenteller abgetragen worden waren, fiel es ihm auf, wie schweigsam Monika war. »Ist was, Liebling?« fragte er.

Sie war nahe daran, ihm etwas vorzumachen, um ihm die Laune nicht zu verderben, doch dann gestand sie: »Ich fühle mich etwas beklommen.«

»Beklommen?« rief er. »Bist du verrückt? Das sollte der schönste Tag deines Lebens sein!«

»Sag das, bitte, nicht!«

»Versteh das ein anderer!«

»Wenn es wirklich der schönste Tag wäre, dann könnten danach doch nur noch schlechtere kommen.«

Sie war dankbar, als der Onkel mit dem Dessertlöffel an sein Glas klopfte, um sich Ruhe auszubitten. Er erhob sich und hielt eine ziemlich langatmige Rede, die Monika Gelegenheit gab, sich zu fassen. Als er geendet hatte, klatschte sie wie die anderen lachend Beifall.

Beim Anstoßen auf das Glück des Brautpaares leerte Monika ein ganzes Glas Champagner und fühlte sich gleich besser. Sie sagte sich, daß Oliver ja recht hatte. Es war verrückt, an einem so schönen Tag düstere Gedanken aufkommen zu lassen.

Monika und Oliver sahen sich über die Gläser hinweg in die Augen.

»Ich war dumm«, gestand sie.

»Sehr dumm!« bestätigte er und fügte, während die grünen Lichter in seinen Augen funkelten, zärtlich hinzu: »Aber wunderwunderschön! Weißt du, daß du noch nie so schön warst wie heute?«

»Weil ich glücklich bin!«

»Na, endlich!«

Monika gelang es, in die Heiterkeit der anderen mit einzustimmen. Dennoch war ihr sonderbar zumute. Die Kerzen, die Blumen, das Gläserklingen und Tellerklappern und die fröhlichen Stimmen ringsum kamen ihr unwirklich vor. Über die Länge des Tisches hinweg sah sie zu ihrer Schwiegermutter hinüber. Es gelang ihr, den Blick der alten Dame aufzufangen. Er war ernst und teilnahmsvoll.

Das Hochzeitspaar hatte nicht vor zu verreisen. Dafür schien ihnen das schon angebrochene Wochenende zu kurz. Statt dessen fuhr Maria Baron zu ihrer Freundin

nach Berchtesgaden und überließ ihnen die Wohnung. Oliver brachte Maria und Gabriele, die mit dem gleichen Zug bis Rosenheim fuhr, zum Ostbahnhof.
Als Monika allein in der alten Wohnung war, setzte sie sich erst einmal ganz ruhig hin und versuchte sich zu entspannen. Nach einer Weile fühlte sie sich besser. Sie zog ihr Dirndl aus, machte bei geöffnetem Fenster einige Freiübungen, ging unter die Dusche und brauste sich heiß und kalt ab. Danach fühlte sie sich befreit, als wäre sie von einer schweren Krankheit genesen oder als hätte sie einen Alptraum abgeschüttelt. Sie schlüpfte in einen bequemen Hausanzug, bürstete sich das Haar und band es im Nakken zusammen. Trällernd machte sie sich daran, das Frühstücksgeschirr zu spülen, wozu sie am Morgen weder Zeit noch Lust gehabt hatte, und konnte es kaum erwarten, daß Oliver zurückkam. Als sie das Aufschließen der Wohnungstür hörte, lief sie ihrem Mann entgegen und warf sich ihm in die Arme.
Die beiden ersten Tage ihrer jungen Ehe wurden wunderbar. Nie zuvor hatten sie sich so leidenschaftlich geliebt. Beide genossen sie das Zusammensein. Ursprünglich hatten sie vorgehabt, am Abend tanzen zu gehen. Aber tatsächlich verließen sie das Haus nicht für fünf Minuten. Sie waren sich selber genug. Es machte Monika Spaß, für ihn die Hausfrau zu spielen. Er ließ sich gern bedienen, revanchierte sich aber, indem er ihr am Sonntagmorgen das Frühstück ans Bett brachte.
›Könnte es doch nur immer so sein!‹ schoß es Monika durch den Kopf. Aber daran war nicht zu denken, und so sprach sie es auch nicht aus. Unmöglich konnten sie sich eine eigene Wohnung suchen und Maria allein lassen. Obwohl die Schwiegermutter immer freundlich zu Monika war und die junge Frau sie mochte, ging etwas Bedrücken-

des von ihr aus. Monika hätte nicht sagen können, woran das lag, aber sie war überzeugt, daß es Oliver genauso empfand wie sie.

Doch rasch verscheuchte sie diese Gedanken und gab sich ganz dem Glück des Beisammenseins zu zweit hin.

Am Sonntag nachmittag lagen sie, eng aneinandergeschmiegt, auf der Ledercouch in Olivers Wohnzimmer und hörten Musik.

»Du, ich weiß, was wir mit deiner Mitgift anfangen sollten«, sagte er unvermittelt.

Aber Monika spürte, daß ihm das schon lange im Kopf herumgegangen war und er nach einer Gelegenheit gesucht hatte, es anzubringen. Unwillkürlich zuckte sie leicht zusammen.

»Nicht mit dem ganzen Kies natürlich!« sagte er beruhigend.

»Laß uns doch nicht über Geld reden«, bat sie, »wo es doch gerade so schön ist!«

Aber er ließ sich nicht von seinem Thema abbringen. »Wir sollten eine Hochzeitsreise machen. Möchtest du?«

»Au ja!« stimmte sie begeistert zu. »Aber es geht nicht«, verbesserte sie sich gleich darauf, »ich kriege ja keinen Urlaub. Wir haben Betriebsferien im Juli.«

»Und was ist mit Weihnachten? Zwischen Weihnachten und Neujahr schließt ihr doch sicher auch. ›Arnold und Corf‹ tun's jedenfalls.«

»Ja. ›Stuffer Fenster‹ auch ... aber wir können doch Weihnachten deine Mutter nicht allein lassen!«

»Den Heiligen Abend feiern wir zusammen. Er fällt dieses Jahr auf einen Dienstag, und am ersten Januar kommen wir zurück. Dann haben wir acht Tage für uns. Besser wäre es natürlich, wir könnten schon am Freitag fliegen.«

»Fliegen?« fragte Monika. »Wohin denn?«

»Nach New York.«
Sie richtete sich auf, um ihm ins Gesicht zu sehen. »Ist das dein Ernst?«
»Ich wollte immer schon mal nach New York, und jetzt, wo wir das Geld haben ...«
»New York«, wiederholte Monika mitgerissen, »das wäre natürlich fantastisch!«
»Wir müßten uns sofort um Pässe und Visa kümmern ... ich glaube, man braucht noch ein Visum, wenn man in die Staaten will.«
»Ob das klappen wird?«
»Wir brauchen nur zu wollen!«
Von seiner Begeisterung angesteckt, begann sie mit ihm zusammen Pläne zu schmieden, was sie in der fernen Riesenstadt alles sehen und unternehmen wollten.
Monika fand als erste wieder in die Realität zurück. »Wenn Maria bloß einverstanden ist!«
»Sie kann uns gar nichts verbieten. Es ist doch sehr rücksichtsvoll von uns, daß wir bis zum vierundzwanzigsten bei ihr bleiben.«
»Und was ist mit dem Baby?«
»Gerade deshalb sollten wir es jetzt machen. Später wirst du doch einige Zeit gehandicapt sein.« Seine Augen funkelten, als ihm ein Einfall kam. »Am besten bleiben wir bis zur Geburt drüben. Dann wird es Amerikaner.«
»Du bist echt verrückt«, sagte sie, schwankend zwischen Lachen und Entsetzen.
»War ja nur ein Spaß!«
»Dir traue ich alles zu.«
Sie küßten und sie liebten sich auf dem alten Ledersofa, trunken vor Liebe und Begeisterung.
Später, viel später, sagte Monika: »Jetzt sollten wir uns aber endlich ordentlich anziehen!«

Dazu hatten sie sich das ganze Wochenende nicht die Mühe gemacht, und Schlamperei war etwas, das Maria Baron haßte.

So aber traten ihr, als sie nach Hause kam, Oliver und Monika ordentlich gekleidet und frisiert entgegen. Die Wohnung war sauber und aufgeräumt und der Abendbrottisch schon gedeckt. Selbst vor ihren strengen Augen gab es nichts auszusetzen.

Beim Essen trug Oliver dann ihren Reiseplan vor, und zu seiner Erleichterung erhob sie keinerlei Einwände. »Das ist vielleicht gar nicht so schlecht!« meinte sie nachdenklich. »Macht euch so viel Spaß, wie ihr könnt! Jetzt habt ihr noch dazu Gelegenheit.«

»Wenn wir schon am Freitag aufbrechen könnten, hätten wir natürlich mehr Zeit«, sagte Oliver tastend, fügte aber rasch hinzu, daß sie am Heiligen Abend bei ihr sein wollten.

»Das ist lieb von euch, das ist wirklich ein Tag, an dem niemand gern allein ist.«

»Und was wirst du machen, während wir fort sind?« fragte Monika.

»Dies und das. Mir wird schon was einfallen. Vielleicht fahre ich auch für ein paar Tage zu Trudchen nach Berchtesgaden oder ich besuche meinen Bruder in Straubing. Er hat mich sehr herzlich eingeladen. Ihr braucht euch keine Sorgen um mich zu machen.

So war es denn beschlossene Sache, und die Zeit bis zum Weihnachtsfest verging unglaublich schnell. Beim Amtlichen Bayerischen Reisebüro erfuhr Oliver, daß jeden Mittwoch eine Maschine der PanAm von München direkt nach New York flog. So buchte er gleich für den 25. Dezember. Da ein Direktflug von New York nach München nur am

Montag, Donnerstag und Samstag möglich war, entschied er sich für den Donnerstag. Den Aufenthalt im Hotel Waldorf Astoria zahlte er auch gleich voraus. Das hatte auch den Vorteil, daß sie weniger Geld mitnehmen mußten. Dennoch wechselte Oliver einige Hunderter in Dollar um und besorgte sich Travellerchecks bei der Bank. Da man ihn im Reisebüro darauf aufmerksam gemacht hatte, daß er ohne Kreditkarte in New York nicht weit kommen würde, beantragte er eine Mitgliedschaft bei American Express. Als er, sehr stolz auf seine Tüchtigkeit, Monika von seinen Unternehmungen berichtete, fand er nicht das erwartete Echo.
»Aber der Donnerstag«, rief sie, »das ist dann doch schon der zweite Januar! Dann versäume ich einen ganzen Tag im Büro!«
»Genaugenommen zwei«, entgegnete er ungerührt, »denn wir landen erst am nächsten Morgen kurz vor neun, und du wirst doch wohl nicht gleich vom Flughafen aus nach Niedermoos fahren wollen.«
»Und wie soll ich das Sepp erklären?«
»Erzähl's ihm genau, wie es ist! Theoretisch könnten wir natürlich auch mit der Lufthansa fliegen. Aber dazu müßten wir in Frankfurt umsteigen. Dadurch würde es zwei Stunden länger dauern und wäre eine weit größere Strapaze. Denk an deinen Zustand!« – Sepp Mayr war natürlich alles andere als begeistert, als er von diesem Plan erfuhr. »Das paßt mir aber gar nicht«, sagte er und sah sie über seine Brille hinweg an.
»Es sind doch nur zwei Tage, Sepp! Wenn du willst, mache ich anschließend zwei Wochen lang Überstunden. Ich hole es auf, das verspreche ich dir!«
»Und warum fliegt ihr nicht einfach schon am Freitag oder Samstag und kommt rechtzeitig zurück?«

»Wir wollen Olivers Mutter nicht Heilig Abend allein lassen.«
»Sehr edel von euch. Aber eigentlich sollte die Arbeit doch allen anderen Interessen vorgehen.«
Monika hörte nur das »eigentlich« heraus und rief: »Also bist du einverstanden?«
»Es bleibt mir wohl nichts anderes übrig.«
»Wenn du es wirklich nicht willst ...«
Er ließ sie nicht aussprechen, sondern ergänzte von sich aus: »... würdest du eben unerlaubt zwei Tage später wieder an Land kommen! Erzähl mir nichts, Monika! Selbst wenn du die besten Vorsätze hättest, dein Mann würde dich schon entsprechend bearbeiten.«
»Aber du erlaubst es doch, nicht wahr? Dann brauche ich wenigstens kein schlechtes Gewissen zu haben!« rief Monika. Sie strahlte ihn an, obwohl es ihr nicht ganz wohl in ihrer Haut war. – Oliver gelang es, ihre letzten Bedenken rasch zu zerstreuen. Er war voller Anerkennung, daß es ihr gelungen war, Sepp Mayr ein Einverständnis abzuringen. Olivers Dankbarkeit und Bewunderung waren ihr wichtiger als die Tatsache, daß sie ihren Chef enttäuscht hatte.
Als sie dann endlich ihren Paß in den Händen hielt, der sie als »Monika Baron, geborene Stuffer« auswies, war es ihr, als könnte nichts mehr ihren Himmel verdüstern. Oliver schickte ihre Pässe noch am gleichen Tag als Einschreiben und Wertbrief an die Botschaft der USA nach Bonn. Sie hofften und beteten, daß die Pässe mit den Visa rechtzeitig vor Antritt ihrer Reise zurück sein würden.
Da Monika damit rechnete, daß es in New York bitterkalt sein würde, beschloß sie, sich für den Winter neu einzukleiden. Was sie auf dem Karberg getragen hatte, kam ihrer Meinung nach für die Weltstadt nicht in Frage. Sie begann die Münchner Geschäfte zu durchstöbern und

erstand einen pelzgefütterten Mantel. Nach kurzem Überlegen kaufte sie ein Gegenstück im Partnerlook für Oliver, den sie ihm unter den Baum legen wollte. Dafür mußte sie zwar einige Tausender ausgeben, aber nun, da die Mitgift angebrochen war, schien es ihr nicht mehr wichtig.
Natürlich mußte sie auch andere Weihnachtsgeschenke kaufen, für Maria Baron, für die Schwester und auch für die Mutter, die ihr zur Hochzeit immerhin eine Kaffeemaschine von Gabriele hatte überbringen lassen. Auch das kostete Geld. –
Je näher die Feiertage kamen, desto nervöser wurde Oliver. Er stritt sich mit seiner Mutter, die ihm vorrechnete, daß er die Zeit zur Eintragung der Visa viel zu kurz berechnet hätte.
»Hast du wenigstens eine Reiserücktrittsversicherung abgeschlossen?« fragte sie.
»Das ist wieder mal typisch für dich!« schrie er. »Wenn man sich gegen alles und jedes versichern läßt, wo bleibt dann der Spaß am Leben?«
»Es wird ein teurer Spaß, wenn ihr nicht reisen könnt. Ich zweifle sehr daran, daß sich die Hotelreservierung einfach rückgängig machen läßt.«
»Du immer mit deinem Pessimismus!«
Monika hatte Mühe, sich nicht anmerken zu lassen, wie erschrocken sie war. Sie freute sich zwar auf die Reise, hatte es bisher aber nicht allzu schlimm gefunden, wenn sie abgeblasen werden müßte. Die ganze Zeit hatte sie versucht, Oliver zu trösten und zu beruhigen. Der Gedanke, daß sie eine Menge Geld für nichts und wieder nichts verlieren könnten, war ihr noch gar nicht gekommen.
Oliver merkte, wie blaß sie geworden war. »Jetzt mach du mir nur auch noch Vorwürfe!« schrie er sie an.
»Aber das tue ich doch gar nicht.«

»Selbst wenn du es nicht aussprichst, so denkst du es doch! Alles hat sich gegen mich verschworen, verdammt noch mal!« Er setzte sich an den Flügel und tobte seinen Zorn in einer wilden Rhapsodie aus.

»So ist er immer«, sagte Maria resignierend, »wenn er was falsch macht, sind nur die anderen schuld.«

Monika nahm ihn in Schutz. »Ich hätte auch nicht an eine Reiserücktrittsversicherung gedacht«, gab sie zu. »Ihr Traumtänzer!« sagte Maria, halb verächtlich, halb mitleidig, und zog sich, wie meist, wenn er musizierte, in ihr Zimmer zurück.

Später gelang es Monika, ihn wieder zu versöhnen. Sie versicherte ihm, daß es ihr gar nichts ausmachen würde, Geld zu verlieren, und schwor, ihm nie daraus einen Vorwurf zu machen. »Deine Liebe ist mir doch so viel mehr wert als das bißchen Kies! Glaub mir doch! Du mußt mir das einfach glauben!«

Dieses Bekenntnis schmeichelte ihm so, daß er seinen Ärger darüber vergaß.

Einige Tage später stellte sich heraus, daß all die Aufregung unnötig gewesen war. Die gestempelten Pässe trafen ein, zwar erst am Wochenende vor Weihnachten, aber immer noch früh genug. Monika jubelte und Oliver triumphierte.

Maria sagte nur: »Da habt ihr noch mal Glück gehabt!«, verzichtete aber auf weitere Bemerkungen um des lieben Friedens willen.

Am Mittwoch, dem 25. Dezember, startete die Boeing der PanAm mit Monika und Oliver an Bord pünktlich um 11 Uhr 50 auf dem Flughafen München. Acht Stunden und fünfundvierzig Minuten später traf sie auf dem Kennedy-Flughafen in New York ein. Nicht einmal der lange Aufenthalt zur Paßkontrolle in der zugigen unterirdischen Halle konnte die Stimmung des jungen Paars trüben. In

Deutschland wäre es jetzt schon Abend gewesen, aber in New York war es erst 14 Uhr 50.
Oliver und Monika stellten ihre Uhren um.

Das junge Paar genoß New York wie in einem Rausch. Monika und Oliver unternahmen alles, was sie sich vorgenommen hatten, und noch mehr. Sie fuhren zur Freiheitsstatue hinaus, und der eisige Wind, der über das Wasser strich, machte ihnen nichts aus. Vom Empire State Building aus, einem der höchsten Punkte, überblickten sie die gewaltige Stadt, die in die Wolken gewachsen war, weil sie sich, eine Halbinsel vom Meer umschnürt, nicht in die Breite hatte ausdehnen können. Die Häuserschluchten Manhattans schüchterten sie ein und vermittelten ihnen dennoch ein gesteigertes Lebensgefühl; sie wurden nicht satt, sie zu durchstreifen. Oliver amüsierte sich großartig im Guinness-Museum, das Abnormitäten zeigte, die Monika schaudern ließen.
Überhaupt hatte sie immer ein wenig Angst in dieser unbekannten Welt, aber es war eine prickelnde Angst. Sie gestand Oliver, daß sie sich wie im Märchen »Einer, der auszog, das Fürchten zu lernen« fühlte. Er lachte darüber. Einmal liehen sie sich Schlittschuhe aus und machten sich den Spaß, mitten im Herzen Manhattans vor dem Rockefeller-Center Schlittschuh zu laufen. Die Sonne schien, und sie glitten mit verschränkten Armen über die Eisfläche, eingebettet zwischen Wolkenkratzern. Immer wieder durchstöberte Monika die großen Kaufhäuser ›Bloomingdale‹ und ›Sacks‹, Fifth Avenue, um nach Geschenken für die Daheimgebliebenen zu suchen; einkaufen wollten sie aber erst am letzten Tag.
Jeden Abend waren sie aus. Im ›Waldorf‹ war ein Kartenbüro, und Oliver hatte sie gleich bei ihrer Ankunft mit

Tickets versorgt. Es war ihnen nicht möglich, alle Musicals zu besuchen, aber immerhin sahen sie doch die interessantesten: ›Cats‹ und ›A Cage of Fools‹ und das gute alte, schon recht verstaubte ›Oklahoma‹. Natürlich zog es sie auch in die ›Metropolitan Opera‹, wo sie ein Werk hörten, dessen Musik Monika zu modern und unverständlich war, die Oliver aber begeisterte. Auch einen Ballettabend im Lincoln Center besuchten sie.

Nach der Vorstellung machten sie sich dann gar nicht erst die Mühe, nach einem Taxi Ausschau zu halten. Das war, wie sie gleich am ersten Abend festgestellt hatten, nachts ein aussichtsloses Unterfangen. Mit gesenkten Köpfen, die Hände in den Manteltaschen vergraben, strebten sie zu Fuß in Richtung des Hotels zurück. Aber sie suchten es noch nicht auf. In einer Seitenstraße, nur wenige Minuten entfernt vom ›Waldorf‹, hatten sie einen kleinen Jazzkeller entdeckt.

Oliver konnte sich nicht satt hören, und so blieben sie dort, bis er geschlossen wurde.

Anfangs war es mit der fremden Sprache schwierig gewesen. Sie hatten beim Empfang an der Rezeption nicht gewußt, was die ›voucher‹ waren, die man von ihnen verlangte. Als sie endlich begriffen, daß damit die Gutscheine für die reservierten Zimmer gemeint waren, waren sie sich recht unbeholfen vorgekommen. Aber von Tag zu Tag kamen sie mit ihrem Schulenglisch besser zurecht.

Eines Tages wollten sie zu einem ›Rodeo‹, irrten sich aber in der Richtung. Auf dem Broadway, nahe dem Times Square, sprach Oliver ein älteres Ehepaar an und erkundigte sich nach dem Weg zum Madison Square Garden. Er verstand die etwas umständliche Erklärung sofort und bedankte sich.

»Das machst du fabelhaft!« sagte Monika.

»Noch ein paar Wochen, und ich wäre perfekt«, erwiderte er selbstgefällig.
»Das glaube ich dir sogar!«
»Eigentlich zu dumm, daß wir schon Donnerstag zurück müssen.«
»Schade, ja«, sagte sie und wechselte rasch das Thema; sie fürchtete, daß Oliver sie bedrängen könnte, den Aufenthalt zu verlängern.
Die Silvesternacht feierten sie mit einem festlichen Dancing-Dinner im Hotel. Das Restaurant war prachtvoll und sehr bunt dekoriert, es wurden komische Kopfbedeckungen verteilt, und die Stimmung war ausgelassen. Es war, als wollte jedermann den Gedanken daran verscheuchen, daß es draußen in der Welt, ja, schon in den nahe liegenden Slums, gar nicht so lustig zuging. Bis weit nach Mitternacht wurde getanzt.
Als sie dann im Bett lagen, schlief Oliver, der mehr als gewöhnlich getrunken hatte, sofort ein. Monika blieb wach. Die Sirenen der Überfall- und Feuerwehrwagen schrillten noch häufiger als gewöhnlich durch die Straßen. Immer wieder knallten vereinzelte Feuerwerksraketen. Monika bekam Bauchschmerzen, die sich zu wahren Krämpfen steigerten. Sie dachte, daß es an den Austern läge, die sie als Vorspeise gegessen hatte. So leise wie möglich schlich sie ins Badezimmer, zog die Tür hinter sich zu und versuchte zu erbrechen. Tatsächlich gelang es ihr, sich von dem ganzen köstlichen Dinner zu befreien. Aber auch danach wurde ihr nicht besser. Vor Schmerzen krümmte sie sich.
Auf den Gedanken, Oliver zu wecken, kam sie nicht. Er würde ihr nicht helfen können. Kein Mensch auf der Welt konnte ihr helfen. In der Silvesternacht den Hotelarzt zu alarmieren wäre ihr ungehörig erschienen. Zwischen den krampfartigen Anfällen zitterte sie vor Kälte, so daß ihr

die Zähne klapperten. Das brachte sie auf die Idee, sich ein Bad einzulassen. Sie tat es mit Hilfe der Brause, um keinen Lärm zu machen.

Bis zum Nabel im Wasser, versuchte sie sich zu entspannen. So ruhig und gleichmäßig wie möglich atmete sie durch. Doch die Krämpfe kamen immer wieder. Ein schrecklicher Gedanke brachte sie der Ohnmacht nahe. Wie, wenn das die Wehen waren? Wenn sie hier in einem Hotelbad in New York eine Fehlgeburt erleiden sollte? Mit Entsetzen sah sie, daß das Wasser sich rot zu färben begann, Blut und Fetzen von geronnenem Blut strömten aus ihr heraus.

Aber allmählich ließen die Krämpfe nach, und sie begriff, daß nichts anderes passiert war, als daß ihre Menstruation wieder eingesetzt hatte.

Draußen dämmerte schon der Morgen. Monika ließ das Wasser aus der Wanne, ein Vorgang, der ihr einen Höllenlärm zu machen schien. Sie duschte sich ab, aber das Blut strömte weiter. Zwar hatte sie auf alle Fälle Tampons in ihrem Koffer. Aber die konnten ihr bei dieser starken Blutung nichts helfen. Sie klemmte sich ein Handtuch zwischen die Beine und zog ihr Nachthemd über. Aber sie wagte nicht, in diesem Zustand wieder ins Bett zu kriechen. Bei einem Blick in den Spiegel stellte sie fest, daß sie bleich, fast grün aussah und schwarze Schatten unter den Augen hatte. Sie setzte sich schwankend auf den kleinen, weiß lackierten Badezimmerschemel.

So fand Oliver sie. »Was ist denn los?« fragte er und rieb sich die Augen. »Warum bist du nicht im Bett?« und dann, als er richtig wach war und sie erkennen konnte, entsetzt: »Wie siehst du aus? Bist du krank?«

»Ich glaube, ich habe nur meine Tage bekommen!« antwortete sie, und dann brach sie in Tränen aus.

»Nun wein doch nicht, Liebling!«
»Ach, Oliver, ich hatte mich so auf das Baby gefreut!«
»Ich auch, mein Herz! Glaub mir, ich verstehe das!« Er zog sie hoch. »Aber du mußt dich jetzt niederlegen! Du siehst aus, als hättest du keine Stunde Schlaf bekommen.«
»Hab' ich auch nicht«, schluchzte sie, »es ist furchtbar!«
Er wiegte sie sanft in den Armen. »Ich bin ja bei dir! Bitte, beruhige dich! Nimm's nicht so schwer!«
Es tat wohl, seine Arme um sich zu fühlen und sich ausweinen zu dürfen.
»Auf keinen Fall kannst du in diesem Zustand reisen!« entschied er energisch. »Bitte, keinen Widerspruch! Brauchst du etwas? Ein Schmerzmittel? Ich arrangiere alles!« – Eine Viertelstunde später lag Monika gut gewickelt im Bett. Oliver hatte sich als ein Wunder von Umsicht und Tüchtigkeit erwiesen. Jetzt saß er im seidenen Morgenmantel bei ihr und löffelte ihr eine Bouillon mit Ei ein.
»Na, siehst du«, sagte er zufrieden, als die Tasse leer war, »jetzt hast du schon wieder Farbe bekommen. Versuch ein bißchen zu schlafen.«
»Und du?«
»Ich zieh' mich an und gehe runter. Aber sei ohne Sorge! Ich gucke alle Stunden mal bei dir rein.« Er stellte das Tablett mit der leeren Tasse vor die Zimmertür und verschwand im Bad.
Monika hörte ihn in der Wanne plätschern, lauschte dem sanften Brausen seines elektrischen Rasierapparates, und darüber schlief sie ein. – Als sie erwachte, war das Entsetzen der vergangenen Nacht für sie nur noch wie ein Alptraum. Das elegante kleine Zimmer war ruhig und friedlich – so friedlich, wie es im Herzen von Manhattan sein konnte –, die bunten Vorhänge waren zugezogen, und die Stehlampe leuchtete mit einem matten, warmen Schein.

Oliver saß ihr schräg gegenüber in einem Sessel, die Beine weit von sich gestreckt, und las in einem Magazin. Als sie sich aufrichtete, blickte er sofort hoch.
Sie versuchte zu lächeln. »Wie lange habe ich geschlafen?«
Er warf einen Blick auf seine Armbanduhr. »Es ist gleich fünf Uhr. Wie fühlst du dich?«
»Besser, viel besser!«
»Na, Gott sei Dank!« Seine Augen funkelten fröhlich.
Sie war sicher, daß er sie sehr liebte. Er hätte nicht rücksichtsvoller und besorgter sein können. Dennoch war es ihr, als hätte er sich von ihr entfernt. Nie, das wußte sie, würde er ihren Schmerz und den Verlust des erträumten Babys nachempfinden können, so wenig wie er ihn mit ihr geteilt hatte. »Ich muß ins Bad. Mich frisch machen.«
»Kannst du allein aufstehen?«
»Es wird schon gehen«, sagte sie.
Dennoch ließ er es sich nicht nehmen, sie zu stützen und wenigstens bis zur Tür zu begleiten.
Ihr Gesicht im Spiegel sah sie immer noch jammervoll an. Sie wusch es sich mit kaltem Wasser, bürstete ihr schweißverklebtes Haar so lange durch, bis es wieder etwas Glanz bekam, und flocht es zu einem dicken Zopf. Sie duschte sich gründlich und fühlte sich danach erschöpft.
Trotzdem sagte sie danach mit gespielter Munterkeit, als sie wieder ins Zimmer kam: »Was machen wir jetzt?« Mit Überraschung sah sie, daß ein dunkelhäutiges Mädchen dabei war, die Betten zu richten.
»Willst du wirklich schon aufstehen?« fragte er.
»Ja, warum nicht?«
»Weil du nicht aussiehst, als könntest du große Sprünge machen.«
»Immerhin könnte ich mich anziehen, runterfahren und etwas essen.«

»Da habe ich eine viel bessere Idee! Wir bestellen uns ein Dinner aufs Zimmer und machen uns einen gemütlichen amerikanischen Fernsehabend! Ist das was?«
»Klingt verlockend. Aber ich glaube, ich sollte mich besser zusammenreißen. Sonst kann ich morgen nicht fliegen.«
»Das kannst du so und so nicht. Darüber haben wir doch schon gesprochen.«
Die Knie wurden ihr schwach, aber sie wußte nicht, wohin sie sich setzen sollte, und so lehnte sie sich an die Wand.
»Reg dich nicht auf, mein Herz! Ich weiß, wie pflichttreu du bist, und dein Chef muß es auch wissen. Niemand kann von dir verlangen, daß du in so angeschlagenem Zustand fliegst.«
»Aber ich habe doch nur meine Tage«, sagte sie kläglich.
»Ins Bett mit dir!« befahl er. »Du kannst dich ja kaum auf den Beinen halten!«
Monika gehorchte, und es war eine Wohltat, sich in das frisch bezogene Bett zu verkriechen.
Das Mädchen hatte die gebrauchte Wäsche in einen Wagen gestopft und ging mit frischen Tüchern ins Bad.
»Wir brauchen gar nicht mehr darüber zu reden«, erklärte Oliver, »ich habe den Flug auf Samstag umgebucht, an der Rezeption Bescheid gesagt und Sepp Mayr telegrafiert. Wenn du dich bis Freitag noch nicht besser fühlst, fliegen wir eben Montag.«
Trotz eines bohrenden Unbehagens war es doch auch eine Erleichterung, daß alles über ihren Kopf entschieden war und sie nicht zu denken brauchte.
»Und jetzt ... was willst du essen?« fragte er.
»Ganz egal. Jedenfalls habe ich Hunger.«
»Ein gutes Zeichen! Dann denke ich, wir nehmen Steak, Salat und, zur Feier des Tages, kalifornischen Champagner.«
Ihre Augen wurden groß. »Was gibt es zu feiern?«

»Versteh mich nicht falsch, mein Herz! Natürlich ist es traurig, daß wir jetzt kein Baby bekommen. Ich hatte mich schon darauf gefreut, es auf meinen Knien ›Hoppe, hoppe, Reiter‹ machen zu lassen. Aber daß es nicht hat sein sollen, hat doch auch sein Gutes.«

Das dunkelhäutige Mädchen war mit dem Bad fertig, und er stand auf und gab ihr ein Trinkgeld. Sie dankte fröhlich. Erst als er sich wieder zu Monika umdrehte, sah er, daß ihre Augen sich mit Tränen gefüllt hatten. »Habe ich was Falsches gesagt?«

Sie schüttelte den Kopf. »Nein, bestimmt nicht. Es ist nur ... diese dumme Schwäche.«

»Schon gut. Wenn du erst was im Magen hast, wirst du dich besser fühlen.« Er nahm den Hörer vom Telefon und bestellte beim Etagenservice ihr Dinner.

Monika liefen die Tränen über die Wangen. »Ich kann nichts dafür«, schluchzte sie, »wirklich nicht! Ich weiß ja, daß ich nicht wirklich ein Baby verloren habe. Aber warum fühle ich mich dann so? Warum war ich so dumm und habe nicht gleich einen Test gemacht, als meine Regel damals ausblieb? Dann wäre ich nicht so enttäuscht worden.«

»Vielleicht«, sagte er und nahm ihre Hand, »hättest du dann gar nicht den Schwung gehabt, mich zu heiraten!«

»Bitte, gib mir ein Taschentuch!«

Er reichte ihr ein Päckchen Papiertaschentücher, und sie trocknete sich die Augen und putzte die Nase.

»Du bist doch noch so jung, mein Herz!« sagte er. »Freu dich, daß du noch nicht so bald an ein Kind gebunden sein wirst. Wir können so vieles zusammen unternehmen, und in ein paar Jahren, wenn wir etwas gesetzter sind, können wir noch so viele Kinder haben, wie wir nur wollen. Einverstanden?«

»Ich sehe das ja auch ein, aber nur mit dem Verstand!

Mein Herz rebelliert dagegen. Ich weiß auch nicht, was mit mir los ist!« Sie schluckte schwer, um nicht wieder in Tränen auszubrechen. »Ich bin für dich eine richtige Plage!«
»Na ja, angenehm ist es nicht, jemanden trösten zu müssen, der eigentlich gar keinen Grund zum Weinen hat!«
Sie begriff endgültig, daß er sie nicht verstehen konnte und daß sie seine Geduld schon zu lange strapaziert hatte. Mit einem gequälten Lächeln sagte sie: »Du hast ja recht, Oliver! Reden wir nicht mehr davon. Es ist so und so nicht zu ändern.«
»Hör mal, wenn du so gern ein Baby haben willst, dann versuchen wir es einfach, sobald du wieder auf dem Posten bist. Mir soll es nicht drauf ankommen.«
»Aber das wäre nicht dasselbe!«
»Es wäre viel besser! Kein Zufalls-, sondern ein Wunschkind! Und alle Welt würde wissen, daß wir nicht seinetwegen geheiratet haben!«
»Du bist so lieb, Oliver!« sagte sie, und ihr Lächeln wurde gelöster. »Wir werden uns das noch überlegen!«
Aber am fünften Tag ihrer Periode nahm sie, wie der Frauenarzt in Rosenheim ihr geraten hatte, die erste empfängnisverhütende Pille ein.
Doch da war sie schon wieder in der Heimat.

Am Montag früh fuhr Monika pünktlich zur gewohnten Stunde auf der Autobahn nach Niedermoos hinaus.
Auch in Deutschland war es kalt, aber es hatte noch nicht geschneit, und die Fahrbahnen waren trocken.
Monika fühlte sich wieder völlig gesund. Die Zeitumstellung hatte sie gut verkraftet, da sie auf dem Rückflug meist geschlafen hatte. Natürlich hingen ihr die Erlebnisse aus der fernen Welt noch nach. Sie hatten die letzten, die ›geschenkten‹ Tage, wie Oliver sie nannte, damit zuge-

bracht, einiges zu unternehmen, was sie bisher versäumt hatte. So waren sie mit der Untergrundbahn nach East New York, zur Wallstreet, gefahren und hatten sich vom hektischen Treiben der weltgrößten Börse faszinieren lassen. Sie hatten eine Rundfahrt durch den Central Park gemacht, in einer Kutsche mit Pferd, die von einem jungen Mädchen im Zigeunerlook gelenkt wurde. Aber sie waren auch noch einmal und noch einmal die elegante Fifth Avenue hinauf- und hinab geschlendert, und auch immer wieder vom Broadway angezogen worden, der trotz seiner billigen Geschäfte, den schmutzigen Imbißstuben und den Pornoläden eine ganz besondere Atmosphäre hatte.

Das alles ging ihr jetzt noch im Kopf herum, und sie brannte darauf, Sepp davon zu erzählen. Es war zu viel auf sie eingestürmt, sie war noch gar nicht wirklich wieder da.

Dann, als die fernen Alpen vor ihr auftauchten, die Gipfel schon mit leuchtendweißem Schnee bedeckt, ging ihr das Herz auf. Erst jetzt überfiel sie das glückliche Gefühl der Heimkehr, das sie bei ihrer Ankunft in München noch nicht gehabt hatte. Die Landschaft war in diesen ersten Januartagen zwar nicht schön, und Monika sah sie nicht verkehrt. Die Laubbäume standen kahl, und die Wiesen zeigten ein schmutziges Grüngelb. Aber der graue Winterhimmel wölbte sich so hoch und so weit. Monika fühlte sich befreit, wenn sie auch nicht hätte sagen können, wovon.

Auf dem Hof der Fabrik stand schon Sepp Mayrs Auto. Erschrocken blickte Monika auf ihre Armbanduhr. Es waren noch fünf Minuten bis zum Arbeitsbeginn. Sie parkte, nahm sich nicht die Zeit abzuschließen, und rannte in das Büro.

Der Chef von »Stuffer Fenster & Türen« saß, die Brille auf der Nase, hinter seinem Schreibtisch und wühlte in Papieren.

»Sepp!« rief sie strahlend.
Ohne aufzusehen sagte er: »Daß du dich auch mal wieder blicken läßt!«
Bei diesem frostigen Empfang erstarb ihr Lächeln. »Entschuldige, daß ich Freitag nicht gekommen bin! Ich war krank.«
»Sag lieber, daß ihr noch einen Tag in New York anhängen wolltet!«
»Das ist einfach nicht wahr! Ich war wirklich krank. Oliver hat es dir doch telegrafiert.«
»Papier ist geduldig.«
»Sepp, warum bist du denn so? Ich habe dich doch noch nie belogen.« Sie verbesserte sich rasch: »So gut wie nie. Kaum je.«
»Du hast dich verändert, Monika, und nicht zu deinem Vorteil.«
»Ich glaube, das kommt dir nur so vor.«
»Nein, Monika«, sagte er, immer noch ohne sie anzusehen, »früher hättest du dir niemals einfach frei genommen. Jetzt ist es schon das dritte Mal.«
»Ich werde alles aufarbeiten, das habe ich dir doch versprochen. Ich werde Überstunden machen, bis alles vom Schreibtisch ist. Sag mir, was ich zuerst erledigen soll.«
»Setz dich!«
»Darf ich mir wenigstens erst meinen Mantel ausziehen?«
Der Ofen, der mit Holzabfällen geheizt wurde, verbreitete eine Bullenhitze. Monika zog ihren Mantel aus und hängte ihn zu Sepps an den Ständer.
»Wir sollten mal in aller Ruhe miteinander reden«, sagte er, »so geht das nämlich nicht weiter.«
»Soll es ja auch nicht, Sepp«, erklärte sie eifrig, »das waren doch Ausnahmen, meine Hochzeit, diese Reise und daß ich unterwegs krank geworden bin!«

»Ich unterstelle gerne, daß du die besten Absichten hast, Monika, ich sage es noch einmal ... du hast dich verändert, dein Leben hat sich verändert, du kannst nicht mehr so, wie du willst. Du weißt, daß ich deine Arbeit immer sehr geschätzt habe. Gerade deshalb bin ich der Meinung, wir sollten einen klaren Strich ziehen.«

»Was soll das heißen?« fragte sie entgeistert. »Etwa, daß du mir kündigen willst?«

»Das wird wohl kaum möglich sein. Ich nehme an, du wirst dich jetzt auf das Mutterschutzgesetz berufen. Aber du mußt dir darüber im klaren sein, daß ich mich von dir trennen werde, sobald die Schutzfrist abgelaufen ist.« Etwas freundlicher fügte er hinzu: »Wahrscheinlich wirst du dann ja sowieso zu Hause bleiben wollen.«

Ihr war eine Blutwelle in die Stirn gestiegen. »Aber, Sepp, es ist nicht so, wie du denkst!« rief sie, und war zum ersten Mal froh, daß sie nicht schwanger war.

Jetzt sah er sie über seine Brille hinweg an. »Soll das heißen, daß du kein Kind erwartest?«

»Natürlich nicht«, erklärte sie im Brustton.

»Tatsächlich nicht? Wir hatten alle gedacht ...« Er ließ den Satz unausgesprochen.

»Du und Barbara, nicht wahr? Das sieht euch ähnlich!«

»Wenn wir uns geirrt haben«, sagte er nüchtern, »dann um so besser.«

»Du hast gedacht, ich würde jetzt die werdende Mutter spielen, mit dauernder Übelkeit, Arztbesuchen, Ansprüchen auf Rücksichtnahme. Aber davor brauchst du wirklich keine Angst zu haben. Mit mir ist alles in Ordnung.«

»Um die Wahrheit zu sagen: mir fällt ein Stein vom Herzen!« Aber er lächelte nicht. »Nur hoffe ich, du weißt auch, was das für dich bedeutet.«

»Ja, was denn? Auf was willst du hinaus?«

»Du bist kündbar, und hiermit kündige ich dir also. Du bekommst es auch noch schriftlich.«

Monika sprang auf. »Du wirfst mich hinaus?«

»So würde ich es nicht nennen. Ich entlasse dich auch nicht fristlos. Den Gedanken an eine Klage vor dem Arbeitsgericht kannst du dir also gleich aus dem Kopf schlagen. Ich schlage vor, daß wir uns zum achtundzwanzigsten Februar trennen.«

»Aber warum, Sepp? Um Gottes willen, warum? Nur weil ich die paar Tage gefehlt habe?«

»Weil sich deine Einstellung zur Arbeit geändert hat, wenn du mich so direkt fragst. Aber natürlich werde ich das nicht als Kündigungsgrund angeben ...«

Sie fiel ihm ins Wort: »Aber was dann?«

»Weil ich dich nicht mehr brauche. Ich werde dir selbstverständlich ein erstklassiges Zeugnis ausstellen.«

Monika sank auf ihren Stuhl zurück. »Du machst doch nur Witze!« sagte sie konsterniert.

»Absolut nicht.«

»Wie kannst du sagen, daß du mich nicht mehr brauchst? Du hast doch niemanden, der mich ersetzen könnte!«

»Doch, Monika!« sagte er, und nach einer kleinen Pause, aus der sein Unbehagen sprach, fügte er hinzu: »Barbara!«

Monika brauchte einen Atemzug lang, ehe sie begriff. »Mami?« schrie sie dann. »Aber Mami kann das doch gar nicht!«

»Ich glaube doch. Ein bißchen Schreibmaschine hat sie ja immer schon beherrscht, Kopfrechnen kann sie besser als du, und Steno braucht man heutzutage kaum noch. Wenn es sein muß, werde ich auf Band diktieren. Aber die meisten Briefe hast du ja gespeichert.«

»Aber warum? Warum willst du mir meinen Arbeitsplatz nehmen?«

»Du siehst das falsch, Monika. Wir haben uns das gut überlegt. Du bist jung und tüchtig, du wirst leicht eine Stellung in München finden. Damit sparst du dir dann auch diese tägliche kilometerlange Anfahrt. Du wirst sehen, daß das viel bequemer so für dich ist.«
»Das ist keine Antwort, Sepp! Erklär mir, bitte, warum Barbara so etwas tut!«
»Das ist keine gegen dich gerichtete Aktion, Monika. Es ist einfach so, daß sie sich beschäftigen möchte. Sinnvoll. Was soll sie den lieben langen Tag tun? Es füllt sie nicht aus, nur das Haus zu putzen und im Garten zu werkeln und hin und wieder mal die Bilanzen mit mir durchzusehen. Sie will am Ball sein, und das ist nur zu verständlich, da die Firma ihr ja gehört.«
»Ich sehe darin keinen Grund, mich hinauszudrängen.«
»Hättest du nicht nach München geheiratet, wäre das auch sicher nicht geschehen. Aber so ...« Sepp zuckte die Achseln. »Sie fühlt sich verlassen, Monika. Zumal Gabriele ihr jetzt auch erklärt hat, daß sie nach dem Abitur nach München will.«
»Das wollte sie doch schon immer!« platzte Monika heraus. »So?« Er sah sie skeptisch an. »Aber sie hat nie ein Wort davon gesagt.«
»Mir schon. Sie wollte Mami bloß nicht unnötig aufregen. Was hattet ihr denn übrigens sonst von ihr erwartet? Es war doch immer die Rede davon, daß sie studieren wollte.«
»Sie hätte hin- und herfahren können. Wie du ja auch. Versteh mich richtig, Monika, ich selber werfe weder dir noch deinem Mann vor, daß ihr Gaby bewußt beeinflußt habt. Aber du hast ihr den Abgang von zu Hause vorgemacht, und es ist nun mal so, daß böse Beispiele gute Sitten verderben.«

»Jetzt soll ich also auch noch daran schuld sein. Wenn es mir nicht so stinken würde, könnte ich darüber lachen.«
»Die Lösung, die ich dir vorgeschlagen habe, ist wirklich die beste ... für dich und für mich und für Barbara. Wenn ich in meiner Kündigung eine Härte für dich sähe, hätte ich sie dir bestimmt nicht zugemutet.«
»Keine Härte, nein? Überhaupt keine Härte? Nachdem ich die Arbeit hier so schön rationalisiert habe, daß sie in Zukunft ein wahres Vergnügen sein sollte? Und jetzt wird Barbara davon profitieren!«
»So ist es nun mal«, sagte er, und jetzt lächelte er sogar, »du hast dir deinen eigenen Arbeitsplatz wegrationalisiert. Ohne den gespeicherten Computer und ohne deine vorfabrizierten Geschäftsbriefe hätte ich mir Barbara nicht leisten können.«
»Wie gemein du bist! Nie hätte ich geglaubt, daß du so gemein sein könntest!« rief sie in hilflosem Zorn. »Jetzt weiß ich, was das Ganze soll! Es ist ein Racheakt, weil ich dich nicht genommen habe!«
Er schwieg zu dieser Anschuldigung und erklärte statt dessen: »Du solltest dich mit deiner Mutter versöhnen!«
»Und wie, wenn ich fragen darf? Die nimmt mich doch höchstens dann in Gnaden auf, wenn ich Oliver verlasse. Aber das wird sie nie erleben, niemals!«

Ursprünglich hatte Monika vorgehabt, nach der Arbeit in ihr Elternhaus zu fahren, um Mutter und Schwester kurz zu begrüßen und von ihrer Reise zu erzählen. Nach Sepps Eröffnung war ihr die Lust darauf vergangen. Statt dessen rief sie an, zu einer Zeit, da sie ziemlich sicher sein konnte, daß Gabriele zu Hause war, und bekam die Schwester auch sofort an den Apparat.
»Du, ich komme heute doch nicht«, sagte sie.

Gabriele fiel auf, daß ihre Stimme bedrückt klang. »Was ist passiert?« fragte sie sofort.
»Sepp hat mich gefeuert!«
»Was?«
»Wußtest du nichts davon?«
»Kein Wort! Hör mal, aber deshalb kannst du doch trotzdem ...«
»Nein! Ich mag Mutter jetzt nicht sehen.«
»Sie kann doch nichts dafür!«
»Aber ja doch! Sie übernimmt meinen Posten.«
Einen Augenblick lang war Gabriele ganz still, dann sagte sie: »Das ist ja ein Ding aus dem Tollhaus!«
»So kann man es auch nennen.«
»Du, wir müssen uns sehen! Treffen wir uns vor der Kirche? Fürs Mofa ist es momentan zu kalt.«
»Ja, gut. Kurz nach fünf dann.«
»Mußt du keine Überstunden machen?«
»Jetzt doch nicht mehr! Wo er mich geschmissen hat? Ich müßte ja verrückt sein!« –
Die Schwestern fuhren ins »Café Mengele«, ein kleines Hotel oberhalb von Höhenmoos, in dem es gewöhnlich sehr ruhig zuging. Sie hatten nicht daran gedacht, daß noch Schulferien waren. Es wimmelte von Wintersportlern, die sich nach dem Ski in der gemütlichen holzgetäfelten Gaststube aufwärmen wollten. Nur mit Mühe erwischten sie einen freien Tisch. Obwohl sie niemanden entdeckten, den sie kannten – auch die Bedienung kam von auswärts –, sahen sie sich gezwungen, sehr leise zu reden, konnten aber sicher sein, daß sie bei dem allgemeinen Stimmengewirr nicht gehört wurden. Monika erzählte nicht von New York. Die Reise in die Millionenstadt schien ihr so weit zurück zu liegen, als hätte sie sie nie unternommen. Sie berichtete von ihrem Gespräch mit Sepp.

»So eine Gemeinheit!« war Gabrieles mitfühlender, wenn auch ein wenig schadenfroher Kommentar.
»Du sagst es! Und dann noch so zu tun, als wenn's in meinem Interesse läge! Wenn mir die Hin- und Herfahrerei zu dumm geworden wäre, hätte ich mich schon gerührt.«
»Aber so bekommst du Arbeitslosenunterstützung!«
»Hoffentlich brauche ich die gar nicht. Ich werde mich natürlich sofort nach einem anderen Job umsehen.«
»Dein Auto bist du jedenfalls auch los.«
»Daran habe ich noch gar nicht gedacht! Na ja, das ist das wenigste. In München gibt es genügend Verkehrsmittel, und ein Auto in der Familie sollte ja wohl genügen.«
»Du hast vielleicht Nerven.«
»Muß ich jawohl! Wenn die damit rechnen, daß ich zusammenbreche, haben sie sich geschnitten. Weißt du, was mich am meisten aufregt? Daß Barbara dahintersteckt. Sepp hätte sich nie von mir getrennt, wenn sie ihn nicht entsprechend bearbeitet hätte. Die eigene Mutter! Ich finde das einfach verheerend!«
»Sie ist furchtbar egoistisch geworden. Das muß wohl mit Vaters Tod zusammenhängen. Erst war sie ganz geknickt, wie wir alle. Aber in letzter Zeit ist sie anders.«
»Ja, wie denn?«
»Egoistisch, ich sagte es ja schon. Sie besteht darauf, daß ich mir meine Blusen selber bügle und daß ich jedesmal die Küche mache, wenn sie gekocht hat. Dabei ist es die reine Schikane. Sie hätte Zeit für alles.«
»Ich fand es schon sehr, sehr komisch, daß sie nicht zu meiner Hochzeit gekommen ist. Das wäre doch eine reine Sache der Höflichkeit gewesen.«
»Das habe ich ihr damals auch gesagt.«
Endlich fand die Bedienung den Weg zu ihrem Tisch, und sie bestellten Kaffee und Apfelkuchen.

»Daß sie wütend auf dich ist, kann ich ja noch verstehen«, sagte Gabriele, als sie wieder allein waren, »daß du Oliver geheiratet hast, hat ihr eben ganz und gar nicht gepaßt.«
»Ach, sie hat ja auch schon früher dauernd auf mir rumgehackt. Dabei habe ich wirklich versucht, ihr alles recht zu machen.«
»Ihr seid euch eben zu ähnlich.«
»Ähnlich?«
»Ja, natürlich. Ihr habt beide den gleichen Dickkopf, und auch äußerlich ... du bist eine jüngere Ausgabe von ihr. Es muß sie dauernd ärgern, daß sie nicht mehr so aussieht wie du.«
»Du lieber Himmel! Sie ist eine alte Frau!«
»Gerade das will sie eben nicht einsehen! Als Vater noch lebte, da mußte sie folgen, genau wie wir ja auch. Sein Tod war dann ein Schock für sie. Aber inzwischen genießt sie es, frei zu sein ... ja, sie genießt es wirklich! Und nicht nur das: sie will wieder jung sein!«
»Aber das geht doch gar nicht«, meinte Monika.
»Du solltest sie mal sehen! Sie hat sich eine neue Frisur machen lassen, ganz kurz, mit Dauerwelle. Zwar trägt sie noch Schwarz, aber nur der Leute wegen. Sie hat sich eine Menge neuer Sachen gekauft, ganz modisches Zeugs. Wenn ich Besuch habe, egal wen, setzt sie sich dazu und tut, als wäre sie eine von uns. Es ist zum Davonlaufen.«
»Hast du ihr deshalb gesagt, daß du nach München willst?«
»Genau. Weißt du, ich hatte vor, ihr das ganz schonend beizubringen. Den Sommer über erst mal zu Hause zu bleiben, und dann eine Weile ... ein paar Wochen oder ein paar Monate ... hin- und herzufahren, bis sie von selber drauf kommen würde, daß das zu anstrengend für mich ist. Aber ich konnte es einfach nicht mehr aushalten, wie sie sich auf jung trimmt.«

»Komisch«, sagte Monika nachdenklich, »das hätte ich nie von ihr gedacht.«
»Vater würde im Grab rotieren, wenn er es wüßte.«
»Glaubst du, sie würde noch einmal mit einem Mann was anfangen?«
»Ich fürchte, ja. Bei der ersten Gelegenheit.«
»Entsetzlich«, sagte Monika, und es kam ihr aus der Seele, »dabei ist sie doch schon vierzig!«

Die Barons nahmen Monikas Kündigung gelassen auf.
»Das war vorauszusehen!« behauptete Oliver sogar. »Die Rache des verschmähten Liebhabers!«
Monika ließ es dabei bewenden, denn sie mochte nicht über das Verhalten ihrer Mutter diskutieren.
»Mach dir nichts draus!« sagte Oliver noch. »Du kriegst bestimmt eine bessere Stellung. In der Firma deiner Mutter bist du ja doch bloß ausgenutzt worden ...«
»Nein, das stimmt nicht!« warf Monika hastig ein.
»Auf alle Fälle sind die Gehälter in der Stadt höher, und da du jetzt in München lebst, ist es genau richtig, daß du auch hier verdienst.«
»Ich werde mich sofort nach einer neuen Stellung umsehen«, versprach Monika.
»Laß dir Zeit!« sagte Maria überraschend. »So eilig ist es ja nicht damit!«
Monika begann dennoch die Stellenangebote zu studieren, wenn sie auch die Arbeitssuche ernsthaft erst im nächsten Monat betreiben wollte. Es gab tatsächlich einiges bei ›Stuffer Fenster & Türen‹ aufzuarbeiten, und wenn sie sich auch entschlossen hatte, keine Überstunden zu machen, wollte sie Sepp Mayr doch nicht dadurch reizen, daß sie sich für ein Vorstellungsgespräch freigeben ließ. Aber sie studierte gewissenhaft die Lage auf dem Arbeitsmarkt.

Eines Abends kam sie nach Hause, bevor Oliver zurück war. Sie begrüßte ihre Schwiegermutter. »Soll ich schon einen Tee aufgießen? Oder warten wir auf Oliver?«
Maria saß, die Hände im Schoß, im Wohnzimmer. »Bitte, tu nichts. Setz dich zu mir! Wer weiß, wieviel Zeit uns noch bleibt. Ich muß dir etwas sagen.«
»Ein Geheimnis?«
»Ja. Es muß unter uns beiden bleiben.«
»Da bin ich aber gespannt«, sagte Monika, bemüht um einen heiteren Ton, obwohl ihr schon schwante, daß etwas Ungutes auf sie zukam.
»Monika«, fragte die alte Dame, »würde es dir sehr viel ausmachen, vorläufig auf eine neue Stellung zu verzichten?«
»Aber ich kann doch nicht einfach zu Hause bleiben!«
»Gerade darum möchte ich dich bitten. Natürlich wäre eine Halbtagsstellung das Ideale. Aber soviel ich weiß, ist es fast unmöglich, daran zu kommen.«
»Wenn es wegen der Hausarbeit ist, Maria ... ich könnte morgens leicht eine Stunde früher aufstehen und den Rest nach Feierabend ...«
»Nein, Monika, es ist wegen mir!«
Monika erschrak, und wußte selber nicht, warum; es hatte etwas Unheilvolles aus dem Ton ihrer Schwiegermutter geklungen. »Deinetwegen?« fragte sie und kam sich ziemlich dumm dabei vor.
»Ja, Monika. Ich bin krank.«
»Warst du beim Arzt?«
»Ja«, sagte Maria, zögerte dann, und das Sprechen fiel ihr sichtlich schwer, »ich habe sogar schon eine Operation hinter mir. Aber sie hat nichts genutzt. Oliver habe ich erzählt, es wäre der Blinddarm.«
»Was ist es denn?«
»Krebs.«

Das Wort stand im Raum wie ein schwerer, dumpfer Schlag.
»Nein«, sagte Monika endlich flehend, »das kann doch nicht sein!«
»Es ist die Wahrheit, und wir müssen uns damit abfinden.« Monika schluckte. »Seit wann weißt du es?«
»Seit dem Frühjahr. Als Oliver dich kennenlernte.«
»Du hättest es uns sagen müssen.«
»Nein, Kind. Es hätte doch nichts genutzt. Sieh mich nicht so entsetzt an. Noch geht es mir ja ganz gut. Die Schmerzen, natürlich. Aber dagegen gibt es Mittel.«
»Liebe Maria!« Monika ergriff die Hände ihrer Schwiegermutter und drückte sie fest, als hoffte sie, ihre eigene Kraft und Gesundheit übertragen zu können. »Wir hätten dich nicht allein lassen dürfen!«
»Ihr wußtet es ja nicht, und es war für euch die letzte Gelegenheit.«
»Du bist so tapfer!«
»Was bleibt mir anderes übrig?« Maria Baron lächelte schwach. »Wirst du dich um mich kümmern? Du brauchst mich nicht zu pflegen. Das nicht. Wenn es erst so weit ist ...« Sie brach ab.
»Aber, Maria, das ist doch selbstverständlich! Oliver und ich ...«
»Er darf es nicht wissen! Kein Wort zu ihm! Du hast es mir doch versprochen!«
»Warum nicht? Er ist dein Sohn! Er hat das Recht ...«
»Er könnte es nicht ertragen. Ich kenne ihn besser als du, viel besser. Er würde zusammenbrechen, und das hätte uns gerade noch gefehlt, nicht wahr?« Sie entzog Monika ihre Hände und strich ihr sanft über das Haar. »Er ist ein guter Junge, aber man darf ihn nicht zu sehr belasten. Es ist nicht seine Schuld. Wir waren wohl schon zu alt, als er

zur Welt kam. Wir wünschten uns so sehr ein Kind. Wir mißachteten, daß die Natur es nicht zulassen wollte. Wir haben es ertrotzt. So ist er nun geworden, wie er ist. Ein Sohn alter Eltern.«

»Das verstehe ich nicht. Es kommt dir sicher nur so vor. Er ist doch voller Schwung!«

»Man darf ihn nicht fordern und schon ja nicht überfordern. Sein Vater hat das versucht. Er wollte einen Sohn, ein Mann wie er selber. Er hat sein ganzes Leben gearbeitet, sich in seiner Arbeit verzehrt. Oliver leistet nur so lange etwas, wie es ihm Spaß macht. Stundenlang Klavier üben, nein, das war nichts für ihn.«

»Aber er spielt doch so gut!«

»Nur für den Hausgebrauch. Monika, wenn ich nicht mehr bin, du mußt ihn von der Musik fernhalten. Er taugt nicht dafür. In der Kunst ist Mittelmaß eine Katastrophe. Mein Mann hat das wieder und wieder gesagt, und er wußte, wovon er sprach. Er war begnadet.«

»Mach dir keine Sorgen um Oliver! Das ist doch jetzt ganz unwichtig. Es geht um dich.«

»Oliver ist das einzige, was für mich zählt. Warum, glaubst du, war ich so für eure Verbindung? Weil du ein starker Mensch bist, weil du ihm den Halt geben kannst, der ihm fehlt. Ohne mich wäre er verloren.«

»Das glaube ich einfach nicht!«

»Du wirst die Erfahrung machen. Versprichst du mir, daß du ihn nie im Stich lassen wirst?«

»Aber bestimmt nicht. Ich liebe ihn doch.«

»Auch wenn er dich enttäuscht?«

»Ach, das wird er schon nicht!«

»Wie kannst du da so sicher sein? Er hat seinen Vater enttäuscht und auch mich. Eine Mutter kann viele Enttäuschungen ertragen. Aber du? Wie wird es mit dir sein?«

»Ich weiß es nicht«, sagte sie ehrlich, »ich wollte, ich wüßte es. Damals in New York, als ich plötzlich wieder meine Tage bekam ... ich habe mich ziemlich angestellt. Hat Oliver es dir nicht erzählt?«
»Nein.«
»Ich habe geweint und geweint. Ich konnte einfach nicht aufhören. Heute schäme ich mich deswegen. Es war trostlos.«
»Du hast dich trostlos gefühlt, nicht wahr?«
»Ja.«
»Das war ganz natürlich. Eine Sache der Hormone. Viele Frauen sind ja jedesmal deprimiert, wenn sie ihre Regel bekommen. Der Körper sehnt sich nach Schwangerschaft, auch wenn man sie als Frau und als Mensch gar nicht brauchen kann. Und bei dir, nach dieser langen Zeit, da war die hormonelle Umstellung eben gewaltig. Dazu hattest du dich auch im Geist auf ein Kind gefreut.«
»Ja«, sagte Monika, »und außerdem war ich verkatert. Es passierte ja in der Silvesternacht, und ich hatte ziemlich viel getrunken. Das habe ich mir aber erst nachträglich klargemacht.«
»Du bist mit dem Schock aber doch ziemlich schnell fertig geworden.«
»Es hat doch einen ganzen Tag gedauert.«
»Einen Tag! Kind, was ist ein Tag! Versprich mir, daß du stark sein wirst ... für Oliver!«
»Ich versuche immer mein Bestes zu geben ...«
»Das weiß ich, Monika!«
»... aber ich fürchte, es reicht nicht.« Mit Überwindung gestand sie: »Meine Mutter war immer unzufrieden mit mir.«
»Mütter sind manchmal blind den eigenen Kindern gegenüber, ihren Schwächen, aber auch ihren Fähigkeiten.«

»Kann das auf dich nicht auch zutreffen? Auf deine Meinung über Oliver?«

Maria dachte lange nach, dann räumte sie ein: »Ja, es wäre möglich. Mein Mann und ich, wir haben vielleicht von unserem Einzigen zu viel erwartet!«

»Na, siehst du!«

»Trotzdem darfst du es ihm nicht sagen. Ihn leiden zu sehen, das würde mir das Ende noch schwerer machen. Zu schwer. Vielleicht bin ich selber nicht so stark, wie ich vorgebe.«

»Vielleicht siehst du alles zu schwarz. Es muß doch noch Hoffnung geben. Ja, sicher gibt es noch eine Hoffnung.«

Maria schüttelte sacht den Kopf. »Nein, Kind, damit ist es vorbei. Vor der Operation hat man mir gesagt, daß alles wieder gut werden könnte, und eine Weile schien es auch so. Aber dann ... es ist nicht mehr begrenzt, es ... die Wucherung, meine ich, sie ist nicht mehr begrenzt. Die Metastasen sind weitergewandert. Sie breiten sich aus.«

»O Gott!«

»Man kann nichts mehr machen. Bestrahlungen ja. Aber die können das Ende nur verzögern, wenn überhaupt.«

Monika war so betroffen, daß sie kein Wort mehr herausbringen konnte.

»Willst du nicht wissen, wie lange mir noch bleibt?« fragte Maria.

Monika nickte stumm.

»Ein paar Monate vielleicht. Bestimmt kein Jahr.«

»Soll ich meine Stellung aufgeben? Jetzt? Sofort? Ich könnte es tun. Ich fühle mich der Firma nicht mehr verpflichtet.«

»Sei nicht töricht! Du brauchst das Arbeitslosengeld und auch ein anständiges Zeugnis. Du mußt endlich lernen, nicht von heute auf morgen zu denken!« sagte Maria

scharf, fügte dann aber milder hinzu: »Ich weiß natürlich, du meinst es gut. Es ist lieb von dir, mir ein Opfer bringen zu wollen ...«
»Es wäre gar kein Opfer!«
»... aber es wäre eine Dummheit! Nein, ich will nichts mehr davon hören!«
Der Schlüssel, der sich in der Wohnungstür drehte, unterbrach das Gespräch. Oliver kam nach Hause.
»Niemand da?« rief er.
»Doch!« rief Monika zurück. »Wir sind hier! Im Wohnzimmer!« Rasch knipste sie die Stehlampe an.
»Wieso habt ihr denn im Dunklen gesessen?« fragte er trotzdem.
»Wir haben einfach vergessen, Licht anzumachen!« erklärte Monika. »So gut haben wir uns unterhalten!«
»Dann störe ich wohl?« fragte er, leicht pikiert.
»Du? Nie!« Monika sprang auf und gab ihm einen Kuß. »Sicher hast du Hunger. Ich werde jetzt das Essen richten. Hilfst du mir ein bißchen?«
»Na ja«, erwiderte er, nicht sehr glücklich, folgte ihr aber doch in die Küche, mehr um ihr zuzusehen, als wirklich zuzupacken.
»Hattest du einen anstrengenden Tag?« fragte sie, während sie den Wasserkessel auf den Herd stellte und die Platte einschaltete.
»Warum fragst du?«
»Weil du so spät kommst.«
»Ja, es war ziemlich schlimm. Deshalb war ich anschließend noch mit einem Kollegen auf ein Bier. Das ist doch wohl kein Verbrechen, oder?«
»Natürlich nicht.« Sie stellte das Geschirr auf einem Tablett zusammen und gab es ihm. »Deck schon den Tisch, ja?«
Er nahm das Tablett zögernd entgegen. »Weißt du, es ist

mir direkt unheimlich, daß du dich mit Mutter so gut verstehst. Sie ist im allgemeinen kein sehr zugänglicher Mensch.«
»Ich hab' sie eben lieb«, sagte Monika einfach.

Es wurde ein schlimmer Winter.
Die Sorge um die Schwiegermutter setzte Monika unter ständigen Druck. Sie versuchte sich nichts anmerken zu lassen, denn mit ihrem Kummer konnte sie nicht helfen. Aber es war ihr, als würde Maria Baron von Tag zu Tag elender und schwächer, und die Schmerzen schienen zuzunehmen. Es mußte die alte Frau unendliche Kraft kosten, sich gelassen zu geben. Monika versuchte es ihr gleichzutun, aber es gelang ihr schlecht. Fröhlich sein konnte sie nicht mehr. Zu deutlich fühlte sie den Schatten des Todes, der sich in der großen, altmodischen Wohnung ausbreitete. Oliver litt unter der gedrückten Stimmung, die er sich nicht erklären konnte. Immer öfter kam er abends spät nach Hause oder ging auch noch einmal fort, um sich mit seinen Freunden zu treffen. Wenn Monika ihn begleitete, wurde es kein Erfolg. Es gelang ihr nicht, den leichten Ton der anderen zu treffen, und sie spürte, daß ihre Anwesenheit störte. So blieb sie denn lieber zu Hause bei der Kranken, von der sie sich in ihren Gedanken doch nicht lösen konnte. Wenn sie wenigstens mit Oliver hätte offen reden können! Aber sie hatte Maria versprochen, den Mund zu halten, und sie hielt sich daran. Sie sagte sich auch, daß es ihr zwar eine Erleichterung geschaffen hätte, Oliver einzuweihen, sonst aber nichts genutzt hätte. Es hätte ihn nur unglücklich gemacht. Doch ihr Schweigen baute eine Barriere zwischen ihnen auf, die nur noch scheinbar durch Zärtlichkeit und Leidenschaft überwunden werden konnte.
Mitte Januar hatte es so stark zu schneien begonnen, daß

Monika, nachdem sie einmal auf der Autobahn hängengeblieben war, täglich eine halbe Stunde früher aufstand und losfuhr. Oft war sie gezwungen, einem Schneepflug zu folgen, manchmal mußte sie sogar Ketten anlegen. Es schneite einen ganzen Monat fast ununterbrochen, so daß selbst die Möglichkeiten zum Wintersport stark eingeschränkt waren.

Zum ersten Mal in ihrem Leben hatte Monika auch gar keine Lust zum Skifahren. Die Berge, die sie einst so geliebt hatte, schienen ihr auf einmal feindlich gesinnt. In Wolken gehüllt hatten sie sich von ihr abgewandt. Die glückliche Kindheit war endgültig verloren. Selten noch sah sie ihre Schwester, die für das Abitur büffelte, und nichts zog sie mehr zu ihrer Mutter.

Ihre Tätigkeit im Büro, die ihr ein Gefühl von Wichtigkeit gegeben hatte, interessierte sie nicht mehr. Monika tat nur noch ihre Pflicht und nichts mehr darüber hinaus. Ihr Verhältnis zu Sepp Mayr war gespannt geworden. Sie gifteten sich zwar nicht an, aber sie waren beide auf Distanz gegangen. Daß er ihr gekündigt hatte, konnte sie ihm nicht verzeihen. Sie betrachtete es als Verrat. Ganz wohl hatte er sich dabei selber nicht gefühlt, und er versuchte, sich zu rechtfertigen, indem er Fehler bei ihr suchte.

Noch nie hatte Monika eine so schwere Zeit durchgemacht. Als endlich ihr letzter Arbeitstag gekommen war, atmete sie auf. Sie hatte schon befürchtet, daß Sepp seiner kleinlichen Kritik beim Abschied Ausdruck geben würde. Tatsächlich aber hätte das Zeugnis, das er ihr dann diktierte, nicht besser sein können. Sie bedankte sich.

»Was hast du jetzt vor?« fragte er; es war das erste Mal seit langem, daß er ein persönliches Wort an sie richtete.

»Fürs erste bleibe ich zu Hause.«

»Du hast noch nichts gefunden?«

»Ich habe gar nicht gesucht. Ich möchte mal eine Pause einlegen.«
Er grinste. »Das Arbeitsamt schröpfen?«
Sie war nahe daran gewesen, ihm zu erzählen, daß ihre Schwiegermutter krank war. Jetzt aber sagte sie: »Nenn es, wie du willst!«
Als sie ihm das Zeugnis zur Unterschrift vorlegte, gab sie ihm gleich auch die Autopapiere und den Schlüssel.«
»So eilig wär's doch damit nicht gewesen.«
»Mir schon«, entgegnete sie, »ich möchte einen Schlußstrich ziehen.«
»Und wie kommst du jetzt nach München?«
»Mein Mann holt mich ab.«
»Ach so. Dann kann ich dir wohl nur alles Gute für die Zukunft wünschen.«
»Ich dir auch. Mit Barbara.«
Sie gaben sich so flüchtig die Hand, als wären sie Fremde.
– Da Oliver bei ›Arnold & Corf‹ morgens später anfing und auch später Feierabend hatte als sie, mußte sie im Gasthof auf ihn warten. Als er kam, wollte er sich zu ihr setzen.
»Bitte, nicht!« wehrte sie ab. »Ich habe schon bezahlt. Laß uns gleich losfahren.«
Er verstand sie. »Du bist froh, daß du es hinter dir hast.«
»Und ob.«
»War er sehr bösartig?«
»Nein. Nur kleinlich. Aber es ist wohl immer schlimm, in einer gekündigten Stellung zu arbeiten.«
»Na, jedenfalls finde ich es gut, daß du für eine Weile aufhörst. Vielleicht bessert sich dann auch deine Laune.«
Sie fuhren jetzt schon auf der Autobahn, und durch Olivers Kabriolett, das für solch einen Winter nicht geschaffen war, pfiff der Wind.

Monika nahm einen innerlichen Anlauf. »Oliver«, sagte sie, »ich bleibe nicht zu Hause, um mich zu erholen oder aus Faulheit ...«
»Du brauchst dich nicht zu verteidigen!« unterbrach er sie. »Ich mach' dir daraus gar keinen Vorwurf.«
»Ist dir eigentlich noch gar nicht aufgefallen, daß deine Mutter sich nicht wohl fühlt?«
»Sie wird alt.«
»Das ist es nicht allein.«
»Was sonst?«
»Sie ist krank.«
»Ach was!« sagte er überrascht. »Tatsächlich?«
»Ja.«
»Warum hat sie denn nie ein Wort davon gesagt?«
»Mir schon. Mich hat sie gebeten, keine neue Stellung anzutreten, sondern vorübergehend zu Hause zu bleiben. Damit sie Gesellschaft hat und ich mich um sie kümmern kann.«
»Was fehlt ihr denn?«
Monika kämpfte mit sich. »Das habe ich nicht aus ihr herausbringen können!« log sie. »Wahrscheinlich weiß sie es selber nicht genau. Du weißt ja, wie Ärzte sind.«
»Na, jedenfalls ist sie in Behandlung. Das ist immerhin eine Beruhigung. Mehr kann man ja nicht tun.«
»Hör mal, Oliver, tu mir einen Gefallen: sprich nicht mit ihr darüber. Ich hätte es dir eigentlich nämlich gar nicht sagen sollen.«
»Und warum nicht?«
»Um dich nicht unnötig zu belasten.«
»Das sieht ihr ähnlich!«
»Du läßt dir doch nichts anmerken?«
»Sicher nicht. Aber ich verstehe nicht, warum ihr so ein Theater darum macht!« – Sie schwieg.

Wenn Oliver jetzt auch nicht die ganze Wahrheit wußte, so war Monika doch erleichtert, daß sie mit ihm gesprochen hatte. Da von nun an auch die tägliche Konfrontation mit der Vergangenheit fortfiel, begann sie sich wieder besser zu fühlen. Sie machte das Beste aus ihrer Situation.
Morgens schlief sie eine Stunde länger und bereitete für Oliver und sich das Frühstück. Das war ein guter Tagesanfang, der ihnen sonst nur an den Wochenenden möglich gewesen war. Danach brachte sie Maria das Frühstück ans Bett, Kräutertee und Toast. Die alte Dame trank jetzt weder schwarzen Tee noch Kaffee, rührte auch keinen Alkohol mehr an, weil der Arzt es ihr geraten hatte. Später stand sie ganz langsam auf und zog sich an; dabei mochte sie sich nicht helfen lassen. Währenddessen brachte Monika die Wohnung in Ordnung und kaufte ein. Am Nachmittag bereitete sie dann ein warmes Essen für den Abend vor.
Es waren erholsame Tage; sie hätte glücklich sein können, wenn nicht die Sorge um die Schwiegermutter gewesen wäre. Monika konnte jetzt wieder, aus ihrer Gesundheit und ihrer Jugend heraus, fast so heiter sein wie früher, und das wirkte ansteckend.
Aber auf die Dauer fühlte sie sich nicht ausgefüllt, und die Zeit begann ihr lang zu werden. Auf Olivers Anregung hin nahm sie an einem Basiskurs für Programmierer teil, den ›Arnold & Corf‹ durchführten. Das war anregend, machte Spaß und konnte für die Zukunft nützlich sein.
Es wurde Frühling, und wenn der Himmel über München auch nicht so klar und blau war wie über dem Karberg, so doch immerhin blau genug, um den Sommer zu verheißen. In dem kleinen ›Shakespeare-Park‹, fast vor ihrer Haustür, begann es zu grünen und zu blühen, und mitten in der Großstadt tirilierten die Vögel in den Bäumen.
»Ich fühle mich besser«, sagte Maria eines Morgens.

Monika hatte ihr das Frühstück ans Bett gebracht und sich zu ihr gesetzt, um ihr Gesellschaft zu leisten; jetzt strahlte sie ihre Schwiegermutter an. »Das ist ja wunderbar!«
»Ich hätte es selber nicht für möglich gehalten.«
»Paß nur auf, du wirst noch ganz gesund!«
»Ich hätte gute Lust, einmal wieder übers Wochenende zu verreisen. Ich habe meine alte Freundin Trudchen so lange nicht mehr gesehen.«
»Wir bringen dich nach Berchtesgaden!«
»Nein. Ich möchte wie früher mit der Eisenbahn fahren.«
»Aber warum denn das? Mit dem Auto ist es doch viel bequemer.«
»Das ist die Ansicht von euch jungen Leuten, ich weiß. Aber im Zug brauche ich nicht die ganze Zeit zu sitzen. Ich kann hin und her gehen, auch auf die Toilette. Nein, ich fahre mit der Eisenbahn.«
»Wird dir das nicht zu anstrengend?«
»Ich habe dir doch gesagt, daß ich mich besser fühle!«
Auch Oliver schlug vor, sie mit dem Auto nach Berchtesgaden zu fahren. Aber die alte Dame blieb halsstarrig. Sie suchte sich selber einen Zug heraus, der um 11 Uhr 30 vom Hauptbahnhof abfuhr und um 14 Uhr 30 in Berchtesgaden war, und ließ sich von ihrem Sohn am Samstag vormittag nur zum Hauptbahnhof bringen.
Als er zurückkam, lief Monika ihm entgegen und warf sich in seine Arme. »Du weißt, ich habe deine Mutter sehr lieb«, sagte sie nach einem langen Kuß, »aber es ist schön, endlich mal wieder mit dir allein zu sein: Was fangen wir jetzt mit unserem freien Wochenende an? Wir waren schon lange nicht mehr tanzen.«
»Das hat nicht an mir gelegen.«
»Ja, das gebe ich zu. Aber heute hätte ich Lust.«
»Ich weiß was Besseres: wir geben eine Party!«

Monika wäre zwar lieber mit Oliver allein geblieben, wollte aber nicht wieder der Spaßverderber sein; sie willigte ein. »Dann laß uns aber gleich einkaufen fahren.«
»Du brauchst dir keine große Arbeit zu machen. Ein paar Kästen Bier, eine Flasche Schnaps, Semmeln oder Stangenbrot genügen meinen Freunden vollkommen. Käse natürlich, und dann dein guter Heringssalat ...« Er unterbrach sich. »Warum lachst du?«
»Weil du denkst, daß Heringssalat keine Arbeit macht! Außerdem hat er ja nicht genügend Zeit durchzuziehen.«
»Ach was! Ich werde dir helfen, und wir servieren ihn ja erst um Mitternacht.«
Wieder gab Monika nach, und so saß sie später Stunden in der Küche, um Heringe, Kalbsbraten, rote Bete, Sellerie, Äpfel, Gurken und Zwiebeln so klein wie möglich zu schneiden. Oliver leistete ihr dabei Gesellschaft, brachte aber nicht viel mehr zustande, als die Walnüsse zu knakken. Aber immerhin konnten sie miteinander reden.
Sie hatte Gabriele einladen wollen, aber als sie in Höhenmoos anrief, kam nur Barbara an den Apparat. Auf ihre Frage nach der Schwester erhielt sie die frostige Auskunft, daß sie nicht da sei.
»Sagst du ihr, sie soll zurückrufen, wenn sie nach Hause kommt?« hatte Monika gebeten.
»Wenn ich daran denke«, war die Antwort gewesen.
Wütend hatte Monika den Hörer auf die Gabel geknallt. An diesem Nachmittag überwand sie sich zum ersten Mal, Oliver zu erzählen, daß sie und auch Gabriele es für möglich hielten, daß Barbara hinter ihrer Kündigung steckte.
Auch er sah darin eine Gemeinheit, tröstete sie aber: »Für dich war es doch das beste so. Ich bin froh, daß du nicht mehr da hinausfahren mußt. Am liebsten wäre es mir überhaupt, du müßtest nie mehr arbeiten.«

»Das wird wohl kaum möglich sein.«
»Warum nicht? Ich muß doch auch mal eine Gehaltserhöhung kriegen, Mutter hat ihre Pension und du deine Arbeitslosenunterstützung ...«
»Das wird nicht ewig dauern«, erwiderte sie, ohne ihn anzusehen.
»Wir könnten Kinder haben, Monika! Das möchtest du doch, nicht wahr?«
»Ja, natürlich. Aber so bald werden wir uns das nicht leisten können.«
»Mir gefällt's am besten, wenn du nur zu Hause bist. Du bist dann nicht so angespannt. Du gehörst einfach nicht zu den Frauen, die unbedingt berufstätig sein müssen.«
»Ich gebe zu, daß mir das Leben ohne Büro auch ganz gut gefällt.«
»Na, siehst du! Dann wollen wir doch dasselbe, und über kurz oder lang wird es sich auch verwirklichen lassen.«
Sie konnte das nicht recht glauben, wußte aber, daß er es gut meinte, und lächelte ihn an: »Das wäre schön!« –
Gabriele rief nicht an, und Monika wollte nicht noch einmal versuchen, sich mit ihr in Verbindung zu setzen. So kamen am Abend nur Olivers Freunde, der blonde Sven Lamprecht, der kleine, bebrillte Helmut Kittner und der unter seiner Maske der Dämonie recht harmlose Tilo Herberger. Tilo hatte sich anscheinend mit seiner Freundin Tessy zerstritten; jedenfalls brachte er sie nicht mit und verlor auch kein Wort über sie.
Monika hatte sich in einem schwarzen Cocktailkleid, dessen Ausschnitt fast bis zum Nabel reichte, sehr chic gemacht. Sie hatte das lange blonde Haar gewaschen und geföhnt. Es fiel ihr fast bis zu dem breiten Gürtel herab, der ihre schmale Taille betonte. Sie wußte, daß sie sehr gut aussah, und nahm die Komplimente der jungen Männer

ohne Koketterie entgegen. Um in Stimmung zu kommen, hatten Oliver und sie schon vor der Ankunft der Gäste ein Glas Sekt getrunken, und sie waren beide heiter und gelöst. Es gelang Monika, die Neckereien der anderen zurückzugeben und auf ihr vergnügliches, wenn auch etwas boshaftes Geplänkel einzugehen. Wie meist wurde viel von Musik geredet, von Pop- und Rockgruppen und ihrem jeweiligen Sound. Monika hatte in letzter Zeit zu diesem Thema viel dazugelernt. Wenn sie sich auch nicht traute, ein selbständiges Urteil abzugeben, verstand sie doch wenigstens, wovon gesprochen wurde, und kam sich nicht mehr ausgeschlossen vor.

»Wollt ihr nicht ein bißchen musizieren?« fragte sie nach einiger Zeit. »Ich höre euch so gern zu!«

»Sei ehrlich: du willst dich nur selbst produzieren!« gab Helmut zurück.

»Bestimmt nicht! Meine Schwester ist die Musikalische in der Familie.«

»Du hast doch aber auch eine sehr hübsche Stimme«, meinte Sven.

»Ja«, sagte sie, »zum Rindfleischessen!«, und gab damit einen alten Witz ihres Vaters zum besten.

Sie erntete einen Lacherfolg.

»Also, was ist nun? Wollt ihr nicht?«

»Wir haben schon zu viel intus«, meinte Sven, »da kommt nichts mehr bei raus.«

»Wenn du dich mit uns langweilst ...« begann Helmut.

»Aber das tue ich doch gar nicht!« warf Monika ein.

Er ließ sich nicht unterbrechen. »... habe ich einen anderen Vorschlag: wie wäre es mit einem Spielchen?«

Die anderen stimmten so rasch zu, als wären sie erleichtert. Monika hatte den Eindruck, als hätten sie sich schon vorher abgesprochen.

»Was wollt ihr spielen?« fragte sie.
»Poker natürlich«, erklärte Sven.
»Aber doch nicht um Geld!«
»Ohne macht's keinen Spaß.«
»Wir spielen nicht sehr hoch, Monika«, behauptete Oliver.
»Weiß Maria davon? Ich glaube nicht, daß sie das billigen würde.«
Er fuhr hoch. »Das ist doch ganz egal. Ich bin kein kleiner Junge mehr, und zum Glück ist sie ja verreist.«
»Aber in ihrer Wohnung ...«
»Es ist auch unsere!« unterbrach er sie hitzig. »Schließlich zahlen wir Miete!«
»Ach, Oliver, muß denn das sein?«
Helmut stand auf. »Du hättest nicht heiraten sollen, Olli! Wir haben es dir ja gesagt! Kommt, Jungs! Worauf wartet ihr noch?«
Die anderen folgten, wenn auch widerwillig, seinem Beispiel. Oliver war sehr blaß geworden.
»Ihr wollt doch nicht etwa schon gehen?« rief Monika erschrocken.
»Was denn sonst? Wir merken, wenn wir unerwünscht sind.«
»Aber das stimmt ja gar nicht! Ich wollte nur nicht, daß ihr ...« Monika rang, ohne es selber zu merken, die Hände.
»Daß wir Spaß miteinander haben!« ergänzte Helmut. »Das ist es, was euch Frauen nicht paßt. Wir sollen euch bewundern, Männchen machen und eine angenehme Konversation, aber nur ja nicht Spaß haben!«
Monika fühlte sich hilflos. »Wenn Oliver mir gesagt hätte, daß ihr pokern wollt ...« begann sie und brachte auch diesen Satz nicht zu Ende.
»Jetzt weißt du es. Also ... was ist?«

»Von mir aus könnt ihr machen, was ihr wollt!« sagte Monika mit einem Seufzer; sie wußte, Oliver würde es ihr nicht verzeihen, wenn sie seine Freunde vertrieb.

»Äußerst gnädig«, erklärte Helmut und setzte sich wieder.

»Das ist wirklich nett von dir, Monika«, sagte Sven, »du spielst doch mit?«

»Ich kann gar nicht pokern.«

»Aber du kennst doch die Karten?« Sven zog ein neues Paket Spielkarten aus der Tasche seiner Tweedjacke und riß die Plastikfolie ab.

»Ja, natürlich.«

»Dann paß mal auf!«

»Du willst ihr das doch nicht etwa jetzt erklären?« fragte Helmut ungehalten.

»Und warum nicht? Das dauert keine Minute! Monika ist doch ein kluges Kind.« Er mischte mit geschickten Händen. »Je höher die Karten, die man in der Hand hat, desto höher kann man gehen. Der höchste Wert ist ein ›straight flush‹, das ist eine Folge von fünf Karten gleicher Farbe. Wenn du einen ›Royal flush‹ hast, also As, König, Dame, Bube, zehn, bist du nicht zu übertreffen, aber ein niedriger Flush ist auch schon sehr schön. Wir spielen mit zweiundfünfzig Karten. Etwas billiger, aber immer noch sehr hoch, ist ein ›Four‹, ein Vierer-Pasch, wenn du also vier gleichwertige Karten auf der Hand hast. Die vier Asse sind natürlich die höchsten. Dann gibt's noch ›Full hand‹, dazu mußt du drei und zwei gleichwertige Paare haben. Du kennst doch die Werte?«

»Ich kann Romme, Sechsundsechzig und Schafskopfen.«

»Schafskopfen?« wiederholte Tilo amüsiert.

Die anderen lachten.

»Mein kleines Mädchen vom Lande!« sagte Oliver.

»So einfach ist Schafskopfen gar nicht!« verteidigte sich

Monika. »Ich wette, ihr kennt nicht mal die deutschen Karten.«

»Wozu? Poker wird mit französischem Blatt gespielt!« sagte Helmut. »Können wir jetzt endlich anfangen?«

»Wenn man drei gleichwertige Karten oder auch nur zwei in der Hand hat, ist das auch schon besser als nichts, Monika«, sagte Sven, immer noch mischend.

»Du hast ihr nicht den ›Straight‹ und den ›Skip straight‹ erklärt«, warf Tilo ein.

»Und auch nicht den ›Round the corner straight‹, ja ich weiß. Aber damit braucht sie sich gar nicht zu belasten. Für den Anfang ist's genug.«

»Eure Einsätze!« rief Helmut und warf eine Mark auf den Tisch.

Die anderen taten es ihm nach.

»Moment mal! Ich muß eben meine Handtasche holen!« Monika sprang auf und lief hinaus.

Als sie zurückkam, war Sven schon dabei, die Karten auszuteilen. Sie legte eine Mark aus ihrem Portemonnaie zu den anderen Münzen.

Die Karten rutschten verdeckt über den glatten Tisch. Die Spieler nahmen sie mit zögernder Erwartungsfreude auf. Jeder bekam fünf. Monika hatte vier Asse.

»Will jemand?« fragte Sven. »Du kannst bis zu drei Karten austauschen, Monika.«

Sie schüttelte den Kopf.

Auch Helmut wollte nicht tauschen. Die anderen ließen sich neue Karten geben.

Tilo warf seine Karten enttäuscht aus der Hand. »Ich passe!«

Helmut legte eine weitere Münze auf den Tisch. »Ich gehe weiter.«

Monika, Sven und Oliver folgten seinem Beispiel. Helmut

setzte höher und immer höher, bis auch Oliver und Sven entmutigt aufgaben. Nur Monika hielt weiter mit. Sie hatte sich ausgerechnet, daß sie das bessere Blatt haben mußte. Da sie die Asse hatte, war ein Royal flush nicht drin. Ein einfacher Flush wäre zwar möglich gewesen, aber sie glaubte nicht daran. Sie war sicher, daß Helmut darauf aus war, sie hereinzulegen. Endlich, als er merkte, daß sie nicht bereit war aufzugeben, verlangte er ihr Blatt zu sehen. »Verdammt!« fluchte er, als sie ihre vier Asse herzeigte.
Sven grinste. »Das berühmte Anfängerglück.« Er schob Monika das Geld zu, das sich in der Mitte des Tisches gesammelt hatte.
Es waren über hundert Mark. Monika verbiß sich eine Bemerkung über die Höhe des Betrages.
Spiel folgte auf Spiel, und das Glück blieb Monika treu. Allerdings spielte sie sehr vorsichtig und reizte immer nur dann hoch mit, wenn sie gute Karten hatte. Dabei beobachtete sie ihre Gegenspieler sehr genau. Es gab gewisse kleine Anzeichen, die ihr verrieten, wenn sie blufften oder ihrer Sache nicht ganz sicher waren.
Um Mitternacht hatte sie mehr als fünfhundert Mark gewonnen. »Danke«, sagte sie, »das war wirklich sehr lustig. Ich werde jetzt in die Küche gehen und uns etwas zu essen holen.«
»Soll das heißen, du willst aufhören?« rief Helmut, und Oliver: »Du kannst doch jetzt nicht einfach aufhören!«
»Eine kleine Stärkung zwischendurch wäre ganz gut«, meinte Sven.
»Ja, schaden könnte es nichts«, stimmte Tilo ihm zu.
Monika hatte es sich überlegt. »Am besten kommt ihr einfach mit in die Küche! Eure Gläser könnt ihr mitnehmen.«
Erst als sie zu essen begannen, merkten die jungen Leute, wie heißhungrig sie waren. In kurzer Zeit war der große

Topf voll Heringssalat weggeputzt. Käse und Semmeln gingen den gleichen Weg.

»Schluß für heute«, bestimmte Monika dann, »ich räume jetzt die Küche auf, und dann gehe ich zu Bett.«

»Das kannst du nicht!« widersprach Helmut. »Du kannst nicht einfach Schluß machen, wenn du im Gewinnen bist!«

»Dazu müßte ich deiner Meinung nach also erst verlieren?« Sie lächelte ihn freundlich an. »Ich fürchte, das würde mir diese Nacht einfach nicht gelingen.«

Er wurde rot vor Zorn.

»Übrigens will ich das Geld gar nicht haben. Nur meinen Einsatz. Das übrige könnt ihr untereinander aufteilen.«

Dieses Angebot stieß auf heftigen Protest.

»Na schön, wenn ihr nicht wollt, dann überlasse ich es meinem Mann. Dann habt ihr doch noch eine Chance, es zurückzugewinnen.«

»Ich werde es dir verdreifachen!« behauptete Oliver.

»Warten wir es ab.«

»Komm doch mit, Monika!« drängte Sven. »Sei keine Spielverderberin! Wozu willst du jetzt schon ins Bett? Morgen können wir doch alle ausschlafen.«

»Es würde meiner Schönheit schaden, wenn ich mir die Nächte um die Ohren schlage!« erwiderte Monika lächelnd. »Im übrigen bin ich sicher, daß einige von euch sehr froh sein werden, wenn sie mich los sind.«

»Stimmt!« sagte Helmut grob. »Mit jemandem, der nichts riskiert, kann man nicht spielen.«

»Danke, Helmut, das habe ich mir gedacht. Aber glaub nur nicht, daß du mich kränken kannst. Dazu imponierst du mir nicht genug. Du hast dir Kumpel ausgesucht, denen du haushoch überlegen bist, und das nutzt du aus. Wenn ich nicht mehr mit von der Partie bin, wirst du der Sieger sein. Ich gratuliere im voraus.«

»Mein Gott, Monika, nun sei doch nicht so!« sagte Oliver ärgerlich.
»Was dich betrifft: du brauchst keine Angst haben, mich zu stören, wenn du dich irgendwann mal entschließen solltest, doch zu Bett zu gehen. Ich schlafe heute nacht in Marias Zimmer.«

Am nächsten Morgen schlief Oliver lange. Es war schon zwölf Uhr vorbei, als er sich endlich rührte. Monika, längst geduscht und angezogen, ging in die Küche, setzte die Kaffeemaschine in Gang, band sich eine Schürze um und bereitete einen Brunch vor. Sie briet Speck, Spiegeleier und Würstchen.
Er erschien in seinem Morgenmantel, unrasiert, mit dunklen Schatten unter den Augen, und brummte einen Gruß, den Monika munter erwiderte.
Sosehr sie sich auch über ihn geärgert hatte, spürte sie doch instinktiv, daß es nicht der richtige Augenblick war, ihm Vorhaltungen zu machen. Bestimmt war er verkatert und in schlimmer Verfassung, da er wahrscheinlich Geld verloren hatte.
»Essen wir gleich hier, ja?« sagte sie, legte Brettchen auf den Tisch und stellte die heißen Pfannen darauf; sie schenkte ihm und sich selber Kaffee ein.
»Du bist gestern ganz schön auf Helmut losgegangen!« tadelte er sie.
»Höchste Zeit, daß ihm jemand mal die Meinung gegeigt hat.«
»Er ist sehr wichtig für mich.«
»Weil er bei einer Schallplattenfirma arbeitet? Das verstehe ich nicht. Du hast doch einen ordentlichen Beruf.«
»Du verstehst überhaupt nichts.«

»Im Gegenteil. Allmählich wird mir manches klar, zum Beispiel, warum Maria so gegen deine Freunde eingenommen ist.«
»Laß meine Mutter aus dem Spiel!« entgegnete er heftig.
Sie begriff, daß sie nahe daran war, das zu tun, was sie hatte vermeiden wollen: ihm eine Szene zu machen. »Streiten wir uns doch nicht«, bat sie, »das ist so sinnlos. Iß lieber!«
»Ich mag keine Eier!« Er schob die Pfanne mit den Spiegeleiern angewidert von sich.
»Dann halt dich an die Würstchen. Wenn du erst was im Magen hast, wirst du dich gleich besser fühlen.«
»Wie kommst du darauf, daß es mir nicht gut ist?«
»Schau mal in den Spiegel!«
Es klingelte an der Wohnungstür.
»Das wird sicherlich einer von deinen Kumpeln sein«, meinte sie.
»Wir haben uns nicht für heute früh verabredet, falls du das glauben solltest.«
»Früh ist gut!« sagte sie, stand auf und ging durch das Wohnzimmer in den Vorraum.
Als sie öffnete, sah sie sich zwei uniformierten Polizisten gegenüber. Beide hatten die Schirmmützen abgenommen. Obwohl sie nichts Böses ahnte, erschrak sie doch, wie es den meisten Menschen geschieht, wenn sie sich mit den Vertretern der Staatsgewalt konfrontiert sehen. Die Männer grüßten leicht verlegen.
»Ist etwas passiert?« fragte Monika.
»Lassen Sie uns, bitte, hinein!« sagte einer der beiden, ein sehr großer Mann mit breiten Schultern und einem runden glattrasierten Gesicht.
Monika kam der Gedanke, nach ihren Ausweisen zu fragen. Aber dann erschien ihr das dumm, denn sie sahen zu glaubhaft wie Polizisten aus. Der Kleinere war schlank,

hatte dunkle Augen, einen durchdringenden Blick und trug einen gepflegten Schnauzer.
»Bitte«, sagte sie deshalb nur und trat einen Schritt zurück.
Wieder war es der Größere, der sprach, als sie im Vorraum standen. Der Kleinere schloß die Wohnungstür.
»Ich nehme an, Sie sind Frau Baron ... Frau Monika Baron?«
»Ja.«
»Sind Sie allein?«
Jetzt griff der mit dem Schnauzer ein. »Das ist doch ganz egal, Egon!« Er straffte die Schultern und zog sich seine Uniformjacke glatt. »Wissen Sie, wo Ihre Schwiegermutter ist? Frau Maria Baron ist demnach Ihre Schwiegermutter, nicht wahr?«
»Sie ist zu ihrer Freundin nach Berchtesgaden gefahren ... warten Sie, ich hole ihre Adresse!« Sie wandte sich zum Wohnzimmer.
»Das ist nicht nötig!« sagte der Beamte rasch. »Frau Maria Baron ist nicht in Berchtesgaden. Sie ist in München.«
»Aber mein Mann hat sie gestern zum Zug gebracht!«
»Sie ist nicht eingestiegen, Frau Baron. Sie ist in ein Hotel gegangen. Gleich beim Bahnhof.«
Jetzt begriff Monika. »Oh, mein Gott!« sagte sie. »Deshalb hat sie sich von uns nicht mit dem Auto bringen lassen!«
»So wird's wohl sein.«
»Hat sie ... sehr gelitten?«
»Mit Sicherheit nein.«
»Ich muß es meinem Mann sagen.«
»Das wäre gut. Er sollte gleich mit uns kommen, um sie zu identifizieren.«
Monika war sehr blaß geworden, fühlte sich wie gelähmt und rührte sich nicht von der Stelle.
Der große Polizist schlug vor: »Sollen wir das lieber übernehmen? Mit Ihrem Mann sprechen, meine ich?«

»Nein«, sagte Monika, »ich muß das wohl selber tun.« Sie brauchte Kraft, um sich umzudrehen, und merkte, daß ihre Schritte steif wie die einer Marionette waren.

Oliver sah nicht auf, als sie in die Küche kam. »Zeugen Jehovas?« fragte er.

»Nein.« Sie setzte sich wieder und legte ihre kräftige Hand auf seine feingliedrige. »Oliver«, sagte sie, »es ist etwas passiert ... etwas ganz, ganz Trauriges ...«

Jetzt erst blickte er auf. »Was ist los?«

»Etwas Schlimmes, Oliver. Mit Maria. Zwei Polizisten sind da.«

Er lachte auf. »Nun erzähl mir bloß, sie hat auf ihre alten Tage etwas angestellt!«

»Sie ist gar nicht nach Berchtesgaden gefahren, Oliver, sie ist hier in München in einem Hotel abgestiegen.«

Er verstand immer noch nicht.

»Wozu das denn?«

»Um zu sterben, Oliver!«

Die Wahrheit durchzuckte ihn wie ein elektrischer Stromstoß. »Sie ist tot?« schrie er.

»Ja, Oliver.«

»Weil ich gepokert habe! Ich hatte ihr geschworen, nie mehr eine Karte anzurühren!« Er verbarg sein Gesicht in den Händen und brach in Tränen aus.

Monika kniete sich vor ihn hin und nahm ihn in die Arme. »Aber, Oliver, das bildest du dir doch nur ein! Das eine hat mit dem anderen gar nichts zu tun. Sie war krank, schwer krank. Sie wußte seit langem, daß sie sterben mußte!«

Der große Polizist kam in die Küche. »Können wir helfen?«

Monika sah zu ihm auf. »Ich weiß nicht.«

»Haben Sie Beruhigungstabletten im Haus?«

»Nein. Meine Schwiegermutter hatte schmerzstillende Mittel. Aber ob das das richtige wäre?«

Oliver schluchzte immer noch fassungslos.
»Scheint mir ein Nervenzusammenbruch zu sein. Wir werden wohl am besten den Polizeiarzt verständigen, damit er ihm eine Spritze gibt. Bis dahin stecken wir ihn am besten wieder ins Bett.« Abschätzig fügte er hinzu: »Da scheint er ja auch gerade erst herzukommen.«
Monika hörte ihn im Wohnzimmer mit seinem Kollegen reden, während sie Oliver in den Armen wiegte. »Komm, steh auf!« redete sie ihm sanft zu. »Du mußt wieder ins Bett. Ich helfe dir! Komm, mach dich nicht schwer!« Sie war erfüllt von Liebe und unendlichem Mitleid. Mühsam gelang es ihr, ihn auf die Beine zu stellen. Ohne Hilfe der Polizisten wäre es ihr nicht gelungen, ihn ins Schlafzimmer zu bringen. Im Bett krümmte er sich zusammen wie ein Fötus und verbarg sich unter der Decke.
»Scheint ziemlich an ihr gehangen zu haben«, sagte der Polizist mit der Verachtung eines Mannes, der sich für sehr stark hält, auf ihn niederblickend.
»Sie war eine großartige Frau!« erklärte Monika und sah ihn zornig an.
»Wenn Sie es sagen, muß es ja wohl wahr sein«, sagte der Polizist und hielt ihrem Blick stand; aus seinen Augen sprach Bewunderung.
»Ich finde es sehr gut, daß er jetzt weint, viel besser, als den Schmerz in sich hineinzufressen.«
»Vor einer Frau wie Sie würde ich mich nicht so gehenlassen!«
»Was Sie tun würden, interessiert mich nicht. Bitte, gehen Sie jetzt. Lassen Sie mich mit meinem Mann allein.«
»Ganz wie Sie wollen. Ich werde warten.«
»Wozu?«
»Na, wie's aussieht, werden Sie wohl die Identifizierung durchführen müssen.«

»Aber mein Mann braucht mich doch!«
»Wenn er erst mal eine Spritze bekommen hat, wird er sich beruhigen. Es dauert ja nur kurz. Danach bringen wir Sie gleich wieder zurück.«
»Muß das denn sein? Sie hatte doch sicher ihren Ausweis?«
»Ja, aber der ist acht Jahre alt. Auf dem Foto sieht sie ziemlich anders aus. Wir müssen ganz sichergehen. Verstehen Sie?«
Der Polizeiarzt traf ein. Er war in Zivil, trat aber schneidig auf und erfaßte die Situation sofort.
»Sie haben recht«, sagte er zu Monika, als er die Einwegspritze in den Papierkorb warf, »der Patient sollte jetzt nicht allein bleiben. Ich habe leider keine Zeit.« Er wandte sich an den Polizisten. »Wie wär's dann mit Ihnen? Ihr Kollege kann die Frau doch bestimmt auch allein zur Identifizierung bringen und holt Sie dann nachher wieder ab.«
»Ich? Was soll ich hier?«
»Aufpassen zum Beispiel, daß er nicht aus dem Fenster springt.«
»So was tut doch kein normaler Mensch, bloß weil die Mutter gestorben ist.«
»Der Patient befindet sich in einem nicht normalen Zustand. Wenn die Nerven erst mal außer Kontrolle geraten, kann jeder von uns Dinge tun, die für ihn ein paar Stunden später schon unbegreiflich sind.« Er schloß seine Bereitschaftstasche und sagte zu Monika: »Gehn wir. Der Mann bleibt hier.« Zu dem Polizisten gewandt: »Sie sind mir für den Patienten verantwortlich!«
Monika holte ihre Handtasche und vergewisserte sich, daß sie ihre Schlüssel hatte.
Der Polizist mit dem Schnauzer wartete auf sie im Vorraum und half ihr fürsorglich in eine Jacke. »Darf ich mich übrigens vorstellen«, sagte er, »mein Name ist Strecker.«

Erst als sie neben ihm im Streifenwagen saß und er losfuhr, fragte sie: »Wie ist es passiert?«

»Sie traf gestern gegen Mittag im Hotel ein, sagte, daß sie von einer längeren Reise käme und sehr ermüdet sei. Sie sagte, daß sie nur eine Nacht bleiben wolle, und zahlte im voraus. Als sie auf ihrem Zimmer war, hängte sie dann gleich dieses Schildchen ›Bitte nicht stören‹ vor die Tür. Das Stubenmädchen nahm auch heute morgen darauf Rücksicht. Erst als es auf zwölf Uhr zuging, klopfte sie an. Da sich drinnen nichts rührte, benachrichtigte sie den Geschäftsführer. Der Schlüssel war von innen abgezogen, und so konnten sie ohne weiteres mit dem Passepartout öffnen.« Er sah Monika von der Seite an. »Sehr überlegt das Ganze. Sie wollte Ihnen den Schock ersparen.«

»Ja«, sagte Monika, »sie war eine sehr bedachtsame Frau.«

»Wissen Sie, warum sie es getan hat?«

»Sie war unheilbar krank. Krebs.«

»Ach so. Sie hat Ihnen übrigens einen Brief hinterlassen. Sie können ihn lesen.« Er bog in die Prinzregentenstraße und mußte warten, bis er sich in den Verkehr einordnen konnte. »Aber danach muß ich ihn vorläufig zu den Unterlagen nehmen.« Aus der Innentasche seiner Uniformjacke zog er einen Umschlag und reichte ihn ihr.

Der Brief war noch ungeöffnet. In Maria Barons steiler, zittrig gewordener Schrift standen Olivers und Monikas Namen darauf und ihre Anschrift.

Monika zögerte. »Wie hat sie es gemacht? Mit Tabletten?«

»Nein.« Er gab Gas. »Mit einer Spritze. Wahrscheinlich Morphium.«

»Aber sie bekam in letzter Zeit Morphium. Müßte sie nicht daran gewöhnt gewesen sein?«

»Es kommt auf die Menge an. Sie hat sich eine entsprechende Überdosis gegeben. Vielleicht hatte sie sie vom

Arzt, vielleicht hat sie es sich aber auch zusammengespart, immer etwas weniger genommen, als ihr der Arzt verschrieben hat.«
»Ja«, sagte Monika, »das hätte zu ihr gepaßt.«
»Der Arzt wird es jedenfalls so darstellen. Es wäre allerdings auch möglich, daß sie die Überdosis von ihm verlangt hat. Aber natürlich wird er das nicht zugeben. Trotzdem wäre es gut, wenn Sie mir Namen und Adresse nennen könnten. Schwierigkeiten bekommt er sicher nicht.«
Monika sagte sie ihm.
»Muß ich mir aufschreiben.«
Sie hielt den Brief immer noch in der Hand. »Kann ich den später lesen? Ich möchte sie erst sehen.«
»Sie haben sich gut mit ihr verstanden?«
Ja, sehr. Allerdings kenne ich sie noch gar nicht so lange. Ich bin noch kein Jahr verheiratet. Trotzdem ... es ist so erschütternd. Sich vorzustellen, daß ein Mensch ganz allein einen solchen Entschluß faßt. Sich ganz allein hinlegt, um zu sterben. Ein Unfall wäre natürlich auch schlimm gewesen ... aber das!«
»Denken Sie immer daran: es war ein leichter Tod, und er war freiwillig.«
»Gerade deshalb! Ich meine ... ich habe gelernt, daß das eine Todsünde ist.« Sie wußte selber nicht, warum sie mit diesem wildfremden Menschen so offen sprach, aber nachdem sie den ersten Schock überwunden hatte, empfand sie das Bedürfnis, sich durch Worte zu befreien.
»Sie sind katholisch?« fragte er.
»Ja. Sie war es allerdings nicht.«
»Die Kirche sieht eine Sünde darin. Da haben Sie recht. Aber ich meine, Sie sollten sich mit dieser Vorstellung nicht unnütz plagen. Sie mußte ja sterben. Daß sie das Verfahren abgekürzt hat, nun ja.«

»Sie ist Gottes Willen nur ein wenig zuvorgekommen, meinen Sie?«
»Vielleicht hat sie ihn sogar unterstützt. Vielleicht wollte er es so. Wer kann das wissen? Wenn man es genau nimmt, im kirchlichen Sinne, müßte man ja auch gegen jede lebensrettende Operation sein. Es gibt Sekten, die so denken. Im Mittelalter hat man nicht gewagt, Feuer zu löschen. Man hat es als Gottes Wille angesehen, daß es abbrannte, und hat nur gebetet und Heiligenbilder in die Flammen geworfen. Die Einstellung zu all diesen Dingen hat sich doch sehr geändert.«
»Ich habe vorher nie darüber nachgedacht.«
»In meinem Beruf wird man auf solche Probleme gestoßen, wenn man überhaupt an irgend etwas glaubt.«
»Ich hatte Polizisten immer für ziemlich zynisch gehalten.«
»Nach außen hin mag es manchmal so scheinen. Aber wir sind ja Ordnungshüter. Was für ein Beruf wäre das, wenn wir die Welt nur als ein Chaos sähen?«
»Da haben Sie recht.«
»Also machen Sie sich mal nicht so viel Gedanken um das Seelenheil Ihrer Schwiegermutter. Das ist es doch, was an Ihnen nagt?«
»Ja.«
»Wenn Sie es ganz kirchlich sehen wollen; dann gäbe es ja auch noch das Fegefeuer. Auf ewig verdammt ist man, wenn man sich selber ein wenig Sterbehilfe geleistet hat, jedenfalls bestimmt nicht. Mein Wort darauf.«
Zum ersten Mal konnte sie wieder lächeln. »Sie sind sehr nett.«
Sie hatten inzwischen die Stadt durchquert und den Hauptbahnhof erreicht.
»Parken wir lieber hier«, sagte er, »die haben es nicht gern, wenn ein Streifenwagen vor dem Haus steht. Ist ja auch

verständlich. Es sind nur noch ein paar Minuten zu Fuß bis zum Hotel.«
Er stellte das Auto ab, sie stiegen aus, und er verschloß es, nachdem er noch eine Meldung an die Zentrale durchgegeben hatte. Es war ein sonniger Sonntag, und die Straßen waren verhältnismäßig leer, weil viele Münchner ins Freie gefahren waren. Es war merkwürdig, an einem solchen Tag mit dem Tod in Berührung zu kommen. Ein wolkenverhangener Himmel, dachte Monika, hätte besser gepaßt. Sehr merkwürdig schien es ihr auch, daß das Hotel, in dem Maria Baron ihrem Leben ein Ende gesetzt hatte, in der Schillerstraße lag, schräg gegenüber von ›Arnold & Corf‹. Aber sie sprach nicht darüber, weil sie sich selber sagte, daß es sicher nur ein Zufall war.
In der Halle verständigte sich der Polizeibeamte mit einigen halblaut gesprochenen Worten mit dem Empfangschef. Sie bekamen den Zimmerschlüssel und fuhren mit dem Lift in den dritten Stock. Niemand war auf dem Gang. Strecker schloß auf, trat als erster in das Zimmer, sah sich kurz um und ließ sie dann eintreten.
Maria Baron lag auf dem Bett. Ihr abgezehrtes Gesicht war eingefallen, die Nase stach größer denn je daraus hervor. Ein tiefer Ernst lag in ihren Zügen. Aber sie wirkte ganz friedlich.
»Ja, sie ist es«, sagte Monika, »das ist meine Schwiegermutter, Frau Maria Baron.«
»Kommen Sie«, sagte er und legte die Hand unter ihren Ellenbogen.
»Darf ich noch bleiben? Nur einen Augenblick? Allein, bitte.«
»Ich warte draußen.«
Monika trat an das Bett und legte die Hand auf die Wange der Toten. Sie war eiskalt. Monika zuckte zurück, zwang

sich dann aber, sie noch einmal sanft zu berühren. »Arme Maria«, sagte sie halblaut, »tapfere Maria! Jetzt hast du es jedenfalls überstanden. Gott wird deiner Seele gnädig sein.« Sie betete ein leises Vaterunser. Dann nahm sie den Brief aus ihrer Handtasche und öffnete ihn.
»Meine lieben Kinder«, hatte Maria geschrieben, »es tut mir unendlich leid, Euch solchen Kummer bereiten zu müssen. Aber ich konnte nicht anders. Ich wollte kein Pflegefall werden, Euch nicht diese Last aufbürden. Ihr müßt einsehen, daß es besser so ist, für uns alle.
Ich sterbe in der Gewißheit, daß Du, Oliver, eine gute Frau gefunden hast. Haltet zusammen und verlaßt Euch nie, auch wenn es nicht leicht werden wird. Ich habe Dir meinen Sohn ans Herz gelegt, Monika. In Liebe Eure Mutter.«
Darunter stand, unterstrichen: »Ich möchte ein stilles Begräbnis. Meine Leiche soll verbrannt und die Urne im Grab meines Mannes beigesetzt werden. Kein Pfarrer, bitte, keine Trauergäste. Das ist mein Letzter Wille.«
Diese Worte schockierten Monika. Auf dem Karberg wäre ein Begräbnis ohne Feierlichkeit nicht denkbar gewesen. Sie verstand noch, daß Maria keinen Rummel am Grab haben wollte, keine Reden und keinen Leichenschmaus. Aber daß sie sich die Einsegnung verbat, das konnte sie nicht begreifen. Hatte sie denn an nichts geglaubt? Monika spürte schmerzlich, wie wenig sie die Schwiegermutter doch gekannt hatte.
Sie steckte den Briefbogen wieder in den Umschlag und gab ihn, als sie das Zimmer verließ, dem Polizisten. »Wie soll es nun weitergehen?« fragte sie.
»Es tut mir sehr leid, aber sie muß zur Autopsie. Sie wird heute nacht abgeholt. Der Hotelbetrieb darf nicht gestört werden, Leichen sind nicht gerade eine gute Reklame.«
»Und dann?«

»Wenden Sie sich am besten an ein Bestattungsinstitut. Das wird dann alles übrige veranlassen. Nach Ihren Wünschen.«
»Danke«, sagte Monika.
»Sie haben mir nichts zu danken. Es wäre schön für uns, wenn alle Hinterbliebenen es uns so leicht machen würden.«

Oliver schlief den Tag und die ganze Nacht durch. Monika wagte nicht, sich zu ihm zu legen, ihn aber auch nicht allein zu lassen. So trug sie abends die Matratze aus Marias Bett vor die geöffnete Tür und hielt Wache. Sie selber schlief wenig, aber das machte ihr nichts aus. Es gab so vieles zu überdenken.
Als Oliver aufstand, hatte er sich gefaßt, aber er wirkte bedrückt und wie abwesend. Am liebsten hätte er sich gleich wieder ins Bett gelegt. Aber Monika tat ihr Bestes, ihn mit guten Worten und starkem Kaffee munter zu machen. So brachte sie ihn immerhin dazu, sie zu einem Bestattungsinstitut zu fahren. Aber während sie einem gepflegten, professionell teilnahmsvollen älteren Herrn den Fall schilderte und mit ihm verhandelte, blieb Oliver stumm, als ginge ihn das alles nichts an.
Der Mitarbeiter des Bestattungsinstituts versicherte, daß die Bestattung keine Schwierigkeiten machen werde. Er werde sich mit dem Gerichtsmedizinischen Institut in Verbindung setzen. Sobald die Leiche freigegeben sei, werde sie abgeholt und zum Krematorium gebracht werden. Dort werde sie ohne jedwede Feierlichkeit verbrannt werden. Man solle sich dann, nach telefonischer Rücksprache, mit einem Gärtner am Tor des Ostfriedhofes treffen und gemeinsam zum Grab des alten Baron gehen.
»Du mußt in der Firma anrufen«, sagte Monika, als sie

wieder auf der Straße standen, »das hättest du gleich heute früh tun sollen. Ich habe nicht daran gedacht.«
»Tu du's für mich, ja?« bat er.
Sie hatte Verständnis dafür, daß er nicht mit Außenstehenden über den Tod seiner Mutter sprechen wollte, und erfüllte ihm den Wunsch.
Die Tage bis zur Beerdigung verliefen schleppend. Monika machte sich daran, die Adressen von Marias Verwandten und Bekannten zusammenzusuchen, und schrieb kurze Briefe, in denen sie das Hinscheiden ihrer Schwiegermutter mitteilte. Oliver saß währenddessen tatenlos herum. Das Wetter war wunderbar, und Monika versuchte ihn dazu zu bewegen, mit ihr im Englischen Garten oder in den Isarauen spazierenzugehen. Aber als er es ablehnte, bestand sie nicht darauf. Vielleicht wäre es wirklich pietätlos gewesen. Sie hatte nur gedacht, daß es ihnen beiden gutgetan hätte.
Statt dessen redete sie mit ihm über seine Mutter.
Er tat, als interessierte ihn das nicht mehr. »Es ist vorbei. Was soll's also?«
Aber sie ließ nicht locker. Fast wortgetreu gab sie den hinterlassenen Brief wieder, schilderte ihm, wie friedlich Maria auf dem Totenbett gewirkt hatte, und berichtete ihm von ihrem Gespräch mit dem Polizisten Strecker. Sie erzählte ihm auch, wie lange Maria schon krank gewesen war. Daß sie schon vor mehr als einem Jahr, als sie sich kennengelernt hatten, gewußt hatte, daß sie sterben mußte. Es gelang ihr, ihm sein Schuldbewußtsein zu nehmen. Er begann sich von dem schweren Schlag zu erholen. Als er am Dienstag abend den Fernseher einschaltete, wußte sie, daß die Krise überwunden war.
Die Beisetzung der Urne hatte nichts Feierliches und Bedrückendes an sich. Es war nicht viel anders, als würde man einen neuen Blumenstock eingraben. Erst jetzt, nach-

träglich, war Monika froh darüber, daß Maria es so gewollt hatte. Der Himmel war blau, die Vögel jubilierten, und die Pflanzen auf den Gräbern wucherten üppig.
Monika hielt während der kurzen Zeremonie Olivers Hand ganz fest, um ihm die eigene Kraft zu übertragen. Seine Augen blieben tränenlos, und er zitterte nicht. Aber er schien, trotz der Wärme des Tages, zu frieren. Seine Hand war eiskalt.
Als sie den Friedhof verlassen hatten und in Olivers Kabriolett stiegen, sagte er überraschend: »Du, ich habe eine Idee!«
Erfreut, daß er wieder Initiative entwickelte, rief sie: »Das ist ja fabelhaft!«
»Es ist eine wirklich gute Idee!« behauptete er. »Laß uns ein paar Tage wegfahren, ja?«
Das hatte sie nicht erwartet, und sie erschrak. »Aber du mußt doch zu ›Arnold und Corf‹!«
»Das ist doch nicht so wichtig. Glaubst du, ich könnte mich jetzt schon auf die Arbeit konzentrieren? Besser erscheine ich erst gar nicht, als daß ich Fehler mache.«
Sie sah ihn von der Seite an. Er sah sehr elend aus. Vielleicht brauchte er tatsächlich ein paar Tage Erholung. »Du solltest zum Arzt gehen«, schlug sie vor.
»Wozu? Bis heute bin ich entschuldigt, und um zwei Tage blauzumachen, brauche ich kein Attest.«
»Du könntest ein Stärkungsmittel brauchen, Vitamine oder was weiß ich.«
»Ich brauche nichts als ein paar Tage weg von dem allem ... ein paar Tage mit dir allein! Bitte, sei jetzt nicht kleinkariert!«
Sie war gerührt. »Na gut«, sagte sie, »einverstanden.«
Er strahlte. »Ich wußte, du würdest Verständnis haben!«
»Mir würde ein Tapetenwechsel auch guttun«, gab sie zu.

»Dann also ... up and away!«
»Ich werde ganz rasch unsere Koffer packen!«
»Nichts da! Wir fahren so, wie wir sind! Alles, was wir brauchen, kriegen wir auch unterwegs.«
»Aber, Oliver ...«
Er fiel ihr ins Wort. »Widersprich ein einziges Mal nicht, wenn ich etwas vorschlage. Du wirst sehen, es macht Spaß.«
Monika war froh, daß er sich wieder ganz gefangen zu haben schien. Sie selber hatte im Grunde auch keine Lust, erst noch einmal in die Wohnung zurückzukehren. So brausten sie also los.
Als sie die Stadt hinter sich gelassen hatten, erfaßte Monika eine ungeahnte Erleichterung. Wieder durchströmte sie dieses seltsame beglückende Gefühl, mit ihm bis ans Ende der Welt fahren zu mögen. Sie erinnerte sich, daß sie es schon einmal so empfunden hatte, damals, als sie sich gerade erst kennengelernt hatten. Es war wie ein Wunder, daß sie es nach alldem, was inzwischen geschehen war, noch so stark spürte.
Oliver fuhr nur bis Kufstein über die Autobahn, denn sie hatten es ja nicht eilig. Außerdem konnte er so das Dach seines Kabrioletts öffnen. Er tat es, nachdem sie im »Hotel Alpenrose« zu Mittag gegessen hatten. Als sie einige Stunden später in Innsbruck ankamen, hatten sie beide schon Farbe bekommen. Sie stiegen im »Hotel Europa« ab und gingen dann sofort einkaufen. Auf der breiten Maria-Theresien-Straße lag ein elegantes Geschäft neben dem anderen. Aber mehr noch als die Auslagen gefiel ihnen die Straße selber, auf der die Alpen zum Greifen nahe schienen.
Natürlich gaben sie mehr Geld aus, als sie vorgehabt hatten. Das meiste bezahlte Oliver mit American Express.

Aber Monika verscheuchte jeden Gedanken an Sparsamkeit. Das unbekümmerte Beisammensein wog alles andere auf. Es war ja auch noch ein guter Teil ihrer Mitgift vorhanden. Besser und vernünftiger als für ihr eigenes Glück konnte das Geld gar nicht angelegt werden.
Am Abend aßen sie gemütlich im »Europa-Stüberl«. Danach gingen sie zum Tanz. An einem Mittwoch abend außerhalb der Ferienzeit vergnügten sich zu den Klängen einer Combo vorwiegend einheimische Jugendliche und Studenten. Monika und Oliver fühlten sich mit ihnen jung. Aber es zog sie schon bald in ihr Hotelzimmer zurück. Sie hatten sich fast eine Woche nicht mehr geliebt, und jetzt, von jedem Druck befreit, entflammte ihre Leidenschaft wie nie zuvor.
Den nächsten Tag blieben sie in Innsbruck, weil ihnen die Stadt so gut gefiel. Sie schlenderten durch die Altstadt, bewunderten das »Goldene Dachl«, wie es sich für Touristen gehörte. In einem »Beisel« mit niedriger Holzbalkendecke aßen sie Tiroler Speck und tranken Rotwein dazu. Am Nachmittag fuhren sie zur »Hungerburg« hinauf und ließen sich die Sonne auf die Nase scheinen.
Am nächsten Morgen starteten sie früh mit dem Ziel Bozen. Ihre Tage verliefen fast immer nach dem gleichen Schema: tagsüber spazierengehen, wandern oder bergsteigen, ein kleines Mittagessen, viel Obst, manchmal ins Kino, abends groß ausgehen und tanzen, danach miteinander ins Bett. Es war eine wunderschöne und unbeschwerte Zeit. Doch je näher der Tag der Heimreise rückte, desto mehr sank Olivers gute Laune.
Als sie am Sonntag mittag wieder in Innsbruck eintrafen, flehte er Monika geradezu an: »Bitte, mein Herz, laß uns noch etwas bleiben! Wir haben so vieles noch nicht getan! Wir könnten schwimmen gehen, eislaufen ...«

»Du weißt, daß es nicht möglich ist.«
»Nein, das weiß ich nicht. Ich sehe es nicht ein.«
»Du hast einen Beruf, Oliver, eine feste Stellung! Wir brauchen dein Gehalt, Marias Pension fällt jetzt fort ...«
»Das macht doch nichts!«
»Bitte, Oliver, bitte! Sei vernünftig!«
»Ich will nicht.«
»Überleg mal, was deine Mutter dazu gesagt hätte!«
Sein Gesicht verdüsterte sich. »Sie hat mir nichts mehr zu sagen.«
»Dafür aber ich. Ich bin deine Frau, Oliver, und ich weiß, was für uns beide gut ist. Wir müssen nach München zurück, und du mußt morgen wieder bei ›Arnold und Corf‹ erscheinen.«
Er gab nach, aber nicht aus Einsicht, sondern weil er sich gezwungen sah. Auf der Rückfahrt nahmen sie die Autobahn.

Monika hatte die Idee, die große Wohnung aufzugeben, denn die Miete erschien ihr sehr hoch. Aber als sie die Mietangebote in den Tageszeitungen studierte, stellte sie fest, daß in München wesentlich kleinere Wohnungen auch nicht entscheidend billiger waren. Das Haus, in dem sie lebten, gehörte einem alten Herrn, der sich wenig darum kümmerte, aber auch die Mieten seit Jahren nicht mehr erhöht hatte. Da Monika wußte, wie sehr Oliver an seinem Flügel hing, den er anderswo kaum hätte unterbringen können, ließ sie den Plan wieder fallen.
Sie wünschte sich ein Kind. Aber sie mußte einsehen, daß dies finanziell nicht möglich war. Sobald ihre Arbeitslosenunterstützung fortfiel, und das würde in absehbarer Zeit geschehen, würden sie sehr knausern müssen, um zu zweien über die Runden zu kommen. Deshalb sprach sie erst gar nicht darüber. Es war unbedingt nötig, daß sie eine

neue Stellung fand. Aber das erwies sich als sehr schwierig. Auf Dutzende von Bewerbungen mit ihrem ausgezeichneten Zeugnis und ihrem Lebenslauf bekam sie nur Absagen. Sie verstand es nicht.
Ein einziges Mal wurde sie zu einem Vorstellungsgespräch gebeten. Eine Dame aus der Personalabteilung unterhielt sich sehr freundlich mit ihr. Monika war aufgeregt, ließ es sich aber so wenig wie möglich anmerken. Sie spürte, daß sie einen guten Eindruck machte, wußte auch, daß sie in dem grauen Jackenkleid, das sie sich für den Friedhof gekauft hatte, sehr gut aussah. Aber sie merkte auch, daß die mütterliche Dame auf der anderen Seite des Schreibtischs zögerte, eine Entscheidung zu treffen.
»Frau Baron«, sagte sie endlich, »natürlich sind Sie für den ausgeschriebenen Posten durchaus qualifiziert ...«
»Aber?«
»Ich hätte Sie gar nicht kommen lassen sollen. Es tut mir leid, wenn ich eine falsche Hoffnung erweckt habe.«
»Sie nehmen mich nicht?«
»Ich werde es Sie in den nächsten Tagen wissen lassen.«
Monika begriff, daß sie damit entlassen war, wollte aber nicht so schnell aufgeben. »Bitte«, sagte sie, »bitte, erklären Sie mir doch ganz offen, was mit mir nicht stimmt! Ich bekomme am laufenden Meter Absagen. Was mache ich falsch?«
»Gar nichts. Es ist nicht Ihr Fehler.«
»Liegt es daran, daß ich ein paar Monate ausgesetzt habe? Aber die Krankheit meiner Schwiegermutter war ein Notfall!«
»Ganz sicher. Daraus wird Ihnen niemand einen Vorwurf machen, im Gegenteil, es spricht für Sie. Ich will jetzt mal ganz ehrlich sein: es bestehen gewisse Bedenken, weil Sie so jung verheiratet sind.«

»Wieso?« fragte Monika und kam sich dumm vor.
»Da entsteht die Vermutung, daß Sie ... nun ja, ob gewollt oder ungewollt, in andere Umstände kommen könnten.«
»Daran ist gar nicht zu denken! Wir könnten uns ein Kind überhaupt nicht leisten!«
»Das sollten Sie in Zukunft vielleicht ganz deutlich in Ihrem Lebenslauf hervorheben. Aber da ist noch etwas anderes. Ihr Mann ist Programmierer, da muß er doch ganz gut verdienen, jedenfalls ausreichend für Sie beide.«
»Nur sehr knapp.«
»Aber immerhin, Sie kommen über die Runden. Ich habe Anweisung von oben, Bewerberinnen zu bevorzugen, die die Arbeit wirklich nötig haben. Ich halte das auch für sozial gerechter.«
»Aber ich brauche die Stellung!«
»Nicht so sehr wie andere.«
Monika erhob sich. »Jedenfalls danke ich Ihnen, daß Sie so offen mit mir gesprochen haben.« Sie rang sich ein Lächeln ab. »Daß Sie mich überhaupt empfangen haben. Das ist wesentlich mehr als einer dieser trockenen Absagebriefe nach Schema F.«
Sie war wirklich dankbar. Jetzt wußte sie wenigstens, wo die Schwierigkeiten lagen. Sie würde in Zukunft ihre Bewerbungen anders abfassen, wenn sie sich auch nicht entschließen konnte, die Tatsache, daß sie verheiratet war, einfach unter den Tisch fallen zu lassen.
Oliver fand es nicht wichtig, ob sie eine Stellung fand oder nicht. Vorläufig hatten sie ja noch genug Geld. Später würde sich schon alles finden.

Vorläufig hatte Monika auch noch genug im Haus zu tun. Jetzt, da Marias Schlafzimmer leer stand, wollte sie es für sich und Oliver nutzen. Es war groß und bequem und lag

unmittelbar neben dem Bad. Aber sie mochte ihm auch nicht zumuten, in einen Raum zu ziehen, der ganz von seiner Mutter geprägt war. Wenn Maria auch rücksichtsvoll genug gewesen war, in einem Hotelzimmer zu sterben, erinnerte doch alles sehr stark an sie und an ihr Ende.
»Wärst du damit einverstanden, wenn ich die Möbel weggäbe?« hatte sie ihn eines Morgens beim Frühstück gefragt, tatsächlich völlig unsicher, wie er sich zu ihrem Vorschlag verhalten würde; sie hielt es auch für möglich, daß er an diesen Dingen hing.
»Wer will das alte Gerümpel schon haben?«
»Sag das nicht! Das Bett, der Schrank und die Kommode sind tadellos, der Sessel müßte bloß neu gepolstert werden. Nur der Frisiertisch ist einigermaßen überholt. Aber vielleicht findet sich auch für den eine Liebhaberin.«
»Willst du etwa eine Auktion veranstalten?«
»Viel einfacher. Du weißt doch, daß ein Mann von der Diakonie ihre Kleider, ihre Wäsche und all das abgeholt hat. Der hat mich gefragt, ob ich die Möbel auch loshaben möchte. Die Diakonie würde sie mit Kußhand nehmen. Sie haben ein Lager dafür.«
»Und wieviel zahlen sie?«
»Nichts. Sie besorgen den Abtransport.«
»Ist das nicht ein bißchen wenig?«
»Eben hast du noch gesagt, es wäre ein altes Geraffel!«
»Mach es, wie du willst. Ich merke schon, du bist fest entschlossen.«
»Wenn du nicht einverstanden bist ...« sagte sie rasch.
»Aber ja doch. Meinen Segen hast du.«
Also hatte sie die Diakonie angerufen, und wenige Tage später war das Schlafzimmer leer gewesen. Jetzt erst wurde deutlich, in welch schlechtem Zustand sich die Tapeten befanden. Der Boden bestand, wie in den meisten Räu-

men, aus schönem alten Parkett. Er mußte nur abgezogen werden, aber die Wände brauchten einen Anstrich oder neue Tapeten.

»Das hast du nun davon«, war Olivers Kommentar gewesen, als er den Schaden sah.

»Nun sei doch nicht so! Wir können es ja selber machen!« hatte Monika gesagt.

Zuerst war er begeistert gewesen, hatte die Wände ausgemessen und mit ihr zusammen Tapeten ausgesucht. Aber schon dabei war ihm die Lust vergangen. Die Vielfalt der Muster verwirrte ihn, und keines entsprach seinen Vorstellungen.

»Dann streichen wir eben«, hatte Monika gesagt. »Das kannst du selber machen.«

Monika hatte schon kommen sehen, daß die ganze Arbeit an ihr allein hängenbleiben würde. Aber da war Sven eingesprungen. Er, der tagsüber nichts zu tun hatte, als für seine Abendschule zu lernen, hatte mit Vergnügen geholfen. Unentwegt werkelten sie zusammen. Sie strichen nicht nur die Wände in einem gedeckten Weiß, sondern auch die Decke, was besonders schwierig war wegen der Stukkaturen. Sven besserte sie sogar mit Gips sehr sorgfältig aus. Sie schmirgelten die Fensterrahmen ab und strichen sie mit Ölfarbe. Den Parkettboden zogen sie ab und bohnerten ihn.

»Du machst das alles fabelhaft!« sagte sie einmal, dankbar und bewundernd. »Warum bist du eigentlich nicht Handwerker geworden?«

Er zog eine Grimasse. »Mein Vater glaubt, ich sei zu Höherem geboren. Wenn man zu den feinen Leuten gehört, lebt man nicht von der Hände Arbeit.«

»Armer Sven! Ich bin sicher, es würde dir mehr Spaß machen als die Schule.«

»Worauf du wetten kannst.«

Da Monika nicht ihre letzten Geldreserven für neue Möbel ausgeben wollte, war ihr die Idee gekommen, sich nun ihrerseits im Lager der Diakonie umzusehen. Zusammen mit Sven durchstöberte sie die Räume, fand auch wirklich ein sehr schönes französisches Bett mit guter Matratze, in dem man zu zweit bequem schlafen konnte.
»Warum hat jemand das nur fortgegeben?« fragte sie erstaunt.
»Vielleicht war's ein Pärchen, das sich zerstritten hat«, meinte Sven grinsend.
Nachttische gab es in großer Auswahl, und sie suchten zwei heraus, die am besten zu dem Superbett paßten. Sie erstanden noch einen kleinen Sessel und einen Stuhl, auf den Oliver und sie abends ihre Kleider ablegen konnten, und einen Schrank, den sie – nun schon geübt – abbeizen wollten. Die ganze Einrichtung kostete nicht mehr als zweihundert Mark, und der Transport war umsonst. Die modernen Lampen, Glas mit Messing gefaßt, waren teurer als die übrige Einrichtung. Zusätzlich mußte sie noch zwei überbreite Laken erstehen, aber das war dann auch schon alles. Um den Raum gemütlicher zu machen, legte Monika einen Teppich aus dem Wohnzimmer hinein.
Oliver war begeistert. Er wollte Poster besorgen, aber ihr gefielen die weiß gestrichenen Wände so, wie sie waren. Auch er gewöhnte sich daran.
Monika hatte sich angestrengt, das Schlafzimmer so rasch wie möglich umzugestalten. Aber als es fertig war, fehlten ihr die Arbeit und auch das Beisammensein mit Sven. Jetzt blieb ihr nur noch der Haushalt und die Bewerbungsschreiben, die sie mit nie erlahmender Hoffnung verschickte. Sie war froh, als ihre Schwester zu Besuch kam.
Gabriele hatte inzwischen ihr Abitur bestanden, mit einer guten Note, die aber nicht gut genug war, ihr ein Studium

in den Numerus-Clausus-Fächern zu ermöglichen. Deshalb hatte sie sich entschlossen, Rechtswissenschaft zu studieren, ungeachtet dessen, daß sie als fertige Juristin kaum Chancen auf eine Anstellung haben würde. Jetzt war sie auf Zimmersuche.

Monika quartierte sie in dem ehemaligen Schlafzimmer ein. Sie und Oliver hatten sich entschlossen, sein Bett dort stehenzulassen, damit er dort übernachten konnte, wenn er einmal spät nach Hause kommen sollte und sie nicht stören wollte.

Gabrieles Suche nach einem Zimmer erwies sich als ebenso schwierig wie Monikas Bemühen um eine Stellung. Sie trösteten und ermutigten sich gegenseitig und hatten sich viel zu erzählen. Auch Oliver empfand die Anwesenheit der Schwägerin anregend. Manchmal spielten sie zusammen Skat. Freitagabend gingen sie zusammen aus. Dann waren Sven, Tilo oder Helmut mit von der Partie. Gabriele verstand sich gut mit Olivers Freunden.

Eines Tages sagte sie: »Du, ich bin wirklich gerne hier bei euch!«

Die Schwestern standen zusammen in der Küche, um eine warme Mahlzeit für den Abend vorzubereiten.

»Wir vertragen uns jetzt besser als früher, nicht wahr?« entgegnete Monika.

»Stimmt auffallend! Wenn ich gar kein Zimmer finde, könnte ich dann nicht einfach bei euch wohnen bleiben?«

Spontan wollte Monika zusagen, besann sich dann doch anders. Die Schwester für ein paar Wochen zu Besuch zu haben, das war gut und schön. Aber wenn Gabriele sich hier einnistete, würde sie, Monika, nie mehr einen Abend mit ihrem Mann allein sein. »Ich weiß nicht recht«, sagte sie, »wenn ich erst eine Stellung habe ...«

»Um so besser! Dann ist es für dich doch eine Erleichte-

rung, wenn ich einen Teil der Hausarbeit übernehme. Ich könnte zum Beispiel abends für euch kochen.«
Monika lächelte sie an. »Klingt sehr verlockend. Ich werde drüber nachdenken.«
»Ich würde natürlich Miete zahlen und meinen Anteil am Haushalt. Das Geld könnt ihr doch sicher brauchen.«
»Ja, schon. Aber du müßtest doch auch lernen. Du brauchtest einen Schreibtisch und ...«
»Ich würde mir das Wohnzimmer einrichten!« erklärte Gabriele. »Sieh mal, die Wohnung ist für euch zwei sowieso viel zu groß. Wir halten uns doch meist in Olivers Zimmer auf. Das Wohnzimmer braucht ihr überhaupt nicht.«
»Das hast du dir also alles schon fix und fertig in deinem kleinen Kopf zurechtgelegt!« sagte Monika und verbarg nicht, daß sie irritiert war.
»Hast du was dagegen?«
»Nur insofern es immer noch Olivers und meine Wohnung ist.«
»Er ist bestimmt damit einverstanden!«
»Hast du schon mit ihm gesprochen?«
»Nein«, behauptete Gabriele. Monika war nicht sicher, daß sie sich an die Wahrheit hielt. »Ich werd's mir überlegen«, sagte sie, »versprechen kann ich dir nichts.«
Je länger sie über Gabrieles Vorschlag nachdachte, desto mehr freundete sie sich mit ihm an. Die Schwester war ein Teil ihrer verlorenen Heimat, und wenn sie bei ihr in München wohnen blieb, wäre das eine gute Lösung für einen Teil ihrer Probleme. Sie zögerte eigentlich nur noch, weil Gabriele sie zu sehr bedrängte.
Endlich aber versprach sie: »Heute abend werde ich mit Oliver darüber reden!«
Aber dazu sollte es nicht kommen.

Oliver war sehr vergnügt, ja, geradezu aufgekratzt. »Hm, das duftet ja!« rief er, als er die Wohnung betrat. »Hoffentlich ist noch eine Flasche Sekt im Eisschrank!«
Monika war ihm entgegengelaufen und küßte ihn. »Haben wir! Nach dem Essen ...«
Er ließ sie nicht aussprechen. »Nein, jetzt!«
Gabriele kam mit der Flasche und einem Küchentuch. »Gibt es was zu feiern?« fragte sie.
»Wie man es nimmt!« Er nahm der Schwägerin Tuch und Flasche aus der Hand. »Rasch ein Glas!«
Monika hatte den Verdacht, daß er schon von Gabrieles Plan wüßte und daß sie überfahren werden sollte. Das paßte ihr gar nicht. Dennoch lief sie ins Wohnzimmer und holte drei Gläser aus dem Schrank. Die anderen kamen ihr nach.
»Was gibt's denn?« fragte Gabriele. »Erzähl schon, Oliver! Mach's nicht so spannend!«
»Erst der Sekt!« Geschickt öffnete er die Flasche, fing den Korken auf, der mit einem dumpfen Plop aus dem Hals fuhr, und schenkte die perlende Flüssigkeit ein. »Stoßen wir an, Kinder!«
Sie taten es und tranken. »Ab heute«, verkündete er vergnügt, »bin ich ein freier Mann!«
Monika erschrak bis ins Herz hinein. »Du hast doch nicht etwa gekündigt?«
»Wo denkst du hin, mein Herz! Ich bin doch nicht deppert. Nein, ich habe mich feuern lassen.«
»Oh, mein Gott!« Monika ließ sich auf den nächsten Stuhl sinken.
»Was hast du angestellt, Oliver?« fragte Gabriele.
»Gar nichts. Ich habe ein paar Fehler gemacht, zugegeben, aber es waren lächerliche Fehler. So was kann jedem passieren.«

»Aber das kann doch kein Kündigungsgrund sein!«
Oliver grinste. »Vielleicht war ich nicht reumütig genug. Aber ich hatte es ehrlich satt, mich dauernd anmotzen zu lassen.« Er wandte sich seiner Frau zu. »Monika, mein Herz, was machst du für ein Gesicht? Warum freust du dich nicht mit mir!«
»Jetzt sind wir beide arbeitslos«, sagte sie dumpf.
»Also paßt's doch! Wir können was zusammen unternehmen. Eine Reise irgendwohin. Du weißt, wieviel Spaß wir immer haben, wenn wir zusammen unterwegs sind.«
»Und ich passe so lange auf die Wohnung auf!« rief Gabriele.
»Mir scheint, ihr seid beide verrückt geworden«, erklärte Monika mit tonloser Stimme.
»Ich weiß gar nicht, was du hast!« behauptete Oliver. »Kannst du dir nicht vorstellen, wie froh ich bin, endlich diesen elenden Job loszuhaben?«
»Nein.«
»Du weißt nicht, was es heißt, Stunde um Stunde auf so einen blöden Bildschirm zu starren!«
»Du willst also deinen Beruf überhaupt aufgeben?«
»Keine Ahnung. Das muß ich ja auch jetzt noch nicht entscheiden. Erst mach' ich mal eine Weile Urlaub und erhole mich. Vielleicht drängt es mich danach ja geradezu wieder in die Arbeit.«
»Das glaube ich nicht.«
Er lachte. »Du kennst mich also doch einigermaßen.«
»Oliver, bitte!« Monika stellte das Glas, an dem sie kaum genippt hatte, auf den Tisch.
Gabriele sah einen Streit herankommen und rief: »Ich muß mich um das Essen kümmern!« und lief aus dem Zimmer.
»Trag's mit Fassung!« sagte Oliver. »Es ist ja nicht zu ändern. Es wird mir wirklich guttun, ein paar Wochen zu

Hause zu bleiben. Wenn du darauf bestehst, werde ich mich sofort um eine neue Stellung kümmern.«
»Das wäre mir sehr lieb.«
»Komm, sei nicht so! Lach ein bißchen! Du tust gerade so, als wär's eine Tragödie, daß ich meinen Arbeitsplatz verloren habe.«
»So kommt es mir auch vor.«
»Ach was! Deswegen müssen wir doch nicht verhungern.«
»Aber wir können die Wohnung nicht halten.«
»Unsinn. Ich kriege ganz schnell Arbeit, du wirst sehen. Aber erst mal verreisen wir, ja?« – »Nein.«
»Sei kein Spielverderber!«
»Das ist kein Spiel mehr, Oliver, es ist bitterer Ernst. Selbst wenn ich es wollte, ich könnte nicht. Ich habe nicht die Nerven, mich in einer solchen Situation zu amüsieren.«
»Und ich habe dich immer für eine starke Person gehalten, für einen Fels in der Brandung sozusagen.«
»Dann hast du dich in mir getäuscht.«
»Scheint mir auch so«, sagte er schmollend.
»Sei jetzt nicht beleidigt«, bat sie, »ich verstehe ja deinen Standpunkt, aber du siehst die Dinge nicht, wie sie sind.«
»Im Gegensatz zu dir!«
»Ja, Oliver. Ich habe über hundert Bewerbungen abgeschickt, und nur Absagen bekommen. Du machst dir keinen Begriff, wie das ist.«
»Und du hast keine Ahnung, wie es ist, wenn man sich acht Stunden und mehr am Tag mit diesen seelenlosen elektronischen Mistdingern abplagen muß. Ich kann mich genausowenig verstellen wie du. Ich bin froh, daß ich die Computer vom Hals habe.« Als er ihr Gesicht sah, fügte er einschränkend hinzu: »Wenigstens für eine Weile.«
»Aber das ist dein Beruf! Warum hast du dir den denn gewählt?«

»Weil Mutter es so wollte.« Er zog eine Grimasse. »Sie fand, daß es das Richtige für meine geschickten Finger wäre.«

Sie stand auf und nahm ihn in die Arme. »Armer Oliver!« sagte sie. Er tat ihr leid, und sie liebte ihn.

»Laß uns verreisen, bitte! Wenigstens für eine Woche oder so.«

»Nein«, sagte sie seufzend, »ich muß mich jetzt noch energischer um eine Stellung bemühen.«

Beim Essen waren Gabriele und Oliver dann vergnügt, ja, aufgekratzt; beide hatten ein volles Glas Sekt fast in einem Zug heruntergegossen und tranken weiter. Monika war sehr still.

Gabriele stieß sie unter dem Tisch an. »Hör mal, Oliver«, rief sie, »Monika hat dir auch etwas Interessantes zu erzählen!«

Jäh wurde Monika aus ihren Gedanken gerissen. »Nein!« sagte sie scharf.

»Wieso nicht? Du hattest mir doch versprochen ...«

»Jetzt ist alles anders.«

»Das versteh' ich nicht. Ihr braucht das Geld doch jetzt noch nötiger.«

»Ich höre immer Geld!« sagte Oliver. »Wollt ihr mir nicht, bitte, erklären ...«

»Nein«, sagte Monika wieder, »es hat sich erledigt.«

»Du kannst wirklich ganz schön dickköpfig sein«, sagte Gabriele enttäuscht.

»Ja, das kann sie«, stimmte Oliver ihr zu.

Monika funkelte die Schwester an. »Und du hast kein Gespür für das, was sich gehört!«

»Ich ahne nicht einmal, auf was du hinauswillst.«

»Dann bist du einfach dumm. Trotz deines vielgepriesenen Abiturs.«

Oliver spielte den Vermittler. »Nun zankt euch nicht«, sagte er gutmütig, »laßt uns doch fröhlich sein! Nachher musizieren wir zusammen, ja? Meint ihr, daß ihr zweistimmig singen könnt?« –

Es wurde doch noch ein sehr vergnüglicher Abend. Oliver riß Monika mit seinem Charme aus ihren düsteren Gedanken, und Gabriele kam nicht wieder auf ihr Anliegen zurück.

Aber als das junge Ehepaar dann allein in seinem Schlafzimmer war, fragte Oliver: »Worüber habt ihr euch eigentlich gestritten? Ich bin da nicht ganz mitgekommen.« Er lag schon im Bett, die Hände hinter dem Kopf verschränkt, und sah zu, wie sie sich auszog.

»Ach, das ist nicht von Belang«, erklärte sie ausweichend.

»Eurem Ton nach aber doch! Willst du es mir nicht erzählen?«

»Warum soll ich ein Geheimnis daraus machen?« Monika schlüpfte zu ihm unter die Decke. »Gaby möchte bei uns wohnen.«

»Aber das tut sie doch schon.«

»Für immer«, erklärte Monika, »während ihres ganzen Studiums. Sie möchte sich das Wohnzimmer einrichten.«

»Gar keine dumme Idee.«

»Das habe ich anfangs auch gedacht. Da wußte ich noch nicht, daß du deine Stellung verlieren würdest.«

»Was hat das damit zu tun?«

»Glaubst du, ich könnte arbeiten ... ich könnte mich auch nur um Arbeit bemühen, wenn ich wüßte, daß ihr beide hier zusammen seid?«

Er beugte sich über sie und sah ihr lächelnd in die Augen. »Eifersüchtig?«

»Ich könnte es nicht ertragen, dich zu verlieren.«

»Das wird nie geschehen. Niemals.«

»Ich kenne Gaby zu gut. Sie würde nicht davor zurückschrecken, sich an dich heranzumachen.«
»Aber ich mach mir doch gar nichts aus ihr.«
»Oh, ihr beide flirtet ganz schön.«
»Nur zum Spaß.«
»Mag sein. Aber ich möchte euch nicht miteinander allein lassen. Ich finde das einfach nicht richtig.«
»Meine kleine Spießerin«, sagte er zärtlich.
»Du hast gewußt, wie ich bin.«
»Und genau so gefällst du mir. Aber es ist dumm von dir, auf Gabriele eifersüchtig zu sein ... ausgerechnet auf Gaby! Die kann dir doch nicht das Wasser reichen!«
»Bitte, laß es nicht zu, Oliver! Bitte!«
»Natürlich nicht.« Er legte die Arme um sie und zog sie an sich. »Nie werde ich etwas zulassen, was dir Schmerzen bereitet, auch wenn sie nur aus deiner Einbildung kommen. Gleich morgen werde ich sie fragen, wann sie denn endlich Leine ziehen will.«
»Das wird ihr gar nicht gefallen.«
»Ist mir ganz egal. Hauptsache, du bist wieder glücklich.«
Sie küßten und sie liebten sich, und sie vergaß ihre Sorgen, wenigstens für eine Weile.

Ein paar Tage später erschien Sven und erklärte Monika, die ihm die Tür öffnete: »Es ist alles geregelt. Ich werde bei euch einziehen, wenn's recht ist.«
»Wie kommst du darauf?«
»Wie schon. Oliver hat mir von Gabys Plan mit dem Wohnzimmer erzählt ...«
»Er hat sich über mich lustig gemacht!«
»Deine Eifersucht hat ihm geschmeichelt. Was hattest du denn erwartet? Nun, ich habe mir die Sache durch den Kopf gehen lassen und mit meinem Vater gesprochen. Ich

hätte längst von zu Hause wegziehen sollen, und das ist nun die Gelegenheit. Was sagst du dazu?«
»Wenn du mir versprichst, daß ihr euch kein allzu gutes Leben macht ...«
»Wie meinst du das?«
»Das weißt du ganz gut. Ich möchte, daß er sich wieder Arbeit sucht.«
»Aber das ist doch selbstverständlich.«
»Hoffentlich.«
Gegen Svens Einzug konnte Monika nicht gut etwas einwenden. Dennoch hatte sie Bedenken, ob der Freund, der selber den lieben langen Tag herumhing, die richtige Gesellschaft für Oliver war. Andererseits war es auch gut für sie zu wissen, daß ihr Mann nicht allein sein würde, wenn sie endlich Arbeit gefunden hatte.
Natürlich freute Gabriele sich über diese unerwartete Entwicklung nicht. Sie spielte ein paar Tage die Beleidigte, während Sven sich mit Hilfe von Monika und Beratung von Oliver einrichtete. Sie selber zog aber erst aus, als das Semester schon begonnen und sie eine Kommilitonin kennengelernt hatte, die bereit war, sie bei sich aufzunehmen. Bis dahin lebten die vier jungen Leute ziemlich einträchtig zusammen und machten sich so viel Spaß wie möglich. Daß Monika nicht so vergnügt war wie die anderen, störte niemanden. Man hatte sie als schwerfällig und pessimistisch eingestuft, und so kam sie sich auch selber vor.
Unentwegt studierte sie Stellenangebote und verfaßte Bewerbungen. Jedesmal: wenn sie schreiben mußte: »Mein Mann ist arbeitslos«, tat es ihr weh. Andererseits hoffte sie, daß dieser magische Satz ihr doch irgendwann eine Tür öffnen würde. Tatsächlich kam es jetzt auch öfters zu Vorstellungsgesprächen, aber es klappte dann doch nie.
Sie war schon nahe daran, sich als »Junge, freundliche Da-

me zur Unterhaltung der Gäste« in einer Bar zu bewerben, denn die wurden ständig gesucht, schreckte aber doch noch davor zurück. Ihre Herkunft und ihre Erziehung sprachen dagegen, und sie konnte sich auch nicht vorstellen, daß sie Talent zu einem solchen Job haben würde. Aber sie war bereit, von ihren eigenen Berufsvorstellungen abzugehen und etwas ganz anderes zu versuchen. Sie stellte sich in einem Geschäft für Kleidermoden in der Theatinerstraße vor. Die Chefin, eine Frau Stadler, nahm sich Zeit für eine Unterhaltung.
»Ich habe zwar keine Lehre als Verkäuferin«, erklärte Monika, »aber ich bin sicher, ich könnte es lernen! Ich brauche eine Arbeit!«
»Das glaube ich Ihnen. Aber vor allem brauchen Sie wohl Geld, und als Hilfsverkäuferin ohne Ausbildung könnte ich Ihnen nur sehr wenig zahlen.«
»Das ist natürlich schlecht. Aber es wäre doch wenigstens ein Anfang.«
»Anfang von was? Das würde zu nichts führen.«
»Können Sie mir denn gar nicht helfen?«
»Würden Sie auch eine Arbeit nehmen, die mit vielen Überstunden verbunden ist?«
»Aber ja! Warum denn nicht?«
»Sie sind jung verheiratet ...«
»Hätte ich gewußt, daß es mir so sehr schaden würde, hätte ich es nicht getan!« sagte Monika impulsiv und erschrak über sich selber. »Nein, das stimmt nicht«, verbesserte sie sich, »ich liebe meinen Mann, und ich bin nicht dazu erzogen, mit jemandem ohne Trauschein zusammenzuleben. Nur habe ich nicht geahnt, daß ich dadurch solche Schwierigkeiten haben würde.«
»Es würde Ihnen nichts ausmachen, ihn oft allein lassen zu müssen?«

»Doch«, gab Monika zu, »schon. Aber auf meine Gefühle kommt es ja nicht an.«
»Da irren Sie sich. Es ist ein Unterschied, ob jemand ungern bei der Arbeit ist und dauernd auf die Uhr schielt, oder mit Lust und Liebe dabei ist.«
»Ich habe immer gern gearbeitet, und jetzt, wo ich so lange aussetzen mußte, sehne ich mich geradezu danach.«
»Sie machen mir doch nichts vor?«
»Nein«, sagte Monika und hielt Frau Stadlers prüfendem Blick stand, »bestimmt nicht.«
»Ich kenne vielleicht jemanden, der Sie brauchen könnte. Aber wenn ich Sie jetzt empfehle ... es fällt auf mich zurück, falls Sie versagen.«
»Ich werde Sie nicht enttäuschen.«
»Kennen Sie die ›Ziller-Moden‹?«
Monika erinnerte sich, große Anzeigen von »Ziller-Moden« für Kostüme, Jackenkleider, Mäntel und auch Kleider gesehen zu haben. »Nur dem Namen nach.«
»Hartmut Ziller, der Chef, sagte mir gestern, daß er dringend eine tüchtige und attraktive Kraft für sein Büro sucht. Sie könnten die Richtige sein.« Frau Stadler griff zum Telefon und ließ sich mit dem Chef der »Ziller-Moden« verbinden.
Monika saß da, ohne sich zu rühren, und lauschte mit angehaltenem Atem.
Nach dem üblichen Begrüßungszeremoniell hörte sie Frau Stadler sagen: »Nein, Hart, tut mir leid, es geht um keine Nachbestellung! Ich werde froh sein, wenn ich eure teuren Stücke los bin! Ich rufe aus einem anderen Grund an: suchst du immer noch eine Sekretärin? Ja? Vor mir sitzt eine sehr attraktive junge Dame, die ... wie alt?«
»Neunzehn Jahre«, sagte Monika.
»Neunzehn«, wiederholte Frau Stadler, »du wolltest doch

was Junges! Sehr gute Zeugnisse.« Sie lauschte eine Weile. »Ja, gut, ich schick' sie los. Nichts zu danken. Hoffentlich wird was draus. Ich melde mich wieder.« Sie legte den Hörer auf. »Er will Sie sehen. Jetzt gleich. Berg am Laim, Neumarkter Straße, nicht zu verfehlen. Am besten nehmen Sie ein Taxi. Haben Sie das Fahrgeld?«
»Ja, natürlich.« Monika schoß es durch den Kopf, daß sie sich nach diesem Vorstellungsgespräch mit Oliver im »Café Arzmiller« verabredet hatte. »Ich danke Ihnen so sehr!«
»Für mich wäre es schön, wenn ich Ihnen und Hartmut Ziller geholfen hätte! Der nächste Taxistand ist gleich gegenüber.«
Monika hatte daran gedacht, zum Taxistand am Odeonsplatz zu laufen. Dann hätte sie ins »Arzmiller« hineinspringen und Oliver Bescheid sagen können. Aber sie folgte dann doch dem Hinweis von Frau Stadler. Um nichts in der Welt wollte sie ihre Chance, und wenn sie auch noch so klein war, aufs Spiel setzen.

Das Gebäude der »Ziller-Moden« war ein riesiger, ganz schmuckloser grauer Kasten, tatsächlich unübersehbar, denn er war namentlich zweimal gekennzeichnet: einmal mit einem Messingschild neben dem Eingang und ein zweites Mal mit Neonbuchstaben auf dem Dach. Im Erdgeschoß links war eine Pförtnerloge, ringsum verglast. Eine Schranke versperrte die Einfahrt in den Hof.
Der Pförtner war auffallend jung. Wahrscheinlich, dachte Monika, ein Invalide. Obwohl er sehr freundlich war, machte er Schwierigkeiten, sie in das Haus zu lassen oder sie auch nur anzumelden. Niemand hatte ihn informiert, daß sie erwartet wurde. Endlich brachte sie ihn dazu, sich mit dem Chefsekretariat in Verbindung zu setzen.

»Ihr Name?«
»Monika Baron. Sagen Sie, bitte, Frau Stadler hat mich empfohlen. Sie hat vor etwa zwanzig Minuten selber mit Herrn Ziller gesprochen!«
Der Pförtner wiederholte am Haustelefon, was Monika ihm erklärt hatte. Dann endlich betätigte er den Türöffner.
»Siebter Stock. Sekretariat. Erste Tür links.« –
Es gab keine Empfangshalle, sondern der Eingangsraum war nur gerade so groß, daß er gegenüber der Haustür für zwei Glastüren Platz hatte, die offensichtlich zu Gängen parallel der Straße führten. Dazwischen lagen zwei Aufzüge, von denen nur einer bis zur Chefetage hochfuhr. Monika drückte auf den Knopf. Die Tür des Aufzugs öffnete sich. Monika stieg ein. Ihr Herz klopfte heftig, als er nach oben fuhr.
Sie bereute, während der Taxifahrt nicht in den Spiegel geschaut zu haben. Sie hatte sich das lange Haar im Nacken hochgesteckt und tastete danach, weil sie sich jetzt zerzaust fühlte. Aber alles schien in Ordnung. Es war ein kühler, herbstlicher Tag, und sie trug einen Regenmantel über einem marineblauen Kleid mit weißen Applikationen, dazu blaue, hochhackige Pumps.
Als sie an die Tür zum Sekretariat klopfte, bekam sie sofort Antwort und trat ein. Beim Anblick des Büros gewann sie sofort Sicherheit. Der Raum war größer und heller als ihr Büro bei »Stuffer Türen & Fenster«, aber sonst war alles fast so, wie sie es gewohnt war. Es gab einen Computer mit Drucker, ein Kopiergerät, und es war anzunehmen, daß auch die Schreibmaschine elektronisch funktionierte.
»Grüß Gott«, sagte sie, »ich bin Monika Baron.«
»Hatte ich mir fast gedacht.« Die junge Frau, die am Schreibtisch gesessen und Ausdrucke des Computers geprüft hatte, stand auf, und es wurde offensichtlich, daß sie

schwanger war. »Ich bin Helene Briegel.« Sie musterte Monika mit kühlem, abschätzendem Blick. »Reichlich jung«, sagte sie.
»Älter wird man ganz von selber.«
»Auch wieder wahr. Bitte, denken Sie nicht, daß ich etwas gegen Sie habe. Ich werde froh sein, wenn der Chef endlich Ersatz für mich hat.« Sie nahm einen Kleiderbügel aus einem schmalen Garderobenschrank. »Na, dann legen Sie mal ab!«
Monika hängte ihren Regenmantel auf. »Wie sehe ich aus?«
»Hundejung. Ich sagte es schon.« Helene Briegel war über dreißig, und die Schwangerschaft schien ihr nicht zu bekommen; ihr braunes Haar war strähnig und ihr Gesicht gedunsen.
Sie drückte auf den Knopf der Sprechanlage. »Das Mädchen, das Frau Stadler empfohlen hat!« Dann wandte sie sich an Monika. »Sie sollen reinkommen«, sagte sie mit einer Bewegung des Kinns zu einer gepolsterten Tür und setzte sich wieder.
Das Chefbüro war ein Eckraum mit zwei großen Fenstern, die den Blick über die Stadt freigaben. Es war sehr sachlich, aber eindrucksvoll mit Stahlrohrmöbeln aus den dreißiger Jahren eingerichtet. Auch der Schreibtisch war aus Stahl.
Hartmut Ziller legte ein Mikrophon aus der Hand, als Monika eintrat, und blickte ihr mit leicht zusammengekniffenen Augen entgegen. Aber die Skepsis verschwand sofort aus seinem Blick, und Monika spürte, daß sie ihm gefiel.
»Setzen Sie sich noch nicht«, sagte er nach der Begrüßung, »lassen Sie sich erst mal ansehen. Was für eine Kleidergröße tragen Sie?«
»Achtunddreißig.«
»Habe ich mir gedacht. Über einssiebzig groß?«

»Einssechsundsiebzig.«
»Wären Sie bereit, auch als Hausmannequin zu arbeiten?«
Obwohl Monika sich nur schwer vorstellen konnte, was er damit meinte, sagte sie: »Ja.«
»Das ist sehr gut!« Hartmut Ziller lehnte sich in seinem Sessel zurück, ohne sie aus den Augen zu lassen.
Monika wagte den Sprung ins kalte Wasser. »Eines muß ich Ihnen gleich sagen: ich bin verheiratet. Aber ich habe nicht vor, in den nächsten Jahren ein Kind zu bekommen, und meine Ehe wird mich auch nicht daran hindern, Überstunden zu machen, wenn es erforderlich ist. Mein Mann ist arbeitslos, und er ist durchaus imstande, sich selber zu versorgen.«
»Warum haben Sie ihn dann geheiratet?«
»Aus Liebe«, erklärte Monika schlicht.
»Das sollte aber doch heutzutage kein Grund sein ...«
»Für uns war es einer.«
»Na ja«, sagte er, mit einem Lächeln, das schwer zu deuten war, amüsiert und zynisch zugleich. Hartmut Ziller war ein sehr eleganter Mann, das mußte er in seinem Beruf auch wohl sein, breitschultrig, mit einem kantigen Kopf, glattem braunem Haar, einer kräftigen Nase und einem Grübchen im Kinn. Auf eine sehr männliche Weise sah er gut aus.
Monika erzählte ihren Werdegang, zog ihre Papiere aus der Handtasche und reichte sie ihm über den Tisch. Endlich forderte er sie auf, sich zu setzen, und während er ihre Zeugnisse überflog, erzählte sie ihm, warum sie so lange ausgesetzt hatte.
»Eine kranke Schwiegermutter«, sagte er, »sehr ergreifend, und jetzt müssen Sie also arbeiten, um Ihren Mann zu ernähren.«
»Das habe ich von Anfang an gewollt«, erklärte Monika und schluckte ihren Ärger.

»Wann«, fragte er, »könnten Sie denn anfangen?«
»Natürlich sofort.«
»Noch heute?«
Monika dachte an Oliver, der wahrscheinlich noch immer im »Café Arzmiller« auf sie wartete, aber sie sagte: Ja.«
»Dann soll Frau Briegel Sie mal unter die Lupe nehmen. Es ist ein Versuch. Angestellt sind Sie damit noch nicht.«

Monika arbeitete den ganzen Nachmittag mit voller Konzentration. Es stellte sich heraus, daß sie den Anforderungen einer Chefsekretärin bei »Ziller-Moden« durchaus gewachsen war. Mit dem Computer kam sie sogar besser zurecht als Frau Briegel, die sich mit der neuen Technik nie hatte wirklich anfreunden können. Die Firma hatte eine Herstellung im Haus, eine andere in Bielefeld, deren Bestände auch über den Computer abgerufen werden konnten. Monika begeisterte sich daran.
Die Arbeiter und Angestellten wurden von einem Computer in der Personalabteilung erfaßt. Anders als bei »Stuffer Fenster & Türen« hatte Monika damit nichts zu tun.
Sie nahm ein Diktat in Steno auf und übertrug es auf die Schreibmaschine, wozu Frau Briegel ihr sagte, daß das in der Praxis selten vorkam, da der Chef lieber auf Band diktierte. Auch davon lieferte sie eine Probe, und es gelang ihr sehr gut, nachdem sie sich an die Aussprache Zillers gewöhnt hatte.
Es bedrückte sie, daß Oliver nicht ahnen konnte, wo sie geblieben war. Aber sie ließ es sich nicht anmerken. Wenn es nötig gewesen wäre, hätte sie bis zum Abend weitergemacht.
Doch als Frau Briegel gegen fünf Uhr sagte: »Ich glaube, das genügt«, atmete sie auf.
»Soll ich nicht noch ...?«

»Nein, ich mache jetzt auch Feierabend. Zu zweit sind wir ja ganz schön vorangekommen.«

Zusammen gingen sie ins Chefbüro, um sich zu verabschieden.

»Na, wie steht's?« fragte Hartmut Ziller. »Bleiben Sie doch noch einen Augenblick draußen, Frau Baron!«

»Nicht nötig«, sagte Helene Briegel, »sie darf das ruhig hören. Wir haben da einen guten Griff getan, Herr Ziller!«

»Das ist doch mal eine gute Nachricht.« Er wandte sich an Monika. »Und wie gefällt Ihnen die Arbeit?«

»Wunderbar! Eigentlich ist alles so wie bei meiner vorigen Stellung. Nur daß Mode natürlich was Faszinierendes hat.«

»Sie interessieren sich dafür?«

»Ja, sehr!« Ehrlich fügte sie hinzu: »Allerdings erst, seit ich in München lebe. Auf dem Land bin ich mit Dirndl und Jeans ausgekommen.«

»Na, dann seien Sie morgen pünktlich um acht Uhr da. Gehen Sie als erstes in die Personalabteilung zu Herrn Pulcher und melden sich an.«

Monika strahlte. »Ich habe also die Stellung?«

»Erst mal auf Probe, würde ich sagen. Drei Monate ... einverstanden?«

»Ich weiß, daß Sie mit mir zufrieden sein werden!«

Oliver riß die Wohnungstür auf, kaum daß Monika den Schlüssel ins Schloß gesteckt hatte.

»Na endlich!« rief er. »Wo hast du denn gesteckt? Ich habe mir gräßliche Sorgen um dich gemacht!«

Sie warf sich in seine Arme. »Tut mir so leid, Liebling! Ich habe dauernd an dich gedacht. Aber ich konnte dich nicht verständigen.«

»Du hättest wenigstens anrufen können.«

»Konnte ich nicht. Das hätte bestimmt einen schlechten

Eindruck gemacht. Außerdem wußte ich ja gar nicht, wo du warst.«
Sven kam aus dem Musikzimmer und klopfte Oliver auf die Schulter. »Habe ich nicht wieder mal recht gehabt? Nichts ist passiert. Die ganze Aufregung war umsonst.«
Zu Monika sagte er: »Dein Mann war total durcheinander. Ich habe ihn gerade noch abhalten können, die Polizei zu benachrichtigen.«
Monika blickte Oliver in die Augen.
»Verzeih mir, bitte!«
»Die Hauptsache ist, daß du gesund und munter vor mir stehst! Ich hatte Angst, verstehst du.«
»Er dachte, du wärst unter ein Auto gekommen.«
Monika zog ihren Mantel aus. »In der Fußgängerzone?«
»Woher sollte ich wissen, daß du da geblieben bist?«
»Du hast recht. Bin ich auch nicht. Kommt, gehen wir rein! Dann werde ich euch alles erzählen.«
Oliver und Sven waren eigentlich nicht beeindruckt davon, daß Monika eine Stellung gefunden hatte. Beide begriffen sofort, daß das Leben für sie nicht mehr so bequem sein würde wie bisher. Aber sie freuten sich an Monikas Begeisterung.
»O je!« sagte sie plötzlich. »Jetzt habe ich ganz vergessen, mich bei Frau Stadler zu bedanken! Und morgen komme ich wohl auch nicht dazu.«
»Ruf einfach an!« riet ihr Sven mit einem Blick auf seine Armbanduhr.
»Ach was, schick ihr einen hübschen Strauß durch Fleurop!« meinte Oliver. »Schreib ihr ein paar Zeilen, dann werde ich das morgen erledigen.«
Monika fand das ein bißchen verschwenderisch, aber doch auch sehr nett.

Die letzten Tage des Monats, bis Ende Oktober also, arbeitete Monika mit Frau Briegel zusammen. Sie nutzte diese Zeit, um sich bis ins Detail über alles zu informieren. Es war ein wunderbares Gefühl, keine Arbeitslosenunterstützung mehr empfangen zu müssen, sondern selber Geld zu verdienen. Zwar war ihr Gehalt nicht so hoch wie das, was Oliver bei »Arnold & Corf« bekommen hatte, aber immerhin würden sie mit der Miete, die Sven zahlte, zur Not davon leben können, auch wenn Oliver keine Stellung finden sollte. Das war ungemein beruhigend. In dieser ersten Zeit kam sie immer pünktlich nach Hause, weil sie mit Helene Briegel zusammen die Aufgaben flott bewältigte.
Danach fingen die Überstunden an, und sie konnte das Werk oft erst nach acht Uhr abends verlassen, manchmal wurde es sogar zehn. Sie hatte den Eindruck, daß Ziller sie mit voller Absicht so stark belastete, stärker, als es nötig gewesen wäre, um ihren guten Willen zu testen. Manchmal aber ließ es sich wirklich nicht anders einrichten. Da tagsüber voll durchgearbeitet wurde, fanden erst abends die Konferenzen der leitenden Mitarbeiter statt. Monika mußte dann nicht nur Getränke servieren, sondern auch anwesend sein, da der Chef wert darauf legte, daß sie auf dem laufenden war.
Es kam auch vor, daß sie in der Schneiderei als Hausmannequin gebraucht wurde, und dann mußte sie die liegengebliebene Sekretariatsarbeit anschließend erledigen. Die Modelle wurden nach festliegenden Maßen und nach Puppen geschneidert, aber der Chef der Werkstätten, Robert Armbruster, im Werk nur der »Couturier« genannt, war glücklich, daß er jetzt ein lebendes Mannequin zur Verfügung hatte. Im Moment wurde die Sommermode des nächsten Jahres produziert, und er ließ Monika vor allem Jakkenkleider probieren, bevor sie in die Endanfertigung

gingen. Sie brauchte nichts vorzuführen, aber das lange Stehen war ermüdend. Die Arbeit im Sekretariat war ihr sehr viel lieber. Aber sie wagte nicht zu mucken, und es war doch auch sehr nett, wenn der Couturier sich an ihr und seinen Kreationen begeisterte. Wie sie voraus gesagt hatte, war sie allen Anforderungen gewachsen und stellte ihren Chef voll zufrieden. Nach Ablauf von drei Monaten bekam sie einen Angestelltenvertrag mit einem wesentlich höheren Gehalt, aber einer Klausel, nach der die Bezahlung der Überstunden fortfiel. Sie stand sich also kaum besser als bisher, doch ihr Arbeitsplatz war sicherer geworden.

Ihr Zusammenleben mit Oliver änderte sich stark. Es gab keine gemütlichen Frühstücke mehr, und an den Abenden war sie zu geschafft, um noch etwas unternehmen zu können. Aber es war ein gutes Gefühl, daß er da war und sie erwartete, wenn sie nach Hause kam. Nur an den Wochenenden konnte sie sich wirklich entspannen und für ihn dasein. Dann kochte sie auch, was er sich nur wünschte. Unter der Woche brutzelten Oliver und Sven sich selber etwas oder gingen aus. Monika aß in der Kantine. Sie war froh, daß Oliver wenigstens nicht allein war, aber es war ihr rätselhaft, wie er die langen Tage verbrachte.

Den »Ziller-Werken« gehörte eine Verkaufsetage in der Leopoldstraße, und dort fanden im März Modenschauen statt. Den Kunden, Geschäftsinhabern aus dem süddeutschen Raum und der Schweiz, wurden die neuen Modelle vorgeführt. Hartmut Ziller leitete die Verkaufsgespräche persönlich, weil er niemandem mehr zutraute als sich selber. Da Monika nichts damit zu tun hatte, erhoffte sie sich eine etwas ruhigere Zeit.

Aber am vierten Tag der Modeschauen erhielt sie einen Anruf von ihrem Chef. »Nehmen Sie sich sofort ein Taxi und kommen Sie her!«

Monika gehorchte, ohne Fragen zu stellen. Ein Mannequin war nicht erschienen, Ersatz war angeblich so schnell nicht zu bekommen, und so sollte sie einspringen.
Jetzt scheute Monika doch, zum ersten Mal, seit sie bei ihrer neuen Firma war. »Aber ich kann das nicht! Ich habe noch nie ...«
»Machen Sie kein Theater!« sagte Ziller hart. »Niemand verlangt von Ihnen eine schauspielerische Leistung. Die Sachen sind auf Sie zugeschnitten. Also ziehen Sie sie an, kommen heraus, machen ein paar Schritte, drehen Sie sich um sich selber, und fertig ist die Laube.«
Frau Beermann, die Geschäftsführerin der Verkaufsetage, zeigte ihr, wie sie sich schminken sollte, etwas stärker als gewöhnlich, aber nicht so sehr wie die anderen Mannequins. »Sie haben eine so frische, junge Haut, Sie haben das nicht nötig!«
Als Monika vor den Vorhang trat, war sie sehr gehemmt. Aber zu ihrer Überraschung empfing sie sehr freundlicher Beifall, der, als sie errötete, noch wärmer wurde. Sie trug ein flammendrotes Wollkostüm, das schon der Couturier an ihr bewundert hatte. Was hatte sie also zu befürchten? Wenn sie der Kundschaft nicht gefiel, würde man sie nicht mehr vorführen lassen. Aber da sie darauf ja auch keinen Wert legte, hatte sie nichts zu verlieren. Lächelnd machte sie ihre Schritte, ganz so, als wollte sie ihrem Mann oder Sven oder Gabriele ein neues Kleidungsstück zeigen.
Herr Heinze, der junge Assistent von Frau Beermann – es war bei Ziller ein offenes Geheimnis, daß er ihren Platz anstrebte –, stellte das Modell vor: »Herbstsonne, Kleid mit Jacke, ein sehr jugendliches und doch elegantes Kostüm aus reiner Wolle, leicht genoppt ...«
Etwas ungeschickt versuchte Monika die Jacke auszuziehen, wie Frau Beermann sie angewiesen hatte. Gewandt

und galant half ihr Herr Heinze. Wieder klang Beifall auf, sei es nun, daß er der kleinen Vorstellung galt oder dem Kleid; es war ärmellos und brachte Monikas schöne Schultern voll zur Geltung.
Die Kugelschreiber der Kunden flogen über das Papier.
Monika schlüpfte hinter den Vorhang zurück. Frau Beermann half ihr, sich in Windeseile umzuziehen, während die anderen Mannequins nacheinander vortraten. So ging es weiter mit kurzen Verschnaufpausen, in wechselnden Kleidern, vor immer neuen Kunden. Bis zum frühen Abend hatte Monika es auch gelernt, sich ohne Hilfe geschickt die Jacken abzustreifen. Sie wußte jetzt auch, daß die Arbeit eines Mannequins schwer und ermüdend war. Die Beine taten ihr weh, und sie hatte das Gefühl, daß ihr Lächeln eingefroren war.
Überraschend fragte Herr Ziller sie, ob er sie nach Hause fahren könnte. Erleichtert stimmte sie zu.
»Na, hat es Ihnen Spaß gemacht?« fragte er, als sie über die Leopoldstraße in Richtung Englischer Garten fuhren.
»Das kann ich nicht behaupten«, erwiderte sie ehrlich.
»Aber Sie haben ganz den Eindruck gemacht.«
»Das gehört jawohl dazu. Die Kunden sollten doch das Gefühl haben, daß ich mich in diesen Sachen wohl fühle, und das stimmt ja auch. Privat würde ich sie gern tragen.«
»Das dürfen Sie. Wenn die Modewochen vorbei sind, können Sie sich ein paar Lieblingsstücke aussuchen.«
»Oh!« sagte Monika.
»Das macht's Ihnen schmackhafter, wie?«
»Ich verstehe nicht ...«
»Weiter vorzuführen. Ich möchte auf Sie in der Verkaufsetage nicht verzichten, und Frau Beermann ist ganz meiner Meinung.«
»Aber es ist nicht mein Beruf.«

»Vielleicht gerade deshalb. Sie haben nicht diese Routine, durch die nur zu oft Langeweile schimmert. Zudem sind Ihnen die Sachen ja auf den Leib geschneidert. Es braucht nichts gesteckt oder gerafft zu werden.«
»Ich möchte es trotzdem nicht weitermachen. Das ist nichts für mich. Bitte, Herr Ziller, haben Sie Verständnis!«
»Ich dachte, Sie fühlten sich unserer Firma verbunden.«
»Das tue ich ja auch.«
»Dann dürfen Sie jetzt nicht kneifen. Um die Wahrheit zu sagen: die Modelle, die Sie vorgeführt haben, sind besonders stark geordert worden. Etwa fünfzehn Prozent mehr als die anderen. An Ihrem guten Willen, meine liebe Frau Baron, hängt nicht nur der Profit, sondern auch die Sicherheit von Arbeitsplätzen.«
Dazu wußte Monika nichts zu sagen; sie saß in der Falle.
»Übrigens ist sogar das Brautkleid sehr viel stärker geordert worden, als zu erwarten war. Sie müssen eine bezaubernde Braut gewesen sein.«
»Ich habe im Dirndl geheiratet.«
»Sehr schade.«
»Es war eine ganz kleine Hochzeit.«
»Das nächste Mal feiern Sie richtig! Noch jede Frau, die das versäumt hat, hat es bereut.«
»Es wird kein nächstes Mal geben.«
»Wer weiß.«
Monika konnte ihrem Chef nicht recht geben, wollte ihm aber auch nicht widersprechen, und so wechselte sie das Thema. »Was ist mit der Büroarbeit?« fragte sie.
»Die muß, jedenfalls in gewissem Maße, weitergehen. Die Bestellungen müssen aufgeschlüsselt und im Computer gespeichert werden. Das läßt sich aber nebenher machen. Zur Not hängen wir einen Samstag dran.« Er sah sie von der Seite an. »Oder wird das Ihrem Mann nicht recht sein?«

»Er hat sehr viel Geduld.«
»Das muß er ja auch, solange er keine Arbeit gefunden hat. Oder hat er wieder?«
»Nein.«
»Dann sind doch wohl eher Sie es, die Geduld zeigt.«
»Es ist nicht seine Schuld.«
»Für einen jungen Kerl wie ihn sollte es doch eine Möglichkeit geben, irgendwo zuzupacken.«
»Er ist zwar jung, aber kein Kerl.«
»Ich habe das nicht abträglich gesagt.«
»Sie machen sich eine falsche Vorstellung von ihm. Aber das ist ja auch ganz egal.«
Sie durchfuhren jetzt den großen Park, in dem es noch kaum Anzeichen des beginnenden Frühlings gab. Einzig ein Strauch Zaubernuß hatte, wie zum Trotz, seine gelben Blüten aufgesetzt. Aber die Bäume waren noch kahl, und auf den Wiesen lag Schnee. Monika schauderte.
»Was ist Ihnen?« fragte Hartmut Ziller.
»Das hier«, sagte sie mit einer Handbewegung, »paßt so gar nicht zu unseren Kleidern. Ich hatte die Illusion, es wäre schon Sommer, dabei ist noch nicht einmal Frühling.«
»Das ist nun mal in unserer Branche so«, erklärte er ungerührt, »im Sommer Modelle des kommenden Winters vorzuführen ist wesentlich schlimmer.«
»Heitere Aussichten!«
Flüchtig legte er die Hand auf ihr Knie. »Sie sollen es ja nicht umsonst tun, Monika! Selbstverständlich kriegen Sie einen Bonus, je nachdem, wie die Aufträge eingegangen sind. Ich habe nicht vor, Sie auszunutzen.«
Monika mochte nicht sagen, daß sie manchmal genau diesen Eindruck hatte.
»Meiner Frau Briegel«, fuhr er in ihr Schweigen hinein fort, »hätte ich das nie zugemutet. Auch Sie hätte ich nicht

als Mannequin auftreten lassen, wenn Sie nur genauso gut wie die anderen wären. Aber Sie sind besser, viel besser.«
»Tatsächlich?«
»Bilden Sie sich nur nichts darauf ein. Es liegt nicht an Ihrem Können, sondern an Ihrer Schönheit. Sie sind jung und schön und frisch und sympathisch. So was verkauft sich halt.«
Er sagte das ganz sachlich, und doch hatte Monika plötzlich das Gefühl, daß sie ihm auch persönlich etwas bedeutete. Sie selber kam sich überhaupt nicht so bezaubernd vor, wie er sie geschildert hatte. Also mußte er sie wohl mit verliebten Augen sehen.
›Nur das nicht!‹ dachte sie und erklärte: »An mir ist gar nichts Besonderes. Wenn Sie mich näher kennen würden …«
»Das möchte ich sehr gern!«
»Da wir Tag für Tag zusammen sind, werden Sie schon noch dahinterkommen!« Bewußt versuchte sie ein sachliches Thema anzuschneiden: »Haben Sie eigentlich schon einen Eindruck, was sich am besten verkauft hat?«
Er merkte ihre Absicht und erwiderte kurz: »Dazu ist es noch zu früh.«
»Ich weiß, aber trotzdem, ein gewisser Trend müßte sich doch jetzt schon zeigen. Was zum Beispiel hat Frau Stadler geordert? Ich glaube, daß sie eine gute Nase für Modedinge hat.«
Da Hartmut Ziller für seine Moden und nur für seine Moden lebte, gelang es ihr tatsächlich, ihn abzulenken. Aber sie war erleichtert, als sie den Prinzregentenplatz erreicht hatten.
»So«, sagte sie, »hier können Sie mich absetzen! Und vielen Dank!«
»Ich fahre Sie nach Hause!« widersprach er.

»Wie Sie wollen. Wir wohnen am Shakespeareplatz.« Sie überlegte, ob er erwartete, daß sie ihn zu sich hinaufbitten würde, aber sie tat es nicht. Ihr bißchen Privatleben wollte sie denn doch verteidigen. Überdies traute sie ihm durchaus zu, daß er versuchen könnte, ihren Mann zu reizen. Daß er sehr gut aussah und noch keine Vierzig war, kam dazu. Aus Gründen, die ihr selber nicht ganz klar waren, pflegte sie ihn Oliver und Sven als bärbeißigen alten Mann zu schildern.
So zeigte sie ihm denn das Haus von außen, bedankte sich noch einmal und sprang aus dem Auto. Ob er enttäuscht war oder nicht, hätte sie nicht zu sagen gewußt. Es war ihr auch gleichgültig.

Monika veränderte sich, ohne es zu merken. Sie gewann an Selbstwertgefühl, wurde ausgeglichener und fröhlicher. Oliver gefiel die neue Monika. Obwohl er selber ganz anders war, verstand er, daß sie glücklich war, mehr und mehr Verantwortung übertragen zu bekommen. Aber er begriff nicht, warum sie in ihrer kargen Freizeit, meist samstags vormittags, durch die eleganten Modegeschäfte streifte, Stoffe prüfte und Modelle anprobierte, die sie gar nicht kaufen wollte. Sie hielt es für wichtig festzustellen, was die Konkurrenz machte und was die Endverbraucher wünschten. Monika identifizierte sich mit den »Ziller-Moden«; sie wollte nicht nur selber erfolgreich in der Firma sein, sondern wollte, daß die Firma Erfolg hatte.
Oliver hatte in »Arnold & Corf« immer nur den Brötchengeber gesehen, und es war ihm gleichgültig gewesen, wie die Geschäfte liefen. Monikas Einstellung war ganz anders. Da sie zuerst im Betrieb ihres Vaters gearbeitet hatte, von dessen Wohl und Wehe sie und ihre Familie abhängig gewesen waren, lag ihr der Geschäftssinn im Blut.

Gabriele, die sich häufig an den Wochenenden blicken ließ, sagte wieder einmal mehr: »Du bist ganz wie Mutter. Die nimmt die Arbeit genauso wichtig.«
»Ist sie das nicht?«
»Nicht so wie das Privatleben. Ich finde, in der Jugend sollte man sein Leben genießen.«
Monika zweifelte daran, daß Gabriele das wirklich tat. Sie hatte zu viel von überfüllten Hörsälen gehört und gelesen, wußte auch, daß die Rechtswissenschaft ein sehr trockenes Studium war. Wenn Gabriele einen Freund oder einen wirklich netten Kreis gefunden hätte, wäre sie nicht so oft bei ihnen aufgetaucht. Aber sie sprach es nicht aus, weil sie die Schwester nicht ärgern wollte.
Statt dessen sagte sie: »Ich gebe zu, daß ich eine mächtige Wut auf Barbara hatte, trotzdem finde ich sie bewundernswert.«
»Weil sie sich in die Arbeit gestürzt hat? Ich bitte dich! Wenn du mich fragst: sie hätte was Besseres mit ihrem Leben anfangen können. Außerdem kommt sie auch nicht sehr gut zurecht.«
»Sagt sie das?«
»Das würde sie nie zugeben. Aber ich habe doch Augen im Kopf. Dich habe ich noch niemals halb so gestreßt gesehen wie sie, weder früher noch jetzt. Wahrscheinlich macht ihr die Technik zu schaffen.«
Monika lächelte. »Ja, die verfluchte Technik. Wie gehen denn die Geschäfte?«
»Null Ahnung. Solange ich regelmäßig meinen Scheck kriege, ist es mir egal.« –
Oliver schrieb laufend Bewerbungen, mehr um seinen guten Willen zu zeigen, als daß er wirklich hätte arbeiten wollen. Wenn es zu einem Vorstellungsgespräch kam, was dann jedesmal schiefging, erzählte er in Form einer lusti-

gen Anekdote davon. Seine Freunde lachten, und Monika lachte mit. Sie dachte, daß er sich, wenn die Arbeitslosenunterstützung auslief, bestimmt ernsthaft bemühen würde. Ihr genügte es, daß er gut gelaunt, ausgeruht und liebevoll war.
Es war ihr auch klar, daß er ihre beruflichen Interessen nicht teilen konnte. Wenn sie ihm von Ereignissen im Betrieb erzählte, hörte er ihr zwar aufmerksam zu. Daß es eine Katastrophe war, wenn etwa zwei konkurrierende Geschäfte in einer Kleinstadt die gleiche Kollektion erhalten hatten oder wenn eine Partie Mäntel nicht in genau der Qualität geliefert werden konnten, wie sie geordert worden waren, verstand er nicht. Er fand es höchstens komisch.
Aber er war damit einverstanden, den Urlaub in diesem Jahr mit ihr in Paris zu verbringen. Monika wünschte es der Mode wegen und um sich an den Leistungen der Haute Couture zu orientieren. Aber sie streifte auch mit Oliver unermüdlich durch die Stadt an der Seine, besuchte den Louvre, das Jeu de Paume und das Wachsfigurenkabinett. In kleinen Straßencafés ruhten sie sich dann aus und beobachteten das vorbeischlendernde Publikum. Etwas enttäuscht waren sie, daß man kaum Pariser sah, sondern daß Paris von Ausländern zu wimmeln schien. Aber auch so war es herrlich.
Abends gingen sie ins »Lido« und bewunderten eine aufwendige Revue. Sie nahmen an einer Motorbootfahrt mit Tanz und Musik teil. Einmal konnten sie auch Karten für das »Crazy Horse« ergattern. Oliver bewunderte die schönen Mädchen, die sich so ungeniert auszogen, Monika bedauerte sie.
Auch auf dieser Reise war Oliver strahlend und voller Einfälle. Aber der Abschied fiel ihm diesmal nicht so schwer, und Monika nahm es als gutes Zeichen.

Er behauptete: »Wenn wir erst zurück sind, werde ich bestimmt was unternehmen, verlaß dich drauf!«
Monika glaubte ihm. Er hatte inzwischen Zeit gehabt, sich vom Tod seiner Mutter zu erholen, und sie konnte sich nicht vorstellen, daß irgend jemand einfach so dahinleben konnte. Sie selber war schon wieder ganz arbeitshungrig.

In der Firma wartete eine Überraschung auf sie. Es hatte sich herausgestellt, daß die letzten Lieferungen in die Schweiz zu spät, erst mitten in der Saison, eingetroffen waren. Deshalb wollte man den Schweizern Gelegenheit geben, schon aus einer Vorkollektion zu wählen. Da man ihnen aber nicht zumuten wollte, außerhalb der Modewochen nach München zu kommen, sollte die Vorführung in Zürich stattfinden. Frau Beermann hatte schon alles organisiert. Sie war in Zürich gewesen, hatte eine Hotelsuite reservieren lassen und zwei Mannequins engagiert. Auch die Termine standen bereits fest. Da Herr Heinze im Urlaub war, sollte Monika sie begleiten und auch mit vorführen. »Das wird eine nützliche Erfahrung für Sie sein!« sagte Hartmut Ziller, und etwas lauernd fügte er hinzu: »Oder wird Ihr Mann etwas dagegen haben?«
»Er ist bestimmt nicht gern allein, aber er wird's schon verkraften. Schließlich waren wir ja gerade vierzehn Tage lang ununterbrochen zusammen.«
»Sehr schön. Dann stellen wir noch heute hier im Werk die Vorkollektion zusammen. Verständigen Sie den Zoll. Jedes einzelne Stück muß deklariert sein, damit wir die Sachen unverzollt in die Schweiz und wieder zurück bringen können. Frau Beermann und Sie fahren zusammen im Lieferwagen. Vielleicht können Sie sich unterwegs am Steuer abwechseln. Montag früh geht es los. Die Vorführung dauert drei Tage. Am Freitag sind Sie wieder zurück.«

Monika tat es leid, Oliver allein lassen zu müssen, aber sie freute sich auch auf Zürich, von dem sie, wie sich später herausstellen sollte, herzlich wenig zu sehen bekommen würde.

Oliver nahm es gelassen auf. »Ich werde mir schon irgendwie die Zeit vertreiben!« – Er brachte sie sogar mit ihrem Köfferchen am Montag morgen mit dem Auto in die Firma. Monika fuhr nicht hinauf in ihr Büro, sondern wartete bei dem Lieferwagen, dessen Laderaum schon zwei Tage zuvor versiegelt worden war. Eine gute halbe Stunde verging, und nichts geschah.

Dann kam Inge Gross, eine Assistentin des Couturiers, auf den Hof und teilte ihr atemlos mit, daß es noch etwas dauern könnte.

»Was ist denn los?«

»Die Beermann ist nicht erschienen.«

Monika, die Unpünktlichkeit haßte, stieß einen Fluch aus.

»Reg dich nicht auf!« sagte Inge. »In fünf Stunden seid ihr in Zürich. Also ist noch Zeit genug.«

»Aber wenn sie nun krank ist? Was dann?«

»Wird ein anderer mit dir fahren. Allein läßt der Chef dich bestimmt nicht.«

»Das könnte ich auch nicht.«

»Wie schön, daß es noch etwas gibt, was du dir nicht zutraust«, sagte Inge süffisant und ließ sie stehen.

Monika wartete.

Endlich kam der Chef selber auf den Hof. Als Monika schon von weitem den kleinen Koffer in seiner Hand sah, wußte sie sofort, was los war. Daß sie allein mit Hartmut Ziller verreisen sollte, hatte sie nicht erwartet. Aber es war zu spät, einen Einwand dagegen zu erheben. Außerdem hätte sie es auch wohl dann nicht gekonnt, wenn es von Anfang an so geplant gewesen wäre. Monika hielt es für

das beste, ihr Unbehagen nicht zu zeigen, sondern sich ganz sachlich und unbefangen zu geben. Als er dann vor ihr stand, hatte sie sich so weit gefaßt, daß sie ihm ruhig und freundlich entgegenblicken konnte.
»Tut mir leid, daß Sie warten mußten«, sagte er, »aber ich habe mir erst noch ein paar Klamotten aus der Wohnung holen lassen müssen.«
»Es hat ja nicht so lange gedauert.«
Er schloß den Wagen auf, und Monika stieg von der anderen Seite her ein. Ihr Köfferchen verstaute sie hinter dem Sitz.
»Sie wissen, was mit Frau Beermann passiert ist?«
»Nein.«
»Ein Migräneanfall! Die mit ihrer verdammten Migräne! Ich sehe schon, daß ich mich von ihr trennen muß.«
»Aber sie kann doch nichts dafür, wenn sie krank ist.«
»Dummheit ist auch keine Schuld und trotzdem ein Kündigungsgrund.«
Schweigend durchquerten sie die Stadt. Es herrschte starker Berufsverkehr, sie kamen nur langsam voran, und Hartmut Ziller mußte sich konzentrieren. Hin und wieder fluchte er grimmig. Monika saß mucksmäuschenstill, um ihn nur ja nicht abzulenken oder seinen Zorn auf sich zu ziehen. Endlich hatten sie die Autobahn Ulm erreicht, und er konnte in den vierten Gang schalten und Gas geben.
»Wissen Sie, was mir an Ihnen so gut gefällt, Frau Baron?« fragte er und lehnte sich zurück, das Steuer fest in den Händen. »Daß Sie nie krank sind.«
»Das liegt in der Familie«, erklärte Monika und erzählte von ihrem Vater, der viel zu jung hatte sterben müssen, weil er vor sich selber nicht hatte wahrhaben wollen, daß er ernstlich erkrankt war.
Ihn interessierte es, daß ihr Vater Fabrikbesitzer gewesen

war. »Schade, daß ich ihn nicht mehr kennengelernt habe. Wir hätten sicher manches gemeinsam gehabt. Ich habe meine Firma ja auch aus dem Boden gestampft.« Er berichtete von den Anfängen der »Ziller-Moden«, von den Schwierigkeiten, sich einen Namen zu machen und sich in der Branche durchzusetzen. »Heute kann ich, glaube ich, sagen, daß ich es geschafft habe. Aber meine Ehe ist darüber in die Brüche gegangen.«
»Ich wußte gar nicht, daß Sie verheiratet sind.«
»Ich war es.«
»Kinder?«
»Zwei Mädchen.«
»Dann hätte ich mich nicht scheiden lassen«, meinte sie spontan.
Er lächelte und warf ihr einen kurzen Seitenblick zu. »Meine Frau wollte es so. Da war nichts zu machen.«
»Warum?« fragte Monika, entschuldigte sich dann aber gleich darauf. »Das geht mich natürlich nichts an.«
»Ach, lassen Sie nur, es tut ganz gut, mal darüber zu sprechen. Es ist eine banale Geschichte. Sie fand, daß ich zu wenig Zeit für sie hatte, fühlte sich vernachlässigt.«
»Hätten Sie das nicht ändern können?«
»Ich weiß es nicht. Um die Wahrheit zu sagen: wir waren zehn Jahre verheiratet. Da interessiert einen die Frau weniger als der Beruf. Ich hatte keine Lust, mit ihr Händchen zu halten und dummes Zeug zu reden, wie sie es sich wünschte.«
»Das klingt sehr hart.«
»Das hat meine Frau mir auch immer zum Vorwurf gemacht: daß ich zu hart sei. Aber so bin ich nun einmal. Ich kann es nicht ändern.«
Obwohl Monika und ihr Chef in der Vergangenheit viele Stunden lang täglich zusammen gewesen waren, hatten

sie noch niemals ein privates Gespräch geführt. Aber jetzt, in der engen Kabine des Lieferwagens, hatten beide das Bedürfnis danach. Während sie durch die herbstliche Landschaft fuhren, fühlten sie sich vom Geschäftsalltag abgeschnitten und einander nahe wie nie zuvor.
»Und Ihr Mann?« fragte er.
»Oliver ist ganz anders. Er ist nicht hart, sondern intelligent, charmant, bezaubernd …« Sie suchte nach Worten, ihn zu beschreiben.
»Aber ein Taugenichts«, ergänzte Hartmut Ziller unumwunden.
»Wie können Sie das sagen!«
»Stimmt es etwa nicht?«
»Ganz und gar nicht. Er ist vielleicht ein bißchen … unbedacht, irgendwie noch nicht ganz erwachsen. Aber das ist nicht seine Schuld. Seine Mutter war eine sehr starke Persönlichkeit, und sie hat ihn immer an seinem verstorbenen Vater gemessen, der ein großer Musiker gewesen sein soll. Sie hat ihn in einen Beruf gedrängt, der ihm eigentlich nicht liegt … oder von dem er glaubt, daß er ihm nicht liegt, weil er hineingedrängt worden ist. Man muß ihm Zeit lassen.«
»Dann ist er keinesfalls reif für die Ehe.«
»Waren Sie es denn?«
Er lachte. »Gut pariert! Nein, ich war es nicht. Hätte ich damals gewußt, was auf mich zukommen würde, hätte ich mich niemals darauf eingelassen.«
Bei Ulm verließen sie die Autobahn und schlängelten sich ab Memmingen über Landstraßen zum Bodensee, vorbei an Weinbergen, sanften Hügeln und durch alte Dörfer. Die Gegend wurde immer lieblicher. Im schönen Konstanz gönnten sie sich eine Mittagspause. Sie bestellten in einem gemütlichen Gasthof Sauerbraten und Spätzle.

»Wie gern würde ich jetzt ein Glas Wein trinken!« sagte er. »Aber, zum Teufel, ich muß noch fahren!«
»Wir könnten tauschen«, schlug sie vor, »ich würde Sie gern am Steuer ablösen.«
»Kommt gar nicht in Frage.«
»Aber Frau Beermann hätte ich ablösen sollen!«
»Das wäre etwas ganz anderes gewesen. Jetzt bin ich da.«
Monika wußte, daß es keinen Zweck hatte, ihm weiter zuzureden. Also hielt sie den Mund.
»In einer anderen Sache aber«, sagte er zögernd, wie es sonst nicht seine Art war, »können Sie mir allerdings sehr helfen.«
»Ja? Sie wissen, ich tue, was ich kann.«
»Haben Sie schon daran gedacht, wer die Conférence machen soll?«
Sie verstand sofort. »Nur das nicht!«
»Sie können es bestimmt besser als ich. In solchen Dingen habe ich kein Talent.«
Es rührte sie, daß er das zugab; es mußte ihm schwergefallen sein. »Und wenn ich nun was verwechsle, mich verspreche oder verhasple?«
»Falls das Ihnen passiert, ist es halb so schlimm. Sie sind eine schöne junge Frau, Ihnen wird man es nachsehen. Aber ich bin der Chef. Für mich wäre es eine tödliche Blamage. Außerdem können Sie den Text einfach ablesen.«
»Nein, das werde ich nicht!« sagte Monika entschlossen. »Wennschon, dann mache ich es richtig. Ich werde die Liste auswendig lernen.«
»Das ist die richtige Auffassung!« Er lächelte sehr erleichtert. »Ich wußte, daß ich mich auf Sie verlassen kann!« –
Die Folge dieses etwas voreiligen Versprechens war, daß Monika dann den Nachmittag, den Abend und noch einige Stunden der Nacht in ihrem kleinen Hotelzimmer in

Zürich saß und die Namen der einzelnen Modelle lernte, die Farben und die Materialien, in denen sie geliefert werden konnten. Es half ihr, daß sie alle Stücke der Vorkollektion schon von ihrer Herstellung her kannte, nur die teils recht fantastischen Bezeichnungen, die sich die Werbung ausgedacht hatte, waren ihr neu. Zudem mußte sie sich die genaue Reihenfolge einprägen und zumindest einige heitere Zwischentexte ausdenken, mit denen sie die Pausen überbrücken und die Kunden bei Laune halten konnte. Bei Herrn Heinze hatte sie erlebt, wie das klingen mußte. Aber für sie war es eine ganz ungewohnte und harte Arbeit, etwas Ähnliches selber zu erfinden.
Gegen acht Uhr abends hatte Hartmut Ziller angerufen und sie aufgefordert, zum Essen in das Hotelrestaurant zu kommen. Aber sie hatte abgelehnt.
»Soll ich Ihnen eine Kleinigkeit auf Ihr Zimmer schicken?«
»Nein, danke. Ich könnte keinen Bissen hinunterwürgen.«
»Bloß nicht nervös werden! Es wird schon klappen. Übrigens habe ich eine Neuigkeit! Ich habe ein Mannequin zusätzlich engagiert. Sie brauchen morgen also nicht vorführen ... höchstens während der Kundengespräche.«
Das war eine gute Neuigkeit. Monika hatte sich zwar inzwischen an die Arbeit als Mannequin gewöhnt. Aber wohl dabei fühlte sie sich immer noch nicht. Ihr blieb das Unbehagen, nicht nur die Modelle, sondern auch sich selber zur Schau zu stellen.

Hartmut und Monika Ziller waren in einem Hotel in der Nähe des Züricher Hauptbahnhofes abgestiegen. Frau Beermann hatte für die Modeschau eine Suite gemietet, zu der ein Schlafzimmer gehörte, das er benutzte, und zwei große Wohnräume; in dem einen konnten sich die Mannequins umziehen, dann durch einen Türbogen treten und sich zeigen. Im Vorführraum waren entlang der großen Fenster Sitzgruppen für die Kunden arrangiert. Die Termine waren so gelegt, daß jeweils Vertreter von vier Modehäusern gleichzeitig betreut werden konnten. Alles war perfekt.

Die erste Vorführung sollte um zehn Uhr morgens sein, aber Monika war schon zwei Stunden früher dort, während Hartmut Ziller noch frühstückte. Sie vergewisserte sich, daß die Kleidungsstücke in der richtigen Reihenfolge an den Ständern hingen und daß nichts zerknittert war. Als die Mannequins eintrudelten, beschwor sie jede einzelne der jungen Frauen, sich nur ja an diese Ordnung zu halten, damit sie mit ihrer Ansage nicht ins Schleudern käme.

Monika kannte die Schweizer Kunden inzwischen vom Namen und Aussehen her – auch ihre Namensliste hatte sie sich einprägen müssen – und begrüßte jeden persönlich und mit Handschlag. Sie führte die Gruppen zu ihren Plätzen, bot Fruchtgetränke, Mineralwasser, Kaffee, Tee und Alkoholisches an, bediente, während auch Ziller Kontakt aufnahm.

Es war zehn Minuten nach zehn, als sie beginnen konnte; sie stellte sich neben den Türbogen. »Meine Herren und Damen«, sagte sie mit frischer Stimme, die doch ein ganz klein wenig zitterte, »Sie wissen alle, es ist das erste Mal, daß ›Ziller-Moden‹ zu Ihnen in die Schweiz kommt, aber es soll, wenn es nach uns geht, nicht das letzte Mal sein. Es ist ein Versuch, Ihnen den Einkauf bequemer zu machen und Ihnen schneller als bisher zu der nötigen Ware zu verhelfen. Gewiß ist es nicht einfach, jetzt schon zu bestimmen, was nächsten Sommer Mode sein wird. Aber Sie dürfen sicher sein, daß ›Ziller-Moden‹ im Trend goldrichtig liegen und sich dafür verbürgen, in gleichbleibender Qualität zu liefern.« Nachdem sie diese lange Einleitung ohne

Versprecher von sich gegeben hatte, begann sie sich schon sicherer zu fühlen; sie machte das verabredete Zeichen.
Eines der Mannequins trat heraus und ging lächelnd an den Kunden vorbei, drehte sich, damit man sie von allen Seiten betrachten konnte.
»Dies ist unser Modell ›Strandpromenade‹«, erklärte Monika, »ideal für Reise und Urlaub, damenhaft und sehr angezogen mit Jacke …«
Gewandt streifte das Mannequin die Jacke ab.
»… und jugendlich keck ohne. Das Material ist grobes Leinen, das ruhig auch knittern darf, ohne seinen Charme zu verlieren. Das Modell wird in Grau, Beige, Olive und Bleu hergestellt …«
Die Vorführung dauerte eine knappe Stunde. Nachdem sie beendet war, wünschten die Kunden sich einige der Modelle noch einmal näher anzusehen. Jetzt zog auch Monika sich mit den anderen um. Sie hatte Tisch vier zu betreuen, einen älteren Herrn, Besitzer eines großen Züricher Modehauses. Er war mit einer Assistentin gekommen, die einiges zu bemäkeln hatte. Aber Monika ließ sich nicht aus der Ruhe bringen und gab sachliche Antworten, ohne zum Kauf zu drängen. Am Ende orderten sie gut.
So ging es den ganzen Tag weiter, nur unterbrochen von einer kurzen Mittagspause, in der gerade Zeit für einen kleinen Snack blieb. Die Kunden zeigten sich sehr angetan, Hartmut Ziller war zufrieden, aber am Abend hatte Monika nur noch den Wunsch, ihre Pumps abzustreifen und die Beine hochzulegen. Sie aß auf dem Zimmer. Obwohl alles blendend lief, war sie in der Nacht noch so aufgeregt, daß sie kaum Schlaf fand.

Die Vorkollektion in Zürich wurde ein wirklicher Erfolg.
»Das muß gefeiert werden!« bestimmte Hartmut Ziller, als

am Donnerstag abend der letzte Kunde gegangen war.
»Kinder, ich lade euch alle ein!«
Während Hausdiener die Kleiderständer wieder in den Lieferwagen brachten, fuhr die Crew in zwei Taxen durch die Stadt. Endlich sah Monika die berühmte Bahnhofstraße, aber die eleganten Auslagen der Geschäfte konnte sie nur ahnen. Sie fuhren durch die verwinkelten Straßen der Altstadt und später am Ufer entlang. In einem Restaurant hoch über dem See aßen sie dann Felchen und Käsefondue, tranken dazu Fondant, den herben Wein des Landes. Keines der Mannequins achtete an diesem Abend auf seine Linie. Es wurde gelacht und gescherzt, und Monika war die Fröhlichste von allen. Ihr war die Last der Verantwortung von den Schultern genommen. Als sie ins Hotel zurückkamen, nur sie und Hartmut Ziller, war sie ein wenig beschwipst. »Trinken wir noch einen Schluck in der Suite, Monika?« fragte er. Sie standen sich in der Hotelhalle gegenüber, die bis auf den Nachtportier verlassen war. Auch die meisten Lichter waren schon abgeschaltet.
»Nein, danke, wirklich nicht. Ich bin es nicht gewohnt.«
»Wir können uns auch einen Kaffee kommen lassen oder ein Glas Milch ... ganz wie du wünschst.«
Jetzt erst begriff sie, was diese späte Einladung bedeutete.
»Wir müssen ja morgen gar nicht zurück«, sagte er, ihren Einwand im vorhinein entkräftend, »wir können ohne weiteres den Freitag noch dranhängen oder das ganze Wochenende. Du hast ja noch gar nichts von Zürich gesehen.«
»Ich danke dir, aber das ist unmöglich.«
»Dann bleibt es also bei einer Tasse Kaffee?«
»Nein«, sagte Monika.
Er legte ihr zwei Finger unter das Kinn und zwang sie so, ihm in die Augen zu sehen. »Und warum nicht?«

»Das weißt du ganz genau.«
»Du unterstellst mir also schlimme Absichten? Vielleicht habe ich die gar nicht. Vielleicht möchte ich den Tag nur ganz ruhig in deiner Gesellschaft ausklingen lassen.«
Sie schüttelte den Kopf. »Das wäre für mich eine zu große Versuchung. Ich bin überdreht und ... du bist sehr anziehend.«
»Du möchtest es also?«
»Ich darf es nicht.«
»Niemand würde es je erfahren.«
»Das ändert nichts. Mein Mann vertraut mir, und ich will sein Vertrauen nicht mißbrauchen.« Sie zitterte.
Er küßte sie kurz und heftig auf den Mund. »Ist ja schon gut. Du brauchst keine Angst zu haben. Ich achte dich viel zu sehr, als daß ich ... Schluß damit. Bis morgen.« Er ließ sich die Schlüssel geben und drehte sich abrupt weg.
Monikas Knie waren so weich, daß sie sich in den nächsten Sessel fallen lassen mußte. Sie verstand nicht, was mit ihr geschehen war. Sie liebte doch Oliver. Dennoch hatte sie hart gegen den Wunsch kämpfen müssen, mit diesem anderen Mann ins Bett zu gehen.
Sie schämte sich.

Auf der Heimfahrt am nächsten Morgen waren Monika und Hartmut Ziller schweigsam. Beide waren ernüchtert und siezten sich wieder, wenn er sie auch von jetzt an mit dem Vornamen anredete. Sie protestierte nicht dagegen, traute es sich aber selber nicht. Unterwegs sprachen sie nur über geschäftliche Dinge. Er schien ihr nicht böse zu sein, und sie war froh, daß sie der Versuchung widerstanden hatte.
»Wissen Sie was, Monika«, sagte er überraschend, als sie durch München fuhren, »Sie haben hart gearbeitet, und

Sie haben eine Verschnaufpause verdient. Ich fahre Sie jetzt nach Hause.«
Das war ein verlockendes Angebot, aber Monika war zu pflichtbewußt, um gleich zuzustimmen. »Und was ist mit den Bestellungen?«
»Die haben Zeit bis Montag ... oder, wenn sie Ihnen keine Ruhe lassen, dann schauen Sie doch Samstag ins Büro. Ich lege den Stapel auf Ihren Schreibtisch.«
»Ja, das wäre schön.«
»Also abgemacht. Ruhen Sie sich aus, und wenn Sie Lust haben, kommen Sie morgen. Es muß aber nicht sein.«
Sie lächelte. Er konnte leicht großzügig sein, da er inzwischen wissen mußte, daß er sich auf sie verlassen konnte. Er setzte sie vor der Haustür ab, und als sie sich noch einmal umwandte, um ihm zuzuwinken, fuhr er schon davon. Sie rannte die Treppen hinauf und schloß die Wohnungstür auf.
Schon auf der Schwelle stutzte sie. Irgend etwas war anders als sonst. Aus keinem der Räume klang Musik. Auch aus der Küche drang kein Geräusch, dabei war es doch Mittagszeit. Ihr Köfferchen noch in der Hand, öffnete sie die Tür zu Olivers altem Zimmer.
Oliver lag auf der Couch, und ein Mädchen war bei ihm, nackt wie er selber. Es war Gabriele. Sie hielten in der Bewegung inne und starrten sie an, als wäre sie ein Gespenst. Seltsamerweise war Monika nicht geschockt; ihr schien das gebotene Bild nur lächerlich und traurig zugleich. »Sehr taktvoll, daß ihr es wenigstens nicht in unserem Ehebett treibt«, sagte sie trocken und zog die Tür wieder zu.
Sie wunderte sich über sich selber. Sie wäre gerne empört gewesen, aber sie war es nicht. Nicht einmal Eifersucht empfand sie. Die beiden kamen ihr vor wie Kinder, die verbotene Spiele spielten.

Als sie gerade erst begonnen hatte, ihr Köfferchen auszupacken, war Oliver schon bei ihr. Er erschien in der Schlafzimmertür, barfuß und nur in seiner Jeans, an deren Reißverschluß er noch nestelte. Sein Gesicht war weiß, und seine Augen blickten verstört.

»Verzeih mir, Monika, ich habe ja nicht gewußt...«

»Und ich habe nicht geahnt, daß ich mich anmelden muß, wenn ich überraschend nach Hause komme.«

»Es ist nun einmal passiert... dieses eine Mal, das mußt du mir glauben!«

»Das macht es auch nicht besser«, erklärte sie kalt, nicht deshalb, weil sie ihm böse war, sondern weil er eine derartige Reaktion von ihr zu erwarten schien.

»Ich wollte es nicht, wirklich nicht, aber Gabriele hat...« Er brach ab. »Es ist idiotisch.«

»Da hast du sehr recht.«

»Was wirst du jetzt tun?«

»Ich werde Gabriele verbieten, je wieder herzukommen. Aber ich weiß nicht, ob das etwas nutzt. Ich kann es ja nicht kontrollieren.«

»Ich werde sie nie wiedersehn, das schwöre ich dir! Ich werde sie rauswerfen.«

»Hoffen wir, daß es nicht dazu kommt!« Monika konnte sich Oliver nur schwer in der Rolle des Rauswerfers vorstellen. »Wo steckt eigentlich Sven?«

»Hat eine Verabredung.«

Monika verstand. Gabriele hatte schon lange auf eine Gelegenheit gewartet, mit Oliver allein zu sein. Doch die hatte sich erst heute ergeben. Falls Olivers Darstellung stimmte. Aber Monika war geneigt, ihm zu glauben. Sven hätte sich bestimmt nicht in die Rolle des Mitwissers drängen lassen. »Reden wir nicht mehr davon«, sagte sie.

»Du verläßt mich nicht?«

»Wegen Gabriele? Das würde ihr so passen.«
»Ach, Monika!« sagte er erleichtert, machte einen Schritt auf sie zu, blieb dann aber doch wieder stehen.
Ihr Blick sagte ihm, daß sie noch nicht so weit war, sich von ihm in die Arme nehmen zu lassen.

Später, als Monika in der Küche stand und, eine Schürze vorgebunden, Fisch panierte, kam Gabriele zu ihr. Monika musterte sie nur aus den Augenwinkeln. Die Schwester trug Jeans und ein knappes rosa Sweatshirt, unter dem ihr kleiner, haltloser Busen hüpfte. Sie hatte sich sorgfältig geschminkt.
»Tut mir leid«, sagte sie sehr obenhin.
»So siehst du gerade aus.«
»Tut mir wirklich leid ... ich meine, daß du so hereingeplatzt bist. Wir konnten ja nicht ahnen, daß du ...«
»Spar deinen Atem! Ich erwarte keine Erklärung von dir.«
»Mehr als mich entschuldigen kann ich nicht. Es ist nun mal passiert.«
»Du sagst es. Und jetzt ... schwirr ab!«
Gabriele begehrte auf. »Es ist nicht meine Schuld, wenn du deinen Mann nicht halten kannst!«
»Und ob ich das kann! Du wirst schon sehen.« Monika tat Butter in die heiße Pfanne. »Dieser Seitensprung mit dir bedeutet nichts, aber auch schon gar nichts.«
»Da wäre ich mir nicht so sicher!«
»Ich bin's aber!« Monika hielt die Pfanne schräg, so daß sich die Butter verteilen konnte, und legte die Fischfilets hinein. »Zisch ab und laß dich nie wieder hier blicken!«
»Ist das dein Ernst?« Mit einem Schlag zerbrach Gabrieles aufgesetzter Gleichmut.
Jetzt erst sah Monika sie wirklich an und fand sie bemitleidenswert, ein dünnes, viel zu stark geschminktes Mäd-

chen in einem erbärmlichen Aufzug. Sie begriff, wie sehr die Schwester sie beneiden mußte, wegen ihres Mannes, ihrer schönen Kleider, ihres Geldes und ihrer Selbstsicherheit. »Du hast es gewollt, daß ich es erfahren sollte, nicht wahr?« Gabriele zuckte die Achseln. »Ist doch ganz gut, daß du jetzt weißt, woran du mit ihm bist.«
»So ähnlich hatte ich mir das vorgestellt.«
»Früher oder später hättest du es ja doch rausbekommen.«
»Er ist ein Mann und kein Engel. Ich habe das immer gewußt, auch daß du es drauf anlegen würdest, ihn zu verführen. Ich war nicht so wahnsinnig überrascht, wie du dir einbildest. Also verschwinde endlich! Worauf wartest du noch?«
»Es war falsch von mir, aber es hat mich einfach gereizt ...«
»Verschone mich mit Einzelheiten!«
»Bitte, Monika, bitte, sei mir doch nicht böse!«
»Bin ich ja gar nicht.«
»Wirklich nicht?«
»Nein. Aber ich erwarte von dir, daß du dich eine Weile von hier fernhältst. Daß du aufhörst, hier ein und aus zu gehen, als wäre es dein Zuhause. Warte, bis ich dich anrufe, oder ... von mir aus ... ruf selber an und frag, ob es paßt.« Und in ihrem breitesten Bayrisch fügte sie hinzu: »Host mi?«
Gabriele atmete auf. »Du bist lieb!« Auch sie wollte Monika versöhnlich in die Arme nehmen, aber auch sie traute es sich dann auch nicht. »Bis bald!« sagte sie statt dessen und wandte sich zum Gehen.
»Nicht zu bald!« rief Monika ihr nach. Sie fragte sich, wie sie diesen Treuebruch wohl aufgenommen hätte, wenn sie nicht an sich selber erfahren hätte, wie stark eine Versuchung sein kann.

In der nächsten Zeit gingen Monika und Oliver sehr vorsichtig miteinander um. Sie hatten ihre Unbefangenheit verloren. Es half ihnen, daß sie selten allein waren.
Anfangs war es Oliver unheimlich, daß ihm Monika keine stärkeren Vorwürfe gemacht hatte. Aber schon bald zog er daraus den Schluß, daß sein Vergehen demnach auch gar nicht so schlimm gewesen war. Er fand zu seinem charmanten, schillernden Selbst zurück, und das ärgerte Monika. Ihrer Meinung nach hätte er noch länger den reuigen Sünder spielen sollen, gerade weil sie ihm keine Vorhaltungen machte. Sie gab sich nicht zu, daß sie trotz ihrer äußeren Gelassenheit eben doch verletzt und nachtragend war.
Auch zwischen ihr und Hartmut Ziller herrschte Spannung. Das Bewußtsein, daß sie einander anzogen, war nicht leicht zu überspielen. Sie sprachen nie mehr darüber, und er machte auch nie einen Versuch, sie zu berühren. Monika verbat sich auch die leiseste Koketterie und gab sich betont sachlich. Aber zuweilen, wenn ihre Augen sich trafen, durchzuckte es sie wie ein elektrischer Strom.
Monika dachte schon daran zu kündigen. Sie wußte, daß es das einzig Richtige gewesen wäre. Aber sie tat es doch nicht. Vor sich selber entschuldigte sie sich damit, daß sie es sich finanziell nicht leisten könnte. Tatsächlich ertrug sie den Gedanken nicht, Hartmut Ziller nie wiederzusehen.
Anfang Dezember sorgte Oliver für eine Überraschung. Es war Mitte der Woche. Er und Sven waren nicht dagewesen, als sie nach Hause kam. Sie hatte einen Zettel mit einer Entschuldigung gefunden hatte allein gegessen und saß vor dem Fernseher, als die beiden jungen Männer hereinstürmten.
»Mach die Kiste aus!« rief Oliver.
Sven tat es, obwohl Monika protestierte. »Wir haben dir was zu sagen!«

»Endlich ist es soweit! Wir haben eine Band gegründet!«
Monika war nicht so beeindruckt, wie sie erwartet hatten. Die warnenden Worte Marias schossen ihr durch den Kopf. Aber sie wollte ihnen den Spaß nicht verderben und tat, als wenn sie sich freute. »Ach, wirklich?« fragte sie, und es klang lahm in ihren eigenen Ohren.
Die Freunde bemerkten es in ihrem Überschwang gar nicht.
»Wir hatten das schon lange vor!« verkündete Oliver. »Was glaubst du, was wir den Sommer über gemacht haben? Geübt, ein ganzes Repertoire zusammengestellt ... Jetzt ist es soweit.«
»Aber ihr zwei allein ...«
»Tilo macht natürlich mit. Aber er will seinen Beruf nicht aufgeben. Deshalb können wir nur am Wochenende spielen, verstehst du?«
»Ja, aber dann bin ich doch allein! Oder kann ich mitkommen?«
»Lieber nicht. Wenigstens zu Anfang. Das würde uns irritieren.«
»Außerdem können wir dir nicht zumuten, daß du bis in die Puppen hinein in irgend so einem verräucherten Lokal herumsitzt«, fügte Sven hinzu.
»Wie rücksichtsvoll!«
Aber sie überhörten ihren Sarkasmus.
»Wir haben auch einen Sänger«, erzählte Oliver, »hundejung, knapp aus dem Stimmbruch. Aber ein toller Bursche!«
»Helmut hat ihn aufgetan, verstehst du? Greg hat Kassetten von sich eingeschickt, aber die Bosse wollen sich nicht mit einem so unbeschriebenen Blatt befassen. Deshalb soll er erst mal ganz klein anfangen.«
Sie redeten und redeten, gingen in die Küche und holten

Bier, redeten weiter. Sie schienen gar nicht zu merken, daß Monika immer stiller wurde.
Erst als sie allein zusammen in ihrem Schlafzimmer waren, sagte Oliver: »Du darfst nicht glauben, daß ich dich gern allein lasse, mein Herz!«
»Warum tust du es dann?« Sie wußte, wie dumm diese Frage war, aber sie konnte sie nicht zurückhalten.
»Weil ich Geld verdienen muß.«
»Wäre es nicht besser, du würdest dir eine vernünftige Arbeit suchen?«
»Wir unterhalten die Leute. Das ist doch auch was wert.« Er nahm sie in die Arme. »Ich werde viel glücklicher sein, wenn ich etwas zu tun habe, und Musik macht mir nun mal mehr Spaß als alles andere.«
Darauf gab es nichts zu sagen. Sie wollte ihn nicht beherrschen, wie seine Mutter es getan hatte.
Wenn Monika Freitag abends nach Hause kam, waren Oliver und Sven schon fort. Aber sie empfand das nicht als Verlust. Nach einer Woche angestrengter Arbeit war es ganz erholsam, einmal allein zu sein. Den Samstag benutzte sie für Betätigungen im Haus. Sie putzte und rackerte so, daß sie am Abend müde genug war, um schlafen zu können. Aber die Sonntage waren trostlos.
Manchmal ging sie in die Kirche, aber damit brachte sie nur eine Stunde rum. Gabriele wäre sicher gerne gekommen, aber gerade sie schien ihr in ihrer Situation nicht die richtige Gesellschaft. Also las sie, ging spazieren, besuchte Museen, kochte sich etwas besonders Gutes und fühlte sich verlassen. Immer öfter dachte sie jetzt an ihre Heimat und an das helle Haus in den Bergen. In Höhenmoos hatte sie sich nie allein gefühlt. Dort hatte sie alle Menschen gekannt. Ohne Oliver war sie in München immer noch eine Fremde.

So hatte sie sich ihre Ehe nicht vorgestellt.

Olivers Band, »Gregs band«, wie sie sich nach dem jungen Sänger nannte, hatte ihre Engagements nie in München, sondern in kleineren Städten der Umgebung. Manchmal spielten sie auch auf Dörfern. Wenn sie in der Sonntagnacht zurückkamen, war Oliver völlig erledigt. Sven war robuster, ihm machte die Anstrengung, der Rauch, der Bierdunst und der Lärm nicht so viel aus. Oliver brauchte Tage, um sich zu erholen, und wirkte geradezu pflegebedürftig. Monika kam sogar der Verdacht, daß er sich nicht nur in der Musik, sondern auch mit Mädchen verausgaben könnte. Aber sie sprach es nicht aus und fragte auch nicht danach, weil es sinnlos gewesen wäre. Oliver hätte ihr doch nicht die Wahrheit gesagt, und falls es so war, wie sie vermutete, wollte sie es lieber gar nicht hören.

Auch die Weihnachtsfeiertage standen unter einem schlechten Stern. Monika konnte und wollte sich nicht damit abfinden, auch Silvester allein verbringen zu müssen. Oliver versuchte ihr klarzumachen, daß sie gerade Silvester ein besonders gutes Engagement hatten. Sie sollten in einem Wintersporthotel in Kitzbühel spielen.

»Das ist eine Chance, verstehst du?«

»Für wen? Doch nur für deinen Sängerknaben. Du willst mir doch wohl nicht weismachen, daß du die Musiziererei auf Dauer betreiben wirst. Das hältst du doch schon gesundheitlich nicht durch!«

»Jedenfalls kann ich die anderen jetzt nicht einfach im Stich lassen.«

»Die anderen! Immer sind die anderen wichtiger als ich! Was ist das überhaupt noch für eine Ehe, die wir führen?«

Sie hatten einen heftigen Streit. Monika wußte, daß er nicht einfach alles hinwerfen konnte, um bei ihr zu bleiben. Aber sie war außerstande, weiterhin alles zu schlucken, was er ihr zumutete. Natürlich versöhnten sie sich wieder. Aber diese Versöhnung war nicht echt. Zu viel hatte sich zwischen ihnen angestaut, das durch eine leidenschaftliche Umarmung nicht aus der Welt geschafft werden konnte.

Monika war froh, als sie wieder in die Firma gehen konnte. Die Arbeit war ihr zum Ersatz für ein befriedigendes Privatleben geworden.
Hartmut Ziller erzählte ihr, daß Max Stecher, sein Bielefelder Geschäftsführer, mit seiner Frau zum Jahreswechsel nach München kommen würde.
»Wir wollen Silvester zusammen feiern«, sagte er, »ich habe einen Tisch im ›Bayerischen Hof‹ bestellt.« Etwas lauernd, wie es seine Art war, fügte er hinzu: »Sie können sich für den Abend wohl nicht freimachen, Monika?«
»Doch, das kann ich!« sagte sie spontan.
Er war überrascht. »Sie feiern nicht mit Ihrem Mann?«
»Er spielt in einer Band.«
Sie war dankbar, daß er keinen Kommentar dazu abgab.
»Also dann«, sagte er nur, »kann ich mit Ihnen rechnen. Wir treffen uns im Foyer. Punkt acht Uhr. Und machen Sie sich hübsch.«
»Was zieht man denn zu so was an?«
»Sie haben kein Abendkleid? Dann lassen Sie sich eins von Frau Gross geben. Sicher ist noch ein Vorführmodell aufzutreiben.« –
So kam es, daß Monika die Silvesternacht doch nicht einsam vor dem Fernseher in ihrer Wohnung verbrachte, sondern strahlend in den Armen eines Mannes tanzte, der sie begehrte. Max Stecher, den Monika als einen sehr zuverlässigen, aber recht trockenen Menschen kennengelernt hatte, war so verliebt in seine junge Frau, daß auch die Stimmung am Tisch ausgesprochen fröhlich wurde. Frau

Stecher war hübsch und blond, aber etwas nichtssagend. Mit Monika konnte sie sich jedenfalls nicht messen, die in einem eleganten schwarzen Abendkleid, für das sie eigentlich noch zu jung war, bezaubernd schön aussah. Das lange blonde Haar fiel ihr, sorgfältig geföhnt, mit einer Innenwelle über den Rücken, und ihre großen blauen Augen leuchteten vor Begeisterung. Die bewundernden Blicke der anderen Männer ließen sie erglühen.
»Alle beneiden mich um dich«, flüsterte Hartmut Ziller ihr während des Tanzes zu, und sie verstand sofort, was er meinte. Er tanzte bei weitem nicht so gut wie Oliver, aber das machte ihr nichts aus. Es schien ihr eine Ewigkeit her, seit sie zuletzt ausgegangen war.
Die Stechers zogen sich kurz nach Mitternacht zurück.
»Willst du noch bleiben?« fragte er.
Sie spürte das Unausgesprochene hinter dieser Frage und schüttelte den Kopf. Ganz offiziell hatten sie während des Abends Brüderschaft getrunken, und sie wußte, daß es von nun an beim ›Du‹ bleiben würde. Sie wußte auch, wie dieser Abend enden würde; sie hatte es von Anfang an geahnt und wehrte sich nicht mehr dagegen.
Hartmut Ziller bewohnte ein schönes Apartment im Schwabinger »Kurfürstenhof« das aber auffallend karg eingerichtet war. Es war die Wohnung eines Mannes, der praktisch dachte und keine Gemütlichkeit brauchte. Schon im Taxi hatten sie sich leidenschaftlich geküßt, und jetzt konnten sie nicht schnell genug aus ihren Kleidern kommen. Monika verschwand im Bad, und als sie zurückkam, nackt unter seinem Bademantel, erwartete er sie schon in seinem Bett. Der Alkohol und das Gefühl, von ihrem Mann enttäuscht zu sein, nahmen Monika jede Hemmung.
Sie liebten sich, und es war anders als mit Oliver. Er war hart und fordernd und gar nicht zärtlich. Aber sie genoß es.

»Na endlich!« sagte er. »Du hast es mir verdammt schwergemacht!«
»Mir selber auch.«
»Ich weiß, du gehörst zu denen, die es sich schwermachen. Gerade das gefällt mir an dir. Unter anderem.« Er gab ihr keine Gelegenheit, sich an ihn zu kuscheln, sondern stand auf, um Kaffee zu kochen.
Monika benutzte die Gelegenheit, sich anzuziehen.
»Du willst schon fort?« fragte er, als er das Tablett mit zwei Tassen Pulverkaffee hereinbrachte. Aber er schien nicht allzu enttäuscht.
»Es ist besser so.«
»Wahrscheinlich hast du recht. Trink deinen Kaffee. Dann bestelle ich dir ein Taxi.«

Nach dieser Nacht waren Monika und Hartmut Ziller oft zusammen, an den Wochenenden oder wenn sie geschäftlich verreisten. Monika hatte nie geglaubt, daß sie ein solches Doppelleben führen könnte. Sie hatte nicht einmal ein schlechtes Gewissen dabei, denn sie redete sich ein, daß sie Oliver ja nichts nähme. Jetzt war sie sogar wieder liebevoller und nachsichtiger ihm gegenüber und fühlte sich nicht mehr frustriert, wenn er keine Lust zum Sex hatte. Nachts lag sie in seinen Armen und freute sich an seiner Nähe. Wenn er sich von seinen strapaziösen Wochenenden erholt hatte, schlief sie auch wieder mit ihm. Ihr schien dieses Leben mit zwei Männern eine ideale Lösung.
Daß Oliver etwas ahnen könnte, fürchtete sie nicht; er war viel zu sehr mit sich selber beschäftigt.
Eines nachts, als sie von Hartmut Ziller Abschied nahm, sagte sie: »Wir werden uns in nächster Zeit nicht so häufig sehen können, Hart!«
»Und warum nicht?« Er wirkte sofort verärgert.

Dennoch lächelte sie. »Aschermittwoch, mein Lieber: Du weißt doch, hierzulande fallen zwischen Aschermittwoch und Ostern die meisten Vergnügungen flach. Fastenzeit.«
Er packte sie bei den Schultern. »Monika! Wann wirst du endlich mit ihm Schluß machen?«
»Du tust mir weh!«
Aber er lockerte seinen Griff nicht. »Ich will eine klare Antwort!«
»Ich bin verheiratet!«
»Das hast du mir nun schon oft genug vorgebetet. Laß dich endlich scheiden!«
»Das kann ich nicht.«
»Nenn mir einen einzigen vernünftigen Grund, warum das unmöglich sein sollte!«
»Nenn du mir einen Grund, warum ich es sollte!«
»Weil du zu mir gehörst! Weil ich mich auf Dauer nicht mit einer Wochenendliebe begnügen kann. Weil ich will, daß du dich zu mir bekennst.« Er hatte sie losgelassen und begonnen, in dem großen, karg eingerichteten Raum hin- und herzulaufen. »Weil ich nicht Abend für Abend in eine leere Wohnung kommen will.«
»Du wirst mir doch nicht erzählen wollen, daß du mich Abend für Abend bei dir haben willst! Erinnere dich an deine Ehe!«
»Das war etwas anderes, und du bist anders als meine Frau. Ich will dich treffen können, wann es mir paßt. Ich hasse diese ganze Heimlichtuerei und diese Zwänge.«
»Klein Monika, immer Gewehr bei Fuß, wie?«
»Spotte nicht! Es ist mir ernst. Vielleicht werde ich dich eines Tages sogar heiraten.«
»Und dich scheiden lassen, wenn du mich satt hast. Für dich ist eine Ehe doch nur eine Formsache. Aber Oliver und ich sind kirchlich verheiratet. Bis daß der Tod uns scheidet.«

»So was nimmt doch heutzutage kein Mensch mehr ernst.«
»Aber ich!« Ihr Ton wurde weicher. »Versteh doch, Hart! Ich kann ihn nicht verlassen. Was soll aus ihm ohne mich werden?«
»Das heißt, daß er von deinem Geld lebt?«
»So habe ich es nicht gemeint.«
»Gib's doch zu! Was er in seinen Kneipen verdient, ist doch nicht mehr als ein Tropfen auf einem heißen Stein.«
»Und wenn es so wäre! Ich habe ihn nicht geheiratet, weil ich einen Ernährer brauchte.«
»Es ist unmoralisch und dumm, ihn mit durchzuziehen.« Sein Gesichtsausdruck wechselte, als wäre ihm gerade eine Erkenntnis gekommen. »Aber das müßtest du wohl auch, wenn du dich scheiden ließest, und vielleicht würde der Filou dann gar nichts mehr tun.«
»Darüber brauchst du dir keine Sorgen zu machen, denn ich werde mich nicht von ihm trennen.«
»Das verlange ich von dir. Ich bin kein Mann, der sich mit Häppchen begnügt. Vielleicht treibst du es sogar noch mit ihm?«
»Das geht dich nichts an.«
»Ich glaube, ich werde mir den Burschen mal persönlich vorknöpfen.«
»Wenn du das tust ...«
Er ließ sie nicht aussprechen. »Nein, das hat keinen Sinn. Er würde sich seine Geldquelle nicht zuschütten lassen. Meinst du, daß er sich abfinden lassen würde? Mit einer größeren Summe?«
»Für dich zählt nur das Geld, nicht wahr? Aber das ist ein Problem, das nichts mit Geld zu tun hat und das sich auch mit Geld nicht lösen läßt.« Sie wandte sich zur Tür. »Laß mich jetzt, bitte, gehen. Mein Taxi wartet.«
»Nur noch einen Augenblick. Du hast vorhin etwas gesagt

... ja, jetzt weiß ich es wieder. Bis daß der Tod euch scheidet. Vielleicht sollten wir in dieser Richtung denken.«
Sie wirbelte zu ihm herum. »Was hast du da gesagt?«
»Ich habe nur laut gedacht.«
»An Mord?«
»Nun werde bloß nicht gleich dramatisch! Es gibt eine Menge natürlicher Ursachen, an denen ein Mensch sterben könnte ... Krankheiten, Unfälle. Wenn du wüßtest, wie es mit der Kriminalstatistik tatsächlich aussähe, wenn die guten Ärzte nicht so bereitwillig Totenscheine ausstellen würden.«
Sie starrte ihn mit weitaufgerissenen Augen an. »Du bist ein Ungeheuer!«
Er lachte nur. »Wir sprechen noch darüber.«
Monika stürzte aus der Wohnung.
Auf ihrer nächtlichen Heimfahrt konnte sie es sich nicht mehr vorstellen, daß Hartmut Ziller seinen Vorschlag ernst gemeint hatte. Es war zu ungeheuerlich. Und doch erinnerte sie sich daran, daß er gerne und sogar mit einem gewissen Stolz erzählte, wie er Konkurrenten »fertiggemacht« hatte. Er gab sogar zu, daß einer, den er in den Konkurs getrieben hatte, aus dem Fenster des Arabella-Hauses gesprungen war. »Ein labiler Bursche«, hatte er gleichmütig erklärt, »paßte nicht in die Geschäftswelt. Ein Kaufmann muß auch einen Konkurs überstehen können. Ein guter Kaufmann stößt sich daran sogar gesund.«
Wie hatte sie sich das nur anhören können, ohne zu protestieren! Sie mußte besessen gewesen sein.
Monika schämte sich, sie schämte sich zutiefst. Wie hatte sie ihren Mann betrügen können, der sie trotz all seiner Schwächen aufrichtig liebte. Selbst wenn er sich mit Groupies eingelassen haben sollte – und auch das war ja nur ein vager Verdacht –, so konnte sie doch sicher sein, daß ihm

diese Mädchen gar nichts bedeuteten. Sie dagegen hatte sich in einen Mann verliebt, der skrupellos über Leichen ging. Sie hatte es gewußt, denn er hatte nie einen Hehl davon gemacht. Aber sie hatte diese Einsicht von sich geschoben, weil sie ihr nicht gepaßt hatte. Es war Hartmut Zillers Stärke, die sie angezogen hatte, eine Kraft, die, wie sie jetzt erst klar erkannte, mit Brutalität gepaart war.
Seine geschiedene Frau hätte sicher ein Lied davon zu singen gewußt. Die wenigen Worte, mit denen er seine Ehe abgetan hatte. Seine Familie war ihm lästig geworden, also weg damit. Einmal hatte er gesagt: »Ich würde meiner Frau keinen roten Heller zahlen, wenn sie sich nicht um die Kinder kümmern würde. Dieses Arrangement kommt mir immer noch billiger, als wenn ich sie in ein Internat stecken müßte.« Monika hatte das für einen Scherz gehalten, einen ziemlich bösen Scherz, aber immerhin, sie hatte es nicht ernst genommen. Jetzt war sie sich nicht mehr sicher, ob sie sich darin nicht getäuscht hatte.
Aber eines wußte sie, erkannte sie in dieser Nacht ganz klar: sie mußte dieses Verhältnis lösen. Es mußte Schluß sein, jetzt, sofort und endgültig. Aus Leichtsinn, aus Enttäuschung, aus Unerfahrenheit und aus Dummheit hatte sie sich zu nahe an einen gefährlichen Abgrund gewagt. Wenn sie nicht umkehrte, würde er sie verschlingen.
Es war ihr auch gleichgültig, wenn er sie daraufhin schikanieren oder ihr aus einem vorgeschobenen Grund kündigen würde. Sie kannte sich inzwischen in der Branche aus, und in der Branche wußte man um ihre Tüchtigkeit. Auch ohne »Ziller-Moden« würde es weitergehen.

Am nächsten Morgen sagte Monika es Hartmut Ziller. Nach einer Konferenz, als die anderen gegangen waren, blieb sie vor seinem Schreibtisch stehen.

»Ist noch etwas?« fragte er mit einer ungeduldigen Kopfbewegung.
»Ja. Du hast eine Entscheidung von mir verlangt, und ich habe sie getroffen. Ich werde meinen Mann nicht mehr betrügen. Ich liebe ihn.«
»Das hätte man aus deinem Verhalten in den letzten Monaten aber nicht schließen können.«
»Ich habe gedacht, ich könnte euch beide haben.«
Er lachte auf. »Wenigstens bist du ehrlich.«
»Aber das kann ich ihm nicht zumuten und dir doch auch nicht.«
»Du machst die größte Dummheit deines Lebens.«
»Das hat man mir schon gesagt, als ich heiratete. Aber anscheinend kann ich nicht anders. Trotzdem ... es war eine schöne Zeit mit dir. Ich danke dir für alles.«
»Willst du aus der Firma ausscheiden?«
»Wenn du es wünschst.«
»Ich wünsche das ganz und gar nicht. Ein flotter Betthase ist leicht zu finden, eine zuverlässige Mitarbeiterin aber nicht.«
»Danke.«
»Wofür jetzt schon wieder?«
»Daß du mich nicht rauswirfst.«
»Ich halte dich aus reinem Egoismus.«
»Ja«, sagte sie, »das sieht dir ähnlich.«

Monika wunderte sich, daß es so leicht gegangen war. Vielleicht, dachte sie, hatte Hartmut Ziller schon genug von ihr gehabt, als er ihr am Abend zuvor diese häßliche Szene gemacht hatte. Vielleicht hatte er es sich selber noch nicht eingestanden. Möglicherweise aber hoffte er auch darauf, sie bei nächster Gelegenheit wieder ins Bett bekommen zu können. Gelegenheiten würde es ja immer wieder geben.

Wenn er so dachte, irrte er sich. Für sie war diese Geschichte aus, ein abgeschlossenes Kapitel ihres Lebens.
Als sie in dieser Nacht in Olivers Armen lag, war sie nahe daran, ihm alles zu erzählen. Es wäre eine Wohltat für sie gewesen, sich ihre Schuld von der Seele zu reden und ihn um Verständnis und Verzeihung zu bitten. Aber sie verbot es sich. Es wäre eine zu starke Belastung für ihn, für seine Liebe, für ihre Ehe gewesen.
Für sie als Katholikin gab es eine andere Möglichkeit, mit der Vergangenheit fertig zu werden. Als Mädchen hatte sie es gehaßt, ihre kindlichen Verfehlungen vor dem Pfarrer ausbreiten zu müssen. Jetzt war sie dankbar bei der Aussicht, ihre Sünde im Beichtstuhl abladen und Absolution erhalten zu können.
Sie nahm sich vor, die nächste Beichtgelegenheit wahrzunehmen, und sie tat es. Danach fühlte sie sich ungeheuer erleichtert.
Als sie nach Hause kam, drangen ihr, schon als sie die Wohnungstür aufschloß, Stimmengewirr, Gelächter und Gläserklirren entgegen. Offensichtlich hatte Oliver seine Freunde zu Besuch. Sie legte ab und trat zu ihnen in das Wohnzimmer.
»Wo warst du?« fragte Oliver.
Sie zog es vor, diese Frage nicht zu beantworten und statt dessen eine Gegenfrage zu stellen: »Was ist los mit euch? Ihr seid ja so aufgekratzt!«
Sie waren alle beisammen: Oliver, Sven, Tilo, Helmut und Greg, ein Junge mit fast schwarzen, auffallenden Augen und einer blonden Löwenmähne. Auf dem Fußboden stand ein Kasten Bier, und die jungen Männer tranken aus den Flaschen, nur Greg hatte eine Cola in der Hand.
»Greg hat seinen Schallplattenvertrag!« berichtete Sven.

»Congratulation!« sagte Monika und gab dem Jungen einen freundschaftlichen kleinen Stoß.
»Und ich auch!« verkündete Oliver.
»Wieso?«
»Sie haben drei Lieder von mir angenommen!«
»Lieder?« Monika kam sich ziemlich dumm vor.
»Na, du weißt doch! Wir haben alles mögliche ausprobiert, und drei Songs sind tatsächlich hängengeblieben. Die Texte müssen noch gefeilt werden, und die Instrumentation wird auch neu gemacht, aber immerhin: meine Kompositionen sind angekommen!«
»Und angenommen!« fügte Helmut hinzu.
»Ich bin total geplättet!« Monika ließ sich neben ihren Mann auf die Couch sinken; es stimmte, Oliver hatte ihr erzählt, daß er sich als Komponist versuchte, aber sie hatte es nicht ernst genommen, sondern es für eines seiner üblichen Hirngespinste gehalten.
»Stell dir vor, ich brauche nie mehr zu tingeln, nur noch dieses eine Wochenende!« erklärte Oliver.
»Wir sind der Firma zu dilettantisch«, fügte Sven grinsend hinzu, »und das ist gut so, denn sonst würde es nie was mit meinem Abi.«
»Und ich brauche mich nicht mehr von meinem Chef anraunzen zu lassen, weil ich montags im Halbschlaf im Laden stehe«, sagte Tilo.
»Ist das auch wirklich wahr? Ich kann es noch gar nicht fassen.«
»Vielleicht paßt es dir auch gar nicht«, sagte Oliver, ohne sie anzusehen, »wenn ich die Wochenenden wieder zu Hause bin.«
»Sag doch so was nicht! Nichts könnte mich glücklicher machen.«
»Ich hatte das Gefühl, daß du ganz gut ohne mich ausge-

kommen bist. Manchmal hattest du einen Ausdruck wie ... na, wie die Katze, die die Sahne ausgeschleckt hat!«
Jetzt blickten alle Monika an.
Aber sie errötete nicht. »Ich habe mir die Zeit, so gut es ging, vertrieben. Schließlich bin ich ein erwachsener Mensch. Ich wollte mich nicht an dich klammern und dich belasten.« Sie legte zärtlich ihren Arm um Oliver und rieb ihr Gesicht an seiner Wange. »Aber ich bin froh, daß das jetzt vorüber ist.«
»Also war der böse Helmut doch mal zu etwas gut«, meinte Helmut Kirst feixend.
»Du hättest dich bestimmt nicht für Olivers Songs eingesetzt, wenn sie nichts taugten!« fuhr sie ihn an.
Er lachte. »Du änderst dich nicht! Immer der gleiche feuerspeiende Drachen, der seine Höhle verteidigen muß!«
»Sei mir nicht böse, Helmut«, sagte sie weicher, »ich bin ja froh, daß es so ist. Wenn ich glauben müßte, daß du Oliver nur aus Freundschaft protegierst, könnte ich ja kein Zutrauen zu der ganzen Sache haben. So aber ...« Sie beendete den Satz nicht.
»Bilde dir nur nicht ein, daß nun schon das große Geld in eurer Kasse klingelt.«
»Braucht es ja auch nicht. Ich habe nicht vor, meinen Beruf aufzugeben und Oliver beim Komponieren zuzusehen. Aber ich bin glücklich, so glücklich, daß er jetzt endlich eine Arbeit gefunden hat, die ihm Spaß macht.«
»Komponieren ist Arbeit!« bestätigte Oliver. »Glaub nur nicht, daß das so leicht geht!«
»Ich weiß ja! Das habe ich ja auch gesagt!« Sie sprang auf. »Ich finde, wir sollten irgendwas zur Feier des Tages unternehmen. Hier rumhängen und Bier saufen bringt's ja nicht!« Sie blickte auf ihre Armbanduhr. »Schade, daß die Geschäfte schon zu sind!«

»Der Großhandel hat noch offen«, sagte Helmut, »und ich habe zufällig den Einkaufsschein von unserer Firma dabei.«
»Wunderbar! Dann laß uns gleich losfahren! Wir kaufen Rinderfilet und machen uns ein Fondue, ja?«
Damit waren alle einverstanden.
Schon in der Tür, drehte Monika sich noch einmal um. »Und du rufst Gabriele an, Oliver, ja? Wenn sie Lust hat, soll sie kommen. Wir haben sie jetzt lange genug schmoren lassen, finde ich!« – Als Monika und Helmut, schwer beladen, von ihrem Einkauf zurückkamen, war Gabriele schon da und versuchte die Schwester mitsamt ihren Päckchen und Paketen zu umarmen.
»Nimm mir lieber was ab«, sagte Monika.
»Ich habe schon alles erfahren«, sagte Gabriele, »ich freue mich ja so für euch!« Dann verbesserte sie sich: »Die Wahrheit ist, daß ich dich beneide!«
»Dazu hast du auch allen Grund«, bekannte Monika lächelnd.
»Kann ich dir in der Küche helfen?«
»Nein, heute nicht. Du sollst nicht denken, daß ich dich deshalb eingeladen habe.«
»Ich schneide das Fleisch«, erbot sich Helmut, der schon an den beiden vorbei war, »wenn du die Beilagen machen willst, Monika?«
»Ja, natürlich. Lieb von dir. Geh du ins Wohnzimmer, Gaby, und unterhalte die anderen, das heißt, unterhalten mußt du sie gar nicht ... Bewunderung ist alles, wonach sie lechzen.« –
Es wurde der vergnüglichste und harmonischste Abend, den Monika je mit Oliver, seinen Freunden und ihrer Schwester erlebt hatte. Es lag nicht daran, daß ihr Mann endlich den Zipfel eines Erfolges zu fassen bekommen hatte. Monika war zu realistisch, um in ihm schon einen be-

rühmten und saturierten Mann zu sehen. Sie wußte, wie schwer der Konkurrenzkampf überall in der Welt und wie schnell Oliver zu entmutigen war. Aber das war für sie nicht entscheidend. Es genügte ihr, daß er eine Hoffnung hatte, an die er sich klammern konnte.
Sie fühlte sich stark genug, für ihn zu sorgen, ihn immer wieder aufzurichten und ihm neuen Mut zu geben.

Am Sonntag morgen – sie war vor wenigen Minuten aus der Kirche gekommen – klingelte es an der Wohnungstür. Sie konnte sich nicht denken, wer sie besuchen wollte, und öffnete erst nach einigem Zögern.
Überrascht sah sie sich ihrer Mutter gegenüber. Barbara wirkte jünger, als sie sie in Erinnerung gehabt hatte, vielleicht auch deshalb, weil sie ein wenig unsicher war. Der graue Mantel, den sie trug, war zwar solide, aber vom Schnitt her so veraltet, wie man ihn nur noch auf dem Land trug.
»Ich hoffe, ich störe dich nicht«, sagte Barbara, »ich weiß, ich hätte vorher anrufen sollen, aber Gaby sagt ...«
Monika kam endlich dazu, ihr ins Wort zu fallen. »Komm doch herein! Was redest du da? Ich freue mich!« Sie half ihrer Mutter aus dem Mantel.
»Gut siehst du aus!« stellte Barbara fest.
Monika trug eines der eleganten Modellkleider von »Ziller-Moden«, an die sie sich inzwischen gewöhnt hatte, das lange Haar hatte sie aufgesteckt. »Mir geht's auch gut.«
»Gaby hat es mir erzählt.«
Monika führte die Mutter durch die Wohnung.
»Schön habt ihr's hier«, sagte Barbara.
»Groß, nicht wahr? Ein Zimmer haben wir sogar noch vermietet.«
»Und so hohe Decken!«

»So hat man eben früher gebaut.«
»Platz genug für Kinder.«
Monika zog es vor, diese Anspielung zu überhören. »Darf ich dir was zu trinken anbieten? Es ist noch früh am Tag, aber einen Sherry könnten wir uns doch genehmigen.«
»Ja, bitte«, sagte Barbara und sah sich in dem Wohnzimmer mit den Ledersesseln um, das ehemals Olivers Vater gehört hatte.
Monika war froh, daß sie am Tag zuvor gründlich saubergemacht hatte; sie holte die Karaffe und zwei Gläser und sagte: »Bitte, setz dich doch endlich!«
Barbara nippte nur an ihrem Sherry, und Monika wußte, daß ihr eigentlich gar nichts daran lag. Sie hatte nur zugesagt, um nicht weltfremd zu wirken.
Jetzt sah sie ihre Tochter an. »Du bist so großstädtisch geworden!«
»Das mußte ich ja wohl. Inzwischen kann ich auch mit der U-Bahn fahren. Erzähl das Sepp. Wie geht es ihm eigentlich?«
»Na ja. Die Geschäfte laufen nicht sehr gut, aber zum Frühjahr hin wird es hoffentlich besser.«
»Und wie kommst du im Büro zurecht?«
»Es ist schwerer, als ich mir vorgestellt hatte. Anfangs war ich manchmal der Verzweiflung nahe. Ich hatte mir gedacht, weißt du, was ein so junges und dummes Kind wie du könntest, würde ich mit Leichtigkeit schaffen.«
»Für mich war das alles einfacher. Ich bin sozusagen in den Beruf hineingewachsen.«
»Du sollst so tüchtig geworden sein.«
»Das liegt daran, daß mein Chef sehr hohe Anforderungen an mich stellt. Und daran, daß natürlich Mode mehr Spaß macht als Türen und Fenster. Jedenfalls mir.«
»Ich freue mich, daß für dich alles so gut ausgegangen ist.«

»Es war nicht immer leicht.« Monika vermied es, ihre Mutter anzusehen, denn sie wollte nicht, daß sie den Vorwurf in ihren Augen las.
Das Gespräch wurde schleppend.
Monika hatte das Gefühl, daß die Mutter etwas auf dem Herzen hatte, was sie sich nicht auszusprechen traute.
»Hör mal«, sagte sie endlich, »willst du nicht zum Essen bleiben? Ich koche uns etwas ganz Schnuckeliges.«
»Lieb von dir.« Barbara zupfte nervös an den Manschetten ihrer Hemdbluse. »Aber ich bin mit Sepp verabredet.«
»Hier in München?«
Barbara nickte stumm.
»Dann habe ich eine andere Idee!« Monika fand, daß es höchste Zeit war, die Verhältnisse wieder zu normalisieren. »Ich komme mit. Wir versuchen Gabriele zu erreichen und essen zu viert. So viel wird die Firma ja wohl noch abwerfen.«
»Natürlich. Sepp wird sich bestimmt freuen. Aber ich muß dir erst noch etwas sagen.«
»Na los, Barbara! Hust es heraus.«
»Wir werden heiraten.«
Diese Mitteilung verschlug Monika die Sprache; sie konnte ihre Mutter nur wortlos anstarren.
»Sag mir jetzt nur nicht, daß er zu jung für mich ist!« verteidigte die Mutter sich gegen einen Angriff, der gar nicht erfolgt war. »Er ist ein paar Jahre jünger, das stimmt. Aber er sagt, das macht ihm nichts aus und mir auch nicht! Wir passen sehr gut zusammen, in jeder Beziehung, das ist doch die Hauptsache!«
Monika begriff. »Du hast ihn immer schon liebgehabt, nicht wahr? Aber du hast dich nicht getraut. Vielleicht hast du es nicht einmal dir selber zugegeben. Deshalb wolltest du ihn unbedingt mit mir verkuppeln. Und Sepp

ist es wahrscheinlich genauso gegangen. Er hat dich geliebt und nicht mich.«

»Er ist der beste Mann der Welt.«

Plötzlich konnte Monika lachen. »Nur gut, daß du ihn kriegst! Ich könnte mit einem Idealbild gar nichts anfangen. Dazu bin ich selber viel zu unvollkommen.«

»Hat es dich sehr geschockt?«

»Ein bißchen schon. Aber das macht nichts. Ich bin hart im Nehmen.« Monika reichte der Mutter die Hand und zog sie hoch. »Gratuliere, Barbara!« Sie umarmte sie herzlich. »Ich wünsche dir alles Glück der Welt! Und jetzt wird gefeiert!«

SPÄTE LIEBE

Es war ein warmer Vorfrühlingsabend, kurz vor Einbruch der Dämmerung.
Als sie das Verkehrsgewühl der Münchner Innenstadt hinter sich gelassen hatte, kurbelte sie das Fenster ihres wendigen Kabrioletts herunter. Ein kühler Luftzug entstand, der die Locken ihrer rötlich blonden Abendperücke zerzauste, aber nicht stark genug war, sie aus der Form zu bringen.
Tief durchatmend, bemühte sie sich zu entspannen. Sie hatte den wichtigen Cocktailempfang bei einem potentiellen Auftraggeber vor dem allgemeinen Aufbruch verlassen. Nachdem sie Charme und Liebenswürdigkeit nach allen Seiten versprüht hatte, war sie ohne langen Abschied gegangen, überzeugt davon, ihr Pensum erledigt und ihre Pflicht getan zu haben. Wann immer es möglich war, vermied sie es auf diese Weise, aufdringlichen oder auch nur wohlmeinenden Männern einen Korb geben zu müssen. Die Erfahrungen hatten sie gelehrt, daß es immer noch jemanden gab, der mit ihr ausgehen wollte, zum Essen oder sonstwohin. Aber angeheiterte Männer und ihre Flirtversuche langweilten sie nur, besonders, da sie selber stocknüchtern geblieben war; sie hatte sich an Orangensaft ohne Sektzugabe gehalten.
Ursprünglich hatte sie vorgehabt, gleich nach der Party noch einmal ins Büro zu fahren, da ihr eine Idee gekommen war, die sie sofort zu Papier bringen wollte. Aber jetzt stellte sie fest, daß ein unbestimmtes Gefühl sie in Richtung Zoo dirigiert hatte. Kinder hatte sie nie gehabt, aber manchmal

dachte sie, daß Mütter zu ihren Kleinen wohl ganz ähnlich stehen müßten wie sie zu ihren Bauten. Auch wenn sie mit ganz anderen Dingen beschäftigt war, sorgte sie sich ständig um ihr Wohl. Arthur Stolze, ihr stiller Teilhaber und Geschäftsführer pflegte sie wegen dieser Einstellung, die er übertrieben fand, zu hänseln, und sie lächelte selber zuweilen darüber. Aber so war sie nun einmal, und sie konnte und wollte sich auch nicht ändern.

Auf der Wolfratshauser Straße hielt sie auf der unbebauten Seite, öffnete das Fenster und blickte zu dem Rohbau, »ihrem« Rohbau, hinüber. Mit schwarzen klaren Buchstaben waren auf einer Tafel Embleme und Namen der Schaffenden angegeben, des Bauunternehmers, Installateurs, Heizungstechnikers, des Malers, des Parkett- und Fliesenlegers und, nicht zuletzt ihr eigener. »Architekt D. Beck«, das war sie, Donata Beck, und es erfüllte sie immer noch mit Freude es dort zu lesen. Es war ein langer, steiniger Weg bis zu diesem Ziel gewesen. Erst seit wenigen Jahren hatte sie, jetzt 42, es erreicht, in ihrem Beruf ernst genommen zu werden.

Nach kurzem Überlegen stellte sie den Motor ab und stieg aus, um den Bau besser betrachten zu können. Es waren kaum mehr als die Außenmauern hochgezogen, und einem Laien hätte der Anblick nicht viel gesagt. Aber vor ihrem inneren Auge entstand die Illusion des Hauses, wo sie es auf dem Papier entworfen hatte und wie es einmal in vollkommen harmonischen Proportionen dastehen sollte, mit seinen fast quadratischen Fenstern, dem großzügigen Eingang und dem breiten, angenehm bewohnbaren Balkon.

Doch etwas störte sie, etwas stimmte nicht.

Entschlossen öffnete sie die Autotür, schloß das Fenster, zog den Zündschlüssel ab und nahm ihren Zollstock aus dem Handschuhfach. Mit einer raschen Bewegung streifte sie die alt-indianische Stola ab, legte sie auf den Beifahrersitz und schloß ab. Es war ihr nicht bewußt, daß ihre schönen Schultern und makellosen Arme jetzt voll zur Geltung kamen, sondern sie tat es aus einer rein praktischen Erwägung heraus. Ihr schwarzes Kleid war von raffinierter Schlichtheit, von Spaghettiträgern gehalten und in der Taille mit einem Band in den gleichen leuchtend bunten Farben ihrer Stola geschmückt.

Mit leichtem Schritt – nicht so weit ausholend wie gewöhnlich, denn sie trug hochhackige Pumps – überquerte sie die Fahrbahn. Die schmale Brettertür im Bauzaun war nicht verschlossen, denn noch waren einige Männer mit Aufräumungsarbeiten beschäftigt.

Ohne darauf zu achten, daß ihre schwarzen Abendschuhe grau vom Zementstaub wurden, durcheilte sie die Halle, in der die geschwungene, aus Holz geplante Treppe noch fehlte. Sie kletterte, auf den Fußballen balancierend, die Leiter hoch, stieg im ersten und zweiten Stock, Handtasche und Zollstock unter den Arm geklemmt, die geländerlosen Treppen hoch.

Im Dachgeschoß trat sie, ein am Boden liegendes Drahtgitter sorgsam umgehend, bis an die Brüstung vor und klappte den Zollstock aus, um sie zu messen.

»He, Mädchen!« ertönte eine barsche Männerstimme hinter ihr. »Was fällt Ihnen ein?«

Donata erschrak nicht, noch ließ sich sich stören. – »Dreißig Zentimeter zu hoch«, stellte sie fest, »als ob ich's geahnt hätte!«

»Sie, was soll das?« fuhr der Mann sie abermals an.

Jetzt drehte sie sich zu ihm um und klappte ohne Eile den Zollstock zusammen.

Der Mann musterte sie unverschämt, und unverhohlene Bewunderung leuchtete aus seinen tiefblauen, fast schwarz wirkenden Augen. Er war jung, er war groß, und er war stark. Ein Schutzhelm saß ihm schief auf den braunen Locken, die schmutzigen Hosen waren eng gegürtet, und auf dem nackten, glatten Oberkörper hatte sich Zement mit Schweiß vermischt.

»Wenn Sie eine Wohnung suchen, Mädchen«, sagte er milder und konnte sich ein Grinsen nicht verkneifen, »müssen Sie sich an ein Maklerbüro wenden oder eine Annonce aufgeben. Sie können nicht so einfach in Neubauten herumkraxeln. Das ist streng verboten und dazu noch gefährlich.

»Danke für die Belehrung«, erwiderte sie kühl.

»Nur nicht frech werden!« Er streckte die Hand nach ihr aus.

Sie funkelte ihn aus ihren grünen, schwarz ummalten Augen an. »Wagen Sie nicht ...«

Aber da war es schon passiert. Mit hartem Griff hatte er ihren Arm gepackt, und ihr geschah etwas Seltsames. Es durchfuhr sie wie ein elektrischer Stromstoß. Das kam so unerwartet, daß es sie aus der Fassung brachte. Sie war dankbar, daß sie wenigstens nicht errötete. Aber es dauerte Sekunden — jedenfalls schien es ihr so —, bis sie sich wieder in der Gewalt hatte.

»Ich bin der Architekt!«

Impulsiv wollte er widersprechen. Er hatte den Mund schon geöffnet, sein klares Gesicht drückte Zweifel aus, Unglauben, Belustigung über die Kühnheit ihrer Erklärung. Dann aber begriff er, daß sie doch die Wahrheit gesagt haben mochte, und wenn es so war, konnte er es sich nicht erlauben, sie zu beleidigen. Er schluckte schwer und brachte dann mühsam heraus: »Das hätte ich nicht gedacht.«

Sie genoß seine Verwirrung, war nahe daran, ihn noch

tiefer zu demütigen, verbot es sich dann aber. »Glaube ich Ihnen«, sagte sie nur, steckte den Zollstock in ihre Abendtasche und wollte an ihm vorbei.
Doch er vertrat ihr den Weg. »Machen Sie das öfter so? Auf Stöckelschuhen Baustellen inspizieren, meine ich?«
»Ja«, erwiderte sie ruhig.
»Und es ist Ihnen noch nie was dabei passiert?«
»Ich passe schon auf.« Er wirkte immer noch so bestürzt, daß sie sich dann doch zu einer Erklärung herabließ. »Man hat nicht immer Zeit sich umzuziehen.«
»Dann sollten Sie wenigstens immer ein Paar Schuhe zum Wechseln dabei haben.«
»Gute Idee. Wenn ich irgendwann mal einen Rat brauche, werde ich mich an Sie wenden.«
Ihr Spott prallte an ihm ab. »Ich heiße Tobias Müller«, erklärte er mit einer leichten Verbeugung, die in seinem Aufzug ungemein komisch wirkte.
»Fein«, sagte sie, »jetzt wissen wir also beide, mit wem wir es zu tun hatten. Aber lassen Sie mich jetzt bitte gehen. Sonst breche ich mir im Dunkel wirklich noch das Genick.«
»Ich werde Ihnen helfen«, erbot er sich.
»Oh nein. Das werden Sie nicht. Ich finde meinen Weg allein.« Sie trat auf ihn zu, den Kopf hoch erhoben, das feste runde Kinn weit vorgestreckt und ihre Handtasche schwingend, als würde sie im Notfall bereit sein, sie als Waffe zu benutzen.
Er war ein gutes Stück größer als sie, mehr als doppelt so stark, aber es blieb ihm nichts anderes übrig als sie vorbeizulassen, wenn er es nicht auf ein Handgemenge ankommen lassen wollte.
Sie stöckelte auf die Treppe zu und stieg die Stufen hinunter, ohne den Versuch, sie im Zwielicht auszumachen, sich nur auf ihr Gefühl verlassend. Dabei spürte sie, daß er sie

mit seinen Blicken verfolgte, und es prickelte in ihrem Rückgrat.

Die Leiter mußte sie rücklings nehmen, und als sie sich umdrehte, bemerkte sie, daß er ihr nachgekommen war. Er hielt ihr die Hand hin, damit sie sich abstützen konnte. Aber sie nahm sie nicht, sondern wehrte ihn mit einem ihrer funkelnden Blicke ab.

›Sehen Sie lieber zu, daß Sie an Ihre Arbeit kommen!‹ hätte sie beinahe gesagt, aber sie verzichtete auf diese Mahnung, weil sie sie selber als zu billig empfand.

»Wie kann man nur so trotzig sein!« bemerkte er kopfschüttelnd, und dann, als sie den sicheren Boden erreicht hatte: »Gute Heimfahrt, Frau Beck ... Sie sind doch Frau Beck, nicht wahr?« Er folgte ihr die Sprossen hinab und stand mit einem Sprung neben ihr.

Sie hatte überhaupt keine Lust sich mit ihm zu unterhalten. Ihr Herz raste, und sie fürchtete, er könnte es merken, wenn sie den Mund aufmachte. So ließ sie ihn denn einfach stehen und eilte zu ihrem Auto.

Als sie aufgeschlossen und sich hinter das Steuer gesetzt hatte, atmete sie auf. ›Noch einmal davon gekommen!‹ schoß es ihr durch den Kopf.

Aber schon, als sie den Motor anließ, begriff sie nicht mehr, was eigentlich mit ihr geschehen war. Wie hatte ein junger Mann sie so durcheinander bringen können? Wer war er überhaupt? Ein Bauarbeiter? Er hatte so ausgesehen, aber nicht so geklungen. Sie schätzte ihn eher als einen Studenten ein, der sich in den Semesterferien etwas dazu verdiente.

Wer auch immer er sein mochte, es gab keinen Grund über ihn nachzugrübeln. Sie würde ihn nie wiedersehen.

Was sie aber nicht so schnell vergessen konnte, war die Schwäche, die sie überfallen hatte. Dergleichen hatte sie noch nie erlebt, nicht einmal als junges Mädchen, und ein

Mädchen war sie ja beileibe nicht mehr, auch wenn er sie so angesprochen hatte. Ihre Figur mochte das vortäuschen, und das Dämmerlicht das Ihrige dazu getan haben. Aber sie war eine erwachsene Frau, eine selbständige Frau, und sie mußte, wenn sie im Dschungel des Existenzkampfes überleben wollte, ihre Gefühle unter Kontrolle halten.
Es war nicht der etwas naive, sympathische und zweifellos auch mit Sexappeal ausgestattete junge Mann, der sie erschreckt hatte, mußte sie sich eingestehen, sondern ihre eigene Reaktion. Niemals hatte sie damit gerechnet, vor sich selber auf der Hut sein zu müssen. Aber vielleicht war es ganz gut, daß sie das jetzt erfahren hatte. Sie war gewarnt.

In dem Bürohaus in der Schlierseestraße war um diese Zeit kaum noch Leben. Als Donata aus der Tiefgarage in den 5. Stock hinauf fuhr, empfand sie sehr deutlich diese Leere. Aber Einsamkeit war ihr nur recht, denn aus Erfahrung wußte sie, daß sie ihr zu stärkster Konzentration verhalf.
Sie schloß die Tür auf, betätigte den Schalter, und der Empfangsraum, ganz in grauen und weißen Tönen gehalten, erstrahlte im Licht. Die fast grelle Klarheit tat ihr wohl. Sie ging an den aufgeräumten Zeichentischen ihrer Mitarbeiter vorbei und legte Handtasche und Stola auf der langen Theke ab. Dahinter waren die elektronischen Bürogeräte aufgebaut – eine Schreibmaschine mit Bildschirm, Telefonanlage und Telefax mit Drucker –, sie wollte schon ihren eigenen Raum betreten, als sie sich anders besann und zuerst das Bad aufsuchte. Die Räume im 5. Stock waren ursprünglich als Dachwohnungen gedacht gewesen. Donata hatte sie noch im Rohbau für ihre eigenen Zwecke umbauen lassen, dabei aber die Anlagen für Bad und eine Küche aus praktischen Gründen belassen. Es kam zuweilen

auch dazu, daß sie – zumal im Winter bei schlechten Straßenverhältnissen – hier übernachtete.

Das Bad war praktisch, aber nicht komfortabel eingerichtet; es gab eine Wanne, eine Dusche, zwei Waschbecken und an der Schmalseite einen Einbauschrank aus hellem Holz. Die Toiletten waren separat.

Vor dem großen Spiegel, der die Breite der beiden Becken einnahm, zog Donata sich die Perücke vom Kopf, stülpte sie über einen entsprechenden Kunststoffständer. Ihr eigenes Haar war glatt und von einem so hellen Blond, daß man später, so dachte sie oft, die ersten weißen Strähnen gar nicht bemerken würde. Jetzt gab sie sich nicht einmal die Mühe, es mit den Fingern aufzulockern, überlegte nur kurz, ob sie sich abschminken sollte, entschied dann aber, daß dies Zeit bis zu ihrer Heimkehr hatte.

Aus reiner Gewohnheit und ohne daß es notwendig gewesen wäre, denn ihr Kleid war ohnehin nicht mehr einwandfrei und mußte in die Reinigung, nahm sie einen ihrer grauen Kittel aus dem Schrank und schlüpfte hinein. Die Perücke – sie besaß 6 davon, alle in verschiedenen Blondtönen gehalten – versorgte sie in einem Spezialkoffer. Schon seit Jahren fand sie es bequemer, sich mit Perücken, passend zu der jeweiligen Garderobe, zu verschönern, als selber zum Friseur zu gehen. Sie brachte gerade noch die Geduld auf, sich das eigene Haar alle drei Wochen schneiden zu lassen. Und diese Prozedur durfte nie länger als 20 Minuten dauern.

Mit dem Perückenkoffer in der Hand verließ sie das Bad, knipste das Licht aus und stellte ihn zu ihren anderen Sachen auf die Theke. Links davon lag ihr eigener Arbeitsraum. Er war bescheiden und zweckmäßig ausgestattet, denn sie benutzte ihn nur zum Nachdenken, Schreiben, Rechnen und Zeichnen. Für Verhandlungen war das pom-

pöse Zimmer mit dem riesigen Teakholzschreibtisch und den schwarzen Ledermöbeln ihres Geschäftsführers gedacht. Hier, in ihrem eigenen Reich, spielte der Zeichentisch die beherrschende Rolle. Außerdem gab es noch eine schmale Couch, einen bequemen Schaukelstuhl, einen Schreibtisch mit Schreibmaschine und Telefon und ein niedriges Regal mit Fachliteratur. Keinerlei Bilder. Der einzige Schmuck bestand in einer der dekorativen, verglasten Dachgauben, mit denen auch die anderen Räume des Architekturbüros ausgestattet waren. Sie waren vorhanglos und versorgten die Anlage an hellen Tagen mit Licht. Meist mußten allerdings Rasterleuchten und Wandfluter dafür sorgen.
Donata kramte in den Papieren auf ihrem Schreibtisch und zog ein Blatt heraus, auf dem sie sich Notizen für ein bestimmtes Bauprojekt gemacht hatte.
Ein Ehepaar Pallenberg hatte ein schönes Grundstück am Stadtrand erworben und um einen Entwurf für ein Haus mit Garage gebeten. Mit freier Hand und einem Bleistift hatte Donata das Projekt flüchtig skizziert, den Grundriß des Erdgeschosses mit Eingangshalle, Gästetoilette und Garderobe, Wohnraum, Speisezimmer und Küche, und dazu die Straße angedeutet, die vier Himmelsrichtungen bestimmt.
Auch die Fassade war in etwa schon entworfen und die anschließende Garage.
Die Pallenbergs waren von Donatas Vorstellung einigermaßen angetan gewesen, wenn auch nicht begeistert, und man hatte einen Termin für die Besichtigung des Baugeländes ausgemacht.
Erst nachträglich war Donata eingefallen, daß sie sich zu sehr hatte beeinflussen lassen. Inzwischen erschien es ihr sehr viel zweckmäßiger und befriedigender, eine Tiefgarage

anzulegen. Auf diese Weise konnten Tiefe und Breite des Hauses erweitert und möglicherweise sogar Platz für eine Terrasse nach Süden gewonnen werden.
Der Zeichentisch war schon mit Transparentpapier bespannt. Donata stellte ihn schräg, um den Rücken zu entlasten — sie hatte einen anstrengenden Tag hinter sich — und klemmte den Erstentwurf oben an. Dann begann sie mit der Zeichenmaschine, zwei im rechten Winkel zueinander stehenden Linealen, die sich mühelos von links nach rechts und oben nach unten verschieben ließen, die ersten Linien zu ziehen, wobei sie die vorgegebenen Maße berücksichtigte. Zuerst den Grundriß: Garage für zwei Autos — die Pallenbergs besaßen vorerst zwar nur eins, aber das konnte sich bald ändern —, Heizungskeller, Vorratsraum, Aufstieg. Sie zeichnete rasch und sicher, nur selten mußte sie zum Radiergummi greifen. Als sie fertig war, schrieb sie zügig darunter: »Grundriß Keller Pallenberg«.
Dann löste sie die erste Skizze, denen sie die Maße entnommen hatte, und das Transparentpapier vom Zeichentisch, das sie sorgfältig aufrollte. Anschließend fertigte sie zwei Querschnitte des Kellergeschosses an, was erheblich schwieriger war, weil sie die Schräge der Einfahrt zur Tiefgarage bedenken und berechnen mußte.
Damit hatte sie geschafft, was sie sich für den heutigen Abend vorgenommen hatte. Sie hatte ihre Idee auf Papier gebracht. Grundsätzlich, weil sie dann oft keine Nachtruhe gefunden hatte, nahm sie sich keine Arbeit mit nach Hause. Morgen würde sie sich mit dem Erdgeschoß und dem 1. Stock befassen und, falls ihr die Zeit dazu blieb, die Bleistiftstriche mit dem Rapidographen in schwarzer Tusche nachziehen. Sie liebte die Klarheit dieser Ausführung. Aber wahrscheinlich würde sie sie einem Mitarbeiter überlassen müssen; zu viele Aufgaben warteten auf sie.

Das eigentlich Schöpferische war mit der Bleistiftzeichnung getan.
Sorgfältig räumte Donata die Arbeitsutensilien auf, ließ ihren Kittel jedoch achtlos zu Boden fallen – die Putzfrau würde ihn am nächsten Morgen zur Schmutzwäsche tun –, raffte ihre Siebensachen zusammen, löschte alle Lichter, schloß ab und fuhr in die Garage hinunter.
Als sie ihr Kabriolett auf die Straße hinaus steuerte, überfiel sie eine Müdigkeit, der sie sich jetzt noch nicht hingeben durfte. Weit kurbelte sie das Fenster hinunter, so daß der Fahrtwind ihr durch das kurzgeschnittene Haar strich und ihr Stirn und Nacken kühlte.
Nachdem sie die hell beleuchtete Innenstadt hinter sich gelassen hatte, bog sie in die Tegernseer Landstraße, die Ausfallstraße zum Villenvorort Grünwald, ein.

Ihr Haus lag von der Straße zurück gesetzt, gleichsam geduckt zwischen mächtigen alten Bäumen. Die Umrisse waren in der Dunkelheit kaum auszumachen, nur die Außenbeleuchtung über der Haustür und der Garage leuchtete. Donata fuhr ein.
Dies war das erste Haus, das sie entworfen und gebaut hatte, für sich und ihren Mann, den wesentlich älteren, vor sieben Jahren verstorbenen Philipp Beck. Sie war immer noch stolz darauf, wenn sie auch heute manches anders machen würde. Aber immerhin hatte es ihren Ruf begründet.
Damals, sie hatte nach dem Abitur eine Schreinerlehre hinter sich gebracht, dann erst Architektur studiert, war sie in Holz vernarrt gewesen. Sie hatte die Auffahrt zur Garage und den Fußweg zum Haus nicht asphaltiert und nicht mit Kies ausgestattet, sondern mit dicken Bohlen aus altem abgelagerten Holz belegt. Auch für die Fassade hatte sie viel Holz genutzt, so daß das Haus, ohne daß sie es beabsichtigt

hatte, Erinnerungen an die Pionierzeiten im Wilden Westen herauf beschwor. Der schon vorhandene Baumbestand, knorrige Eichen und schlanke Buchen, der beim Bau weitgehend geschont worden war, hatte sie dazu inspiriert. Manche hatten darüber gelacht, aber ihr gefiel es heute noch so, wie es war, und Philipp hatte stets alles bejaht, was sie unternommen hatte.

Er war es auch, dessen Geld – er war ein erfolgreicher Börsenmakler gewesen – ihr den Bau überhaupt ermöglicht hatte, wenn sie auch darauf bestanden hatte, ihr eigenes kleines Erbe mit hineinzustecken.

Aber es war nicht sein Geld und auch nicht sein Verständnis und seine Ermunterung, die sie vermißte; es war er selber. Er fehlte ihr sehr.

Wie immer genoß sie das weiche Rumpeln der Bohlen, als sie zur Garage hinauffuhr. Von dort führte eine Tür ins Haus. Sie raffte ihre Sachen zusammen, trat ein und blieb lauschend stehen. Musik und Geräusche aus dem sogenannten Frühstückszimmer zeigten ihr an, daß Silvia Münsinger, ihre sechs Jahre ältere Schwester, daheim war. Donata schaltete die Außenbeleuchtung aus und durchquerte die Diele.

Silvia saß, sehr mager, sehr gepflegt, das dünne Haar kastanienbraun gefärbt und zu einer komplizierten Frisur gelegt, vor dem Fernseher. Das elegante Kleid, das sie trug, war für Donatas Geschmack zu rot.

»Hallo, Silvia!« grüßte sie von der Tür her. »Ich mach' mich nur frisch und dann komme ich zu dir. Oder störe ich dich?«

»Wie könntest du? Es ist schließlich dein Haus.«

Donata, die wußte, daß die Schwester dazu neigte, auch die harmloseste Bemerkung als Kränkung aufzufassen, blieb ganz ruhig. »Ich will nur wissen, ob es sehr spannend ist.«

»Nein, durchaus nicht. Jedenfalls verglichen mit dem, was du so täglich erlebst.«

»Dann bin ich gleich bei dir«, versprach Donata ungerührt. Ihr Schlafzimmer – das vormals eheliche Schlafzimmer – lag im Erdgeschoß. Ihr Mann und sie waren noch vor dem Frühstück gern in das Schwimmbecken gesprungen, das sich gleich an die Terrasse hinter dem Haus anschloß. Donata tat das immer noch. Der große Raum hatte mit seinen schlichten, fast strengen Möbeln eine nahezu maskuline Note, wirkte aber dennoch, Polster und Vorhänge in gelben und grauen Tönen gehalten, ausgesprochen heiter, ein Zimmer, das eher das frühe Aufstehen am Morgen als das späte Zubettgehen erleichterte. Das anschließende Bad, in grau-weißem Marmor gehalten, mit Armaturen aus Messing, war riesig und wirkte luxuriös.
Donata nahm dies alles ohne Kritik und ohne Bewunderung wahr. Für sie war es ganz selbstverständlich so, es war die Umgebung, in die sie gehörte. Sehr rasch zog sie sich aus, tat Kleid, Strümpfe, Unterwäsche in den dazu bestimmten Messingbehälter, die indianische Stola dazu. Dann schminkte sie sich gründlich ab, ging unter die Dusche und wusch sich von Kopf bis Fuß.
In einem leichten, taubenblauen Hausanzug und Samtpantoffeln, das Haar noch feucht, kam sie wenig später wieder in das Frühstückszimmer, nahm ein Glas aus der Vitrine und machte es sich neben der Schwester in einem der hellen Sessel bequem. »Ich darf doch?« fragte sie und griff nach der schon halb geleerten Weinflasche.
»Er ist aus deinem Keller.«
»Das ist doch ganz egal. Bitte, laß die Haarspaltereien!« Donata schenkte sich ein und schnupperte an ihrem Glas, bevor sie einen Schluck nahm. »Jedenfalls ist er gut.«
»Du kannst mir mit Recht vorwerfen, daß ich mir meine Getränke auch selber besorgen könnte ...«
Donata fiel ihr ins Wort. »Bitte, fang nicht wieder an, die

arme Verwandte zu spielen. Die Rolle steht dir nicht. Ich und du, wir wissen beide, daß Leo dich sehr gut versorgt. Andererseits macht es mir überhaupt nichts aus mit dir zu teilen. Über was beklagst du dich also?«
Silvia war nach einer gewaltigen Auseinandersetzung mit ihrem Mann zu ihrer Schwester geflüchtet, und Donata hatte sie mit offenen Armen aufgenommen. Es hatte eine vorübergehende Lösung sein sollen. Inzwischen waren seit der Scheidung Monate, ja, Jahre vergangen, und Silvia war geblieben. Donanta war ganz froh darüber, denn sie empfand deutlich, daß das Haus für sie allein zu groß war. Wenn Silvia auch nicht die angenehmste Gesellschaft bot, so war sie ihr doch mit all ihren Marotten vertrauter als jeder andere Mensch auf der Welt.
Jetzt steckte sie sich eine neue Zigarette an — der Aschenbecher auf der gläsernen Tischplatte, die von einem bizarren Stück Treibholz getragen wurde, war schon fast gefüllt mit Asche und Stummeln — und stellte den Fernseher leiser. »Ich habe mich nicht beklagt, sondern verteidigt.«
»Auch dazu besteht kein Grund.«
Silvia hob die Schultern, um sie gleich darauf mit einer resignierenden Geste tief fallen zu lassen. »Ich komme mir so überflüssig vor.«
»Unsinn. Erstens bin ich froh, daß du hier bist, und zweitens hindert dich niemand daran, dir eine Beschäftigung zu suchen. Aber darüber haben wir schon oft geredet.«
»Ich denke nicht daran, Leo auch noch finanziell zu entlasten.«
»Es gibt reichlich ehrenamtliche Aufgaben im Wohltätigkeitsbereich.«
»Sowas liegt mir nun mal nicht.«

Donata unterdrückte ein Gähnen. »Ja, ich weiß. Gibst du mir bitte eine von deinen Zigaretten?«
Silvia schob ihr das Päckchen zu und ließ ihr Feuerzeug aufspringen.
»Danke!« Donata zog den Rauch tief ein; im Gegensatz zu ihrer Schwester rauchte sie selten, dann aber mit Genuß.
»Hast du dich wenigstens gut amüsiert?« erkundigte sich Silvia.
Donata verstand nicht gleich. »Wie? Was meinst du?«
»Der Empfang scheint ja recht lang gedauert zu haben.«
»Ach so. Nein, überhaupt nicht. Höchstens zwei Stunden, glaube ich. Ich war schon früher fort.«
»Warum?«
»Aber, Silvia, du kennst mich doch. Dieses allgemeine Gerede über Opernpremieren und Vernissagen und In-Lokale interessiert mich nicht. Es kostet mich Nerven zuzuhören, und meinen eigenen Senf dazu zu geben, ist manchmal ein Kraftakt.«
»Ach, tu nicht so! Niemand beherrscht das Party-Blablabla besser als du.«
»Ich habe es lernen müssen, Silvia.« Sorgsam streifte sie den Aschenkegel ihrer Zigarette ab. »Es gehört zu meinem Beruf, potentiellen Auftraggebern Honig ums Maul zu schmieren.«
»Bist du an Mittermeier herangekommen?«
»Ja. Wir haben uns ganz nett unterhalten – geflirtet, wenn du es so nennen willst.«
»Du bist genau sein Typ. Das habe ich schon immer gesagt.«
»Was besagt das schon? Anton Mittermeier würde mich nicht von der Bettkante stoßen, das ist schon wahr. Aber mir einen Auftrag geben? Nie und nimmer.«
»Es käme auf einen Versuch an.«
»Da kennst du ihn schlecht. In seinen Augen sind Frauen

nur für die Küche, das Bett und das Kinderkriegen da. Auf die Reihenfolge will ich mich nicht festlegen. Er ist der tief verwurzelten Überzeugung, daß eine Frau gar nicht Architekt sein kann.«
»Aber das hast du doch schließlich bewiesen.«
»Du kannst niemandem etwas beweisen, gegen das er sich innerlich sträubt – was er einfach nicht glauben will. Übrigens habe ich ihn ja auch gar nicht nötig. Ich habe im Moment ganz schöne Aufträge und einige interessante Ausschreibungen laufen. Irgendwas wird sich da schon ergeben.«
»Aber er ist ein Baulöwe, nicht wahr? Der Mächtigste auf seinem Gebiet.«
»Stimmt. Aber gerade deshalb – für ihn bin ich doch nichts als eine kleine graue Maus.«
Silvia musterte die Schwester aufmerksam. »Also grau kann man dich nun wirklich nicht bezeichnen. Bei deinen Augen! Wenn du nur etwas mit deinem Haar machen würdest ...«
Donata drückte ihre Zigarette aus. »Auch das ist ein Thema, das wir längst abgehakt haben sollten.«
»Willst du ihn nicht wenigstens mal einladen?«
Donata dachte nach. »Das ist vielleicht gar keine schlechte Idee. Die Frage ist nur, ob er kommt. Er ist ja nicht nur ein Bau- sondern auch ein Gesellschaftslöwe.«
Silvia wurde lebhaft. »Wann?« fragte sie. »Wann geben wir unser nächstes Dinner?«
Als ihr Mann noch lebte und auch später als Witwe hatte Donata stets in regelmäßigen Abständen Abendeinladungen veranstaltet, für einen kleinen, stets wechselnden Kreis. Das gehörte dazu, wenn sie im Geschäft bleiben wollte. Ihr schönes Haus, die erlesenen Speisen und Getränke und die unbeschwerte Konversation hatten ihre Wirkung nie verfehlt. Seit Silvia bei ihr lebte, hatte sie die Organisation

dieser Abende an sich gerissen, und Donata ließ es zu, weil die Schwester sich darauf verstand und sie selber genug andere Aufgaben hatte, die sie stärker interessierten.
Es machte ihr auch nichts aus, daß Silvia bei solchen Gelegenheiten versuchte, sich in den Mittelpunkt zu stellen. Denn was war die Schwester schon? Eine geschiedene Frau mit gesellschaftlichen Ambitionen, die nicht einmal zum Tragen kommen konnten. Die wirkliche Schwierigkeit bestand darin, daß sie meist eine Frau zu viel am Tisch war. Dann mußte Sohn Christian, einer der zahllosen Studenten der Betriebswissenschaft in München, einspringen, und der machte das gewandt, wenn auch äußerst unwillig.
»Nun sag schon!« drängte Silvia. »Warum antwortest du nicht?«
»Laß mich mal nachdenken! Ich meine, wir warten, bis es wärmer geworden ist und wir die Terrasse mit einbeziehen können.«
»Aber warum? Das Haus ist doch groß genug.«
»Stimmt schon«, gab Donata zu; sie mochte der Schwester nicht zum hundertsten Mal erklären, daß die Terrasse, die sie parkettartig aus dicken Holzbohlen hatte legen lassen, etwas ganz Besonderes war, das Eindruck auf die Gäste machte, die zum ersten Mal kamen.
»Also nenn mir, bitte, einen Termin, damit ich Zeit für die notwendigen Vorbereitungen habe.«
»Die hast du ganz bestimmt.« Donata leerte ihr Glas und stand auf. »Aber, tut mir leid, ich kann das nicht hier und jetzt entscheiden.«
»Und warum nicht?«
»Weil ich andere Dinge im Kopf habe.« Sie lächelte der Schwester versöhnlich zu. »Entschuldige mich, bitte. Ich habe einen langen Tag hinter mir.«
Endlich stellte Silvia die Musiksendung im Fernsehen aus.

›Warum hat sie das nicht schon eher getan?‹ dachte Donata erleichtert. »Ich gehe jetzt auch zu Bett«, erklärte Silvia. Donata wußte, daß das nicht ohne eine Flasche Whisky geschah, aber sie verbiß sich eine Bemerkung darüber, weil sie einsah, daß sie das nichts anging. »Vielleicht sehen wir uns zum Frühstück«, sagte sie, »ich schalte jetzt die Alarmanlage ein.«

Aber zum Frühstück erschien Silvia natürlich nicht. Donata hatte es auch weder erwartet, noch war sie böse darüber. Die Schwester pflegte in den Tag hinein zu schlafen, während sie selber sehr früh aufstand, und erst einmal einige Runden im leicht geheizten Schwimmbecken hinter sich brachte. Es lag unter dem Haus und, wenn in der warmen Jahreszeit die Schleuse geöffnet wurde, reichte es bis in den Garten hinein. Innen, gleich daneben, lag der Fitneßraum, den sich ihr Mann hatte einrichten lassen. Erst nach seinem Tod hatte sie sich angewöhnt, ihn auch selber aufzusuchen, erst eigentlich nur, um ihn nicht ungenutzt leer stehen zu lassen, später, weil sie die Erfahrung gemacht hatte, daß sie sich danach wohler fühlte. Erst absolvierte sie einige Übungen auf der lederbezogenen Bodenmatte, dann an der Sprossenwand und zum Schluß auf dem stehenden Fahrrad. Danach ging sie unter die Dusche und machte sich für den Tag zurecht. Sie brauchte eine knappe Stunde für ihren Frühsport, aber diese Zeit war ihr wichtig.
Danach betrat sie in langer Hose, Bluse, ein Jackett über dem Arm, ohne Perücke, aber immer mit hohen Schuhen, um größer zu wirken, das Frühstückszimmer.
Am Abend war nur die Ecke mit dem Fernseher schwach beleuchtet gewesen, jetzt, am hellen Morgen, kam der weite Raum, in den drei Stufen hinunter führten, erst voll zur Geltung. Vor der Terrassentür war der Tisch gedeckt, die

Vorhänge waren aufgezogen und die Glastüren gaben den Blick auf das dekorative Parkett frei und auf die Bäume und Büsche, die dahinter den Garten begrenzten. Das leere Außenbad, das etwas tiefer lag, war aus dieser Perspektive nicht sichtbar. Donata freute sich an dem jungen Grün.
Wie immer war der kleine Tisch für zwei Personen gedeckt, aber Donata war ganz froh, allein zu sein.
Frau Kowalsky, die Haushälterin, kam herein und grüßte fröhlich. Auf einem Tablett brachte sie eine Kanne Kaffee und ein Glas mit frisch ausgedrücktem Orangensaft. »Ein schöner Morgen«, sagte sie, »man merkt richtig, daß es Frühling wird.«
»Zum Glück, ja«, stimmte Donata zu, »das ist gut fürs Gemüt und fürs Bauhandwerk.«
»Ach, Frau Beck, als wenn Sie nicht immer fröhlich wären!«
»Ziemlich gelassen, sagen wir lieber. In meinem Alter hat man gelernt, die Dinge so zu nehmen, wie sie kommen, Frau Kowalsky.«
Die Haushälterin stellte das Glas vor Donata auf den Tisch und schenkte ihr Kaffee ein. »Ach was, das reden Sie sich doch nur ein. Tatsächlich sind Sie noch so jung.«
Donata hörte das nicht ungern; sie lachte.
»Sie brauchen doch bloß in den Spiegel zu schaun! Sie sehen eher wie ein kleiner Junge aus, als wie eine reife Frau.«
»Nun übertreiben Sie aber mal nicht!«
»Soll ich vielleicht die Gartentür öffnen? Ich hab' zwar schon gründlich gelüftet, aber ...«
»Wir könnten es versuchen.«
Die Frau öffnete die Tür einen Spalt breit, und ein Schwall sehr frischer Luft drang ins Zimmer.
»Danke, Frau Kowalsky«, sagte Donata, »sehr gut.«

»Wird es nicht zu kühl werden?«
Donata lächelte über ihre Besorgnis. »Dann mache ich einfach wieder zu.«
Frau Kowalsky preßte das leere Tablett gegen ihren Busen. »Soll ich irgendwas richten für heute abend?«
»Nein, danke. Keine besonderen Wünsche.«
»Na, dann wünsche ich Ihnen einen guten Tag.«
»Danke, Frau Kowalsky.«
Die Haushälterin verließ das Zimmer.
Sie und ihr Mann, beide schon nahe dem Rentenalter, betreuten Haus und Garten, und beide dachten nicht daran, wie Donata wußte, sich in absehbarer Zeit zur Ruhe zu setzen. Sie fühlten sich wohl bei Donata, und sie freute sich, daß sie sie hatte. Oskar Kowalskys Aufgabe bestand darin, das Schwimmbad in Ordnung zu halten, Wasser- und Lufttemperatur zu regeln und das Holz, ihr Auto und den Garten zu pflegen. Sie putzte, machte die Wäsche und die Besorgungen. Zu kochen brauchte sie nur bei besonderen Gelegenheiten, denn Donata war keine große Esserin. Sie lebte weitgehend vegetarisch und nahm nur dann eine Kleinigkeit zu sich, wenn sie gerade Hunger hatte. Wenn sie zuhause war, pflegte sie sich gern selber etwas zuzubereiten. Für ihre Dinners allerdings waren die beiden Kowalskys unbezahlbar. Dann nahm sie ihre Nichte zur Hilfe und kochte mit Erfahrung und Begeisterung, und ihr Mann pflegte, mit weißen Handschuhen und steinerner Miene zu servieren. Beide wohnten im Souterrain neben der großen Küche.
Donata trank zwei Tassen schwarzen Kaffee und ihr Glas Orangensaft, aß eine Schnitte Vollkornbrot, dick mit Butter bestrichen, und gönnte sich dann eine Zigarette.
Bevor sie aufbrach, kontrollierte sie noch einmal ihr unauffälliges Make up, stellte fest, daß ihre grünen Augen, nur

leicht ummalt, sehr wach und munter in die Welt blickten, und zog sich die Lippen nach.
Dann schlüpfte sie in ihr Jackett, holte ihren Aktenkoffer aus der Garderobe, nahm vorsichtshalber noch ihren hellen Trench mit und stieg ins Auto.
Ein neuer Tag hatte begonnen, und sie freute sich darauf.

Auf der Baustelle an der Wolfratshauserstraße wurde schon eifrig gearbeitet. Kurz schoß Donata der Gedanke durch den Kopf, ob ihr jener junge Mann vom Abend zuvor begegnen würde. Doch sie verwarf ihn sofort wieder.
Die schwere graue Limousine des Bauunternehmers verriet ihr seine Anwesenheit. Sie parkte, stieg aus und blieb abwartend stehen. Daß Peter Blume sie bemerken und zu ihr kommen würde, wußte sie. Aber, mit Sicherheit, wie immer, würde er sich Zeit damit lassen, um ihr und seinen Leuten deutlich zu machen, daß er es nicht nötig hatte, nach ihrer Pfeife zu tanzen.
Als er endlich aus dem Rohbau kletterte, begrüßte er sie mit einem schiefen Lächeln; im Gegensatz zu seinem poetischen Namen war er ein gedrungener, fast bulliger Mann mit kleinen, tief liegenden Augen und einer weit fortgeschrittenen Glatze. Er trug einen Sicherheitshelm zum Straßenanzug.
»Guten Morgen, Herr Blume!« Sie schüttelten sich die Hand.
»Irgendwelche Schwierigkeiten?«
»Keine Sorge, Frau Beck, es läuft alles nach Plan.«
»Wie ich sehe, kommen Sie prächtig voran.«
»Kann man wohl sagen.«
Es war ihm anzumerken, daß er sich unbehaglich fühlte. Er gehörte nicht zu den Männern, denen es leicht fiel, zu einer Frau aufzusehen. Zudem war er sich bewußt, daß er das Haus zu hoch gezogen hatte, und natürlich fürchtete er, daß sie es bemerkt haben würde.

Donata bemühte sich diplomatisch zu sein. »Unser Bauherr hat Ihnen in den Ohren gelegen, wie? Keine angenehme Situation für Sie.«
Peter Blume blickte zu Boden und malte Kreise mit der Schuhspitze. »Wie kommen Sie darauf?«
»Liegt doch auf der Hand, meine ich. Ihm und seiner Frau hat es doch am Herzen gelegen, das Dachgeschoß auszubauen.«
»Ja. Schon. Aber das ist doch abgelehnt worden«, erinnerte er, immer noch ohne sie anzusehen.
»Schwer sich mit so etwas abzufinden, wenn man sich eine andere Lösung in den Kopf gesetzt hat.«
»Ist ja auch die reinste Schikane!« platzte er heraus.
»Finden Sie? Dann sehen Sie sich doch mal etwas genauer die Nebenhäuser an. Sie sind zu ganz verschiedenen Zeiten gebaut, zwischen der Jahrhundertwende und heute, zeigen die unterschiedlichsten Baustile, und doch haben sie alle etwa die gleiche Höhe. Das sieht doch ganz annehmbar aus, nicht wahr? Nur unser Rohbau überragt sie.«
»Wie kommen Sie denn darauf?«
»Man sieht es mit dem bloßen Auge, Herr Blume.«
»Dann sehen Sie mehr als ich!«
»Außerdem habe ich es nachgemessen. Herr Blume, bitte, stellen Sie sich nicht stur! Sie wollten dem Bauherrn einen Gefallen tun. Das ist doch verständlich.«
Jetzt hob er den Kopf und sah sie herausfordernd an. »Ich weiß nicht, wem es was schaden soll, wenn das Haus nun ein paar Zentimeter höher wird!«
»Dem Gesamtbild, Herr Blume! Und selbst wenn es nicht so wäre: Die Entscheidung liegt nicht bei uns. Mein Entwurf mit dem ausgebauten Dachgeschoß ist abgelehnt worden. Wir müssen uns an die Vorschriften halten.«
Blume nahm den Helm ab und wischte sich mit dem Han-

drücken über die Stirn. »Ich habe den Herrn Kramer darauf aufmerksam gemacht, daß er sich wahrscheinlich eine Geldbuße einhandeln wird. Aber er hat gesagt, das ist ihm egal. Das Haus, sagt er, kommt ihn so teuer, daß er gern bereit ist, noch was draufzulegen. Das käme ihm nun auch nicht mehr darauf an.«

»Und weiß er auch, daß es unter Umständen mit einer Geldbuße nicht getan ist? Daß die Behörden verlangen können, daß die Höhe herabgesetzt wird?«

»Wenn das Haus erst mal steht, dann steht es.«

»Das glauben Sie doch selber nicht, Herr Blume! Dazu wird es ja gar nicht kommen. Schon bei der nächsten Zwischenkontrolle sind wir dran und kriegen die entsprechenden Auflagen. Wenn wir Einspruch erheben, werden die Bauarbeiten eingestellt. Dann bleibt die Arbeit womöglich monatelang liegen, und an einen Einzug im Herbst kann nicht mehr gedacht werden. Nach menschlichem Ermessen wird der Herr Kramer dann doch nachgeben müssen. Die Behörden sitzen immer am längeren Hebel.«

»Und ich sage, das ist eine Schande! Schließlich leben wir in einem freien Land ...« Er steigerte sich, wenn auch künstlich, in eine gewaltige Wut hinein.

Donata gab ihm Gelegenheit sich auszutoben, wenn sie auch dachte, daß seine Tiraden besser an einen Stammtisch gepaßt hätten.

»Ich verstehe ja Ihren Standpunkt«, sagte sie besänftigend, als sie endlich wieder zu Wort kam, »eine zusätzliche Wohnung wäre natürlich eine schöne Sache. Aber wir können sie nicht erzwingen. Ich habe wirklich alles versucht, sie der Behörde schmackhaft zu machen. Gerade deshalb wird sie in unserem Fall besonders genau sein. Sie ist gewarnt.«

»Was soll ich jetzt nur machen?«

»Sich an den Plan halten, Herr Blume. Noch ist ja nicht viel

passiert. Lassen Sie das überflüssige Mauerwerk abtragen — es muß ja nicht gleich heute sein.«
»Aber ich habe dem Herrn Kramer versprochen ...« Blume drehte den Helm zwischen den Händen und ließ den Satz unausgesprochen.
»Verweisen Sie ihn an mich! Ich werde ihm die Situation schon klar machen.« Sie schenkte ihm ein ermutigendes Lächeln. »Das soll doch nicht das letzte Projekt sein, an dem wir zusammen arbeiten, nicht wahr? Also dürfen wir uns nicht in Verruf bringen. Wenn es erst mal heißt: ›Blume und Beck, die halten sich nicht an die Vorschriften, denen muß man auf die Finger schauen‹, dann schaden wir nicht nur uns, sondern auch unseren Auftraggebern.«
»Das sehe ich schon ein«, gab er zu.
Sie hätte ihm auch sagen können, daß letztlich nicht er, sondern nur sie die Verantwortung für den Bau trug. Das hatte sie vermieden, um sein männliches Ehrgefühl nicht zu verletzen.
»Die Verhältnisse können sich ja auch ändern«, erklärte sie, »ein genereller Ausbau der Dachgeschosse steht ja jetzt schon zur Debatte. Ich habe das Dach so konstruiert, daß es sich auch nachträglich noch ohne besondere Schwierigkeiten und Kosten heben läßt, und auf den Boden kommt auf alle Fälle schon mal ein Estrich als Unterlage, wie vorgesehen.«
»Das werde ich dem Herrn Kramer erklären.«
»Ich wäre Ihnen schon sehr dankbar, wenn Sie mir das abnehmen würden, Herr Blume. Aber notfalls schicken Sie ihn ruhig zu mir!«
Sie schüttelten sich die Hände.
»Wenn ich's mir recht überlege«, sagte er, »ich kann die paar Zentimeter auch gleich 'runterhaun lassen.«
Sie hatte ihm das nur deshalb nicht zumuten wollen, damit

den Arbeitern nicht zu deutlich wurde, daß er es auf ihre Anweisung hin tun mußte.

»Wäre gar nicht schlecht«, stimmte sie ihm zu, »wie gesagt – man sieht's mit dem bloßen Auge.«

»Doch nur Sie, Frau Beck!«

Dies Kompliment, das er sich mühsam abgerungen hatte, machte ihr keine Freude. »Fangen Sie bloß nicht an mir zu schmeicheln, Herr Blume«, erwiderte sie, »sonst werde ich noch mißtrauisch.« Aber sie lächelte ihm zu, bevor sie sich umdrehte und ging.

Wie so oft betrat Donata ihr Büro als erste in der Frühe. Aber kaum hatte sie ihr Jackett in dem langen Wandschrank untergebracht und einen frischen Kittel übergezogen, als auch die anderen erschienen: Rosemarie Sforzi, die Sekretärin, Günther Winklein, ein nicht mehr junger Architekt, der von Anfang an in der Firma mitgearbeitet hatte, und Arthur Stolze.

Die Begrüßung war kurz und kameradschaftlich.

»Kommst du einen Augenblick zu mir herein, Donata?« fragte Stolze.

Da sie darauf brannte, am Entwurf »Pallenberg« weiterzumachen, kam ihr die Aufforderung ungelegen. Aber sie folgte ihm sofort, denn der Geschäftsführer pflegte ihre Zeit niemals unnütz zu vertun.

Sein Büro war beeindruckend und sollte es auch sein. Vor dem gewaltigen Schreibtisch lag auf dem grauen Teppichboden ein alter, vorwiegend in Rottönen gehaltener Perser. Der schwarze Ledersessel dahinter war hochlehnig und wirkte streng, die Sessel davor waren schwer und bequem, die Sitzflächen hoch genug, daß man keine Mühe hatte, die Beine unterzubringen und nicht in ihnen versank. Die Schreibtischlampe mit dem bunten gläsernen Schirm war

echter Jugendstil und mehr zur Dekoration als zur Beleuchtung gedacht. Der Raum war ein Eckzimmer und verfügte über drei der schönen verglasten Gauben.
»Neuigkeiten?« fragte Donata und ließ sich in einem der Sessel nieder.
Arthur Stolze, ein hochgewachsener Herr, der durch seine Magerkeit noch größer wirkte, antwortete nicht gleich. Er hielt sich sehr gerade, auch als er schon saß, und strich sich mit dem Ringfinger rechts und links über das schmale Oberlippenbärtchen.
Donata wußte, daß dies eine seiner Gesten war, mit denen er Selbstzufriedenheit demonstrierte. »Nun sag schon!« drängte sie.
Er weidete sich an ihrer Neugier. »Ein Späher aus Rosenheim hat mir geflüstert ... begann er und legte sogleich eine Kunstpause ein.
»Wer?« fragte sie.
»Du weißt, meine liebe Donata, Namen von Informanten gebe ich grundsätzlich nicht preis.«
»Himmel, du tust, als arbeiteten wir in der Drogenfahndung!« rief sie ungeduldig.
»Auch in unserem so trivialen Beruf geht es ohne gewisse Winkelzüge nicht ab.«
»Ich weiß, ich weiß! Es dreht sich um das Projekt der ›Mercator Bank‹, ja? Was hast du in Erfahrung gebracht?«
»Direktor Polt hat eine Ausstellung der eingesandten Entwürfe arrangieren lassen.«
»Na und?«
»Gestern hat eine Art Vorausbesichtigung stattgefunden.«
Donata versuchte sich zu entspannen; sie lehnte sich tief in ihren Sessel zurück und schlug die Beine übereinander.
Als Stolze merkte, daß keine Zwischenfragen mehr zu erwarten waren, sprach er von sich aus weiter. »Dein Ent-

wurf, Donata, hat besonderes Interesse erregt. Die Herren sind davor stehen geblieben und haben darüber diskutiert.«

»Aber das bedeutet doch nichts«, sagte sie nüchtern.

»Oh doch. Mein Gewährsmann ist sicher, daß wir zumindest in die engere Wahl kommen.«

Es handelte sich um eine jener Ausschreibungen, zu denen die Entwürfe anonym eingereicht werden mußten, und Donata fragte: »Woran hat er meinen Vorschlag denn überhaupt erkannt?«

Wieder strich der Ringfinger über das Oberlippenbärtchen, das sehr viel dunkler war als das dichte, schon ergraute Haar Stolzes. »Ich konnte dem Mann einige diskrete Hinweise geben.«

»Das hast du gut gemacht, Arthur!«

»Nicht der Rede wert.«

»Sag mal, Einfluß auf die Entscheidung hat dein Späher wohl nicht?«

»Leider nein.«

»Um so besser, würde ich sagen«, widersprach Donata, »so sehr mir daran liegt, daß das Projekt verwirklicht wird — du lieber Himmel, sieben verschiedene Prototypen, war das eine Arbeit! —, eine Schiebung möchte ich mir nicht nachsagen lassen!«

»Du hast ein zu empfindliches Gewissen, Donata. Erinnerst du dich an die Ausschreibung des Gästehauses für die Firma Stimmbeck?«

»Nur zu gut. Kollege Kluge hatte einen Entwurf eingereicht, auf dem vor lauter Bäumen und Buschwerk gar nichts zu erkennen war ...«

»... und dann hat er den Auftrag doch bekommen«, ergänzte Stolze, »weil er, wie sich später heraus stellte, ein Studienkollege des Marketing Managers war.«

Obwohl Stolze so gut Bescheid wußte wie sie selber, konnte Donata es nicht dabei bewenden lassen. »Und der Gipfel der Unverschämtheit war, daß er sich dann noch erfrecht hat, meinen Entwurf zu kopieren!« rief sie mit funkelnden Augen.
»Wobei er so viel belanglose Veränderungen angebracht hat, daß man es nie hätte beweisen können!« stimmte Stolze ihr zu. »Ja, meine liebe Donata, so kann es einem in unserem Beruf ergehen.«
»Ich werde nie aufhören, mich darüber aufzuregen.«
»Wäre auch schade. Dich wütend zu sehen ist immer wieder ein besonderer Genuß.«
Sie lachten beide.
»Sag mal, Arthur, glaubst du ehrlich, daß wir bei der ›Mercator-Bank‹ Chancen haben?«
»Hätte ich dir sonst geraten, dich um das Projekt zu bemühen? Ich bin weder für vertanes Geld noch für verschwendete Zeit, das solltest du wissen.«
»Natürlich, Arthur, nur ... es sind uns in letzter Zeit so viele Dinge durch die Lappen gegangen.«
»Es gibt einige tausend Architekten allein in München – was erwartest du also?«
»Du hast recht, Arthur. Ich darf mich nicht beklagen. Ich arbeite ja auch nie für nichts und wieder nichts. Entwürfe, die sich nicht gleich verwirklichen lassen, kann ich ja fast immer bei anderer Gelegenheit vorholen und, abgeändert oder nicht, erneut zur Debatte stellen.«
»Na, siehst du«, sagte er trocken.
»Aber manchmal habe ich Angst«, gestand sie.
»Das paßt gar nicht zu dir.«
»Ich gebe es auch nur höchst ungern zu«, sagte sie mit einem schwachen Lächeln.
»Fürchtest du etwa, daß wir überhaupt keinen Auftrag

herein bekommen? Aber, liebe Donata, das sind doch Hirngespinste! Immerhin haben wir schon einige Durststrecken ohne Schaden überstanden.«

»Ja. Dank deinem Geld.« — Sie bereute sofort, als sie es gesagt hatte; Stolze war sich seiner Bedeutung in der Firma und seinem Recht auf ihre Dankbarkeit ohnehin schon mehr als sicher.

Er blickte sie aus seinen braunen, leicht getrübten Augen überrascht und sehr aufmerksam an. »Was ist falsch daran?«

»Nichts, so lange du es durchhältst. Aber du könntest doch auf die Idee kommen — oder Aline könnte dich dahingehend beeinflussen —, daß es sicherer und bequemer wäre, dein Geld in Wertpapieren anzulegen.«

Er hob die dunklen Augenbrauen. »Du wirfst mir Bequemlichkeit vor?«

Natürlich nicht! Du rackerst dich für die Firma ab. Gerade deswegen könnte es dir früher oder später zuviel werden. Aline hat sich schon bei mir beklagt, daß sie zu wenig von dir hat.«

»Wenn ich mich aus dem Arbeitsleben zurückzöge, würde ihr das noch weniger passen, ganz davon abgesehen, daß Geldausgeben zu ihren größten Stärken gehört. Wertpapiere und Kommunalobligationen sind sichere Anlagen, Donata, schön und gut. Aber ihre Zinsen bringen kaum die Hälfte von dem, was ich durch die Firma verdiene. Du kannst also ganz unbesorgt sein, Donata. Schon weil ich eine so teure Frau wie Aline habe, kann ich es mir nicht erlauben, mein Geld aus dem Betrieb zu ziehen.«

Donata atmete auf. »Ich bin froh, daß wir darüber gesprochen haben.«

Lächelnd entblößte er seine allzu perfekten Zähne. »Finde ich auch.« Er langte unter die Schreibtischplatte. »Darauf

sollten wir einen Schluck trinken. Meinst du nicht auch?« Er brachte eine Flasche mit altem Cognac ans Licht.
Donata sprang auf. »So früh am Morgen? Für mich nicht, Arthur, wirklich nicht.«
Er lachte. »Was ich nicht anders erwartet hatte. Aber ich darf mir ein Gläschen genehmigen?«
Sie lief zu ihm hin, drückte ihm einen flüchtigen Kuß auf die Stirn, um sich gleich darauf zur Tür zu wenden. »Du darfst dir erlauben, was du willst! Du bist es ja, der hier das große Sagen hat!«
Aber noch bevor sie den Raum ganz verlassen hatte, schoß ihr der Gedanke durch den Kopf, daß ihr Geschäftsführer reichlich viel trank in letzter Zeit. Zwar war er weit davon entfernt ein Alkoholiker zu sein, wählte nur die edelsten Tropfen und war bei Verhandlungen immer ganz klar und präsent. Auch an seinen Berechnungen war nichts auszusetzen. Dennoch schien ihr der gelbliche Schimmer seiner Bindehaut, die doch ganz weiß hätte sein sollen, bedenklich. ›Darüber‹, dachte sie, ›würde ich mir an Alines Stelle Sorgen machen, nicht weil er so selten zuhause ist.‹.

Rosemarie Sforzi war 30 Jahre alt, noch etwas kleiner als Donata und nicht gerade hübsch – Nase, Kinn, Mund und Zähne waren unbedeutend –, aber darüber täuschten ihre strahlend großen braunen Augen und ihre kastanienbraunen Locken hinweg. Ihren Chefs gegenüber benahm sie sich sachlich, zuweilen sogar mürrisch, aber an potentielle Kunden und Auftraggeber versprühte sie Charme. Bewußt, eine tüchtige und zuverlässige Kraft zu sein, hielt sie sich für unersetzlich, und Donata und Arthur Stolze ließen sie in dem Glauben. Ihr Austritt hätte die Firma zwar nicht ins Wanken gebracht, hätte aber doch eine erhebliche Störung des Betriebs bedeutet. Frau Sforzi brauchte kein Diktat

aufzunehmen, sondern war imstande, auf Anweisungen hin die Geschäftskorrespondenz selbständig zu führen. Das fiel ihr um so leichter, als sie ein ganzes Arsenal möglicher Schreiben gespeichert hatte.
Wichtiger war, daß sie über organisatorische Fähigkeiten verfügte. Sie führte die Terminkalender, wußte jederzeit ganz genau, wo jeder einzelne im Augenblick tätig war oder sein sollte und wann eine Besprechung stattfinden konnte.
Donata ließ sich nicht gern durch Anrufe in ihrer schöpferischen Arbeit stören und fand es gut, daß die Sforzi die Telefonate erledigte.
Jetzt, als Donata am Empfang vorbei in ihr Arbeitszimmer wollte, hielt Frau Sforzi sie auf. »Einen Augenblick, Frau Beck.«
Donata blieb stehen. »Ja?«
»Der Herr Pallenberg hat angerufen.«
Sie sagte das mit so düsterer Miene, daß Donata schon fürchtete, daß der Kunde sich einen anderen Architekten gesucht haben könnte.
»Er hat sich den Nachmittag freigenommen«, verkündete Frau Sforzi mit der gleichen Leichenbittermiene, »er und seine Frau wollen sich mit Ihnen beim Grundstück treffen. Drei Uhr. Ich habe zugesagt.«
»Sehr gut, Frau Sforzi«, sagte Donata und dachte: ›Woher sie nur immer ihre schlechte Laune nimmt! Wahrscheinlich hat sie Krach mit ihrem Mann gehabt.‹
»Wissen Sie, wie Sie nach Krailling kommen?«
»So ungefähr. Richtung Starnberg, nicht wahr?«
»Ich habe schon mal auf dem Stadtplan nachgeguckt und die Straßen aufgeschrieben.« Sie reichte Donata einen Notizzettel über die Theke.
Donata nahm ihn entgegen. »Sie sind wirklich unübertrefflich, Frau Sforzi.«

Das Lob änderte durchaus nichts am düsteren Ausdruck der Sekretärin. »Umleitungen und Einbahnstraßen weiß ich natürlich nicht. Die müssen Sie schon selbst herausfinden.«
»Werd' ich schon«, erklärte Donata freundlich.
»Daran habe ich auch nicht gezweifelt«, erwiderte die Sekretärin in einem Ton, als wäre sie beleidigt worden.
Donata lächelte ihr zu. »Bitte, besorgen Sie die üblichen Blumen für das Konferenzzimmer, Frau Sforzi!«
»Und einen Imbiß?« fragte Frau Sforzi, allmählich munterer werdend.
»Gute Idee. Notfalls vertilgen wir ihn selber. Allerdings weiß ich noch nicht, wann ich zurück bin. Wenn es später wird, brauchen Sie nicht zu bleiben. Ich serviere dann schon selber.«
Frau Sforzi erwiderte nichts, verzog nur skeptisch die Mundwinkel. Damit wollte sie ausdrücken, daß dies nicht in den Aufgabenbereich der Chefin gehörte und daß sie ihr das wohl auch nicht zutraute.
»Wahrscheinlich wird dann ja auch Wilhelmina da sein«, beruhigte Donata sie und ging in ihr eigenes Büro, um die Rollen mit den am Abend zuvor gefertigten Entwürfen zu holen. Sie brachte sie an den Zeichentisch von Günther Winklein.
Er blickte auf. »Kann ich was für dich tun?«
»Du hast es erraten, Günther. So leid es mir tut, ich muß dich bitten, mir diese Skizzen hier nachzutuschen. Und sag bitte nicht, daß ich mir bloß die Finger nicht schmutzig machen will.«
Er lachte. »Himmel, du bist nachtragend! Bloß, weil ich mir einmal und auch nur im Scherz so eine Bemerkung erlaubt habe!«
Sie wußte, daß er sich durch ihren Wunsch tatsächlich gestört fühlen mußte. »Bitte, spiel's nicht herunter, Günt-

her! Es tut mir wirklich leid. Aber ich muß bis zum frühen Nachmittag das ganze Haus wenigstens in großen Zügen fertig haben. Wie kommst du denn voran?«
Er zögerte mit der Antwort.
»Nicht sehr gut, wie?« half ihm Donata — er hatte die Aufgabe übernommen, ein Bürohaus, das im Unstil der fünfziger Jahre errichtet worden war, durch einen Anbau nicht nur zu vergrößern, sondern auch zu verschönern. »So etwas ist immer eine knifflige Angelegenheit.«
Günthers hellblaue Augen hinter der randlosen Brille nahmen einen treuherzigen, fast flehenden Ausdruck an. »Siehst du es dir nachher mal an?«
Donata mußte sich immer wieder über ihn wundern. Günther Winklein war ein durchaus nicht einfallsloser Architekt und überdies ein exzellenter Statiker. Aber es fehlte ihm gänzlich an Selbstvertrauen. Als sie ihn eingestellt hatte, ganz am Anfang ihrer Karriere, hatten sie und auch er gedacht, daß dies nur ein Übergang für ihn sein würde. Aber er war geblieben. Manchmal, besonders, wenn er etwas getrunken hatte, redete er davon, sich selbständig zu machen. Aber niemand glaubte ihm mehr. Selbst Donatas Angebot, ihn als Teilhaber in die Firma aufzunehmen, hatte er nach schweren inneren Kämpfen — vielleicht auch nach einem Gespräch mit seiner Mutter, bei der er wohnte — abgelehnt. Er konnte sich nicht entschließen, ein Risiko einzugehen. Sein sicheres monatliches Gehalt war ihm lieber.
Dabei bedeutete eine Anstellung in einem Architektenbüro durchaus keine Versorgung auf Lebenszeit. Wie ihre meisten selbständigen Kollegen pflegte Donata den Stab ihrer Mitarbeiter sofort zu vergrößern, so bald die Auftragslage gut war und ihn entsprechend zu verkleinern, wenn eine Flaute eintrat. Aber sie mochte den schlanken kleinen Mann

mit dem allmählich immer schütterer werdenden Blondhaar und brachte es nicht über sich, auch ihn mal in die Wüste zu schicken, und darauf verließ er sich. Praktisch würde es für ihn kaum etwas bedeuten, einige Monate lang Arbeitslosengeld zu beziehen. Aber Donata fürchtete, daß ihn das in seiner Unsicherheit völlig aus der Bahn werfen würde.
»Ich bin übezeugt«, sagte sie jetzt aufmunternd, »niemand kann das so gut wie du.«
»Trotzdem«, beharrte er, »solltest du einen Blick darauf werfen.«
»Mach ich«, versprach sie, »gleich nachher — sobald ich mit meinem Haus fertig bin.«
Sie legte ihm ihre Rollen Transparentpapier auf die kleine rote Box neben seinem Zeichentisch und zog sich in ihr eigenes Büro zurück.

Erst als Donata ihr Kabriolett aus der Garage fuhr, merkte sie, daß es leicht zu nieseln begonnen hatte. Das war nicht gerade das ideale Wetter für eine Grundstücksbesichtigung, aber die Pallenbergs würde es nicht in ihrer Begeisterung für das erworbene Bauland dämpfen, und sie war imstande, seinen Wert auch unter den widrigsten Umständen zu ermessen.
Um gegen die Nässe gewappnet zu sein, wechselte sie im Schutz der nächsten Tankstelle ihr Jackett gegen ihren Trench und ihre Pumps gegen ein Paar Gummistiefel, die sie aus dem Kofferraum holte.
Unterwegs regnete es stärker, immer schneller pendelte der Scheibenwischer hin und her, bis der Niederschlag dann endlich nachließ und, als sie ihr Ziel erreichte, aufhörte.
Krailling war ein Dorf, das sich in den letzten Jahren zu einem Vorort Münchens, verbunden mit der S-Bahn, zu wandeln begonnen hatte. Es gab noch zahlreiche Bauern-

häuser, verwitterte Wirtschaften und beackertes Land. Dazwischen aber waren moderne Ein- und Zweifamilienhäuser aufgeschossen. Ein auch nur in etwa einheitlicher Baustil war nicht auszumachen, wenn auch zum Glück Wohnsilos und Hochbauten nicht vorhanden waren.
Donata kurvte eine Weile herum, bis es ihr gelang, das Grundstück der Pallenbergs zu finden. Es stellte sich heraus, daß es sich um eine aufgelassene Gärtnerei handelte. Die Anpflanzungen waren verwildert, die Glasscheiben des Treibhauses abmontiert oder zerbrochen und ein Häuschen am Rande, in dem die ehemaligen Besitzer gewohnt hatten oder das zum Verkauf benutzt worden war, stand kurz vor dem Zusammenbruch.
Die Sonne schien durch die Wolken, als die Pallenbergs endlich auftauchten; sie hatten sich um gute 20 Minuten verspätet.
Herbert Pallenberg, ein dunkelhaariger, elegant gekleideter Mann um die 30, entschuldigte sich nur flüchtig. Er sei im Büro aufgehalten worden.
»Macht nichts«, erwiderte Donata, »ich weiß, wie das ist.«
Seine Frau, klein und zierlich, mit ihren ebenmäßig geschnittenen Zügen fast eine Schönheit, fügte hinzu: »Es tut uns wirklich leid, Frau Beck. Er selbst kann es nämlich auch nicht ertragen, warten zu müssen.« Sie hatte sich so fest bei ihrem Mann eingehängt, daß es aussah, als klammerte sie sich an ihn.
»Schon gut, schon gut«, wiegelte er ab, »das ist doch kein Thema, Irene.«
»Sie haben ein wunderbares Grundstück erworben«, sagte Donata und war froh, daß sie in diesem Fall nicht zu schwindeln brauchte, »gratuliere!«
»Es war nicht billig«, sagte Herr Pallenberg.
»Das läßt sich denken. Die Preise sind in den letzten Jahren

ganz schön angestiegen. Und dies hier ist ja wirklich ein Prachtgrundstück.«
»Es hat sogar schon Wasser- und Elektrizitätsanschluß.«
»Sehr schön. Das wird sich günstig auf die Kosten auswirken.«
Eine Weile stiefelten sie zusammen über das Gelände, was eigentlich ganz unnötig war. Donata hatte gesehen, was sie sehen mußte. Aber sie hatte Verständnis für den berechtigten Stolz der Besitzer.
Sie ließ sich Zeit, bis sie endlich sagte: »Ganz ähnlich habe ich mir das Bauland nach Ihrer Beischreibung vorgestellt. Kommen Sie, bitte, mit! Ich werde Ihnen jetzt mal meine ersten Entwürfe zeigen.«
Sie ging voraus zu ihrem Auto. Die Pallenbergs folgten ihr, sie, immer noch fest an ihren Mann geklammert. Beide schwiegen, und das erweckte in Donata ein ungutes Gefühl. Sie hatte die eine oder andere Äußerung des Gespanntseins erwartet. Aber es fiel kein Wort.
Donata holte die sorgfältig getuschten Entwürfe, die jetzt in langen Papprollen steckten, aus dem Auto, zog sie einzeln heraus und rollte sie aus. Ausführlich erklärte sie die Vorteile der Tiefgarage und ausführlich auch die Grundrisse der einzelnen Stockwerke. Zwischendurch blickte sie die Pallenbergs immer wieder aufmunternd und um Zustimmung heischend an und sah wohl, daß Irene Pallenbergs Augen zu glänzen begannen. Aber die junge Frau sah immer wieder fragend zu ihrem Mann auf, so, als wagte sie nicht, sich ohne seine Erlaubnis zu äußern.
»Alles gut und schön«, sagte er, als Donata das letzte der Transparenzpapiere schon wieder zusammenrollte.
»Es ist wirklich schön, was Sie sich da für uns ausgedacht haben!« fügte seine Frau hinzu, deutlich erleichtert, daß sie endlich sprechen durfte.

»Aber wir haben uns inzwischen überlegt«, fuhr er fort, »daß wir lieber etwas ganz anderes haben wollen.«
›Ach, du Schreck, einen ganzen Tag für nichts vertan!‹ schoß Donata durch den Kopf. – Mit unbewegtem, fast heiteren Gesicht erklärte sie: »Warum auch nicht? Noch steht uns jede Entscheidung frei.«
Irene Pallenberg riß die schönen Augen auf. »Sehen Sie das wirklich so? Da fällt mir ein Stein vom Herzen.« Sie drückte den Arm ihres Mannes.
»Natürlich«, sagte Donata, »müssen wir uns an die örtlichen Bauvorschriften halten. Das ist aber auch die einzige Einschränkung, der wir uns unterwerfen müssen. Ansonsten sind der Fantasie keine Schranken gesetzt.«
»Wir haben inzwischen gründlich über das, was wir wollen nachgedacht – vielleicht hätten wir das schon früher tun sollen ...«
›Wie wahr!‹ dachte Donata, sah ihm aber nur stumm und mit freundlicher Aufmerksamkeit in die Augen.
»... aber wir waren wohl besessen von dem Wunsch nach einem Eigenheim für uns und für unsere späteren Kinder.«
»Das müssen Sie doch verstehen, Frau Beck!« fügte seine Frau fast beschwörend hinzu.
»Aber ja«, stimmte Donata zu, »das scheint mir ganz natürlich.«
»Erst im Nachhinein sind wir darauf gekommen, daß es wesentlich vernünftiger wäre, ein Zweifamilienhaus zu bauen«, erklärte er.
»Mein Mann meint, daß die Mieteinnahmen uns helfen würden, die Hypotheken abzutragen.«
Er blickte sie strafend an. »Das wird die Architektin ja wohl kaum interessieren, Irene.«
»Da muß ich Ihnen aber ganz entschieden widersprechen, Herr Pallenberg«, sagte Donata, erleichtert, daß sie sich ein

bißchen Luft verschaffen konnte, »mich interessiert nicht nur der Hausbau an sich, sondern auch die Kosten, die dabei entstehen, wie die Bauherren damit zurecht kommen und wie sie später in ihrem Haus leben werden. Das ist für mich ein zusammenhängender Komplex.«
»Siehst du, Herbert!« sagte Irene Pallenberg mit bescheidenem Triumph.
»Ich nehme an, daß Sie das Erdgeschoß bewohnen wollen«, meinte Donata, »mit Zugang und Verfügung über den Garten, das wäre das Normale. Bei einem Grundriß von hundertvierzig Quadratmetern — man kann ihn auch noch vergrößern — böte er ausreichend Wohnraum für eine zwei- bis vierköpfige Familie.«
»Aber dann würden die Mieter uns auf dem Kopf herumtrampeln«, gab Irene Pallenberg zu bedenken.
Donata lächelte ihr zu. »Man kann die Decken so schalldicht ziehen, daß Sie davon nichts merken würden, Frau Pallenberg. Aber ich verstehe schon, was Sie meinen. Es würde Ihnen das Gefühl fehlen, ein Haus für sich allein zu haben.«
»Wir haben uns nun mal für ein Zweifamilienhaus entschieden«, erinnerte er.
»Es wäre noch eine andere Lösung denkbar: Ein Doppelhaus!« schlug Donata vor. »Dann hätten Sie ein Haus für sich allein mit eigener Haustür, separatem Eingang und ...«
»Aber ich will später, wenn wir erst aus den gröbsten Schulden heraus sind, ein großes Haus für mich und meine Familie haben. Ich will mich nicht mein ganzes Leben in einer Hucke von hundertvierzig Quadratmetern quetschen.«
»Auch ein Doppelhaus«, erklärte Donata geduldig, »läßt sich sehr gut von vornherein so anlegen, daß sich später ohne große Mühe und Kosten beide Hälften vereinigen lassen. Aber sollten wir das nicht lieber in meinem Büro besprechen?«
Donata machte diesen Vorschlag so beiläufig wie irgend

möglich, aber sie war sich bewußt, daß jetzt der entscheidende Moment gekommen war: würden die Pallenbergs mitkommen, hatte sie den Auftrag schon so gut wie in der Tasche, machten sie Ausflüchte, war es fraglich, ob es überhaupt noch einmal zu einem Gespräch kommen würde. Auch Herr Pallenberg wußte das, und er zögerte sich zu entscheiden.
Es war seine Frau, die Donata half. »Bitte, ja, Lieber!« sagte sie. »Laß uns in die Stadt zurückfahren. Ich bekomme allmählich schon kalte Füße.«
Donata öffnete die Autotür und warf die Behälter mit den Entwürfen auf den Rücksitz. »Also dann«, rief sie, »in zwanzig Minuten bei mir!« Ohne eine Antwort abzuwarten setzte sie sich ans Steuer.
Aber sie fuhr langsam an und atmete auf, als sie im Rückspiegel sah, daß das Auto der Pallenbergs ihr folgte.

Im Büro wurden sie von einer geradezu aufgeblühten Rosemarie Sforzi empfangen. Sie half den Pallenbergs aus den Mänteln und führte sie in das Konferenzzimmer, während Donata rasch die Schuhe wechselte – in ihren gewohnten hochhackigen Pumps fühlte sie sich gleich viel wohler – und die Gelegenheit nutzte, sich im Bad frisch zu machen. Sie bürstete sich das kurz geschnittenen blonde Haar und stellte dabei fest, daß aus ihren grünen, schräg geschnittenen Augen der Stolz des Erfolges allzu deutlich leuchtete. Bis der Vertrag unter Dach und Fach war, nahm sie sich vor, wenigstens ihr Lächeln zu unterdrücken. Eifer zu zeigen konnte dagegen nicht schaden.
Als sie eintrat, hatten die Pallenbergs schon an der Breitseite des langgestreckten Tisches Platz genommen.
Donata wählte den Sessel an der Schmalseite. »Gruppieren wir uns lieber um!« schlug sie vor. »Wenn Sie, Herr

Pallenberg, sich zu meiner Linken hinsetzen und Sie, liebe Frau Pallenberg, zu meiner Rechten, können Sie besser sehen.«
Frau Sforzi brachte einen Zeichenblock, Bleistift und Radiergummi herein, und Donata bedankte sich mit besonderer Herzlichkeit. Unausgesprochen lag darin auch das Lob dafür, daß die drei leuchtend gelben kräftigen Forsythienzweige, die die Sekretärin in einer grauen Bodenvase arrangiert hatte, sich sehr hübsch von den weißen Wänden und den schwarzen Möbeln abhoben und dem eher nüchternen Raum eine freundliche Note gaben.
»Wollen wir gleich beginnen?« fragte sie dann und sah von Frau Pallenberg zu ihrem Mann — bei einem Ehepaar war es immer schwierig herauszubekommen, wessen Wünsche entscheidend waren. »Oder möchten Sie erst verschnaufen? Ich denke, unsere Getränke werden gleich kommen.«
»Nein, fangen Sie nur an!« bestimmte Herr Pallenberg.
»Dafür sind wir ja hier«, fügte Frau Pallenberg hinzu.
»Doppelhaus oder nicht, das ist hier wohl die Frage. Ich werde jetzt mal skizzieren, wie so etwas aussehen könnte.«
Sie begann mit flinken Fingern zu zeichnen. »Die Fassade müßte natürlich zwei Türen haben ... man kann sie nebeneinander setzen, dann kann man sie später leichter zu einem einzigen Treppenhaus verbinden ... oder weit auseinander, dann wird man durch das Ein und Aus der Nachbarn weniger gestört. Der Gesamteindruck wird auf jeden Fall nicht durch die Türen, sondern durch die Verteilung der Türen und Fenster insgesamt bestimmt.«
»Und später?« fragte Frau Pallenberg. »Wenn wir die Häuser zusammenlegen wollen?«
»Gute Frage! Dann haben wir verschiedene Möglichkeiten ...«
Wilhelmina Burger kam herein und brachte ein Tablett mit

Getränken; Frau Sforzi folgte ihr und arrangierte Kaffeetassen, Sahnekännchen und Zuckerschälchen auf dem Tisch. Vor Donata stellte sie ein hohes Glas mit frisch ausgepreßtem Orangensaft.
»Herr Stolze weiß Bescheid«, sagte die Sekretärin.
»Sehr gut, Frau Sforzi.« Donata sah auf ihre Armbanduhr, obwohl sie ohnehin ungefähr wußte, wie spät es war. »Aber für Sie wird es langsam Zeit, sich davon zu machen.«
»Sie brauchen mich nicht mehr?«
»Nein, wirklich nicht!« rief Wilhelmina. »Alles andere übernehme ich.«
Frau Sforzi warf ihr einen skeptischen Blick zu, der deutlicher als Worte sagte: ›Na, wenn das nur gut geht!‹
»Es ist doch nichts dabei!« erklärte Wilhelmina. Sie war ein großes kräftiges Mädchen mit blondem, gelockten Haar, blauen Augen und einem üppigen, stets lachbereiten Mund.
Frau Sforzi verabschiedete sich und verschwand.
Wilhelmina rührte sich nicht vom Fleck. »Darf ich hier bleiben, Frau Beck?« bat sie.
Donata machte sie mit den Pallenbergs bekannt. »Fräulein Burger studiert Architektur«, erklärte sie, »und macht sich, so oft sie kann, bei uns nützlich. Ob ihre Anwesenheit im Augenblick wünschenswert ist, weiß ich allerdings nicht.«
»Ach, lassen Sie sie doch«, meinte Frau Pallenberg.
Wilhelmina zauberte einen Bleistiftspitzer aus der Tasche ihrer Jeans und hielt ihn hoch. »Ich kann auch was tun!«
Donata reichte ihr den Bleistift. »Na schön, dann setzen Sie sich und tun Sie was. Aber halten Sie unbedingt den Mund!«
Herr Pallenberg bot Zigaretten an, aber nur seine Frau bediente sich.
»Wenn wir uns für ein Doppelhaus entscheiden«, sagte Donata, »sollten wir den Grundriß großzügiger gestalten.«

Sie nahm Wilhelmina den gespitzten Bleistift aus der Hand.
»Den Grundriß der Einzelhälfte etwa so: Entree mit Garderobe und Gästetoilette, ein großer Wohnraum, Küche, Speisezimmer ...«
»Und das Kinderzimmer?« fragte Frau Pallenberg. »Nur für den Fall der Fälle?«
»Das können wir in den ersten Stock legen.« Donatas Bleistrift flog über das Papier. »Wünschen Sie ein oder zwei Schlafzimmer?«
Noch eine gute Stunde ging es so fort. Dann hatten sich die Pallenbergs für ein großes Doppelhaus entschieden.
»Es ist natürlich auch eine Frage der Finanzen«, erklärte Donata. »Ein Bad in jedem Haus ist das Minimum. Zwei Bäder wären allerdings besser. Das würde den Bau teurer machen, gleichzeitig aber seinen Wert erheblich steigern. Bitte, Wilhelmina, holen Sie Herrn Stolze!«
Wilhelmina, die bis jetzt gebannt gelauscht hatte, wollte abräumen.
»Nein«, sagte Donata, »machen Sie das später!« Sie hatte es jetzt eilig, ihren Geschäftsführer hinzuzuziehen. Zwar wußte sie genau über die Kosten eines Hauses jedwedler Größenordnungen Bescheid, aber sie wußte auch, daß ein Kostenvoranschlag aus dem Mund eines Mannes glaubwürdiger wirkte. Außerdem redete sie nicht gerne über Geld.
Wilhelmina stob davon, und gleich darauf trat Arthur Stolze in das Geschäftszimmer und begrüßte die Pallenbergs, die er schon von einem ersten Gespräch her kannte.
Wilhelmina räumte das Geschirr auf das Tablett.
»Lassen Sie uns dann allein!« ordnete Donata an.
Noch eine gute Stunde wurde über die Kosten, das Material und eventuelle Einwände der Gemeinde und der Baubehörde gesprochen. Dann kam für Arthur Stolze die Gelegenheit, seinem flachen eleganten Diplomatenkoffer die Formulare

für die vorgeschriebene Entlohnung und Betreuung eines Bauvorhabens zu entnehmen.
Pallenberg verlangte eine Garantie dafür, daß der vorgesehene Finanzierungsplan strikt eingehalten wurde und die Kosten auf keinen Fall überschritten werden dürften.
Donata machte ihm klar, daß das unmöglich war. »Es können immer unvorhergesehene Teuerungen auftreten. Dafür kann ich nicht gerade stehen, Herr Pallenberg, und ich kann Ihnen versichern, daß Sie keinen Architekten finden werden, der das tut. Einen Spielraum von wenigstens zehn Prozent müssen Sie mir schon lassen.«
»Das kann ich mir einfach nicht leisten.«
»Aber damit müssen wir rechnen. Kann auch sein, daß wir zehn Prozent unter dem Voranschlag bleiben.«
»Endgültig kann ich mich erst entscheiden, wenn ich den Kostenvoranschlag detailliert vor mir liegen habe.«
»Das heißt, daß Sie kein Vertrauen zu mir haben!«
»Doch, liebe Frau Beck, das haben wir schon«, beteuerte Irene Pallenberg rasch.
»Aber?«
»Mein Mann hat nur die verständliche Angst, sich zu übernehmen.«
Er warf ihr einen scharfen Blick zu. »Bitte, stell mich nicht als Trottel hin!«
»Sei mir nicht böse, Liebling, ich wollte doch nur erklären ...«
»Ich mache Ihnen einen Vorschlag!« sagte Donata. »Wie Sie aus der HOAI, der Honorarordnung für Architekten und Ingenieure ersehen ...« Sie legte ein Vertragsformular vor Herrn Pallenberg hin, »... bekomme ich Prozente am gesamten Bauvorhaben. Je höher die Kosten steigen, desto mehr bekommt also der Architekt.«
»Genau das ist es, was mir nicht schmeckt.«

»Wie würde es Ihnen denn gefallen, wenn ich auf die mögliche Steigerung meiner Gebühren verzichte? Dazu wäre ich nämlich gerne bereit. Ich erhebe nur Anspruch auf eine Liquidation auf die heute von uns angenommenen Baukosten.«
»Abzüglich der möglichen zehn Prozent Mehrkosten?«
Donata stimmte zu. »Machen wir also einen entsprechenden Vertrag.«
Arthur Stolze stand auf. »Ich werde das vorbereiten. Es dauert nur wenige Minuten.«
»Schickst du mir bitte Wilhelmina herein?« Donata wandte sich den Pallenbergs zu. »Ich glaube, wir haben uns jetzt eine kleine Stärkung verdient.«
Wilhelmina servierte appetitliche Kanapees aus Vollkornbrot, dazu, nach Wunsch, Wein, Wasser oder Saft. Dann zog sie sich zurück, um für Stolze den Zusatz in den vorgedruckten Vertrag zu tippen. Die Pallenbergs griffen zu, und auch Donata spürte, daß sie Hunger hatte und biß in ein mit Gurken belegtes Schnittchen.
»Ich muß schon sagen, Herr Pallenberg, Sie sind ein verdammt harter Verhandler!« behauptete sie, obwohl sie in Wahrheit schon mit Kunden zu tun gehabt hatte, die sehr viel schwieriger gewesen waren.
»Ich wußte gar nicht, daß du so sein kannst«, stimmte seine Frau ihr zu.
»Man ist eben Geschäftsmann«, erklärte Pallenberg mit gespielter Bescheidenheit.
»Dann haben Sie sich sicher auch schon mal überlegt, wodurch die Unkosten am Bau über den Voranschlag hinaus steigen.«
»Durch die Geldschneiderei ... entschuldigen Sie, bitte, daß ich das so kraß ausdrücke ... der Architekten und Bauunternehmer.«
Donata lachte. »Na, der haben Sie ja erfolgreich einen Riegel vorgeschoben!«

Er lächelte selbstgefällig. »Habe ich nicht recht? Jetzt können Sie es ja zugeben.«
Arthur Stolze kam herein; er sah aus, als hätte er die Pause genutzt, um sich zu kämmen und frischzumachen. Als er sich setzte, zog er die Manschetten seines hellen Hemdes aus den Ärmeln. »So, das wäre erledigt«, sagte er.
Wilhelmina folgte ihm mit einer Unterschriftenmappe, die sie vor Herrn Pallenberg aufschlug. Sie reichte ihm einen Kugelschreiber.
»Lassen Sie sich ruhig Zeit mit dem Unterschreiben«, sagte Stolze, »lesen Sie den Vertrag vorher gründlich durch. Bitte, Wilhelmina, geben Sie auch ein Exemplar an die gnädige Frau, damit sie sich orientieren kann.«
»Darf ich?« Wilhelmina zog das zweite Exemplar des Vertrages aus der Mappe und reichte es Frau Pallenberg über den Tisch.
Donata nahm sich eine Zigarette, und Arthur Stolze stand auf, um ihr Feuer zu geben. Dabei zwinkerte er ihr verschwörerisch zu.
»Danke, Arthur«, sagte sie und fügte im Plauderton hinzu, ganz bewußt, um das erwartungsvolle Schweigen zu brechen: »Ich habe eben zu erklären versucht, welche Umstände in den meisten Fällen die Baukosten höher steigen lassen, als geplant.«
»Das würde ich zu gerne wissen!« rief Wilhelmina.
»Die Sonderwünsche des Bauherrn. Da wird Marmor für die Bäder verlangt statt der vorgesehenen Fliesen, ein offener Kamin muß her – fünftausend Mark mehr, was macht das schon? und so geht es weiter.«
»Nur menschlich«, sagte Stolze, »wenn man mit dem Geldausgeben erst einmal angefangen hat, kann man sich meist nur schwer stoppen.«
Endlich unterschrieb Pallenberg.

»Und die meisten Architekten«, fuhr Donata fort, »und darin haben Sie recht, Herr Pallenberg, machen die Kunden nicht oder doch nicht mit dem nötigen Nachdruck auf diese Kostensteigerungen aufmerksam.«

Frau Pallenberg gab das Vertragsexemplar, das sie gelesen hatte, an Wilhelmina zurück, die es für Herrn Pallenberg in die Mappe steckte. Danach ging sie um den langen Tisch herum und legte die aufgeschlagene Mappe der Kundin vor.

»Ich«, erklärte Donata, »sehe meine Ehre darin, einen Bau nicht zu verteuern, selbst wenn ich daran verdienen würde.«

Wilhelmina trug die Mappe zu Herrn Stolze, der aufstand, um die Exemplare zu verteilen – eines an Frau Pallenberg, ein zweites für ihren Mann, und das dritte steckte er in seinen schmalen Koffer. »Das wär's dann also«, sagte er und fuhr sich unwillkürlich mit dem Ringfinger über sein dunkles Oberlippenbärtchen.

»Auf gute Zusammenarbeit!« Donata drückte erst Frau Pallenberg, dann ihrem Mann die Hand. »Ich verspreche Ihnen, ich werde etwas sehr, sehr Schönes bauen.«

Häufig pflegte sie nach Vertragsabschlüssen Sekt oder, je nachdem, auch Champagner servieren zu lassen. Aber bei dem mißtrauischen Herrn Pallenberg fand sie das nicht angebracht. Er würde glauben, dessen war sie sich sicher, daß letzten Endes er es sein würde, der für diese unnötigen Unkosten zahlen mußte. Die Pallenbergs verabschiedeten sich dann auch sehr rasch, nachdem Donata versprochen hatte, in den nächsten Tagen wieder von sich hören zu lassen.

Wilhelmina räumte den Tisch ab – die übrig gebliebenen Kanapees konnte sie mit nach Hause nehmen –, und Donata und Arthur Stolze wechselten in sein Zimmer hinüber.

»Puh!« seufzte Donata und warf sich in einen der Sessel vor dem Schreibtisch.

»Wirklich reizende Leute!« spottete er.
»So übel sind sie gar nicht. Für ihn ist das ein Haufen Geld, den er in das Haus stecken muß. Da darf man es ihm nicht übel nehmen, daß er die Gelegenheit benutzt, sich auch ein bißchen aufzuspielen.«
»Du wirst noch eine Menge Ärger mit ihm kriegen.«
Donata schüttelte den Kopf. »Nein, das glaube ich nicht. Schließlich haben wir das gleiche Ziel.«
Er war hinter den Schreibtisch getreten; jetzt bückte er sich und holte die Cognacflasche hervor. »Einen kleinen Schluck für uns beide?«
»Nein, danke, Arthur. Aber ich nehme noch ein Glas Wein.«
Er beugte sich über den Schreibtisch und drückte auf einen Knopf der Gegensprechanlage.
Wilhelmina meldete sich.
»Bitte, bringen Sie ein Glas Wein für Frau Beck ... ja, von dem hellen Weißwein, den sie so liebt.« Er füllte sich ein bauchiges Glas mit Cognac. »Jedenfalls haben wir es geschafft«, stellte er fest.
»Ja«, stimmte Donata ihm zu, »dieses Jahr ist gesichert.« —
Es war schon dunkel, als Donata später nach Grünwald hinaus fuhr. Die Außenbeleuchtung ihres Hauses brannte. Silvias Auto stand nicht in der Garage. Donata fiel ein, daß die Schwester vorgehabt hatte, sich am Nachmittag mit Freundinnen zum Bridge zu treffen. Das Beisammensein schien sich hinausgezögert zu haben.
Donata hätte gern noch ein paar Worte mit Silvia geplaudert. Aber vielleicht war es besser so. Sie war müde genug, mit einem Buch zu Bett zu gehen.

Am 15. April, einem Samstag, sollte die Entscheidung über die Entwürfe für die »Mercator-Siedlung« fallen. Das geschah in der Bankfiliale in Rosenheim, in deren Schalterhalle sie auch für das Publikum ausgestellt waren. Nachdem die Urteile des Gremiums feststanden, würden die Umschläge mit den Namen der Preisträger geöffnet werden. Donata wußte darum, und sie war sehr gespannt. Immer wieder kämpfte sie gegen den Impuls, Arthur Stolze anzurufen. Aber sie versagte es sich, weil sie in ihrer Neugier eine Schwäche sah, die sie nicht zugeben wollte. Wenn es positiv ausgegangen wäre, dachte sie auch, würde er sich von sich aus melden.

Jedesmal, wenn das Telefon klingelte, stürzte sie zum Apparat. Aber es kamen nur die üblichen Wochenendanrufe. Stolze ließ nichts von sich hören.

»Du bist ja so nervös«, konstatierte die Schwester.
»Ich erwarte ein wichtiges Gespräch.«
»Von einem ›Lover‹?«
»Kennst du mich so schlecht?«
»Ja, es könnte doch sein.«

Donata ließ es dabei bewenden. Nichts drängte sie dazu, sich der Schwester mitzuteilen. Silvia nahm wenig Anteil an ihren beruflichen Sorgen und Erfolgen. Wenn sie, und es sah ja ganz so aus, an der Ausschreibung nur unter »ferner liefen« beteiligt gewesen war, würde die Schwester sie bedauern. Donata haßte Mitleid. Aber sie hatte Mühe, sich ihre Enttäuschung nicht anmerken zu lassen.

Zwar hatte sie nicht erwartet, den Auftrag für den Bau der Siedlung zu bekommen, aber mit einem zweiten oder dritten Preis hatte sie doch gerechnet. Dann wäre die Arbeit wenigstens nicht vergebens gewesen.

Am Sonntag hatte sie die Hoffnung aufgegeben und wurde ruhiger. Sie machte sich zusammen mit der Schwester einen

faulen, gemütlichen Tag, blieb lange im Bett und las Zeitschriften über Architektur. An den Wochentagen blieb ihr kaum jemals Zeit dazu.
Am Nachmittag kamen Silvias erwachsene Kinder zu Besuch, Christian und seine um zwei Jahre jüngere Schwester, die nach der Mutter Silvia hieß und in der Familie, zur Unterscheidung, Klein-Silvi genannt wurde. Auch sie studierte in München, und zwar Theaterwissenschaft. Beide waren blond, gutaussehend und gaben sich unkompliziert, was ihnen Donata jedoch nicht ganz abnahm. Ihr schien, als hätten sie durchaus ihre Probleme, an denen sie Mutter und Tante nur nicht teilhaben lassen wollten. Sie tippte darauf, daß für Klein-Silvi die Theaterwissenschaft nur ein Vorwand war und sie im geheimen den Traum hegte, Schauspielerin zu werden. Mit Sicherheit hatte Christian sich nur deshalb für die Betriebswirtschaft entschieden, weil sein Notendurchschnitt für die meisten anderen Fächer nicht gereicht hatte. Daß er sich wirklich dafür interessierte, bezweifelte sie stark. Über ihre Beziehungen zum anderen Geschlecht, die es ja nach menschlichem Ermessen geben mußte, äußerten sie sich nie.
Jedenfalls bedeutete der Besuch der jungen Leute für die beiden alleinstehenden Frauen eine angenehme Abwechslung. Frau Kowalsky hatte eine Rüblitorte gebacken, auf die sich alle mit gutem Appetit stürzten, auch Donata, die Frühstück und Mittagessen ausgelassen hatte. Sie schwammen zusammen, alberten danach im Fitnessraum und sprangen anschließend noch einmal ins Wasser.
»Ach, Donata, was hast du es gut!« seufzte Klein-Silvi, als sie sich abtrockneten.
»Genau so eine Anlage wäre das Richtige für mich«, stimmte ihr Bruder zu.
Donata lachte. »Dann müßt ihr es genau so machen wie ich – reich heiraten!« – Sie versagte sich einen Hinweis dar-

auf, daß das Haus unter ihrer Regie gebaut worden war und daß sie schuften mußte, um es zu unterhalten.

»In unserer Jugend«, behauptete Silvia, »waren wir froh, wenn wir das Geld zusammen kratzen konnten, um ins ›Müllersche Volksbad‹ zu gehen.«

»Ach, was ward ihr arm, anspruchslos und bescheiden!« spottete Christian.

»Ich habe eigentlich nicht das Gefühl, daß meine Jugend schon vorbei ist«, sagte Donata nachdenklich.

»Mit deinen zweiundvierzig?« meinte Silvia. »Du solltest endlich anfangen, es dir zuzugeben.«

»Ich gebe Donata recht!« entschied Christian. »Mit der Figur kann sie es mit jedem jungen Mädchen aufnehmen.«

»Auch mit mir?« wollte Klein-Silvi wissen.

»Mit dir allemale.«

Tatsächlich hatte das junge Mädchen ihren Babyspeck noch nicht abgelegt und sie wußte es selber. »Fiesling!« rief sie und wollte dem Bruder ein feuchtes Frottiertuch an den Kopf werfen.

Er fing es geschickt auf. »›Fishing for compliments‹«, sagte er, »ist immer gefährlich!«

»Wer hat denn damit angefangen?« empörte sich Klein-Silvi. »Ich doch nicht – Donata!«

»Kein Grund für dich, ihrem Beispiel zu folgen.«

»Ihr werdet euch doch jetzt nicht meinetwegen streiten!« rief Donata.

Ihr offensichtliches Entsetzen amüsierte die jungen Leute.

»Aber nicht doch, Tantchen«, sagte Christian und gab ihr einen raschen Kuß auf die Wange.

»Aber, Tantchen, wie könnten wir! Was wären wir ohne dich!« rief Klein-Silvi.

»Tante« oder lieber noch »Tantchen« pflegten die beiden sie nur zu nennen, wenn sie sie necken wollten.

Donata verstand die Absicht und lachte. »Ihr seid mir schon welche«, sagte sie, und der Frieden war wieder hergestellt. Später spielten sie am Tisch im Speisezimmer Karten. Als sie Hunger bekamen, holten sie sich die restliche Rüblitorte und das von der Haushälterin vorbereitete Abendessen aus der Küche.
Es war ein zwangloses und fröhliches Beisammensein. Doch ganz konnte Donata ihre innere Spannung nicht loswerden. Sie schlief schlecht in dieser Nacht und dachte, daß Nichtstun ihr nun einmal nicht bekäme.

Am nächsten Tag kam Arthur Stolze erst sehr spät ins Büro. Donata beobachtete ihn aufmerksam, aber er war ganz wie immer. Sie fühlte sich in ihrer bösen Ahnung durchgefallen zu sein bestätigt.
Nachdem sie sich dessen sicher geworden war, begann sie sich besser zu fühlen. Es gelang ihr, sich damit abzufinden und sich ganz auf den Entwurf des Pallenbergschen Hauses zu konzentrieren, das sie nach besonderen Wünschen der Bauherren noch einmal ändern mußte. Bis zum Abend war es fertig, und Winklein hatte auch die Bleistiftlinien mit Tusche und Lineal nachgezogen. Es lagen jetzt zwölf fertige Zeichnungen vor: die Grundrisse der einzelnen Stockwerke und verschiedene Querschnitte.
»Wird ein schöner Bau«, sagte er anerkennend.
»Wir sollten ihn jetzt in den Computer einzeichnen«, verlangte Donata.
»Dazu brauche ich mindestens acht Tage! Und was soll aus meinem Umbau werden?«
»Wir werden uns ablösen«, entschied Donata, »und abends kann Wilhelmina an den Computer. Sie kennt sich ja inzwischen aus, und es kommt jetzt ja auf bloße Genauigkeit an.«

»Verdammter Computer!«
»Sag das nicht. Er macht viel Arbeit, zugegeben, aber er ist uns doch auch sehr nützlich.«
In den Computer konnten, auf eine endlose Zahl verschiedener Schichten, die einzelnen Zeichnungen eingegeben werden. Er gestaltete dann, nach Eingaben von Winkeln, selbständig Perspektiven, wie es mit Bleistift oder Tusche nur mühsam möglich wäre, und sogar dreidimensionale Bilder, wie sie auf dem Papier gar nicht zu schaffen waren. Donata hatte auch ihre Entwürfe für die »Mercator-Siedlung« durch den Computer gehen lassen und sie dann durch den Drucker wieder heraus geholt, ein Verfahren, wodurch die Anlagen und die einzelnen Häuser so plastisch erkennbar waren wie auf einer Fotografie.
»Die Pallenbergs sind Laien«, erklärte sie, »sie sind nicht fähig wie wir, sich nach einer bloßen Zeichnung ein Gebäude vorzustellen. Mit dem Computer kann ich ihnen das erleichtern.«
»Und sie vor vollendete Tatsachen stellen«, fügte Günther ein wenig zynisch hinzu.
»Richtig«, sagte Donata friedfertig, »ich habe jetzt lange und oft genug an den Entwürfen herumgebastelt. Jetzt will ich sie zwingen, sich zu entscheiden.«
»Du sprühst mal wieder vor Energie, Donata.«
›Schade, daß man das von dir nie sagen kann‹, dachte sie, aber sie sprach es nicht aus. »Das heißt nicht, daß ich sie überfahren will«, stellte sie statt dessen richtig, »das Computerbild ist ja letztendlich auch nur eine Fiktion. Es läßt sich verändern, wie man es haben will. Also laß mich mal sehen, wie weit du mit dem Umbau gekommen bist, und setz du dich vor den Computer!«

Am nächsten Morgen hatte Donata eine Auseinandersetzung mit Peter Blume. Er lag mit dem Neubau an der Wolfratshauserstraße um Tage hinter dem vorgegebenen Termin zurück, und das, obwohl das Wetter günstig gewesen war. Als Donata ihn nach dem Grund fragte, schlug er mit der Behauptung zurück, daß ihr an Schlamparbeit doch auch nicht gelegen sein könnte.
Er war nicht in der Wolfratshauserstraße gewesen, als sie den Rückstand feststellte, und sie mußte hinter ihm hertelefonieren und ihn suchen, bis sie ihn endlich in der Schwanthalerstraße bei dem Rohbau eines Mietshauses fand. Sie stritten in der Bauhütte miteinander.
»Mir scheint, Sie haben sich übernommen, Herr Blume«, sagte sie kalt.
»Was soll das heißen?« brauste er auf.
»Ich habe mir nicht die Mühe genommen, die Arbeiter in Solln zu zählen — ich wollte Sie ja auch nicht desavouieren, Herr Blume — aber ich hatte den Eindruck, daß es entschieden zu wenige sind.«
Er zuckte die Achseln. »Uns fehlen eben die Fachkräfte. Das müßten Sie wissen, Frau Architektin. Soll ich etwa Schwarzarbeiter anheuern? Wäre das in Ihrem Sinne?«
»Der Termin des Richtfestes muß eingehalten werden.«
»Und wer zahlt die Strafe, wenn ich erwischt werde? Sie etwa?«
»Unterstellen Sie mir jetzt bloß nicht, ich hätte Sie gedrängt oder Ihnen auch nur geraten, Hilfskräfte ohne Papiere einzustellen. Das war allein Ihre Idee. Es ist auch gar nicht nötig. Sie brauchen nur Leute von hier abzuziehen und sie nach Solln zu schicken.«
Peter Blumes Kopf schwoll an. »Ich habe mich verpflichtet ...«
Sie schnitt ihm das Wort ab. »Verpflichtet sind Sie vor allem

mir gegenüber. Ich wünsche nicht nur, ich verlange, daß Sie unseren Vertrag einhalten.« Sie wandte sich zum Gehen. »Einen schönen Tag noch.«
»Verdammtes Weibsbild«, fluchte er leise, aber nicht so leise, als daß sie es nicht gehört hätte.
Sie lächelte in sich hinein.
Blume, überlegte sie, als sie zu ihrem Büro fuhr, würde sie mit dem Bau des Hauses Pallenberg jedenfalls nicht betrauen können, wie sie es eigentlich im Sinn gehabt hatte. Das war eine unerwartete Schwierigkeit. Sie mußte einen anderen Bauunternehmer auftreiben, möglichst in Krailling oder Umgebung. Das war jetzt wichtiger als alles andere. Mit den Ausschachtungsarbeiten konnte ja auch schon begonnen werden, wenn sie sich mit den Pallenbergs über die Konstruktion des Doppelhauses auch noch nicht ganz einig war. Sie wollte sich sofort darum kümmern.
Als sie ihr Büro betrat, sprang Rosemarie Sforzi hinter dem Empfangstisch auf und rief, munterer, als es gewöhnlich ihre Art war: »Ich gratuliere, Frau Beck!«
»Guten Morgen, Frau Sforzi!« grüßte Donata und zog sich die Jacke aus. »Guten Morgen, Günther!«
Der Kollege grinste von einem Ohr zum anderen, und das verstärkte Donatas Gefühl, daß man sich einen Scherz mit ihr erlauben wollte. »Wozu denn?« fragte sie kühl.
Die Sforzi hielt ihr ein Schreiben entgegen. »Da! Lesen Sie selbst! Sie haben den ›Mercator-Wettbewerb‹ gewonnen!« — Es gehörte zu ihren Aufgaben, die täglich einlaufende Geschäftspost zu öffnen und zu sortieren.
Donata glaubte es immer noch nicht. »Tatsächlich?« fragte sie skeptisch.
»Himmel, bist du ›cool‹!« rief Günther Winklein.
›Könnte euch so passen, daß ich auf eure öden Witze hereinfalle‹, dachte Donata und nahm der Sekretärin den

Briefbogen aus der Hand. Er trug den Aufdruck der »Mercator-Bank«. Sie überflog das Schreiben flüchtig, noch einmal sorgfältiger – und es war wahr. Sie hatte mit ihren Entwürfen für die Siedlung den ersten Preis gewonnen und damit den Auftrag für die Errichtung der Bauten.
Schwindel überfiel sie.
»Sie werden ja ganz blaß!« rief Frau Sforzi erschrocken. »Setzen Sie sich doch! Einen Stuhl, Herr Winklein! Ich hole Ihnen ein Glas Wasser.«
Als Donata dann saß, das Glas in einem Zug zur Hälfte geleert hatte und endlich lächeln konnte, kam Stolze aus seinem Büro. Sie hatte nicht mitgekriegt, ob die Sforzi ihn benachrichtigt hatte oder ob er von sich aus aufmerksam geworden war.
»Na, wie fühlt man sich als Siegerin?« fragte er und entblößte mit einem Lächeln seine makellosen Zähne.
»Die halten mich für einen Mann«, sagte sie schwach.
»Aber das macht doch nichts!« behauptete die Sekretärin. »Die meisten Briefe, die wir bekommen, sind an einen Herrn Architekten D. Beck gerichtet.«
»Aber in diesem Fall«, sagte Donata, »ist es etwas anderes.«
»Willst du verzichten?« fragte Arthur Stolze. »Du könntest trotzdem ein schönes Sümmchen ...«
Donata sprang auf. »Nein! Ich denke ja gar nicht daran!«
»So ist's recht, Mädchen«, pflichtete Stolze ihr bei.
Es gab Donata einen Stich. Wann zuletzt hatte jemand sie ›Mädchen‹ genannt?
»Wie redest du denn mit mir?« rief sie.
Schmunzelnd fuhr er sich mit dem Ringfinger über seinen Oberlippenbart. »Vergiß nicht, ich könnte dein Vater sein.«
»Was soll all der Unsinn?« fragte Winklein irritiert. »Ich

schlage vor, Frau Sforzi ruft bei der Bank an, klärt das Mißverständnis und macht einen Termin mit den Herren aus.«
»Termin ist gut«, stimmte Donata zu, »aber sie aufzuklären ist meine Sache. Das mache ich persönlich.«

Wenige Tage später fuhr Donata in ihrem Kabriolett nach Rosenheim. Arthur Stolze saß neben ihr. Es war ein sonniger Frühlingstag, der Himmel war *bilderbuchblau* und die weißen Gipfel der Berge wirkten zum Greifen nahe. Aber weder sie noch er hatten einen Blick dafür.
Sie chauffierte konzentriert und ruhig und war dankbar, daß er sie nicht mit Fragen oder Ratschlägen belästigte. Es war ihr nicht nach Reden zumute.
Bei der Ausfahrt Rosenheim verließen sie die Autobahn und fuhren in die Stadt hinein. Da die Bankfiliale am Max Josefs Platz lag, also innerhalb der Fußgängerzone, suchten sie zuerst einen Parkplatz, von dem aus sie sich auf den Weg machten. Es war viertel vor Elf, und da sie zur vollen Stunde bestellt waren, ließen sie sich Zeit. Sie schlenderten erst noch durch den Schalterraum, an deren Wandseite die einzelnen Entwürfe für die Siedlung dekorativ und mit gutem Abstand ausgestellt waren. Auf Donatas Arbeiten prangte ein Schild: »Architektenbüro D. Beck – 1. Preis«.
Donata atmete tief durch, bevor sie die Treppe zur ersten Etage hochstiegen. Stolze hatte eine undurchdringliche, leicht mokante Miene aufgesetzt.
Am Empfang arbeitete ein junges Mädchen, das das Kunststück fertig brachte, gleichzeitig an einem Computer zu arbeiten und den Treppenaufgang im Auge zu behalten.
»Architekt Beck«, sagte Donata, »wir werden von Direktor Mösner erwartet.«
»Ja, das stimmt.« Das Mädchen, das Stolze für den Archi-

tekten hielt, warf ihm einen Blick voller Hochachtung zu.
»Dritte Tür links, Herr Beck.«
Sie ließen es dabei bewenden und wandten sich in die angegebene Richtung.
Donata hatte sich für die Besprechung besonders sorgfältig zurecht gemacht und sehr dezent geschminkt. Sie trug ein hellgraues Jackenkleid mit einer Seidenbluse, die das Grün ihrer Augen besonders betonte, hochhackige Schuhe und eine schlichte Perücke in ihrer eigenen Haarfarbe. Er wirkte in einem dunklen Anzug mit dazu passender Weste, weißem Hemd mit Manschettenknöpfen und silberfarbiger Krawatte wie aus dem Ei gepellt.
Das Mädchen am Empfang hatte ihr Kommen schon angekündigt, denn die Tür zum Zimmer des Direktors wurde von innen geöffnet, noch bevor sie sie erreichten. Ein schlanker, dunkelhaariger Mann mit fast schwarzen Augen, die ihm etwas Südländisches gaben, lächelte ihnen strahlend entgegen. »Willkommen, Herr Beck!« Er gab die Öffnung der Tür frei. »Bitte, treten Sie ein! Darf ich Sie mit Herrn Direktor Mösner bekannt machen?«
Ein schwergewichtiger glatzköpfiger Herr mit Hornbrille erhob sich hinter seinem Schreibtisch und streckte Arthur Stolze die fleischige Hand entgegen.
Stolze schüttelte sie. Erst dann stellte er richtig: »Ich bin nicht der Architekt.«
»Nicht?« fragte der Bankdirektor verwirrt. »Aber man hat mir gemeldet ... ich hatte erwartet ...«
»Ich bin es«, sagte Donata.
»Wer?«
»Ich bin die Architektin Donata Beck.« Sie hielt ihm ihre Hand hin.
Er berührte sie so kurz, als könnte er sich an ihr verbrennen, und ließ sich wortlos in seinen Sessel fallen.

Es war der südländisch wirkende junge Mann, der die Situation beherrschte. »Georg Pichler«, stellte er sich mit einer leichten Verbeugung vor, »Assistent von Herrn Direktor Mösner. Bitte, setzen Sie sich doch.« Er schob Donata einen Sessel vor dem Schreibtisch zurecht.
Lächelnd gab sie ihm die Hand, bevor sie Platz nahm. Arthur Stolze tat es ihr nach. Pichler setzte sich auf einen Stuhl an der Schmalseite des Schreibtisches.
Mösner schien sich inzwischen von seiner Überraschung erholt zu haben. Fast flehend blickte er Stolze in die leicht getrübten Augen. »Und wer sind Sie? Doch wohl auch Architekt?«
»Ich muß Sie enttäuschen«, sagte Stolze und zog sich achtsam die Manschetten aus den Ärmeln, »ich bin der Geschäftsführer. Ich erledige das Kaufmännische.«
»Ja, also dann...« Mit deutlichem Unbehagen wandte Mösner sich Donata zu. »... wollen Sie also behaupten, daß Sie ...« Er geriet ins Stocken und fuhr sich mit dem Zeigefinger unter den Hemdkragen, der ihn beengte.
Donatas grüne Augen blickten ihn herausfordernd an. »Die prämierten Entwürfe stammen von mir.«
»Sie sind hübsch, wirklich nett, nichts dagegen zu sagen.«
»Geben Sie ruhig zu, daß sie wirklich gut sind«, stellte Donata richtig, »sonst wären sie ja wohl auch nicht ausgezeichnet worden.«
Pichler wandte den Kopf zwischen seinem Chef und der Architektin hin und her, als verfolgte er den Ball bei einem Tennisturnier.
»Gut. Na schön. Es sind ausgezeichnete Zeichnungen, zugegeben. Selbstverständlich werden wir Sie dafür honorieren, Frau Beck.«
»Ich will die Siedlung bauen!«
»Sie? Als Frau?« Mösner lachte unfroh. »Das ist unmöglich.«

»Es ist durchaus nicht mein erster Auftrag, Herr Direktor. Ich arbeite seit mehr als zehn Jahren als selbständige Architektin. Ich habe Wohnhäuser gebaut, ein Hochhaus, Fabrikhallen, Garagen. Da Sie sich anscheinend nicht über mich erkundigt haben, Herr Mösner, bin ich gerne bereit, Ihnen Unterlagen über meine bisherigen Projekte vorzulegen.«
»Aber hier handelt es sich um eine Siedlung, eine Wohnanlage mit fünfunddreißig Häusern, Garagen und ...« Unter Donatas eisigem Blick verstummte er. »Aber das wissen Sie ja alles selber.«
Sie schlug die schlanken Beinen übereinander. »Das sind die Voraussetzungen, unter denen ich gearbeitet habe.«
Direktor Mösner seufzte schwer.
Jetzt meldete sich Stolze zu Wort. »In den Bedingungen zur Ausschreibung heißt es wörtlich, daß der Bau der Siedlung an den Architekten der am höchsten prämierten Entwürfe gehen soll.«
›Was für ein Satz!‹ dachte Donata, aber ihr fiel nicht ein, wie sie den Tatbestand einfacher formulieren könnte.
»Sie haben uns getäuscht!« Direktor Mösner trommelte mit seinen dicken Fingern auf die Schreibtischplatte. »Ja, man könnte ohne Zweifel von arglistiger Täuschung sprechen.«
Donata wußte, daß mit weiblichem Charme vielleicht etwas zu erreichen gewesen wäre — vielleicht. Aber sie war außerstande, ihn diesem Mann gegenüber zu entwickeln. Zu oft hatte sie in den vergangenen Jahren gegen Typen wie ihn ankämpfen müssen, und bis zur Stunde war sie überzeugt gewesen, das nicht mehr nötig zu haben. »Ich ahne nicht einmal, wovon Sie sprechen«, sagte sie eisig.
»Ach, verkaufen Sie mich nicht für dumm! Sie haben in voller Absicht nur den Anfangsbuchstaben Ihres Vornamens auf dem Briefkopf angeführt.«
»Sie reden Unsinn, und Sie wissen es!« Als sie selber spürte,

daß sie zu scharf wurde, setzte sie ein schwächliches »Herr Direktor«, hinter den Satz. »Der erste Preis und damit der Auftrag ist mir zuerteilt worden, noch bevor die Juroren meinen Namen wußten. Was hätten Sie denn machen können, als sich herausstellte, daß es eine Frau ist, die gewonnen hat? Mir den Preis wieder aberkennen? Das wäre doch nur durch eine Schiebung möglich gewesen.«

»Jedenfalls wäre ich nicht ... wären wir beide nicht, Frau Beck ... in eine so peinliche Lage geraten. Wir hätten Ihnen den Entwurf abgekauft, und dazu bin ich auch jetzt noch bereit, und ein anderes Architekturbüro mit dem Bau beaufsichtigt.«

»Nur weil ich eine Frau bin? Das widerspricht der Gleichstellung.«

Direktor Mösner atmete schwer; er hob die Hände und preßte sie vor der Brust zusammen. »Sie wollen mir doch hoffentlich nicht mit einer Klage drohen?«

»Selbstverständlich werde ich Rechtsmittel einlegen.«

»Na, bitte!« Mit einer resignierenden Geste ließ er die Hände wieder sinken. »Wie sagte unser großer deutscher Dichter doch so schön? – ›Da werden Weiber zu Hyänen ...‹« Als Donata Anstalten machte aufzustehen, fügte er rasch hinzu: »Nur ein kleiner Scherz von mir. Sie werden mir das doch nicht übel nehmen?«

»Ihr Zitat ist völlig unpassend. Wenn Sie Schiller ›Die Glocke‹ wirklich kennen würden, müßten Sie das wissen, Herr Mösner.« Donata rang sich ein Lächeln ab. »Aber ich verstehe genau, was Sie meinen. Wenn Frauen sich entschließen, zu kämpfen, kämpfen sie genau so rücksichtslos wie die Männer. In diesem Punkt stimme ich Ihnen zu. Keine Frage: ich werde den Prozeß gewinnen.«

»Schon möglich«, räumte Mösner ein, »aber er wird sich Jahre hinziehen und wenn es zur Entscheidung kommt, wird die Siedlung längst stehen.«

»Nett, das von Ihnen zu hören. Sie verweigern mir also den Auftrag im vollen Bewußtsein, daß Sie im Unrecht sind. Auch das wird die Richter interessieren.«

»Meine liebe Frau Beck ...« Er nahm seine Brille ab und begann sie mit einem Zipfel seines blütenweißen Taschentuchs zu putzen.

»Ach ja?«

»... Sie werden diese dumme Geschichte doch nicht wirklich vor den Kadi bringen wollen.« Er hob die Brille vor die Augen und prüfte die Durchlässigkeit der Gläser. »Sie und ich werden bestimmt zu einer friedlichen Lösung kommen, dessen bin ich mir ganz sicher.«

»Und wie könnte die aussehen?«

Er setzte sich die Brille auf den Nasenrücken und blickte Donata mit einem falschen breiten Lächeln an. »Wir erteilen Ihnen den Auftrag, Frau Beck, unter der Maßgabe, daß Sie sich mit einem Kollegen zusammen tun. Wir haben einige gute Architekten hier am Ort, ich kann ...«

»Nein«, erklärte Donata, löste die übereinander geschlagenen Beine und stellte beide Füße auf den Boden.

»Sie verrennen sich da in etwas. Warum wehren Sie sich dagegen, Hilfe anzunehmen?«

»Weil ich keine Hilfe brauche. Ich beschäftige selber einen Architekten in meinem Büro ...«

»Aha!«

Donata ließ sich nicht unterbrechen. »... einen tüchtigen Mann. Sie können ihn kennen lernen.«

»Das ändert die Situation natürlich. Dann ist er derjenige welcher ...«

Donata verstand, daß er ihr eine Brücke bauen wollte, aber sie war nicht bereit, sie zu betreten. »Nein«, sagte sie, »ich bin die Chefin. Von mir stammt der Entwurf. Ich werde den Bau der Siedlung leiten und überwachen.«

Direktor Mösner verlor die Fassung. »Das eben werden Sie nicht!« brüllte er los.
Donata blieb ruhig. »Wenn Sie mir den Auftrag verweigern, wird das Ihre Bank teuer zu stehen kommen. Es wird eine Schadensklage in Millionenhöhe, von der negativen Presse einmal ganz abgesehen.«
Direktor Mösner sah sie an, als wollte er sich am liebsten auf sie stürzen und sie schlagen.
»Wenn ich mal einen Vorschlag machen darf ...« sagte Pichler überraschend.
Direktor Mösner lehnte sich in seinen Sessel zurück und schloß die Augen.
»Wir wollen uns mit der Chefetage in München in Verbindung setzen.«
Sein Vorgesetzter blinzelte ihn böse an. »Halten Sie mich für unfähig, die richtige Entscheidung zu treffen?«
»Absolut nicht, Herr Direktor, aber ganz gewiß nicht. Nur denke ich, daß bei Summen dieser Größenordnung eine Rückendeckung wünschenswert ist.«
Niemand äußerte sich dazu.
Pichler stand auf. »Soll ich telefonieren?«
»Überlassen Sie das mir!« Direktor Mösner zückte wieder sein Taschentuch und wischte sich damit über die Stirn. »Leisten Sie den Herrschaften inzwischen Gesellschaft. Wir haben ja eine Kleinigkeit vorbereitet. Irrtümlicherweise waren wir der Meinung, daß es etwas zu feiern gäbe.« Mit einer müden Handbewegung winkte er Donata, Arthur Stolze und seinen Assistenten sozusagen aus dem Zimmer.

Es dauerte eine gute Stunde, bis Direktor Mösner sich wieder blicken ließ.
Pichler hatte inzwischen im Konferenzzimmer eine dampfende Schüssel mit Weißwürsten auffahren lassen, süßen

Senf dazu, einen Korb mit knackigen Laugenbrezeln und Bier. Donata hatte um Mineralwasser gebeten. Sie aß nur zur Gesellschaft ein wenig mit und mußte die Assoziation verdrängen, daß die Wurst von einem toten Tier stammte. Hin und wieder kamen andere Herren kurz herein, ließen sich Donata vorstellen, erkundigten sich diskret nach dem Stand der Dinge und zogen sich wieder zurück. Es mußte sich schon im Haus herumgesprochen haben, daß die Preisträgerin eine Frau war. Donata lächelte, bedankte sich für die Gratulationen und sprach ansonsten wenig. Man schrieb diese Zurückhaltung einer verständlichen Nervosität zu.
Tatsächlich jedoch war sie ganz gelassen. Der Kampf war vorüber; sie hatte getan, was sie konnte. Wenn sie einen Prozeß führen mußte, dachte sie, würde es ein Musterprozeß werden, der ihr mindestens so nützlich sein konnte wie der Auftrag selber.
Dann wurde die Tür aufgerissen, und Direktor Mösner erschien mit so pompösem Schwung, als hätte er einen Bühnenauftritt zu absolvieren; er strahlte über das ganze breitflächige Gesicht, und sogar seine Brillengläser schienen vor freudiger Genugtuung zu blitzen. »Meine liebe, verehrte Frau Beck«, trompetete er, »es ist mir gelungen, die Angelegenheit in Ihrem Sinne zu erledigen! Sie haben den Bauauftrag – und zwar ohne Wenn und Aber!«
Stolze und Pichler waren sekundenlang über diesen Umschwung verblüfft.
Nicht so Donata. »Das haben Sie wunder-wundervoll gemacht, Herr Direktor!« rief sie begeistert. »Ich weiß gar nicht, wie ich Ihnen danken soll!«
»Die Herren in München waren zuerst zwar etwas verblüfft wie ich ja, zugegebenermaßen, auch. Aber es ist mir gelungen, die Sache zu deichseln.« Mösner setzte sich an

den Tisch. »Ich hoffe, Sie haben mir die eine oder andere Weißwurst übrig gelassen?«
»Selbstverständlich, Herr Direktor!« versicherte Pichler. »Nur werden Sie jetzt wohl nicht mehr ganz so heiß sein.«
»Macht nichts, macht nichts.« Mösner steckte sich eine Papierserviette in den Kragen über den Schlips. »Es ist ja Essenszeit, und ich muß sagen, ich habe einen gewaltigen Appetit.« Er fischte zwei Weißwürste aus der Terrine und machte sich daran, sie mit Messer und Gabel zu bearbeiten. Pichler schenkte ihm beflissentlich Bier ein.
»Ich habe Ihnen so viel zu verdanken, Herr Direktor«, sagte Donata.
Er blickte sie über seinen Teller hinweg mit leisem Mißtrauen an. Wollte dieses Weib ihn etwa auf den Arm nehmen?
»Doch, wirklich«, beteuerte sie und blickte so treuherzig, wie es ihr nur möglich war, »Sie haben mir die Anregung gegeben, unseren Firmennamen zu ändern. In Zukunft wird er ›Donata Beck‹ heißen.«
Beruhigt tunkte Mösner ein Stück Wurst in den Senf und schob es in den Mund.
»Einverstanden, Arthur?« fragte sie.
»Aber ja, natürlich, ich halte das für eine glänzende Idee.«
»Ich wollte mich mit dem ›D. Beck‹ wirklich nicht als Mann ausgeben, Herr Direktor«, fuhr Donata eifrig fort, »diese Fiktion hätte ich ja auch immer nur ganz kurz aufrecht erhalten können. Ich habe mir nur einfach gedacht: In der Kürze liegt die Würze. ›D. Beck‹ schien mir auch so nahtlos zu meinem Emblem, dem leicht verschlungenen D.B. zu passen. Erst durch Sie ist mir aufgegangen, Herr Direktor, daß es auch mißverständlich ausgelegt werden könnte.«
Mösner, eifrig kauend, brummte seine Zustimmung.
»Wenn Sie nur von Anfang an gewußt hätten, daß sich

hinter dem ›D. Beck‹ eine Frau verbirgt, hätte es nicht den leisesten Ärger gegeben. Wir hätten uns auf Anhieb blendend verstanden.«
Mösner nahm einen kräftigen Schluck Bier. »Sie sind eine sehr, sehr kluge Frau!« sagte er anerkennend. »Aber warum trinken Sie nichts?«
»Ich muß noch fahren«, erklärte Donata.
»Außerdem wollen wir uns, da wir nun schon einmal in Rosenheim sind«, fügte Stolze hinzu, »am besten heute noch mit einem hiesigen Bauunternehmer in Verbindung setzen. Vielleicht sogar mit zweien. Es ist ja eine beachtliche Aufgabe. Wen würden Sie vorschlagen, Herr Direktor?«
Mösner riß sich die Serviette aus dem Kragen und wischte sich den Mund ab. »Das ist eine Frage, auf die ich keinen Einfluß nehmen möchte. Man könnte es mir falsch auslegen.«
»Ihre Zurückhaltung ehrt Sie, Herr Direktor!« sagte Donata. »Aber vielleicht könnten Sie uns doch wenigstens einen Vorschlag machen. Wir wären dankbar für jeden Tip.«
Mösner blickte seinen Assistenten bedeutungsvoll an.
»Sehr vertrauenswürdig«, erklärte Pichler ohne nachzudenken, »ist die Firma Obermann. Leistungsfähig und absolut solvent, was ja auch wichtig ist.«
»Sehr richtig!« stimmte Mösner ihm zu. »Wir dürfen keinesfalls riskieren, daß das Unternehmen während des Baus in finanzielle Schwierigkeiten gerät. Dann wären wohl wir es, die das bereinigen müßten.« Er zündete sich eine Zigarette an. »Eine schlechte Angewohnheit«, entschuldigte er sich bei Donata.
»Die ich teile«, sagte sie lächelnd und holte ihre eigenen Zigaretten aus der Handtasche.

Er beeilte sich, ihr Feuer zu geben. »Verzeihen Sie, ich wußte ja nicht ...«
»Rauchen gehört zu meinen Lastern«, erklärte Donata, »aber ich denke, es gibt schlimmere.«
»Auch Stolze nahm die Gelegenheit wahr, sich eine Zigarette anzuzünden.
»Das soll natürlich nicht heißen, daß Servatius Obermann der einzige vertrauenswürdige Bauunternehmer in der Stadt ist«, schränkte Pichler seine eben gemachte Empfehlung ein.
»Fangen wir mit Obermann an«, entschied Donata, der ganz deutlich geworden war, wem die Bauausführung zugeschustert werden sollte, »vergewissern wir uns, ob er über die nötige Kapazität verfügt. Falls nicht, werden wir uns um weitere Adressen kümmern.«
Von da an wurde das Gespräch ganz sachlich. Der Frieden war endlich voll hergestellt. Nach der Zigarettenpause zog man wieder in Mösners Büro um. Als alles erledigt war und Donata ihren Auftrag und auch den ersten Scheck in der Tasche hatte, rief Stolze in der Firma Obermann an.
Er wurde so rasch mit dem Chef verbunden, als hätte Servatius Obermann den Anruf schon erwartet. Da Mösner mit Rücksicht auf andere Bankkunden, unter denen Obermann nicht der einzige Bauunternehmer war, nicht wollte, daß das erste Gespräch in seinem Haus stattfand, verabredeten sie sich noch für den gleichen Nachmittag bei Obermann.

Es war acht Uhr geworden, als Donata, mit ihrem Geschäftsführer wieder auf die Autobahn Salzburg-München fuhr. Servatius Obermann hatte es sich nicht nehmen lassen, sie noch zu sich in sein Privathaus einzuladen, wo sie seine Frau und seinen Sohn, der auch schon im väterlichen Unternehmen arbeitete, kennen lernten.

Er, Servatius Obermann, wirkte seriös und kompetent. Donata befand, daß es sich gut mit ihm arbeiten lassen würde. Obwohl sie stundenlang geredet und über den Plänen gesessen hatten, waren noch nicht alle Fragen geklärt. Ein Komplex von 35 Häusern plus Garagen plus offenen und bedecktem Kinderspielplatz würde sich nicht in einem Jahr errichten lassen, selbst wenn Obermann Subunternehmer hinzuziehen würde. Man würde zwei, besser noch drei Jahre brauchen, denn bei einem Eilverfahren würden gewisse Unzulänglichkeiten und Schlampereien unvermeidlich sein. Andererseits konnte es den Bauherren — die Häuser sollten als Eigentum verkauft werden — nicht zugemutet werden, jahrelang auf einer Baustelle zu leben. Das mußte noch organisatorisch geklärt werden.
»Auf alle Fälle«, meinte Stolze, während sie auf der Autobahn dahin fuhren, »kannst du dir gratulieren, Donata.« Er hatte bei Obermanns einige Schnäpse getrunken und sprach mit schwerer Zunge.
»Wir — uns!« verbesserte sie.
»Nein, es ist allein dein Verdienst. Obwohl ich fand, daß du Mösner gegenüber etwas diplomatischer hättest sein können. Wozu verfügst du über deinen weiblichen Charme?«
»Bei solchen Typen ist Charme verschwendet. Man kann ihnen nur die Zähne zeigen, was anderes zieht da nicht.«
»Und wie du ihm nachher um den Bart gestrichen bist, das fand ich schamlos übertrieben.«
»Sag mal, soll das eine Manöverkritik werden?« fuhr sie ihn an.
»Überhaupt nicht. Ich rede nur so daher. Zur Entspannung.«
Sie hielt den Blick fest auf die Fahrbahn gerichtet. »Ich habe ihm ganz bewußt schön getan«, erklärte sie.

»Und warum?« fragte er schläfrig. »Da war ja schon alles entschieden.«

»Er hatte sich ein bißchen Lobhudelei redlich verdient. Bedenke, daß er eine Wendung um hundertachtzig Grad vollzogen hat. Das bringt nicht jeder fertig.«

»Was blieb ihm anderes übrig?«

»Ein nicht so geschmeidiger Mann hätte sich knurrend dem Votum seiner Vorgesetzten gefügt. Kaltschnäuzig zu behaupten, daß die Münchner Entscheidung ganz in seinem Sinne läge, ja, von ihm angestrebt worden sei, war eine Meisterleistung.«

»Für dich kommt es auf das Gleiche 'raus.«

»Nein, überhaupt nicht. Es liegt Größe darin, daß er mit mir Frieden geschlossen hat. Andernfalls hätte ich während der ganzen Bauzeit mit Schikanen von ihm rechnen müssen.«

»Bist du sicher, daß du das jetzt nicht mehr mußt?«

»Ja. Er ist einmal über seinen Schatten gesprungen. Ein zweites Mal wird er dieses Kunststück nicht mehr fertig bringen. Es würde ihn zu viel Kraft kosten und außerdem sinnlos sein.«

»Na schön, wenn du meinst«, sagte er friedfertig.

Donata fühlte sich noch vollkommen munter, ja, sogar aufgedreht. »Hoffentlich macht die Bank jetzt auch genug Werbung für das Projekt!«

»Keine Sorge. Sie muß die Häuser ja verkaufen. Schon über das Preisausschreiben ist ja genug geschrieben und geredet worden. Das war der erste Werbetrick.« Stolze schloß die Augen. »Rede nur weiter«, sagte er, »keine Angst, ich schlafe nicht.«

»Am besten fahre ich dich zu dir nach Hause.«

»Nicht nötig. Setz mich in Ramersdorf ab. Dann nehme ich mir ein Taxi.«

»Auch gut.« Sie machte ihn nicht darauf aufmerksam, daß

auch dies schon ein Umweg für sie war, denn um nach Grünwald zu kommen, hätte sie nicht bis zum Stadtrand fahren müssen, sondern schon am Brunnthaldreieck abbiegen können. »Egal, wieviel Zeit uns für die Siedlung bleibt, wir brauchen zusätzliche Arbeitskräfte. Wirst du dich bitte darum kümmern.«
Er antwortete nicht.
Sie kniff ihn leicht ins linke Knie. »Hörst du mich, Arthur? Hast du mich verstanden?«
»Zusätzliche Arbeitskräfte, ja. Werd' mich kümmern«, wiederholte er. Dann verriet sein leichtes Schnarchen, daß er eingeschlafen war.
Sie konnte nicht umhin, sich über ihn zu ärgern. Es machte ihr nichts aus, daß er trank. Aber mußte das während der Arbeitszeit sein? Denn die Gespräche mit Obermann waren Arbeit gewesen. Hätte er nicht damit bis zum Feierabend warten können?
»Männer«, dachte sie verächtlich, »Männer!«

Als sie eine gute Stunde später Grünwald erreichte — sie hatte den sanft schlafenden Arthur natürlich doch nach Hause gebracht — freute sie sich auf ein Gespräch mit ihrer Schwester. Das große Haus war von außen beleuchtet, was nichts besagte, da sie selber ja noch erwartet wurde. Im Frühstückszimmer war es dunkel, und der Fernseher lief nicht. Aber als sie an die Terrassentür trat, sah sie den hellen Schein aus Silvias Zimmer sich auf dem Wasser des Schwimmbeckens spiegeln.
Fast war sie in Versuchung, sofort zu ihr hinaufzustürmen, sagte sich aber, daß es vernünftiger wäre, sich zuerst abzuschminken, zu duschen und sich etwas Bequemes anzuziehen.
Das tat sie dann auch, knipste die Außenbeleuchtung aus,

nahm ein Glas mit und ging nach oben. Erst leise, dann kräftiger klopfte sie an Silvias Zimmertür. Von drinnen hörte sie Musik, eine Symphonie von Brahms, wie sie lauschend erkannte. – ›Wenn sie nun nicht allein ist?‹ schoß es ihr durch den Kopf. Es war zwar noch nie vorgekommen, daß die Schwester einen Freund mitgebracht hätte, aber es hätte doch sein können. Es schien ihr plötzlich geradezu unnatürlich, daß die Schwester so zurückgezogen lebte. Auf die Idee, über sich selber nachzudenken, kam sie dabei gar nicht.

Dann sagte sie sich, daß Silvia ihr sicher irgendwo eine Nachricht hingelegt hätte, wenn sie nicht gestört werden wollte. Sie drückte die Klinke nieder und trat ein.

Silvia blickte erstaunt hoch. »Ach, du bist es?« Sie saß in ihrem bequemen Sessel, die Füße auf einem Schemel, eine Zigarette in der Hand, ein Glas Whisky und eine Schale mit Eiswürfeln neben sich. Jetzt lachte sie über sich selber. »Dumme Frage, nicht wahr? Aber ich hatte dich nicht so früh erwartet. Gut, daß du da bist.«

Silvia war, wie immer, sehr sorgfältig geschminkt, aber schon zur Nacht umgezogen. Sie trug einen seidenen, rötlich schimmernden Hausmantel über ihrem Nachthemd. In dem nicht eben großen Raum, ursprünglich als Gästezimmer konzipiert, hingen Rauchschwaden.

Unwillkürlich sah Donata sich nach einem Buch um, aber es gab keines.

»Was machst du?«

»Ich höre Musik – nein, um die Wahrheit zu sagen, ich denke nach.«

›Oh je!‹ dachte Donata, die gerne ihre eigenen Erlebnisse losgeworden wäre.

»Willst du einen Schluck Whisky?«

»Gewöhnlich bist du um diese Zeit noch beim Wein.« Donata reichte ihr das Weinglas.

»Heute nicht.« Silvia schenkte ein und tat reichlich Eiswürfel hinzu, da sie den Geschmack ihrer Schwester kannte. »Aus meinen eigenen Beständen«, erklärte sie.
»Aber das weiß ich doch. Danke.« Donata zog sich einen gepolsterten Hocker zu Silvia hin, setzte sich und nahm das Glas entgegen. Sie nahm einen Schluck, aber der Alkohol, der sich noch nicht mit dem Eiswasser vermischt hatte, war ihr zu stark. Sie stellte das Glas wieder aus der Hand.
»Zigarette?« fragte die Schwester.
»Danke. Noch nicht. Später.«
»Es ist ein neues Buch erschienen ...«
»Ach was?«
»Spar dir deinen Spott und hör mir zu. Von einer Sexualberaterin. Es hat den Titel: ›Wie ich mir meinen Mann mit einer anderen teile‹ oder so ähnlich.«
»Wenn dich das interessiert, solltest du es dir besorgen.«
»Ich will es nicht lesen. Jetzt kann es mir ja nichts mehr nutzen. Aber es ist doch sonderbar: Ich bin nie auf die Idee gekommen, mir Leo mit Nadine zu teilen!«
Donata war verblüfft. »Das sähe dir auch gar nicht ähnlich«, sagte sie.
»Du hast mir nie dazu geraten.«
»Ich?« Jetzt griff Donata doch zu einer Zigarette. »Wie käme ich denn dazu, mich in deine Ehegeschichten einzumischen?«
»Aber ich habe dir immer alles erzählt.«
»Sicher hast du das. Du brauchtest jemanden, bei dem du dich ausweinen konntest. Das war alles.«
»Wenn ich diese Geschichte mit Nadine in Kauf genommen hätte, wäre er längst schon wieder bei mir zurück. Du weißt doch, wie Nadine ist. Viel zu jung für ihn, und sie kann nicht einmal kochen.«
Diese Bemerkung fand Donata so töricht, daß sie nichts

darauf sagte; schweigend ließ sie die Eiswürfel in ihrem Glas kreisen.

»Es war schön dumm von mir, mich scheiden zu lassen«, fuhr Silvia unbeirrt fort, »damit habe ich ihn in sein Unglück getrieben, und selber bin ich auch nicht glücklicher geworden.«

»Wenn ich mich recht erinnere«, sagte Donata, »war er es doch, der auf der Scheidung bestanden hat.«

»Aber nur, weil ich ihm damals unaufhörlich Szenen gemacht habe. Hätte ich den Mund gehalten ...«

»Daß ich dir das mehr als einmal gesagt habe, weiß ich genau!« fiel Donata ihr ins Wort.

»Ich war in einer schlechten Phase. Ich hätte Geduld aufbringen sollen. Alles in allem ist Leo doch kein schlechter Kerl.«

»Wie dem auch sei, es ist vorbei.« Donata drückte die kaum gerauchte Zigarette aus. »Es hat keinen Sinn, sich jetzt noch Gedanken darüber zu machen. Er ist bestimmt nicht so unglücklich, wie du glaubst.«

»Doch, das ist er! Silvi hatte bei ihrem letzten Besuch durchaus den Eindruck.«

›Das hast du aus ihr heraus gepreßt, weil du es hören wolltest!‹ dachte Donata und sagte: »Wenn es wirklich so wäre – wer hindert ihn daran, zu dir zu kommen? Er weiß doch, wo du zu finden bist.«

»Sein Stolz! Es ist für einen Mann nicht leicht, einen Fehler zuzugeben.«

»Warum rufst du ihn dann nicht an? Mach eine Verabredung! Dann wirst du sehen, wie die Dinge wirklich stehen.«

»Das kann ich nicht, Donata, das würde ja aussehen, als liefe ich ihm nach.«

Donata war sicher, daß Silvia sich nur etwas vormachte. Ihr geschiedener Mann hatte gewiß nicht den leisesten Wunsch nach einer Begegnung. Aber sie wußte auch, daß die Schwester das nicht hören wollte. »Wie, wäre es dann, wenn ich ihn einladen würde? Am nächsten Sonntag, wenn die Kinder kommen. Ich würde mir ja nichts damit vergeben.«

»Und was ist mit Nadine?«

»Die lade ich natürlich mit ein – zu einem richtigen schönen Familienversöhnungsfest. Ich werde eine Gelegenheit schaffen, daß ihr beide allein seid. Dann könnt ihr euch nach Herzenslust aussprechen.«

Dazu wußte Silvia nichts zu sagen; sie zündete sich eine neue Zigarette an.

»Na, wie wär's?« drängte Donata. »Ich arrangiere das gerne.«

»Ich weiß nicht.«

»Doch, Silvia, du weißt sehr gut, daß du das in Wirklichkeit gar nicht willst. Gib es doch zu!«

»Na ja, es könnte Komplikationen geben.«

»Und von denen hast du die Nase voll. Durchaus verständlich. Also hör auf, dich verrückt zu machen. Du hast es überstanden. Sei froh darüber!«

»Aber ich spüre ...« theatralisch drückte Silvia die linke Hand auf ihren Busen. »... ich spüre es hier drinnen, daß er alles bereut.«

Donata bezweifelte diese Intuition, aber sie sprach es nicht aus. »Na, vielleicht tut er das sogar«, sagte sie, »aber das geschieht ihm doch verdammt recht, nicht wahr?«

»Wie herzlos du bist!«

Donata lachte. »Wenn er Nadine wirklich satt hat und sich scheiden lassen will, dann kann er das ja tun. Wer hindert ihn daran? Er hat es schon einmal geschafft, ohne all zuviel Federn zu lassen, und ich wette, daß ihm das auch ein zweites Mal gelingen würde. Es besteht wirklich

kein Grund, Mitleid mit ihm zu haben, selbst dann nicht, wenn sie ihn mit dem Nudelholz bearbeiten sollte.«
»Donata!«
»Hör endlich auf, dir über ihn Gedanken zu machen! Das bringt doch nichts. Überleg lieber, was du mit deinem Leben anfangen kannst!«
»Ja, was denn?«
»Ich denke, ich habe dir schon genügend Ratschläge gegeben. Aber auf mich hörst du ja nicht. Vielleicht mit Recht. Die Idee muß wohl aus dir selber kommen.«
»Was kann eine Frau allein schon anfangen?«
»Du bist nicht allein. Du hast mich, und du hast deine Kinder.«
»Du weißt nicht, wie das ist. Als geschiedene Frau wird man über die Schulter angesehen. Jeder weiß, daß Leo mich hat sitzen lassen ... und jeder denkt deshalb, daß ich nichts wert bin.«
»Vielleicht«, sagte Donata unbedacht, »solltest du mal verreisen.« Sie bereute es sofort.
Silvia fuhr auf. »Soll das heißen, daß du mich loswerden willst?«
»Nein, natürlich nicht! Silvia, ich bitte dich ...«
»Ich gehe dir also auch schon auf die Nerven.«
»Nein, nein, Silvia, nein, so war es nicht gemeint. Eine andere Umgebung könnte dir vielleicht gut tun. Stell dir doch nur mal vor, du wohnst in einem Hotel ... morgens bist du auf dem Tennisplatz, mittags am ›Pool‹, abends in der Bar ...«
»Wenn du willst, kann ich noch heute Nacht in ein Hotel umziehen!«
Donata seufzte tief. Genau das war passiert, was sie den ganzen Abend versucht hatte, zu vermeiden: ein Streit war ausgebrochen. Natürlich würde Silvia sich wieder versöhnen

lassen, wie immer. Aber es würde sie Kraft kosten, die sie anderswo sinnvoller hätte anwenden können. Sie hatte ihre Schwester lieb, und sie hatte sie gern in ihrem Haus. Aber sie wünschte von Herzen, daß Silvia endlich aufhören würde, in der Vergangenheit herumzuwühlen. Wenn es nicht die verkorkste Ehe war, mit der sie sich beschäftigte, dann war es ihre gemeinsame Kindheit, in der, ihrer Ansicht nach, immer sie, Donata, die Bevorzugte gewesen war, Vaters Liebling und Mutters Herzblatt, derentwegen sie zurückgestellt worden war. Auch das war ein Thema, über das sie sich gern ausließ, ohne daß es Donata je gelang, die Dinge richtig zu stellen.
›Ich verlange ja gar nicht, daß sie auf mich eingeht‹, dachte Donata, ›wenn sie sich nur endlich der Gegenwart und der Zukunft zuwenden würde!‹

Tagsüber im Büro, an ihrem Zeichentisch, im Gespräch mit den Kunden und den Unternehmern, war der häusliche Ärger rasch vergessen; selbst wenn sich Donata einmal erinnerte, dann doch nur sehr flüchtig, und er erschien ihr relativ unwichtig.
Es gab viel zu tun.
Dennoch vermied sie an den nächsten Abenden, gar nicht einmal bewußt, das Gespräch mit der Schwester. Silvia jedoch vermutete eine Absicht dahinter und benahm sich bei der nächsten Begegnung weniger egozentrisch. Nichts wünschte sie weniger, als das bequeme Leben in Donatas Haus aufgeben zu müssen.
Donata nahm zwar wahr, daß Silvia weniger jammerte, achtete aber nicht sehr darauf. Ihr war alles, was mit ihrer Arbeit zusammenhing, viel wichtiger. Daß sie selber mit dieser Einstellung der Schwester gegenüber nicht ganz fair war, kam ihr nicht in den Sinn.

Im Büro ging es lebhafter zu als gewöhnlich. Frauen und Männer gingen aus und ein, die Donata nicht kannte. Sie nahm an, daß sie zu Vorstellungsgesprächen kamen, aber sie beachtete sie nicht weiter. Interessant wurde es für sie erst, nachdem Arthur Stolze eine engere Auswahl getroffen hatte.

Eine junge technische Zeichnerin wurde eingestellt, die sich mit dem Computer auskannte und bereit war, die eher langweilige Aufgabe zu übernehmen. Ein Architekt kam dazu, der über gute Erfahrungen verfügte, aber nach dem Zusammenbruch eines Unternehmens arbeitslos geworden war. Donata engagierte ihn nicht ohne Bedenken. Für jemanden, der neun Monate Pause gemacht hatte, würde es nicht einfach sein, sich wieder an ein strenges tägliches Arbeitspensum zu gewöhnen. Aber da er auf Stolze einen guten Eindruck gemacht hatte, wollte sie ihm die Chance nicht verwehren. Tatsächlich bemühte er sich dann auch nach Kräften.

Eines Vormittags steckte Stolze, was bei ihm sonst nicht üblich war, den Kopf in ihr Arbeitszimmer. »Donata!«

Sie sah von ihrem Zeichenbrett hoch. »Du grinst ja wie ein Kater, der den Sahnetopf ausgeschleckt hat«, sagte sie überrascht.

»Sehr scharf beobachtet. Ich habe einen Typ gefunden, der dir hundertprozentig zusagen wird – dynamisch, kreativ, begeisterungsfähig.«

»Klingt gut«, sagte sie, obwohl sie dachte: ›Kreativ bin ich ja selber‹.

»Komm mal 'rüber zu mir und sieh ihn dir an!«

»Jetzt? Sofort?«

»Ich habe ihn schon in jeder Hinsicht ausgequetscht. Mir fällt kein Vorwand ein, ihn länger aufzuhalten.«

»Du könntest ihn einfach ins Konferenzzimmer setzen und

warten lassen«, meinte sie, legte aber doch ihren Bleistift weg und stand auf.

»Na, komm schon! Es ist doch sonst nicht deinen Art, jemanden auf die Folter zu spannen.«

Er hielt ihr die Tür auf, und sie trat an ihm vorbei in den Empfangsraum. Draußen übernahm er wieder die Führung.

»Darf ich?« fragte er mit der ihm eigenen, etwas altmodischen Höflichkeit und ging ihr voraus in sein Büro. Sie sah den jungen Mann erst, als Stolze hinter seinem Schreibtisch Platz nahm.

Er war bei ihrem Eintritt aufgesprungen, und sie erkannte ihn sofort, erinnerte sich zu ihrer Bestürzung sogar an seinen Namen: Tobias Müller. Dabei wirkte er völlig anders als seinerzeit auf der Baustelle. Er trug einen grauen, konventionell geschnittenen Anzug, ein weißes Hemd und eine blaue Krawatte. Die braunen Locken hatte er sich aus der Stirn zurück gebürstet und mit einem Gel geglättet. Aber seine dunkelblauen, fast schwarzen Augen begegneten ihrem Blick mit dem gleichen, neugierig amüsierten Blick wie seinerzeit.

Natürlich wußte er diesmal, wen er vor sich hatte, aber Donata fragte sich unwillkürlich, ob er sie auch in einem neutralen Umfeld wiedererkannt hätte, verwarf diesen Gedanken aber sogleich als völlig abwegig.

»Tobias Müller«, stellte Stolze vor, »der junge Architekt, von dem ich dir erzählt habe, Donata. Und das ist unsere Chefin, Frau Donata Beck.«

Er verbeugte sich, aber sie reichte ihm nicht die Hand, sondern steckte sie noch tiefer in die Tasche ihres Zeichenkittels, bevor sie sich setzte.

»Herr Müller«, sagte Stolze, »kommt frisch von der Technischen Universität. Er kann ein hochkarätiges Diplom vorweisen.«

Donata schwieg. Stolze zupfte an den Manschetten und zog sie weiter aus den Ärmeln seines Jacketts. Ein kurzes, unbehagliches Schweigen entstand.
Tobias Müller packte den Stier bei den Hörnern. »Daß ich Erfahrungen auf dem Bau habe, wissen Sie ja, Frau Beck.« Jetzt mußte Donata, die bisher den Blick auf ihren Geschäftsführer gerichtet hatte, ihn doch ansehen. Er lächelte, wie es ihr schien, reichlich unverschämt.
»Ach was«, rief Stolze überrascht, »Sie kennen sich? Davon haben Sie mir nichts erzählt, Herr Müller.«
»Er hielt es wohl für nicht der Rede wert«, sagte Donata, »und das mit Recht.«
»Ich habe nicht nur so beim Bau 'rumgespielt«, berichtete Tobias Müller, »sondern ich habe eine abgeschlossene Maurerlehre.«
»Er bringt tatsächlich alle Voraussetzungen für einen guten Architekten mit«, unterstützte Stolze ihn.
Donata reckte das Kinn vor. »Mich würde eines interessieren, Herr Müller, Sie haben doch sicher in Ihren Semesterferien in Architekturbüros gearbeitet oder mindestens hospitiert.«
»Ja, das stimmt.«
»Und wo?«
»Vorwiegend bei Hellmesberger.«
»Ein tüchtiger, erfolgreicher Mann. Und warum hat er Sie nicht nach Abschluß Ihres Studiums übernommen?«
»Ich wollte nicht.«
»Das müssen Sie mir schon näher erklären.«
»Der Betrieb ist mir zu groß. Ich hatte den Eindruck, daß ich dort nichts werden könnte.«
Ihre grünen Augen funkelten ihn an. »Und bei mir, glauben Sie, können Sie leichter vorwärts kommen?«
Er hielt ihrem Blick stand. »Ja«, bekannte er unumwunden.

»Aber das ist ein Irrtum!«
»Ich weiß, daß Sie die Chefin sind und keinen Partner brauchen, sondern nur Mitarbeiter, und ich habe durchaus nicht die Absicht, Sie von der Spitze zu drängen ...«
»Wie ungemein großzügig von Ihnen!« fiel sie ihm ins Wort.
»... ich habe mir nur gedacht, bei Ihnen, Frau Beck, in einem kleinen Unternehmen, könnte ich mehr lernen. Was haben Sie gegen mich?«
»Nichts. Gar nichts.«
»Donata ...« setzte Stolze an.
Sie ließ ihn nicht aussprechen. »Herr Müller«, sagte sie, »wenn Sie uns jetzt fünf Minuten allein lassen würden ... unsere Sekretärin, Frau Sforzi, wird Sie ins Konferenzzimmer bringen.«
Er stand auf, verbeugte sich vor ihr und sah in einer Art und Weise auf sie herab, die ihr das ungute Gefühl gab, daß sie im Begriff stand, sich lächerlich zu machen.
»Wirklich, Donata«, fragte Stolze, als sie allein waren, »was hast du gegen ihn? Du kannst doch nicht ernsthaft fürchten, er könnte hier die Führung an sich reißen, hundejung wie er ist.«
»Ruf Hellmesberger an!«
»Jetzt gleich?«
»Deshalb habe ich ihn hinausgeschickt.«
Stolze machte keine Anstalten den Hörer abzuheben, sondern zündete sich bedachtsam eine Zigarette an. »Das«, sagte er, »solltest du dir noch einmal sehr gut überlegen.«
»Ich weiß, was ich tue!«
»Tut mir leid, aber das kommt mir nicht so vor.« Er angelte unter die Schreibtischplatte und holte seine Flasche Cognac und ein Glas hervor. »Du auch?« fragte er.
Sie lehnte ab, wie er erwartet hatte.

»Es besteht kein Zweifel, daß Hellmesberger eine glänzende Auskunft geben wird«, sagte er, während er sich einschenkte.
»Warum rufst du dann nicht an?« sie stand auf, ging zum Telefon und nahm den Hörer in die Hand. »Ich werde Frau Sforzi bitten ...«
Er drückte die Gabel nieder. »Du wirst nichts dergleichen tun, Donata. Dieser junge Mann möchte bei uns eintreten. Aber aller Wahrscheinlichkeit nach wird er sich doch ein Hintertürchen bei Hellmesberger offen gelassen haben. Das ist sein gutes Recht, nicht wahr?«
»Ich verstehe nicht ...«
»Oh doch, du verstehst sehr gut. Du bist ja nicht dumm, Donata.« Er blickte aus seinen leicht getrübten Augen fast beschwörend zu ihr auf. »Wenn Hellmesberger aber nun erfährt, daß er sich bei uns beworben hat, könnte er das ganz leicht in den falschen Hals kriegen. Du weißt, wie Chefs sind, Donata. Du gehörst ja selber zu dieser Kategorie.«
Donata setzte sich wieder. »Ich glaube, ich möchte jetzt doch einen Cognac.«
»Aber mit Vergnügen.« Er zauberte ein zweites Glas aus seinem Schreibtisch, schenkte es voll und schob es ihr über die Platte hin zu.
»Danke. Hast du auch eine Zigarette für mich?«
»Aber immer.« Er reichte ihr sein Päckchen und gab ihr Feuer. »Du kannst ihn einstellen oder auch nicht. Das bleibt ganz dir überlassen. Aber es steht dir nicht zu, ihm die Karriere kaputt zu machen. Auf gut deutsch: dich bei Hellmesberger erkundigen kannst du nur, wenn du entschlossen bist, ihn zu nehmen, und in diesem Fall erübrigt sich der Anruf ja.«
Sie nahm einen Schluck Cognac und zog den Rauch ein.

»Du bist so zwingend logisch, Arthur«, erklärte sie mit einem Spott, der selbst in ihren eigenen Ohren nicht echt klang.
»Du brauchst mir nicht zu erklären, warum du ihn nicht haben willst. Wahrscheinlich würde ich es sowieso nicht verstehen. Es gibt weibliche Emotionen, die wir Männer nie verstehen werden.«
»Mit einer Emotion«, verteidigte sich Donata, »hat das gar nichts zu tun.« — ›Mit was sonst?‹ fragte sie sich. ›Warum ist mir die Vorstellung, diesem Burschen tagtäglich zu begegnen, so zuwider? Was kann es mir denn ausmachen?‹
»Meines Erachtens ist er für unser Architekturbüro bestens qualifiziert. Darüber hinaus hat er gute Manieren, sieht nicht schlecht aus und kann bestimmt bei den Gattinnen unserer Kunden Eindruck schinden.«
»Womit du sicher recht hast.«
»Du brauchst deine Ablehnung nicht zu begründen, Donata. Sag einfach: ›Ich will ihn nicht!‹ — und die Sache ist erledigt. Du brauchst nicht einmal mehr mit ihm selber zu sprechen. Ich nehme dir das ab.«
»Und was willst du ihm sagen?«
»Na, vielleicht ... daß er dir nicht sympathisch ist.«
»Das ist nicht wahr«, protestierte sie.
»Aber darauf kommt es doch nicht an. Donata. Jede Erklärung kann nur irreal sein. Hauptsache, daß wir ihn loswerden.«
»Warum lächelst du jetzt?« fragte sie alarmiert.
»Eigentlich müßte ich niedergeschlagen sein, weil du einen guten Mann nicht einstellen willst, obwohl wir ihn dringend brauchen. Weil ich das nicht will ... traurig und enttäuscht sein, das bringt ja nichts ... betrachte ich die Angelegenheit lieber von der komischen Seite.«
»Was soll komisch daran sein?«

»Aber, Donata, was ist mit deinem Sinn für Humor? Jede Wette, spätestens in drei Wochen, wenn wir wieder einmal über dieses Ereignis sprechen, wirst du selber darüber lachen können.«
»Ja«, sagte Donata und drückte ihre Zigarette aus, »warum eigentlich nicht?« Sie stand auf. »Also, stell ihn ein in Gottes Namen. Aber nur, wenn er mit einer dreimonatigen Probezeit einverstanden ist.«
Er erhob sich ebenfalls, wobei er sich mit dem Ringfinger über sein Oberlippenbärtchen strich. »Es muß nicht sein, Donata.« Er begleitete sie zur Tür.
»Ich glaube doch. Dir liegt viel daran, und auf dein Urteil habe ich mich immer verlassen können.«
›Ich muß es durchstehen‹, dachte sie, als sie wieder an ihrem Zeichenbrett stand, ›und ich kann es durchstehen. Einmal hat er mich in Verwirrung gebracht, das ist wahr? Aber das heißt doch nicht, daß er mich dauernd irritieren kann. Wenn ich ihn täglich sehe, werde ich mich an ihn gewöhnen. Er wird ein Gebrauchsmensch für mich werden wie Günther Winklein und Arthur Stolze. Ich werde mich in keiner Weise von ihm beeindrucken lassen. Er ist doch nichts weiter als ein arroganter junger Spund, kaum älter als mein Neffe.‹

Am nächsten Morgen regnete es, aber immerhin so fein, daß am Bau wahrscheinlich doch gearbeitet werden konnte. Aber es würde unangenehm sein, zu den Baustellen hinauszufahren und durch den aufgeweichten Boden zu staksen.
›Das lasse ich Müller machen‹ dachte Donata mit uneingestandener Schadenfreude.
Sie zog sich sehr sorgfältig an, wählte ein leichtes, grüngraues Wollkleid, das ihren schlanken Körper umschmeichelte und die Farbe ihrer grünen Augen betonte. Vor dem

großen Spiegel in ihrem Ankleidezimmer betrachtete sie sich mit Genugtuung.
Dann wurde ihr bewußt, daß sie dieses sehr weibliche Kleid noch nie im Büro getragen hatte. Was war nur in sie gefahren? Was wollte sie damit bezwecken? Das war doch idiotisch. Es hätte gerade noch gefehlt, daß sie sich eine ihrer Perücken auf das kurzgeschnittene blonde Haar gestülpt hätte.
Mit energischer Bewegung öffnete sie den Reißverschluß im Rücken, ließ das Kleid zu Boden gleiten und stieg heraus. Statt seiner zog sie eines ihrer streng geschnittenen Kostüme mit hochgeschlossener Bluse an. Sie tupfte den Lippenstift ab und auch das Augen Make up.
Ausnahmsweise kam sie etwas später als die anderen ins Büro; sie hatte sich gezwungen, noch in aller Ruhe zu frühstücken.
Alle standen an ihren Zeichentischen, als sie eintraf. Stolze war in seinem Büro oder auch nicht, das war unwichtig. Aber Tobias Müller war nicht zu sehen.
»Wo ist Herr Müller?« fragte sie sofort.
»Der Neue fängt am ersten an«, antwortete Rosemarie Sforzi.
»Aber bis dahin sind noch vierzehn Tage. Wenn ich ihn brauche, dann jetzt.«
»Ich habe seine Nummer. Soll ich ihn anrufen?«
Donata zögerte; sie fürchtete sich eine Blöße zu geben.
Günther Winklein trat neben sie. »Ja, das wäre eine gute Idee. Rufen Sie den Knaben her. In vierzehn Tagen sind wir auch ohne ihn über den Berg.« Er sah Donata an. »Was sich Arthur nur dabei gedacht hat?«
»Er ist mit unserem Pensum nicht so vertraut wie wir.«
Donata ging zur Garderobe, zog ihre Jacke aus und schlüpfte in einen frischen Kittel. —

Sie hatte noch nicht lange gearbeitet, als Frau Sforzi zu ihr herein klingelte. »Ich habe ihn erreicht«, meldete sie, und mit einem Kichern fügte sie hinzu: »Er lag anscheinend noch im Bett.«
Donata wußte nicht, warum sie sich über diese Tatsache ärgerte; da er seine Stellung noch nicht antreten mußte, war es sein gutes Recht, lange zu schlafen. »Kommt er?«
»Aber sofort. Er war ganz aufgekratzt, als könnte er sein Glück nicht fassen.« Die Sforzi kicherte weiter.
Donata fand es durchaus nicht komisch. »Danke, Frau Sforzi«, sagte sie kühl, »dann ist ja alles in Ordnung.«
»Soll ich Ihnen Bescheid sagen, wenn er da ist?«
»Nun, von sich aus wird er kaum wissen, wo er mit der Arbeit beginnen solle.«
Erst als Donata aufgelegt hatte, wurde es ihr bewußt, daß sie nicht gerade freundlich gewesen war; sie hatte sich über das törichte Gekicher der Sekretärin geärgert.

Eine knappe halbe Stunde später erschien Tobias Müller. Er war nicht so elegant wie am Tag zuvor, sah aber dennoch in grauer Flanellhose und einem blauen Rollkragenpullover, unter dem sich seine Schultern abzeichneten, blendend aus. Offensichtlich hatte er sich nicht die Zeit genommen sich zu rasieren, und um Kinn und Wangen schimmerte es bräunlich. Donata begrüßte ihn am Empfang.
»Entschuldigen Sie, bitte«, sagte er und strich sich über die Stoppeln, »aber ich dachte, es wäre eilig ... ich habe auf alle Fälle einen Apparat dabei.«
Diesmal war Donata auf die Begegnung gewappnet, dennoch überfiel sie wieder jenes kribbelnde Gefühl, das sie nervös machte. »Gut, daß Sie so schnell gekommen sind«, sagte sie mit erzwungener Freundlichkeit, »wir ersticken momentan in Arbeit.«

»Das habe ich nicht gewußt, sonst wäre ich ...«
»Schon gut, schon gut!« winkte Donata ab. »Jetzt sind Sie ja da.«
»Was kann ich tun?«
Sein jungenhafter Eifer entlockte ihr nun doch ein Lächeln. »Zu einer Baustelle hinausfahren?«
Sie dachte daran, daß sie in der Frühe mit diesem Gedanken gespielt hatte, aber ihn auszuführen wäre eine kleinliche und zudem unpraktische Schikane gewesen. »Nein, nein, Herr Müller. Da muß ich Sie erst einführen. Das mache ich, so bald wir mit den letzten Vorbereitungen für die ›Mercator-Siedlung‹ fertig sind — sie wird übrigens nicht wirklich so heißen, wir nennen sie nur der Einfachheit halber so. Sie wissen, worum es sich handelt?«
»Ich habe darüber in der Zeitung gelesen. Fünfunddreißig Einfamilienhäuser, sieben verschiedene Prototypen. Ich finde es toll, daß Sie das Preisausschreiben gewonnen haben!«
»Danke«, sagte Donata und fragte sich, ob sie ihn nicht falsch beurteilt hatte, seine Bewunderung schien echt. »Auf dem Papier steht die Siedlung bis ins letzte Detail«, erklärte sie, »aber ich konnte ja nicht davon ausgehen, daß ich den Auftrag bekommen würde. Also habe ich ein bißchen auf ›Schau‹ gearbeitet, verstehen Sie?«
Er strahlte sie an. »Ist doch klar.«
»Herr Winklein — ich nehme an, Sie haben sich schon bekannt gemacht — ist dabei, die statischen Grundlagen noch einmal ganz sorgfältig zu überprüfen, und wir müssen uns die einzelnen Häuser und auch den ganzen Komplex vornehmen, um festzustellen, ob der Bau praktisch so durchführbar ist, wie ich ihn mir gedacht habe. Sie übernehmen am besten Haus sechs und sieben. Verschaffen Sie sich erst mal einen Überblick am Computer. Wenn Sie durch den

Konferenzraum gehen ...« Donata unterbrach sich. »Ach was, am einfachsten wird es sein, wenn ich es Ihnen zeige.« Sie ging ihm voraus, drehte sich dann aber noch einmal zu ihm um. »Nehmen Sie sich einen Kittel.«
Während sie vor ihm her ging, überlegte sie, ob sich ihre Angestellten wohl Gedanken darüber machten, daß sie selber die Einführung Müllers in sein Aufgabengebiet übernahm. Aber daran war tatsächlich nichts Ungewöhnliches. Sie erinnerte sich, wieviel Mühe es sie gekostet hatte, Wilhelmina einzuarbeiten. Das Mädchen hatte von praktischer Architektur überhaupt nichts verstanden, sondern nur theoretisches Wissen und eine Menge guten Willen mitgebracht, als sie zu ihnen kam. Warum sollte sie sich nicht entsprechend um Tobias Müller kümmern?
Der Computer, bestehend aus einem graphischen und einem alpha numerischen Bildschirm, stand in einem Raum für sich, in dem es neben dem Drucker noch einen Zeichentisch gab.
Donata bediente die Tastatur und holte Haus 6 herein. »Jetzt können Sie sich aussuchen, was Sie wollen – Vorderansicht, Seitenansicht, Grundriß, Querschnitte, Vergrößerung einer bestimmten Stelle. Sie brauchen dazu nur noch die Fernbedienung, die sogenannte ›Maus‹.«
»Ja«, sagte er, »damit kenne ich mich aus.«
Sie wandte sich zu ihm um und mußte lachen; er sah im Kittel wie ein Schuljunge aus, der zu rasch gewachsen war. Ein wenig verlegen stimmte er dennoch in ihr Gelächter ein. »Bißchen zu knapp, wie? Morgen werde ich meinen eigenen mitbringen.«
»Das brauchen Sie nicht. Wir leasen die Kittel bei einer Firma, die auch das Waschen und Bügeln übernimmt. Geben Sie Frau Sforzi nachher Ihre Größe an, dann geht das schon in Ordnung.«

»Danke, Frau Beck.«
»Nun legen Sie mal los!« Sie wies auf den Sessel vor dem Computer, drückte ihm die Maus in die Hand und zog sich selber einen Stuhl heran.
Er wollte ihr den Sessel abtreten.
»Nein, nehmen Sie ihn nur! Ich bleibe ja nur ganz kurz, um Ihnen zuzusehen.«
Nacheinander rief Tobias Müller die vorgegebenen Darstellungen des Hauses ab, betrachtete jede einzelne, bis er zur nächsten überging.
»Nun, was fällt Ihnen auf?« fragte Donata.
»Es gibt keine Tür zur Straße hin.«
»Sehr richtig. Und warum wohl habe ich darauf verzichtet?«
»Weil Sie wollen, daß das Haus sozusagen dem Park zugewandt steht. Der Grundriß ist sehr knapp bemessen. Bei je einer Tür nach vorn und nach hinten müßte man noch einen Windfang einbauen. Damit wäre wieder ein Stück Raum verloren.«
»Ja«, stimmte Donata zu, »das etwa war mein Gedankengang.«
»Aus diesem Grund tritt man vom Park aus auch direkt in den Wohnraum, ganz ohne Entree, und die Toilette liegt auf der anderen Seite.«
»Ja«, sagte Donata, »natürlich ließe sich eine Garderobe leicht abschirmen, wenn die Käufer es so wollen. Aber meine Lösung finde ich großzügiger und hübscher.«
»Ist sie auch.« Er schwenkte auf seinem Sessel zu ihr herum. »Um Raum zu gewinnen, haben Sie die Küche ins Souterrain gelegt, nicht wahr?«
»Ja. Alle Häuser der Siedlung haben ein ausgebautes Souterrain. Je nach Bedarf kann man die Küche einbauen, einen Hobbyraum oder sogar ein Schwimmbad.«

»Das ist genial!« rief er, und sein Blick zeigte nicht mehr die Spur einer Belustigung.

»Nun übertreiben Sie mal nicht!« mahnte Donata, obwohl sie sich gegen ihren Willen geschmeichelt fühlte.

»Nur eins verstehe ich nicht ...«

»Ja?« ermunterte sie ihn.

»Wie soll Umzugsgut ins Haus geschafft werden oder auch nur Postpakete? Sie wollen doch sicher keine Fahrbahn durch den kleinen Park legen?«

»Nein, sondern zwei gepflasterte Wege, die parallel nebeneinander an den Eingängen vorbei und um den ganzen Park führen sollen. Sie können von den Postautos befahren werden und, zu bestimmten Zeiten und mit Sondergenehmigung auch von Kleinlastern.«

Tobias Müller legte die Stirn in Falten, so angestrengt dachte er nach. »Gewöhnlich aber als Fußwege, die aus der Siedlung heraus oder zu den Garagen führen. Warum aber zwei? Sonst könnten die Autos nicht darauf fahren. Warten Sie, sagen Sie nichts! Gleich habe ich es. Der eine ist für Kinder bestimmt!«

»Der innere, ja. Damit sie ungestört und ohne die Erwachsenen zu belästigen Rollschuh-, Skateboard- oder Fahrradfahren können.«

»Toll! Und was ist bei schlechtem Wetter?«

»An die Rückwand der Garagen kommt ein verglaster Anbau mit Waschraum und Toiletten.«

»Da könnte man ja einen Kindergarten einrichten.«

»Könnte man. Daran habe ich auch schon gedacht. Aber das bleibt natürlich den Hausbesitzern beziehungsweise den Mietern überlassen. Unsere Aufgabe besteht nicht darin, ihr Leben zu organisieren, sondern wir wollen ihnen nur ein reizvolles Umfeld anbieten. Was sie dann daraus machen, ist ihre Sache.« Donata stand auf. Es freute sie, daß er ihre

Intentionen so schnell begriff. Günther Winklein pflegte ihre Ideen zwar umzusetzen, aber meist ohne davon überzeugt zu sein, daß sie richtig waren.
»Bevor ich anfange«, sagte Tobias Müller, »würde ich mir die Siedlung gerne erst einmal als Ganzes ansehen.«
»Ja, tun Sie das, Herr Müller.« Nach einer Pause fügte sie hinzu: »Ich glaube, wir werden doch ganz gut zusammen arbeiten.« Sie legte ihm die Hand auf die Schulter. Es war eine flüchtige Bewegung, leicht wie der Schlag eines Schmetterlingsflügels, und dennoch war es ihr, als hätte sie einen Stromstoß ausgelöst. Ihre Hand zuckte zurück.
Er sah mit lächelnden Augen zu ihr auf.
Ob auch er etwas spürte? Das konnte und durfte nicht sein. ›Wenn ich ihn tagtäglich sehe, wird es vorbei gehen‹, dachte sie, ›ich werde mich an ihn gewöhnen‹.

Tatsächlich gewöhnte Donata sich an Tobias Müller, aber anders, als sie erwartet hatte. Das wache Interesse, daß er bei allen Besprechungen zeigte, machte ihr Freude. Seine eigenen Vorschläge leuchteten ihr zwar nicht immer ein, aber sie waren anregend.
Es machte ihr auch Freude, mit ihm zu den verschiedenen Baustellen zu fahren, mit ihm auf den Gerüsten herumzuklettern und ihn so besorgt neben sich zu wissen. Er stützte sie nie, weil er wußte, daß sie das nicht mochte, aber er war stets bereit einzugreifen, so bald sie einmal daneben treten sollte.
Mit den Bauunternehmern, den Arbeitern und den Handwerkern kam er gut zurecht, das hatte sie nicht anders erwartet. Er wußte, wie man mit diesen Leuten sprach.
Es dauerte nicht lange, dann war er so weit, daß sie ihn eigentlich allein auf Inspektionen hätte schicken können. Sie mußte zugeben, daß sie es nur deshalb nicht tat, weil sie sich nicht ein liebgewordenes Vergnügen rauben wollte.

Im Büro kam er mit allen gut aus, besonders mit den Damen. Es machte Donata nichts aus, daß er mit ihnen scherzte, besonders mit der jungen Wilhelmina, die einem Flirt nie abgeneigt war. Das erschien ihr ganz natürlich.
Ihr Geschäftsführer war stolz auf seine Menschenkenntnis, gern fragte er, wenn sie allein waren: »Na, zufrieden mit dem jungen Müller? Er macht sich, wie?« Und wenn sie das bejahte, fügte er hinzu: »Ich habe es von Anfang an gewußt. Dein Glück, daß du auf mich gehört hast.«
Günther Winklein sah in ihm nicht gerade einen Rivalen, dazu reichte sein eigener Ehrgeiz nicht, aber er fühlte sich doch etwas beiseite geschoben.
Er pflegte mysteriöse Bemerkungen zu machen. »Es wird schwer für dich werden, wenn er geht, Donata.«
»Aber warum sollte er?«
»Warum sollte er bleiben? Er wird nicht seine besten Jahre unter einer Frau arbeiten wollen.«
Donata lachte. »Wie du es getan hast?«
»Ich bin ganz anders, und das weißt du. Ich bin zufrieden, so wie es ist.«
»Vielleicht ist er das auch.«
»Nie und nimmer. Er ist nur darauf aus, dir alles abzuschauen, und eines Tages ist er – hui! – auf und davon.«
»Warten wir es ab.«
Donata sagte sich, daß Winkleins Andeutungen unsinnig wären. Aber waren sie es wirklich? Mußte ein Mann mit den Fähigkeiten Müllers nicht den Wunsch nach Selbständigkeit haben? Sie nahm sich vor, ihm früher oder später ein Projekt ganz anzuvertrauen. Aber noch war es nicht so weit. Sie konnte die Verantwortung nicht aus der Hand geben.
Es wurde ein warmer Sommer. Donatas Bauvorhaben entwickelten sich gut. Sie gab zwei ihrer gelungenen Dinner und eine Cocktailparty in ihrem Privathaus, bei denen es ihr

gelang, interessante Menschen zusammenzubringen. Anton Mittermeier, den Bau- und Gesellschaftslöwen, herbei zu locken, schaffte sie nicht. Manchmal, wenn sie inmitten ihrer Gäste auf ihrer schönen Terrasse stand, oder auch wenn sie mit Klein-Silvi und Christian um die Wette schwamm, wünschte sie, Tobias Müller könnte dabei sein. Aber den Mut, ihn tatsächlich einzuladen, brachte sie nicht auf.

Dabei war nicht zu übersehen, daß er sich auf besondere Art um sie kümmerte. Früher hatte sie das Büro oft als Letzte verlassen. Das kam nie mehr vor. Tobias blieb bis zu ihrem Aufbruch. Wenn sie ihn nach dem Grund fragte, hatte er immer einen plausiblen Vorwand. Er behauptete, daß er diese oder jene Arbeit noch fertig machen oder sich auch nur mit alten Bauplänen, die aufgerollt in einem Regal aufbewahrt wurden, beschäftigen wollte. Aber es war offensichtlich, daß es ihm wichtig war, sie nicht allein zu lassen. Nie ließ er es sich nehmen, sie in die Tiefgarage bis zu ihrem Auto zu bringen.

Er störte sie nicht, betrat niemals unaufgefordert ihren Büroraum, bediente aber, wenn ein später Anruf kam, das Telefon.

Wenn sie sich blicken ließ, fragte er: »Soll ich uns einen Kaffee machen? Oder einen Tee?«

Beides konnte er besonders gut. Für den Tee brauchte er zwei Kannen, damit er nicht nachdunkelte und genau die richtige Stärke hatte, und für den Kaffee bestand er darauf, die Bohnen frisch zu mahlen.

»Sie verwöhnen mich, Tobias«, sagte sie dann, wenn er die Tasse mit dem duftenden Getränk vor sie auf den Zeichentisch stellte.

»Das gehört sich doch so, Chefin!« — »Das steht Ihnen zu!« oder etwas anderes in der Art pflegte er zu erwidern.

Manchmal kam es aber auch vor, daß sie sich zusammen setzten – im Konferenzzimmer oder in Stolzes elegantem Büro – und miteinander plauderten. Aber immer sprachen sie nur über berufliche Dinge. Er konnte sich das Leben, das sie führte, ungefähr vorstellen, es drang genug davon in die Öffentlichkeit. Ihr dagegen viel gar nicht auf, daß sie kaum etwas über ihn wußte.

An einem Abend im Herbst sagte er, während er ihr aus dem Kittel und in den Mantel half: »Wir müssen morgen nach Rosenheim, Chefin.«

Sie wandte sich ihm zu. »Müssen wir? Aber wieso denn? Wir hatten uns doch das Pallenberghaus vorgenommen.«

»Ja, ich weiß. Aber eben kam ein Anruf von Direktor Mösner. Er hat mit einem wichtigen Käufer einen Termin ausgemacht.«

»Über meinen Kopf weg? Was sind denn das für Sitten?«

Er setzte eine verlegene Miene auf. »Tut mir leid, Chefin, ich habe zugesagt. Er machte es so dringend.«

»Das hätten Sie besser nicht tun sollen.«

»Der Kunde hat Änderungswünsche, und Bauunternehmer Obermann kommt nicht weiter, bevor er nicht Bescheid weiß.«

»Na schön, dann übernehmen Sie das, Tobias!«

»Allein?«

»Warum denn nicht? Sie kennen ja meine Einstellung und Sie wissen, wie weit Sie gehen können. Ich muß nach Krailling wegen der Dachpfannen.«

»Könnten wir nicht beides miteinander verbinden? Krailling und Rosenheim?«

»Wann ist der Termin in Rosenheim?«

»Zehn Uhr.«

»Sie sehen: unmöglich. Bis dahin könnten wir in Krailling fertig sein, aber bis nach Rosenheim brauchten wir noch

eine Stunde. Und morgen früh alle Termine zu verschieben, das wäre ungut.«
»Dann, bitte, lassen Sie mir das Pallenbergsche Haus und fahren Sie nach Rosenheim.«
Erstaunt hob sie die hellen Augenbrauen. »Ich sehe nicht ein, warum. Trauen Sie sich die Verhandlung etwa nicht zu?«
»Doch, aber...« Er stockte, seine dunklen Augen blickten nicht mehr die Spur amüsiert, sondern nur besorgt; er schien fast zu erröten.
»Was ist denn los, Tobias? Nun, 'raus mit der Sprache!«
»Ich mag nicht, daß Sie in einem Neubau herumturnen«, platzte er heraus.
»Aber, Tobias, das habe ich doch schon immer getan.«
»Wenn Sie doch wenigstens Sicherheitsschuhe anziehen würden.«
»Die Dinger sind mir zu unbequem, und das wissen Sie. Ich balanciere auf den Fußballen, das geht ganz prima. Es ist mir ja auch noch nie etwas passiert.«
»Aber mich ängstigt es.«
»Jetzt hören Sie mir mal zu, Tobias...« begann sie energisch und wußte nicht mehr weiter. »Es ist ja sehr lieb von Ihnen«, sagte sie in milderem Ton, »daß Sie sich Sorgen um mich machen. Ich bin so etwas nicht gewohnt, aber ich weiß es zu schätzen. Doch ich brauche keinen Beschützer, wirklich nicht.«
»Bitte, verzeihen Sie, Chefin«, sagte er zerknirscht, »ich wollte nicht anmaßend sein.«
»Will das nicht in Ihren Schädel, daß ich allein auf mich aufpassen kann? Ich bin eine erwachsene Frau, bin mehr als erwachsen, könnte man sagen, und Sie behandeln mich wie ein kleines Kind.«
Er blickte zu Boden. »Vielleicht kommt es daher, daß Sie mich so sehr an meine kleine Schwester erinnern.«

»Schwester?« wiederholte Donata irritiert und dachte: ›Dumme Gans, was hattest du denn erwartet? Sei froh, daß er dich wenigstens nicht mit seiner Mutter vergleicht!‹

»Das können Sie natürlich nicht verstehen. Ich verstehe es ja selber nicht.«

Sie wandte sich zur Tür. »Wie alt ist sie denn, Ihre Schwester?«

»Sie wäre heute neunzehn — aber sie ist nur sieben geworden.«

Betroffen blieb Donata stehen. Sie schwieg. Alles, was ihr dazu einfiel, war so banal, daß sie es nicht aussprechen mochte.

»Sie ist tödlich verunglückt«, fuhr er mit gepreßter Stimme fort, »meine Mutter saß am Steuer.«

»Und sie? Was ist mit ihr?« fragte Donata, immer noch ohne ihn anzusehen.

»Auch tot. Auf dem Weg ins Krankenhaus gestorben. Mein Vater ist nicht darüber weggekommen. Sie hatten zuvor eine häßliche Auseinandersetzung.«

Jetzt blickte sie doch zurück. Sie ging auf ihn zu. In seinen Augen standen Tränen. Sanft nahm sie ihn in die Arme. Sie konnte nicht anders.

»Ich übernehme Rosenheim, Tobias«, sagte sie, »und ich verspreche Ihnen: in Zukunft werde ich diese verdammten Sicherheitsschuhe tragen.«

»Danke, Donata!« Er zog sie fester an sich.

Ihr schwindelte, als er sie küßte.

Es kostete sie Überwindung sich von ihm zu lösen. »Das war aber nicht gerade brüderlich«, sagte sie mit mühsamem Humor.

»Du bist eben kein kleines Mädchen mehr«, verteidigte er sich.

»Nein, nicht einmal ein großes. Ich bin zweiundvierzig Jahre alt.«
»Das weiß ich doch. Warum erzählst du es mir?«
»Um klare Fronten zu schaffen.«
»Fronten, Donata, wird es zwischen uns nie geben.«

Die Beziehung zwischen Donata und Tobias Müller wurde von Tag zu Tag inniger. Ganz instinktiv versuchten sie vor den anderen zu verbergen, wie es um sie stand, aber das konnte natürlich nicht völlig gelingen. Es war schon aufgefallen, daß Tobias nie pünktlich das Büro verließ, sondern immer einen Anlaß fand, länger zu bleiben. Die Annahme, daß dies Donata zuliebe geschah, lag auf der Hand. Schon bevor sie ein Paar wurden, war im Büro darüber gemunkelt worden, was wohl abends vor sich ging, wenn die beiden miteinander allein waren. Jetzt verrieten ihre Blicke und ein gewisses Lächeln, das sie nicht unterdrücken konnten, sehr deutlich wie es um sie stand.
Eines Tages stellte ihr Teilhaber sie zur Rede. »Du *hast ein Verhältnis* mit Tobias Müller«, sagte er Donata auf den Kopf zu.
Er hatte sie zu sich in seinen Büroraum bestellt, und sie war beschwingt, wie stets in letzter Zeit, und völlig ahnungslos zu ihm gekommen. Seine Behauptung traf sie wie ein Hammer. Sie fuhr hoch. »Wie kannst du es wagen ...«
Er schnitt ihr das Wort ab. »Willst du es etwa leugnen?«
»Ich verbiete dir, in einem so vulgären Ton mit mir zu reden.«
»Vulgär oder nicht, es ist die Wahrheit. Alle wissen es schon. Winklein und die Sforzi sind besorgt, Wilhelmina ist außer sich vor Eifersucht ...«
»Dazu hat sie kein Recht!«
»Gefühle, meine liebe Donata, richten sich leider nicht nach

dem Verstand. Das solltest du am besten wissen. Wilhelmina weiß sich nicht zu helfen. Sie leidet unter Kopfschmerzen, ist unzuverlässig geworden, weil sie unglücklich ist.«
»Das kann ich nicht ändern.«
Er blickte sie beschwörend aus seinen trüben braunen Augen an. »Bitte, Donata, sei jetzt nicht starrsinnig. Das ganze Betriebsklima ist durch dein verantwortungsloses Verhalten gestört.«
»Ich tue meine Arbeit, und zwar erstklassig, das wirst du zugeben müssen, und Tobias kannst du auch nichts vorwerfen.«
»Außer, daß er dich verführt hat. Oder war es anders herum? Warst du die treibende Kraft? Das wohl eher.«
»Wie kannst du nur so gehässig sein.«
»Weil ich selber tief verletzt bin, Donata.«
»Verstehe ich nicht.«
»Dann denk mal nach. Ich habe dich immer sehr verehrt. Natürlich habe ich dir nicht nachgestellt. Erst warst du die Frau meines besten Freundes, da verbot es sich von selbst, dann seine Witwe, da wäre es auch nicht fein gewesen, dir Avancen zu machen ...«
»Ach, wie edel du doch bist! Aus lauter Edelmut hast du mir nie einen Antrag gemacht, nicht einmal eine Andeutung davon. Stattdessen hast du eine andere geheiratet, die sehr viel jünger ist.«
»Hätte ich deinetwegen bis an mein Lebensende allein bleiben sollen?«
»Und warum nicht? Wenn dir wirklich so viel an mir gelegen hätte, wie du jetzt behauptest.«
»Warum sonst wohl hätte ich mein gutes Geld in dein Architekturbüro gesteckt? Ich hätte Aktien kaufen können oder, um sicher zu gehen, Wertpapiere.«
»Bei mir verdienst du mehr, und es macht dir Spaß.«

»Es hat mir Spaß gemacht, zugegeben. Aber jetzt nicht mehr. Jedesmal, wenn mir der Bursche begegnet, läuft mir die Galle über.«

Sie funkelte ihn an. »Du warst es, der ihn mir aufs Auge gedrückt hat, erinnerst du dich? Ich habe mich dagegen gesträubt, so gut ich konnte.«

»Aber du hast mir nicht gesagt, daß du Angst hattest, ihm zu verfallen!«

»Ich wußte es ja selber nicht.«

Er zupfte nervös an seinen Manschetten, atmete tief durch, um sich zu beruhigen. »Es bringt nichts, wenn wir uns hier gegenseitig anschreien.«

»Darin gebe ich dir recht.«

»Bisher ist das doch auch nie passiert, nicht wahr? Wir sind immer friedlich und freundschaftlich miteinander ausgekommen.«

›Ja‹, dachte sie, ›weil ich immer zurück gesteckt habe, wenn es hart auf hart kam‹. — Aber sie schwieg.

»Ich will mich nicht in dein Privatleben mischen«, fuhr er fort, »das geht mich nichts an.«

›Wie gut, daß du das einsiehst!‹ dachte sie, hielt aber weiter den Mund.

»Aber für die Atmosphäre hier im Betrieb trage ich die Verantwortung.«

»Nur du?« platzte sie.

»Du natürlich auch. Wir beide. Ich bin froh, daß du das begreifst.«

»Ich finde das Betriebsklima besser denn je. Noch nie ist so flott gearbeitet worden. Alle harmonieren fabelhaft miteinander, und wenn Wilhelmina eifersüchtig ist, wie du behauptest, dann kann sie ja gehen. Sie ist ein nettes und williges Mädchen, zugegeben. Aber sie brauchen wir am allerwenigsten.«

»Nein, Donata. Jemand anderes wird seine sieben Sachen packen müssen.«
Donata riß die Augen auf; ihre Iris war grüner denn je.
»Was?« rief sie, als könnte sie ihren Ohren nicht trauen.
»Du hast mich sehr gut verstanden. Dein Bussi-Bussi-Bubi hat hier schleunigst zu verschwinden.«
»Arthur, bitte, überleg', was du sagst! Das kann doch nicht dein Ernst sein.«
»Doch, Donata. Ich will ihn hier nicht mehr sehen.« Er griff unter den Schreibtisch, holte eine Cognacflasche und ein Glas heraus und schenkte sich ein, ohne Donata etwas anzubieten.
»Er hat seine Probezeit bestanden! Du hast gar keinen Kündigungsgrund.«
»Doch, Donata, den habe ich. Aber ich werde ihn nicht schriftlich fixieren, sondern wir werden uns natürlich etwas ausdenken, was ihm nicht schadet. Wir wollen ihm ja nicht deinetwegen sein ganzes Leben verpatzen.«
»Was bist du nur für ein Mensch!«
»Jedenfalls bin ich nicht böswillig.« Er leerte mit einem kräftigen Schluck das Glas bis zur Hälfte und strich sich mit dem Ringfinger über das Oberlippenbärtchen. »Du wirst staunen, ich gönne dir sogar das Vergnügen mit diesem Jungen. Wozu ich dir sagen muß, daß du für eine Torschlußpanik eigentlich noch zu jung bist.«
Wütend sprang Donata auf.
Er ließ sie nicht zu Wort kommen: »Privat kannst du es mit ihm halten, wie du willst. Von mir aus, verbring deine Nächte mit ihm, halt ihn aus, so lange du es dir finanziell erlauben kannst ...«
»Schluß!« schrie sie. »Genug! Aus! Du weißt ja nicht mehr, was du sprichst. Du ekelhafte Dreckschleuder, du!«
»Vielleicht bin ich wirklich etwas zu weit gegangen«,

räumte er ein, »aber auch ich habe Gefühle, verstehst du, Empfindungen, die man nicht ungestraft verletzen kann.« Er leerte sein Glas und füllte es erneut. »Es liegt jetzt ganz bei dir, wie es weiter gehen soll: er oder ich. Du mußt dich entscheiden.«
Sie stand vor ihm, die Hände auf den Schreibtisch gestützt, ihr Gesicht nahe dem Seinen. »Auch wir haben einen Vertrag!«
»Der günstigerweise Ende des Jahres ausläuft.«
Plötzlich wurde sie eiskalt. »Du willst mir drohen?«
»Nein, nein, durchaus nicht. Ich bin mir nicht einmal mehr sicher, ob ich noch mit dir arbeiten kann, selbst wenn du mich den Burschen hinauswerfen läßt.«
»Mir geht es genauso«, gab sie schneidend zurück, »ich verstehe nicht mehr, wie ich es all die Jahre mit dir aushalten konnte.« Sie wandte sich ab und verließ das Zimmer.

Donata konnte sich nicht erinnern je so aufgebracht gewesen zu sein. Am liebsten hätte sie ihre ganze Belegschaft zusammen getrommelt und laut ihrem Herzen Luft gemacht.
Aber das durfte natürlich nicht sein. Ihr Verstand sagte ihr, daß sie sich einen Skandal keinesfalls erlauben konnte. Selbst wenn es zu einer Trennung von Stolze kommen würde, und das schien ihr momentan unvermeidlich, mußte das, wenigstens nach außen hin, freundschaftlich und unter Wahrung aller Formen geschehen.
Selbst Tobias wagte sie sich nicht anzuvertrauen, bevor sie sich selbst nicht wieder in der Gewalt hatte. Es würde nichts helfen, wenn er in Stolzes elegantes Büro stürmte und ihm, angesteckt von ihrem Zorn, einen Kinnhaken verpaßte. Das nämlich traute sie ihm durchaus zu, denn wäre sie nicht eine Frau, hätte sie es selber getan. Gebracht hätte das nichts, im Gegenteil. Sie war klug genug das einzusehen. Es kam jetzt

darauf an, daß sie sich selber wieder unter Kontrolle bekam und Tobias erst dann einweihte, wenn sie sachlich und nüchtern über das Geschehene denken konnte.
In der Abgeschiedenheit ihres Zimmers rauchte Donata eine Zigarette, aber das brachte sie auch nicht weiter. Sie kochte vor Wut und spürte, daß sie sich auch bis zum Abend nicht beruhigt haben würde. Das Vernünftigste war, sich auf und davon zu machen. Die Arbeit – sie entwarf Pläne für den Bau eines Seniorenheims – mußte für heute liegen bleiben. Nach diesem Entschluß fühlte sie sich schon ein wenig besser. Aber was sollte sie mit den gestohlenen Stunden anfangen? Nach Hause zu fahren, hatte sie keine Lust. Sich Silvia anzuvertrauen wäre bestimmt ein Fehler gewesen. Bei der Schwester konnte sie weder auf einen guten Rat, noch auf Verständnis rechnen. Nach einigem Überlegen entschied sie, die Zeit für eine längst fällige Routineuntersuchung bei ihrer Frauenärztin zu nutzen. Frau Dr. Heide Hurler war eine ehemalige Schulkameradin von ihr. Sie rief an und bekam, wie nicht anders zu erwarten war, auf Grund ihrer persönlichen Beziehungen sofort einen Termin.
Sie verabschiedete sich nur von Frau Sforzi, der sie erklärte, daß sie zum Arzt müßte.
»Kommen Sie noch einmal?« fragte die Sekretärin.
»Heute nicht mehr.« Dann grüßte sie mit einer Kopfbewegung zu den Zeichentischen hin.
Als Tobias Müller ihr, wie es seine Art war, in den Mantel helfen wollte, winkte sie ab. »Nein, laß dich nicht stören. Das kann ich selber.«
Er schien verändert, hatte dunkle Ringe unter den tiefblauen Augen. War es möglich, daß etwas von ihrer Auseinandersetzung mit Stolze schon nach außen gedrungen war? Unmöglich. Die Tür seines Büros war schalldicht gepolstert. Tobias wirkte gekränkt, und sie ärgerte sich, weil sie ihn

abgewiesen hatte. Aber im Augenblick war ihr jede zur Schau gestellte Vertraulichkeit zuwider. »Bis morgen dann, Tobias«, sagte sie, versuchte Herzlichkeit in ihre Stimme zu legen, was ihr nur schlecht gelang.
Ohne ihm Gelegenheit zu geben ihr die Tür zum Treppenhaus zu öffnen, eilte sie davon.

Frau Dr. Hurler, eine große, grobknochige Frau mit klugem Pferdegesicht, begrüßte sie, indem sie sie kurz in die Arme nahm und sie auf beide Wangen küßte. »Lange nicht mehr gesehen, Donata.«
»Soll das ein Vorwurf sein? Ich finde, ich komme ziemlich regelmäßig.«
»Warum so gereizt? Ist dir was über die Leber gelaufen?«
»Stimmt«, gab Donata zu, »Ich habe Krach mit meinem Teilhaber. Aber du sprichst nicht darüber, nicht wahr?«
»Wie käme ich denn dazu?«
Einen Augenblick erwartete Donata, daß die alte Freundin sie nach Einzelheiten fragen würde, und sie wäre auch bereit gewesen darüber zu sprechen. Aber Frau Dr. Hurler wechselte das Thema.
»Was die Regelmäßigkeit deiner Besuche betrifft, so kann man sie kaum als ›ziemlich‹ bezeichnen. Ich habe im Computer nachsehen lassen. Du warst siebzehn Monate nicht mehr bei mir.«
»Ist mir gar nicht aufgefallen. Weißt du, ich hatte so viel zu tun ...«
»Du bist doch Geschäftsfrau, Donata, du hast doch bestimmt einen Terminkalender.«
»Den führt meine Sekretärin.«
»Dann kann die doch deinen Termin bei mir eintragen. Nächstes Jahr die gleiche Zeit.«
»Das schiene mir denn doch nicht ganz passend.«

»Anders wirst du keine Ordnung in dein Privatleben bringen.«

»Nein«, sagte Donata, »es sieht nicht danach aus.« Sie hatte schon während des Gesprächs begonnen sich auszuziehen, denn sie wußte, daß das Wartezimmer voll war.«

»Na, dann wollen wir mal sehen. Untersuchst du wenigstens deinen Busen, wie ich dir geraten habe?«

»Doch, schon«, behauptete Donata, »jedesmal, bevor ich mich in meinen Swimmingpool stürze.«

»Du schwindelst, Donata.«

»Ach, weißt du, ich komme mir so blöd dabei vor.«

»Dazu besteht kein Grund. Jetzt klettere mal brav auf das Stühlchen.«

Gehorsam bestieg Donata das schwarze Ungetüm, das für sie wirklich alles andere als ein »Stühlchen« war.

»Nein, noch nicht die Beine hoch. Erst will ich mir mal deine Brust vornehmen.« Mit sensiblen Fingern begann die Ärztin sie zu betasten. »Hübscher Busen«, konstatierte sie, »straff und ohne Makel. Du solltest ihn wirklich nicht vernachlässigen.«

»Tu ich ja auch gar nicht.«

»Jedenfalls: Diagnose negativ. Nicht die Spur eines Knötchens.«

»Na, wunderbar.« Donata legte die Knie über die Stützen. Frau Dr. Hurler hatte sich dünne Handschuhe übergezogen und untersuchte sie. »Sag mal, wann hast du das letzte Mal deine Tage gehabt?« fragte sie.

»Meine Tage?« wiederholte Donata.

»Nun komm mir nicht dumm!« tadelte die Ärztin barsch. »Du bist schließlich kein Teeni mehr. Ich frage dich nach deiner Menstruation. Wann hattest du die zuletzt?«

»Warum fragst du danach?«

»Das werde ich dir sagen, so bald ich deine Antwort habe.«

Die Ärztin nahm ein Stäbchen und machte den nötigen Abstrich.
Donata nahm die Beine herunter und stand auf. »Tut mir wahnsinnig leid«, gestand sie, »aber ich weiß es nicht genau.«
Die Ärztin arbeitete mit dem Rücken zu ihr. »Was soll das heißen?«
»Daß ich nicht darauf geachtet habe.«
»Nun, du wirst es doch wenigstens ungefähr wissen. Stehen sie kurz bevor? Deine Gebärmutter ist leicht geschwollen, was darauf schließen läßt.«
Donata begann sich wieder anzuziehen. »Ich habe keine Ahnung. Wenn ich darüber nachdenke – ich glaube, ich hatte den ganzen Sommer nichts mehr damit zu tun.«
»Also schon Monate nicht mehr?«
»Muß wohl so sein.«
»Und du hast dir nichts dabei gedacht?«
»Nichts weiter. Ich habe es als ganz angenehm empfunden. Jedenfalls habe ich sie nicht vermißt.«
Jetzt drehte sich die Ärztin wieder zu ihr um und sah ihr voll ins Gesicht. »Du bist unglaublich, Donata!«
»Hätte ich deswegen etwa zu dir kommen sollen?«
»Unbedingt.«
»Warum?«
»Weil das Ausbleiben der Regel normalerweise jede Frau beunruhigt.«
»Mich nicht.«
Die Ärztin sah sie prüfend an. »Du kannst also ganz sicher sein, daß du nicht schwanger bist?«
Donata hielt dem Blick stand, aber ihre Augen vergrößerten sich. – ›Schwanger‹, dachte sie, ›in meinem Alter und in meiner Situation! Ein Kind von Tobias! Aber abtreiben lassen könnte ich es nicht. Das brächte ich nicht übers Herz‹.

»Nun?« drängte die Ärztin.
»Ich kann mir das nicht vorstellen«, erwiderte Donata, »ich habe kein Gramm zugenommen, leide weder unter Bauchschmerzen, noch Heißhunger – nein, es gibt keinerlei Symptome, die auf eine Schwangerschaft hindeuten.«
»Außer daß deine Regel ausgeblieben ist.«
»Könnte das nicht auch andere Ursachen haben?«
»Oh ja. Könnte es durchaus.«
»Warum erschreckst du mich dann so?«
»Weil ich es für richtig halte, den Dingen auf den Grund zu gehen. Bist du damit einverstanden, daß wir einen Test machen?«
»Aber ich fühle mich wirklich nicht so, Heide.«
»Du lieber Himmel! Gefühle! In meine Praxis kommen täglich Frauen, die sich fest einbilden, schwanger zu sein, nur weil sie sich ein Kind wünschen oder Angst haben eines zu bekommen. Erzähl mir nichts von Gefühlen, Donata! Laß uns lieber den Tatsachen ins Auge sehen.«
»Na schön, wenn du meinst!«
»Dann krempel deinen Ärmel hoch!«
Donata tat es. Die Ärztin legte einen Druckverband um den Oberarm und zog ihn fest an. Mit einer Spritze entnahm sie etwas Blut.
»Wenigstens stellst du dich nicht an«, sagte sie, als sie die Einstichstelle desinfizierte und mit einem Pflaster abdeckte.
»Danke.« – Donata strich den Ärmel wieder herunter und knöpfte die Manschette zu.
»Ein bißchen blaß um die Nase bist du doch geworden. Setz dich lieber.« Sie wies auf den Stuhl vor ihrem kleinen Schreibtisch. »Es wird ein paar Minuten dauern, bis ich es heraus habe.«
Tatsächlich fühlte Donata sich etwas weich in den Knien. Der kleine Piekser hatte ihr zwar nichts ausgemacht, aber

der Anblick ihres eigenen Blutes hatte eine leichte Übelkeit in ihr aufsteigen lassen.
»Was würdest du denn machen, wenn sich herausstellt, daß du wirklich in anderen Umständen bist?«
»Was schon?« Donata zuckte die Achseln. »Mich darauf einstellen, warten — was sonst?«
»Aber kannst du dir ein Kind überhaupt erlauben? Du bist doch zur Zeit sehr gut im Geschäft, wie ich höre.«
»Was heißt schon ›erlauben‹, Heide. Ich würde ein paar Wochen ausfallen, aber ich habe gute Mitarbeiter. Das wäre also halb so schlimm.«
»Ein paar Wochen? Nur ein paar Wochen?«
»Früher haben die Frauen ihre Kinder auf dem Feld bekommen, und danach die Arbeit gleich wieder aufgenommen.« Die Ärztin lachte. »Aber das waren die, die dann spätestens mit dreißig gestorben sind.«
»Das kann mir ja nicht mehr passieren. Über das Alter bin ich längst hinaus.«
»Gerade weil du nicht mehr jung bist, könnte es eine schwierige Schwangerschaft werden.«
Donata schlug die Beine übereinander. »Jetzt weiß ich wieder, warum ich so ungern zum Arzt gehe. Man kommt gesund in die Praxis, nur um sich einmal durchchecken zu lassen, und der gute Onkel Doktor gibt sich so besorgt, als würde man aus dem letzten Loch pfeifen.«
Die Ärztin nahm das Auge vom Mikroskop, durch das sie Donatas Blutprobe betrachtet hatte. »Bin ich wirklich so?«
›Noch schlimmer!‹ dachte Donata, aber sie sprach es nicht aus.
»Entschuldige, bitte, Donata. Wahrscheinlich kommt es daher, daß ich deine verdammte Selbstsicherheit nicht vertragen kann. Du gibst dich so, als könnte dich nichts umwerfen.«

»Ein Baby bestimmt nicht. Wenn man genügend Geld und Raum hat, läßt sich doch so etwas bestimmt arrangieren. Man müßte nur eine Person finden, die ...«
»Vergiß es, Donata! Du bist nicht schwanger.«
Donata stand auf. »Habe ich's mir doch gedacht! Sie trat zu der Ärztin, die sich die Hände wusch. »Aber was ist dann mit mir los?«
»Mit Bestimmtheit kann ich dir das erst sagen, wenn ich den Befund bekomme. Es ist allerdings nicht wahrscheinlich, daß er positiv ausfällt.«
»Na, das klingt ja immerhin tröstlich.«
Die Ärztin trocknete sich die Hände ab. »Ich nehme an, es ist das beginnende Klimakterium.«
»Was? So früh schon?« — Donata hatte oft gedacht, daß Silvias Unausgeglichenheit, ihre ewigen Kopfschmerzen und Depressionen damit zusammen hängen könnten, daß sie in die Wechseljahre gekommen wäre. Aber daß es bei ihr selber so weit sein könnte, wäre ihr nie in den Sinn gekommen.
»Bei manchen Frauen geschieht das früher, bei anderen später. Bei dir hängt es bestimmt mit dem Streß zusammen, in dem du lebst.«
»Die Strafe des Himmels dafür, daß ich schöpferisch tätig bin?«
»Faßt du es so auf?«
»Nein, ganz und gar nicht. Aber ich habe den Eindruck, daß du es mir einreden willst.«
»Ich habe nur versucht, dir eine Erklärung zu geben.«
»Aber die leuchtet mir nicht ein. Wechseljahre bedeuten doch, daß man seine Tage unregelmäßig bekommt oder etwa nicht?«
»Nicht unbedingt. Die Menstruation kann auch von einem Tag zum anderen ausbleiben, wie das bei dir der Fall zu sein scheint.«
»Soll das heißen, ich werde nie wieder Blutungen haben?«

»Vielleicht ja, vielleicht nein. Das ist schwer vorauszusagen. Hattest du in den letzten Monaten seelische Schwierigkeiten, Depressionen, innere Unruhe?«

»Ganz im Gegenteil. Ich habe mich verliebt.« Donata sah ihre alte Freundin herausfordernd an. »Siehst du darin ein Symptom?«

»Das ist mir weder aus der Praxis noch aus der Fachliteratur bekannt. Aber ich halte es für durchaus möglich.«

»Ha!« machte Donata nur.

»Jedenfalls sollten wir etwas unternehmen, um deine Menstruation wieder in Gang zu bringen.«

»Und wozu soll das gut sein? Ich bin ja froh, wenn ich nichts damit zu schaffen habe. Oder kündet das Ausbleiben der Regel etwa verfrühtes Greisentum an?«

»Nein, das nicht. Es bedeutet nichts weiter, als daß dein Körper keine befruchtungsfähigen Eizellen mehr produziert.«

»Na dann ist doch alles in Ordnung.«

»Donata, ich bitte dich, eine Spritze Östrogen monatlich ... wir könnten gleich damit anfangen ...«

»Nein! Erstens weißt du genau, daß ich mir nicht die Zeit dazu nehmen kann, und zweitens will ich auch gar nicht, selbst wenn ich es könnte. Soll ich dir mal was sagen? Ich habe diese ganzen Frauengeschichten seit jeher gehaßt. Schon das ewige Darandenkenmüssen: wann kriege ich meine Tage? Werde ich, wenn ich etwas Besonderes vorhabe, nicht gerade meine Tage bekommen? Nein, ich will es nicht mehr. Ich bin froh, daß es vorbei ist. Für mich war das immer eine einzige Sauerei.«

»Vielleicht solltest du doch mit deinem Geliebten darüber sprechen.«

»Über so etwas habe ich noch nie mit einem Mann geredet, und ich habe auch keinen gekannt, den das interessiert

hätte. Außerdem bin ich sicher, daß er nicht scharf darauf ist, daß ich ein Kind von ihm bekomme.«
»Du kannst ihn auch zu mir schicken, wenn es dir unangenehm ist. Man kann nie wissen ...«
»Doch, ich weiß es. Er ist siebzehn Jahre jünger als ich.« —
Auf der Heimfahrt nach Grünwald stellte Donata fest, daß es der Ärztin immerhin gelungen war, sie von der Auseinandersetzung mit Arthur Stolze abzulenken. Jetzt mußte sie sich beinahe mehr über die alte Freundin ärgern. Ihr erst einreden zu wollen, daß sie schwanger wäre, und sie dann mit der Mitteilung vor den Kopf zu stoßen, daß sie ohne Behandlung kein Kind mehr bekommen könnte — das war doch schlichtweg schizophren.
Donata erinnerte sich, daß Heide und sie sich schon in ihrer Schulzeit ständig gestritten hatten. Heide war nicht nur eine unangenehme Streberin gewesen, sie hatte es ihr auch verübelt, daß ihr das Lernen leicht fiel und daß sie außerdem bei den Jungen viel beliebter war. Diesen Neid hatte sie wohl nie ganz überwunden.
Ernstlich überlegte Donata den Arzt zu wechseln, wußte aber gleichzeitig, daß sie es doch nicht tun würde. Niemand würde sich so sehr um sie bemühen wie Heide, wenn sie wirklich einmal krank sein würde. Wahrscheinlich stieß sich die alte Freundin daran, daß sie immer gesund und munter war und ihr nie etwas fehlte.
Daß sie ins Klimakterium gekommen sein sollte, nahm sie nicht ernst. Sie hatte oft genug davon gehört, daß die Menstruation in Streßsituationen monatelang ausbleiben konnte. Wenn es aber tatsächlich endgültig bei ihr damit aus sein sollte, war es ihr auch egal. Sie fühlte sich so jung, seelisch und körperlich fit, daß das nahende Alter noch keine Bedrohung für sie darstellte.

Am nächsten Morgen erschien Tobias nicht zur Arbeit. Zuerst zwang Donata sich, sein Fernbleiben zu übersehen. Sie wollte nicht den Anschein erwecken, daß sie sich mehr Gedanken um ihn machte als um jeden anderen ihrer Mitarbeiter.
Am frühen Nachmittag fragte sie dann aber doch Frau Sforzi: »Was ist eigentlich mit Herrn Müller?«
»Keine Ahnung. Krank gemeldet hat er sich jedenfalls nicht.«
»Komisch, nicht wahr?«
»Finde ich auch. Telefonisch ist er auch nicht zu erreichen.«
Dabei ließ Donata es erst einmal bewenden und zog sich in ihr Zimmer zurück. Wieder erwog sie die Möglichkeit, daß er etwas von ihrer Auseinandersetzung mit Stolze mitbekommen haben könnte. Aber selbst wenn es so wäre, konnte das doch kein Grund für ihn sein, sich sang- und klanglos zurückzuziehen. Er würde doch zumindest seine Papiere brauchen.
Und doch, mußte sie sich zugeben, lag es im Bereich der Möglichkeiten, daß er sich kurz entschlossen nach einer anderen Stellung umsah, etwa mit dem Kollegen Hellmesberger Kontakt aufnahm und erst, wenn er das geschafft hatte, in aller Form kündigen würde.
Ohne sich von ihr zu verabschieden? Traute sie ihm das zu? Aber sein Ausscheiden aus der Firma, wenn es denn dazu kam, brauchte ja nicht das Ende ihrer Liebe zu bedeuten. Dennoch fand sie es mehr als sonderbar, daß er gegangen sein könnte, ohne vorher ein Wort mit ihr über seinen Entschluß zu wechseln.
Allerdings hatte sie ihn tags zuvor beim Abschied nicht gerade freundlich behandelt. Aber konnte er, nur weil sie sich von ihm nicht hatte in den Mantel helfen lassen, derart eingeschnappt sein? Schließlich war er kein Kind mehr,

sondern ein erwachsener Mann und müßte eine so leichte Abweisung einstecken können.

Andererseits hatte er gestern auffallend schlecht ausgesehen. Sollte er krank geworden sein? So krank, daß er nicht einmal zum Telefon greifen konnte?

Donata machte sich Sorgen, und es wurde ihr bewußt, daß es das erste Mal seit der Erkrankung ihres verstorbenen Mannes war, daß sie sich Sorgen um einen anderen Menschen machte. In den vergangenen Jahren waren ihr immer nur die Arbeit und der Betrieb wichtig gewesen.

Während Stunde um Stunde verrann, steigerte sich ihre Angst um Tobias. Sie wuchs sich zu einer Besessenheit aus. Was sie sich selbst nicht zugab: es war die Furcht ihn zu verlieren.

Endlich war sie nahe daran, zum Empfang hinaus zu stürzen und Frau Sforzi um seine Adresse zu bitten. Es kostete sie Kraft es nicht zu tun. Zweifellos hätte sie sich damit der Lächerlichkeit preisgegeben.

Also versuchte sie, sich auf ihre Arbeit zu konzentrieren, was ihr nicht gelang, und wartete, bis die anderen gegangen waren. Nach fünf Uhr glaubte sie allein zu sein und verließ ihr Zimmer.

Günther Winklein stand an seinem Zeichentisch und arbeitete.

Sie trat zu ihm hin und mimte Gelassenheit. »Was machst du denn da Schönes?«

»Berechnungen für die Statik der Mehrzweckhalle.«

»So eilig ist das aber doch auch wieder nicht.«

»Arthur sagte ...«

Sie fiel ihm ins Wort. »Ja, das kann ich mir schon denken. Aber ich finde, du solltest dir damit Zeit bis morgen lassen. Mit ausgeschlafenem Geist schaffst du das bestimmt wesentlich leichter.«

Winklein strahlte auf. »Meinst du wirklich?«
»Ich meine es nicht nur, ich übernehme auch die Verantwortung.«
»Da bin ich aber froh!« Er beeilte sich, seinen Kittel abzustreifen. »Meine Mutter hat es nämlich gar nicht gerne, wenn ich zu spät nach Hause komme.«
»Grüß sie schön von mir.«
Jetzt mußte sie nicht mehr lange warten, bis die Ausgangstür hinter ihm ins Schloß fiel.
Sie wußte, daß Frau Sforzi sämtliche Unterlagen über das Architekturbüro in ihren Schreibcomputer eingegeben hatte. Ohne erst Platz zu nehmen, schaltete sie ihn ein und tippte »Mitarbeiter«. Auf dem Bildschirm tat sich nichts. Danach versuchte sie es mit »Personal«, und das war ein Treffer. Namen, Adressen und Telefonnummern erschienen in alphabetischer Reihenfolge. Sie hatte gefunden, was sie suchte und schaltete den Computer aus.
Ohne sich Zeit zu nehmen, einen Blick in den Spiegel zu werfen, zog sie sich um, löschte alle Lichter und ging in die Tiefgarage zu ihrem Wagen.
Bevor sie startete, zog sie den Stadtplan aus der Seitentasche der Autotür und entfaltete ihn, um sich zu orientieren. »Daphnestraße 3, IV. Stock, bei Lippert«, hatte ihr der Computer angezeigt. Sie wußte, wo die Daphnestraße ungefähr liegen mußte, im nördlichen Bogenhausen, in der Gegend um das Hotel »Arabella«. Da fand sie sie denn auch, wenn auch nicht auf Anhieb, eine kurze, unbedeutende Straße zwischen dem aluminium-funkelnden Gebäude der Hypobank und einem Randgebiet noch beakkerter Felder.
Sie steckte den Stadtplan an seinen Platz zurück und fuhr los, über die Chiemgaustraße, den Mittleren Ring und immer geradeaus, die Richard-Strauß-Straße englang. Vor

dem mächtigen Rundbau des Bankgebäudes bog sie rechts ab, und zwei Blocks weiter war die gesuchte Straße dann schon. Sie parkte auf der unbebauten Seite, fand die Hausnummer und las die Türschilder. Eine Sprechanlage gab es nicht, und da ein junger Mann die Haustür gerade aufschloß, trat sie mit ihm ein und fuhr mit ihm zusammen im Lift nach oben.

Ganz widersprüchliche Gedanken schossen ihr durch den Kopf. ›Was ist mit Tobias? Wer mag G. Lippert sein? Muß mich unbedingt erkundigen, ob es für hier draußen schon einen Bebauungsplan gibt.‹

Der junge Mann sah sie bewundernd an, aber das merkte sie gar nicht. Als er im dritten Stock, bevor er ausstieg, einen schönen Abend wünschte, rang sie sich ein schwaches Lächeln ab.

Auf dem Stockwerk gab es vier Wohnungen, die Türen nicht allzu weit voneinander entfernt. Donata schloß daraus, daß sie klein sein mußten. Sie fand das Namensschild »G. Lippert«, mit der Hand geschrieben und in einen kleinen Metallrahmen gesteckt.

Donata läutete. Plötzlich wurde ihr bewußt, daß ihr Vorgehen unsinnig war. Wenn Tobias sich nicht gemeldet hatte, warum sollte er sie dann jetzt einlassen? Trotzdem klingelte sie noch einmal, fordernder. Wider jeder Vernunft war sie nicht bereit aufzugeben.

Dann ging die Tür auf. Donata sah sich einer Frau im Regenmantel gegenüber.

»Entschuldige«, sagte die junge Frau atemlos, »ich bin gerade erst ...« Sie hatte offensichtlich jemand anderen erwartet, trotzdem ergänzte sie, wenn auch unsicher geworden: »... nach Hause gekommen. Aber warum erzähle ich Ihnen das?«

Die beiden Frauen maßen sich von Kopf bis Fuß. G. Lippert

war jung, sehr jung, trug das blonde Haar — nicht so hell wie das Donatas — glatt und lang bis auf die Schultern hängend, hatte ein großflächiges Gesicht mit kleiner Nase und leicht vorgewölbter Stirn.

»Guten Abend!« begann Donata. »Ich nehme an, Sie sind Frau Lippert.«

»Was wollen Sie von mir?«

»Ich suche Tobias Müller.«

»Der wohnt nicht mehr hier.« Ein leichter Schatten der Verdüsterung fiel über das junge Gesicht. »Ich habe ihn 'rausgeworfen, wenn Sie es genau wissen wollen.«

»Leider hat er vergessen, seine neue Adresse anzugeben.«

»Sieht ihm ähnlich.«

»Aber Sie wissen doch sicher, wo er jetzt wohnt.«

»Keine Ahnung.«

»Das ist schlecht.«

»Was wollen Sie überhaupt von ihm?« fragte G. Lippert.

»Er ist heute nicht zur Arbeit erschienen. Und telefonisch ist er auch nicht zu erreichen.«

»Ach so! Das hätte ich mir denken können.«

»Daß er seine Arbeit hinwerfen würde?«

»Nein, das nicht. Aber daß Sie Donata Beck sind. Sie sind es doch, oder?«

»Ja.« sagte Donata und ärgerte sich, daß G. Lippert keine Anstalten machte, sie in die Wohnung zu lassen.

»Ich kann nicht behaupten, daß ich Sie mir so vorgestellt habe.«

»Wieso haben Sie sich überhaupt eine Vorstellung von mir gemacht?«

»Sind Sie aber komisch!« G. Lippert lachte, aber es klang freudlos. »Was glauben Sie denn, wegen wem wir uns zerstritten haben?«

»Das tut mir leid.«

»Quatsch. Das nehme ich Ihnen nicht ab. Sie sind ja heilfroh, daß Sie sich ihn geangelt haben.«
»Jetzt ist er jedenfalls verschwunden.«
»Keine Bange. Der taucht schon wieder auf.«
»Könnten Sie mir nicht wenigstens einen Tip geben?«
»Einen guten Rat: hören Sie auf nach ihm zu suchen, sonst bildet er sich noch wer weiß was ein. Sie sollten wissen, wie die Männer sind. Alt genug sind Sie dazu.«
»Möglicherweise«, gab Donata zurück, »bin ich nicht halb so abgebrüht wie Sie.«
G. Lippert lachte. »Jetzt machen Sie mir aber wirklich Spaß. Erst wollen Sie was von mir, und dann werden Sie unverschämt.«
»Ich mache mir Sorgen um Tobias, begreifen Sie das denn nicht? Oder ist es seine Art von heute auf morgen einfach nichts mehr von sich hören zu lassen? Sagen Sie mir das! Sie kennen ihn wahrscheinlich besser als ich.«
»Da haben Sie recht. Na schön, ich gebe zu: es paßt nicht zu ihm.«
»Wenn er nun krank geworden ist? Einen Unfall gehabt hat?«
»Was Sie sich für Gedanken machen!«
»Ich weiß selber, daß meine Sorge möglicherweise übertrieben ist. Aber ich kann es nicht ändern.
»Herrgott, Sie hat es aber erwischt!«
»Machen Sie sich nur über mich lustig, wenn Ihnen das gefällt. Aber, bitte, denken Sie nach!«
»Na ja, einen gibt es, der sicher Bescheid weiß. Sein großer Bruder. Der mußte schon immer helfen, wenn Not am Mann war.«
»Und wo wohnt der? Wie heißt er?«
G. Lippert sah auf ihre Armbanduhr, und dann sagte sie – weniger aus Verständnis für Donata, als um sie endlich loszuwerden: »Sebastian. Amalienpassage drei.«

»Telefon?«
»Jetzt langt's mir aber wirklich«, war die unwirsche Antwort, und dann knallte G. Lippert der unerwünschten Besucherin die Tür vor der Nase zu.

Donata fuhr durch den Englischen Garten nach Schwabing und weiter auf der Ludwigstraße in die Max-Vorstadt. Es war inzwischen ganz dunkel geworden, und der Gegenverkehr aus der Stadt hinaus war stark.
Hinter der Universität fand sie einen Platz, auf dem sie ihr Kabriolett parken konnte. Von der Amalienstraße aus betrat sie die Passage, die sich mit Höfen und Durchgängen bis zur parallel verlaufenden Türkenstraße erstreckte. Das urige Kopfsteinpflaster war für hochhackige Pumps schlecht begehbar, und sie mußte auf den Ballen balancieren. Die Einteilung der Hausnummern war verwirrend. Aber sie kannte sich hier recht gut aus, denn sie hatte den weitläufigen Gebäudekomplex nach seiner Fertigstellung besichtigt. Sie eilte an Wohnhäusern vorbei, an Läden, Restaurants; die Passage wirkte auf sie wie eine in sich abgeschlossene kleine Stadt.
Im letzten Hof, um den sich innen einstöckige Häuser mit begrünten Dachterrassen gruppierten, fand sie endlich das Haus Nummer 3, das sie suchte. Im Untergeschoß war die Werkstatt eines Silberschmiedes, dessen Auslage hell erleuchtet war. An einer schmalen Tür daneben zeigte ein Metallschild an, daß hier Dr. Sebastian Müller wohnte.
Sie klingelte, und nach einer Weile hörte sie von innen polternde Schritte, und die Tür wurde aufgemacht.
Dr. Sebastian Müller trat auf den Hof hinaus. Sie erkannte in ihm sofort den Bruder von Tobias, obwohl die Ähnlichkeit nicht groß war. Er war hoch gewachsen und breitschultrig wie Tobias, hatte dunkle Augen, deren Farbe sie jedoch

im Gegenlicht, das aus dem Schaufenster strahlte, nicht erkennen konnte. Jedenfalls waren sie dunkel wie sein Haar. Seine Züge waren sehr viel schärfer geschnitten als die seines jüngeren Bruders. Er trug eine ausgebeulte Manchesterhose, einen verwaschenen Pullover und Schlappen an den Füßen, hatte es sich also offensichtlich in seiner Wohnung bequem gemacht.

Donata reckte sich unwillkürlich, um größer zu erscheinen. »Verzeihen Sie, daß ich Sie so unangemeldet überfalle, Doktor Müller. Aber Frau Lippert hat mir nur Ihre Adresse, nicht Ihre Telefonnummer gegeben.«

Er hatte sie genau so aufmerksam gemustert wie sie ihn. »Was kann ich also für Sie tun?«

»Ich suche Tobias.«

»Er ist bei mir.«

Donata atmete auf. »Da fällt mir ein Stein vom Herzen.«

»Wieso das?«

»Ich dachte, es könnte ihm etwas zugestoßen sein.«

»Er ist krank.«

»Also doch. Ist es sehr schlimm? Ich bin übrigens ...«

»Sie sind die Architektin. Ich dachte es mir.«

»Kann ich ihn sehen?«

»Wenn Sie keine Angst vor einer Ansteckung haben. Er hat die Asiatische Grippe.«

»Ich bin nicht empfänglich für Infekte.«

»Sie müssen es ja wissen. Ich gehe voraus.«

Er zog sich ins Haus zurück, und Donata folgte ihm. Gleich hinter der Tür begann eine Treppe, die noch enger wirkte, weil auf ihr Kisten, Kasten und Bücherstöße gestapelt waren. Dazwischen standen Schuhe und Stiefel.

»Stolpern Sie nicht!« warnte er. Auf der obersten Stufe trat er beiseite und gab ihr den Eintritt in einen Raum frei, der als Wohn-Schlafzimmer diente.

Auf einer mit einem Laken bezogenen und mit Bettzeug versehenen Couch lag Tobias. Sein Gesicht war stark gerötet und krankhaft gedunsen, die Lider geschwollen.

Donata trat zu ihm hin und legte ihm die Hand auf die heiße Stirn. »Armer Junge«, sagte sie.

»Bist du's?« murmelte er kaum verständlich: »Donata?« Seine Lippen waren aufgesprungen.

»Ja, Tobias. Und ich werde mich jetzt um dich kümmern.«

»Falls Sie ihn mitnehmen wollen«, sagte Sebastian scharf, »muß ich Sie darauf aufmerksam machen, daß er nicht transportfähig ist.«

»Auch nicht ins Krankenhaus?«

»Nein. Der Arzt meint, es genügt, wenn ich ihn pflege. Er hat einen Haufen Medikamente dagelassen.«

Donata sah sich um. Die Wohnung war winzig. Es war nicht einmal Platz für einen richtigen Kleiderschrank. Sebastians Anzüge hingen an einem offenen Gestell, Unterwäsche, Hemden und Socken hatte er wohl in der bunt bemalten Seemannskiste untergebracht. Koffer — sie gehörten wohl Tobias — standen auf dem grauen Teppichboden.

Rechts zog sich eine offene Kochzeile hin, und hinter der Tür daneben verbarg sich eine Naßzelle. Es gab einen Schreibtisch und zwei Sessel. Donata entdeckte keine zweite Schlafgelegenheit.

»Und wo schlafen Sie, Doktor Müller?« fragte sie sehr direkt.

Er zog einen Liegestuhl vor, der halb hinter dem Kleidergestell verborgen gewesen war.

»Das ist nicht sehr bequem.«

»Ich komme sowieso kaum zum Schlafen. Er ist nachts sehr unruhig.«

»Aber wie können Sie dann tags arbeiten? Ich nehme an, Sie haben einen Beruf?«

»Ich habe mich für ein paar Tage beurlauben lassen.«
»Ich finde Ihr Verhalten großartig«, sagte Donata ehrlich.
Er zuckte die breiten Schultern. »Was hätte ich denn tun sollen? Nachdem Gundel ihn 'rausgeworfen hatte, kam er zu mir. Er wollte nur so lange bleiben, bis er was gefunden hatte. Aber so was ist schwer in München, das werden Sie wohl selbst am besten wissen. Zuerst hat er übrigens auf dem Liegestuhl geschlafen. Erst als es ihm so dreckig ging, haben wir getauscht.«
»In meinem Haus wäre Platz genug.«
»Das glaube ich Ihnen gerne. Aber Sie können ihn jetzt nicht einfach einpacken und mitnehmen. Und Sie können auch nicht nachts bei ihm Wache halten. Oder wollen Sie sich Urlaub nehmen?«
Alles, was Sebastian vorbrachte, klang sehr vernünftig. Aber Donata spürte, daß sich hinter seinen Argumenten noch etwas anderes verbarg — brüderliche Liebe, Eifersucht und wohl auch Mißtrauen. Sie war sicher, daß Tobias die Fahrt nach Grünwald nicht schaden konnte, wahrscheinlich würde er sie nicht einmal wirklich mitkriegen. Dennoch hielt sie es für besser nachzugeben. Sie wollte es nicht so weit kommen lassen, daß sie und sein Bruder sich um Tobias stritten wie zwei Hunde um einen Knochen.
»Nein«, gab sie zu, »das käme im Augenblick wohl kaum in Frage. Aber ich halte mein Angebot aufrecht. So bald er auf dem Weg zur Besserung ist, bringen Sie ihn zu mir, ja? Tobias kennt meine Adresse.«
»Ich werde ihn fragen«, gab Sebastian zurück; es klang sehr zweideutig.
»Jedenfalls«, sagte Donata, herzlicher als sie empfand, »weiß ich ihn ja bei Ihnen in den besten Händen. Bitte, rufen Sie doch gleich morgen in meinem Büro an und melden Sie ihn krank.«

»Aber wieso? Sie wissen doch jetzt ... Sie haben mit eigenen Augen gesehen ...«
»Mein lieber Doktor Müller – ich war närrisch genug, hinter ihm herzufahren, aber so närrisch, das allgemein public zu machen, bin ich denn doch nicht.«

In den nächsten Tagen warf sich Donata wieder ganz in ihre Arbeit. Da Tobias ausfiel, gab es mehr als genug zu tun. Es kam ihr anfangs seltsam vor, wieder allein auf die Baustellen zu fahren und nicht mehr in seiner Begleitung. Aber sie gewöhnte sich auch daran.
Sie rief ihn nicht an. Er mußte wissen, daß sie sich Sorgen um ihn machte, und das mochte genügen. Sie zweifelte nicht daran, daß sein Bruder ihm von ihrem Besuch erzählt hatte oder es tun würde, sobald Tobias aufnahmefähig genug sein würde. Auch würde er ihm ihr Angebot, für eine Weile zu ihr zu ziehen, nicht unterschlagen. Keinesfalls sollte Tobias den Eindruck gewinnen, daß sie ihm nachliefe.
Eines abends erzählte sie ihrer Schwester von der Situation des jungen Architekten.
»Du willst ihn bei dir aufnehmen?« fragte Silvia entgeistert.
»Nur vorübergehend. Bis er wieder ganz auf den Beinen ist und sich nach einer eigenen Wohnung umsehen kann.«
»Das halte ich nicht für klug.«
»Aber warum denn nicht? Wir haben zwei unbenutzte Gästezimmer.«
»Silvi und Christian wolltest du nicht bei dir wohnen lassen!« behauptete Silvia und spielte die Gekränkte.
»Das stimmt gar nicht. Ich muß deinem Gedächtnis wohl wieder mal auf die Sprünge helfen. Sie wollten lieber allein leben.«
»Wenn du es ihnen mit mehr Nachdruck nahe gelegt hättest ...«

Donata ließ sie nicht aussprechen. »Warum sollte ich? Sie sind beide erwachsen, und sie haben ein Recht darauf, auch so behandelt zu werden.«
Nach einer Pause, in der sie sich etwas umständlich eine Zigarette anzündete, sagte Silvia schmollend: »Du mutest mir also zu, mit einem fremden jungen Mann zu leben.«
»Er ist sehr nett, du wirst schon sehen. Außerdem steht es noch gar nicht fest, ob er wirklich kommt. Ich habe es ihm nur angeboten.«
»Warum regst du mich dann mit dieser merkwürdigen Geschichte auf?«
»Nur um dich seelisch darauf vorzubereiten. Für den Fall der Fälle.«
Silvia hob die sorgfältig gezupften Augenbrauen. »Das ist aber wirklich zu rücksichtsvoll von dir. Fast kommen mir die Tränen.«
Donata zuckte die Achseln und ließ das Thema fallen.
Doch mit ihrer Haushälterin sprach sie darüber.
Frau Kowalsky nahm es überraschend gut auf. »Es wäre nett, einen jungen Mann im Haus zu haben!« sagte sie. »Meinen Sie, daß er meinem Mann hin und wieder helfen könnte?«
»Ganz sicher. Sobald er wieder auf den Beinen ist. Vorläufig ist er ja noch pflegebedürftig.«
»Keine Sorge. Das kriegen wir schon hin. Ich denke, wir geben ihm das Eckzimmer. Soll ich schon mal das Bett überziehen?«
»Das wäre verfrüht. Es ist ja noch gar nicht sicher, ob er einzieht.«
»Na, lüften und putzen werde ich mal auf alle Fälle.«
Donata mußte über ihren Eifer lächeln. »Das kann bestimmt nicht schaden.«

Es war nicht so, daß Donata sehnsüchtig auf ein Lebenszeichen von Tobias wartete. Sie wußte nicht einmal, ob sie darauf hoffen sollte, daß er ihre Einladung annahm. Es waren keine persönlichen Gründe, aus denen sie sie ausgesprochen hatte. Angesichts der drangvollen Enge in Dr. Müllers winziger Wohnung war es ihr sozusagen ganz von selber über die Lippen gekommen. Sie hatte den starken Wunsch gespürt, ja, die Verpflichtung, Tobias sofort zu helfen. Da sein Bruder ihr das jedoch abgeschlagen hatte, hätte sie es dabei bewenden lassen sollen, dachte sie jetzt oft. Sie war zwar sicher, daß er den Frieden des Hauses stören könnte. Nichts konnte sie weniger brauchen, als private Spannungen.

Selbst wenn er gar nichts mehr von sich hören lassen sollte – Donata hielt es nicht für ausgeschlossen, daß sein Bruder ihn dahingehend bearbeiten würde –, fühlte sie sich durchaus imstande, das zu verschmerzen. Dann würde ihre Beziehung zu ihm nichts als ein Abenteuer sein, an das sie sich vielleicht gern erinnerte, das sie aber auch vergessen konnte.

Mehr als eine Woche war seit ihrer Fahrt durch München vergangen, als Dr. Sebastian Müller sie anrief. Es war ein Freitagabend, und sie wollte gerade als letzte das Büro verlassen, als das Telefon klingelte. Sie zögerte sogar den Hörer abzunehmen, denn das Wochenende hatte für sie gerade begonnen und sie wollte sich nicht mehr mit beruflichem Ärger belasten. Nichts konnte so wichtig sein, daß es sich nicht auch noch am Montag regeln lassen würde.

Aber als das Telefon immer weiter läutete – zunehmend schriller, wie es ihr vorkam – ging sie doch daran. »Architekturbüro Beck«, meldete sie sich kühl, fast abweisend.

»Kann ich Frau Donata Beck sprechen?« fragte eine männliche Stimme.

Sie wußte sofort, daß es Sebastian war. »Ich bin selber am Apparat«, sagte sie, nicht eine Nuance freundlicher.

Jetzt nannte er seinen Namen. »Ich habe schon ein paarmal vergeblich versucht Sie zu erreichen«, sagte er, auch nicht gerade freundlich.
Donata schoß der Verdacht durch den Kopf, daß Frau Sforzi sie absichtlich nicht verbunden haben könnte. »Tut mir leid«, erklärte sie, »davon weiß ich nichts. Mit wem haben Sie denn gesprochen?«
»Mit niemandem. Es ist einfach nicht abgehoben worden.«
›Mir scheint, ich leide allmählich unter Verfolgungswahn!‹ schoß es ihr durch den Kopf. »Wann«, fragte sie, »haben Sie es denn versucht?«
»Heute Nachmittag.«
»Ach so. Da hätten Sie lange läuten können. Freitags ist das Telefon ab vier Uhr nicht mehr besetzt. Tobias müßte das wissen. Wie geht es ihm?«
»Sehr viel besser. Über das Schlimmste ist er hinweg.«
»Das freut mich sehr.«
Eine Pause entstand. Donata spürte, Sebastian wartete darauf, daß sie ihre Einladung bekräftigen würde. Genau das aber wollte sie nicht. Allerdings ging sie auch nicht so weit schlicht anzufragen, wann sie ihn denn wieder im Büro erwarten könnte.
»Er braucht sicher noch zwei Wochen Erholung«, erklärte der Bruder.
Jetzt machte es Donata geradezu Spaß ihn zappeln zu lassen; sie dachte gar nicht daran ihm ein Stichwort zu geben. »Das kann ich mir denken«, sagte sie nur.
Wieder eine Pause. – ›Wie schwer fällt es diesem Mann, eine Bitte auszusprechen!‹
»Sie haben seinerzeit angeboten, als Sie bei uns waren – Sie erinnern sich doch? –, er könnte bei Ihnen unterkommen. In Ihrem Haus.«
»Ja. Richtig.«

»Falls Sie dieses Angebot aufrecht erhalten ...« Er unterbrach sich. »Natürlich ließe sich auch eine andere Lösung finden.«
»Ja?«
»Verdammt nochmal, machen Sie es mir doch nicht so schwer! Kann ich Tobias nun zu Ihnen bringen? Es ist verdammt eng in meiner Bude.«
»Ja, ich weiß. Und wahrscheinlich müssen Sie auch wieder zur Arbeit. Was für einen Beruf haben Sie eigentlich, Doktor Müller? Das wollte ich Sie seinerzeit schon fragen.«
»Ich bin Dozent für Anglistik. An der Uni.«
»Sehr schick. Und Ihre Studenten sehnen sich nach Ihnen.« Donata lachte, sie hatte ihn genug geärgert. »Also bringen Sie ihn zu mir. Ich fahre jetzt gleich nach Hause. Aber lassen Sie mir, bitte, einen kleinen Vorsprung. Es wäre gut, wenn ich vor Ihnen da wäre. Bis später dann!«

Der Einzug von Tobias Müller in Donatas schönes Haus vollzog sich alles andere als spektakulär.
Noch vom Büro aus hatte sie Frau Kowalsky angerufen, sie von seiner Ankunft unterrichtet und gebeten, das Bett im Eckzimmer zu überziehen. Als er dann ankam, einen Wollmantel über den Pyjama und eine Fellmütze mit Ohrenklappen auf dem Kopf, gestützt auf seinen Bruder, begrüßte sie ihn nicht. Frau Kowalsky ließ ihn ein, begleitete die beiden Männer hinauf in das Gästezimmer und half, Tobias ins Bett zu stecken.
Es dauerte eine Weile, bis die Haushälterin und Sebastian herunter kamen. Donata erwartete sie in der Diele.
»Wir werden ihn schon wieder aufpäppeln!« verkündete Frau Kowalsky eifrig. »Jetzt drück' ich ihm gleich noch ein paar Orangen aus. Der Saft hat ihm geschmeckt.« Sie verschwand in Richtung Küche.

»Sie sehen, Doktor Müller«, sagte Donata mit einem Lächeln, »Ihr kleiner Bruder ist bei uns in guten Händen.«
»Ich bin Ihnen wirklich sehr dankbar«, erwiderte Sebastian steif.
»Trinken Sie ein Glas mit mir?«
»Lieber nicht. Ich muß ja noch Autofahren.«
»Es muß nicht unbedingt Alkohol sein.«
»Ein andermal gerne. Aber jetzt brenne ich darauf, meine Bude aufzuräumen, sie sozusagen wieder in Besitz zu nehmen.«
»Das verstehe ich gut.« Donata reichte ihm die Hand. Er drückte sie. »Es ist mir unendlich unangenehm, Sie so zu belästigen.«
»Ich verspreche Ihnen, daß ich alle Hebel in Bewegung setzen werde, um so rasch wie möglich eine geeignete Wohnung für ihn zu finden.«
»Aber das weiß ich doch.«
Sie brachte Sebastian zur Haustür und ließ ihn hinaus.
Silvia kam aus dem Frühstückszimmer. »Wer war denn das?«
»Der Bruder unseres Gastes. Doktor Sebastian Müller.«
»Du hättest uns bekannt machen sollen.«
»Wärst du nur etwas früher auf der Bildfläche erschienen, hätte ich es getan.«
»Ich dränge mich niemandem auf.«
Donata war klar, daß ihre Schwester gelauscht haben mußte, um den Abgang Sebastians so genau zu treffen. Aber um des lieben Friedens willen verzichtete sie darauf, sie deswegen zu necken. »Er hatte es sehr eilig«, sagte sie nur, »das nächste Mal laß' ich ihn nicht so schnell entwischen.«
»Wird er denn wiederkommen?«
Damit hatte Donata fest gerechnet, aber Silvias Frage verunsicherte sie. »Ich weiß es nicht«, sagte sie nach kurzem

Nachdenken, »ich weiß nicht, wie die Brüder wirklich zueinander stehen. Ob sie sich häufig treffen oder höchstens telefonieren. Bisher weiß ich nur, daß sie im Notfall zusammen halten. Wir werden es erleben.« Sie legte ihrer Schwester den Arm um die Taille und dirigierte sie ins Frühstückszimmer. »So, jetzt machen wir uns aber erst mal einen Drink.«
»Willst du den jungen Mann denn nicht begrüßen.«
»Das hat Zeit bis später. Oder bis morgen. Nach der ungewohnten Anstrengung ist er bestimmt eingeduselt.« —
Bevor sie schlafen ging, sah Donata dann aber doch noch nach Tobias. Sie tat es nicht heimlich, sondern sie begleitete ihre Schwester die Treppe hinauf und verabschiedete sich mit einem Kuß auf die Wange. »Schlaf gut, Silvia — ich schau jetzt mal zu ihm 'rein.«
Die Schwester wäre gern mitgekommen, begriff aber, daß es nicht der richtige Moment war und zog sich zurück.
Donata ging weiter und öffnete die Tür zum Eckzimmer so geräuschlos wie möglich. Wenn er denn schlief, wollte sie ihn nicht wecken. Die Nachttischlampe warf einen warmen Schein auf das Bett, der aber nicht über die Blässe des Patienten hinweg täuschen konnte. Er war sehr mager geworden, unter seinen Augen lagen Schatten und seine Jochbogen traten stark hervor. Gegen ihren Willen zog es Donata näher.
Er schlug die Augen auf, und seine spröden Lippen verzogen sich zu einem Lächeln. »Endlich!«
»Hast du etwa auf mich gewartet?«
»Doch, natürlich.«
»Wenn ich das gewußt hätte!«
»Jetzt bis du ja da.«
Sie setzte sich zu ihm auf die Bettkante und legte ihm die Hand auf die Stirn. »Immer noch Fieber«, stellte sie fest.

Er ergriff ihre Hand und küßte jeden einzelnen Finger. »Ich bin sehr froh, daß ich bei dir sein darf.«
»Ich freue mich auch, dich hier zu haben, Tobias.«
»Legst du dich zu mir? Nur ein bißchen?«
Sie lachte und strich ihm durch die dunklen Locken. »Das hätte gerade noch gefehlt!«
»Du magst mich nicht mehr!« klagte er. »Ich weiß, ich sehe schrecklich aus ...«
Sie fiel ihm ins Wort. »Vor allem bist du krank, mein Lieber. Wir müssen alles daran setzen, daß du bald wieder ganz gesund wirst.«
»Das will ich ja auch, Donata. Wenn du wüßtest, wie ich es satt habe!« Er gab ihre Hand nicht frei.
»Versuch dich zu entspannen!« riet sie.
»Das ist leicht gesagt.«
»Alles ist leichter gesagt als getan, Tobias. So ist es nun mal im Leben. Aber jetzt mußt du schlafen.«
»Schlafen, immer nur schlafen. Die ganze Zeit bei Sebastian habe ich nichts getan als geschlafen, und er konnte nicht mal in sein Bett.«
»Jetzt hat er es wieder ganz für sich allein ...« Sie mußte lächeln, denn es kam ihr ein Gedanke. »... oder auch nicht, und du hast hier auch ein Bett für dich. Hast du deine Medizin genommen? Brauchst du noch etwas für die Nacht?«
»Du bist so hart, Donata!« klagte er.
»Hart? Ich habe dich bei mir aufgenommen.«
»Aber jetzt möchtest du so schnell wie möglich weg. Vielleicht tut es dir auch schon leid.«
Sie war betroffen, daß in seiner Behauptung zumindest ein Körnchen Wahrheit lag. »Ich habe keine Geduld mit Kranken«, gestand sie, »auch nicht mit mir selbst, wenn es mir nicht gut geht. Nimm es also nicht persönlich! Ich bin nun einmal so.«

»Dann hättest du mich nicht kommen lassen sollen.«
»Die Bedingungen bei deinem Bruder waren unmöglich – für ihn, wie für dich.«
»Er war viel netter zu mir als du.«
»Hat er mit dir gekuschelt?«
»Donata! Jetzt machst du dich auch noch lustig über mich.«
»Wenn du das merkst, ist das schon ein sehr gutes Zeichen.«
Sanft, aber energisch löste sie sich aus seinem Zugriff.
»Du läßt mich wirklich schon allein?«
»Ich muß jetzt schlafen, und du auch.« Sie hätte gern seine rauhen Lippen geküßt, unterließ es aber, um keine falschen Hoffnungen in ihm zu wecken. »Ich bin jetzt ja ganz in der Nähe, Tobias. Gleich nach dem Frühstück komme ich morgen zu dir.«
»Warum frühstücken wir nicht zusammen?«
»Weil ich zum Kaffee gerne eine erste Zigarette rauche.« Sie stand auf und lächelte ihm ermutigend zu. »Schlaf gut, mein Lieber!«
Er erwiderte nichts, aber seine Augen waren traurig.
›Sieh mich nicht an wie ein kranker Hund!‹ hätte sie fast gerufen, aber sie fand sich selber gemein und verließ rasch das Zimmer.
›Was bin ich bloß für ein Mensch!‹ dachte sie. ›Hätte ich nicht ausnahmsweise mal auf meine morgendliche Zigarette verzichten können? Tobias zuliebe? So viel liegt mir ja gar nicht daran. Aber ich bin es gewohnt, in den ersten Stunden des Tages allein zu sein, und sein Zustand macht mich einfach nervös. Schon immer haben Kranke mich nervös gemacht. Sie erwecken bei mir den Eindruck – ich weiß, daß ich ganz ungerecht bin – als würden sie sich anstellen oder zumindest übertreiben. Als könnten sie nur mit etwas gutem Willen die Krankheit einfach abschütteln.
Philipp hat das gewußt. Er war nie krank gewesen, und

wenn er es war, hat er es mich nicht merken lassen. Er erwartete keine Anteilnahme und kein Mitleid von mir. Es genügte und vergnügte ihn, mich zu beraten und zu beobachten, wie ich eifrig an meiner Karriere bastelte. Erst nach seinem Tod erfuhr ich, daß er schon einen Herzinfarkt hinter sich hatte. Er hatte es ihr verschwiegen und alle, die davon wußten, beschworen, mir gegenüber den Mund zu halten. Statt zu erklären, daß er in die Klinik mußte, hat er eine plötzliche Geschäftsreise vorgetäuscht.
Als ich das heraus bekam, habe ich ihm innerlich Mangel an Vertrauen vorgeworfen. Tatsächlich aber war es fast übermenschliche Rücksichtnahme. Das erkenne ich erst jetzt. Oder lag auch die Angst darin, mich zu verlieren?
Wie hätte ich reagiert, wenn ich fast zwei Jahre fast täglich um sein Leben und seine Gesundheit hätte zittern müssen? Wahrscheinlich wäre ich unduldsam, ja, unerträglich geworden.
Vielleicht aber auch nicht. Vielleicht hätte ich gelernt, mit einem Kranken umzugehen. Ich hatte ihn ja lieb. Er war sehr tapfer, und er hat es gut mit mir gemeint. Aber er hat mir keine Chance eingeräumt, mich zu bewähren.‹

Tobias war glücklich, als Donata am nächsten Morgen doch das Frühstück mit ihm einnahm. Frau Kowalsky hatte es ihm angekündigt, als sie in der Frühe nach ihm sah. Er hatte sich gewaschen, rasiert und einen frischen Pyjama angezogen. Die Haushälterin hatte einen Bettisch vor ihm aufgestellt und Teller, Gläser und Tassen hübsch für die beiden arrangiert. Er war fieberfrei und wirkte hohläugig.
Aber er war vergnügt. »Es ist aufregend, mit dir zusammen zu frühstücken, Donata!«
Sie hatte sich noch nicht angezogen, sondern nur einen seidenen Hausmantel über ihr Nachthemd geworfen. Unge-

schminkt und lässig saß sie neben seinem Bett und nippte an ihrem Orangensaft. »Ja?«
»Verstehst du denn nicht? Es ist so, als hätten wir die ganze Nacht zusammen verbracht.«
»Wünschst du dir das?«
»Mehr als alles auf der Welt!«
»Na ja«, sagte sie, »vielleicht läßt sich das mal arrangieren.«
Sein Gesicht verdüsterte sich.
»Habe ich was Falsches gesagt?«
Er legte das angebissene Brotstück aus der Hand. »Ich bedeute dir nichts, Donata.«
»Was redest du denn? Das ist doch gar nicht wahr!«
»Doch. Eine Zigarette ist dir wichtiger.«
»Stimmt nicht. Sonst wäre ich ja nicht hier bei dir.«
»Von mir aus kannst du übrigens ruhig rauchen. Mich stört das nicht.«
»Es gehört sich nicht in einem Krankenzimmer.«
»Du kannst dir vorstellen, mal eine Nacht mit mir zu verbringen, ja?«
»Habe ich doch gerade gesagt.«
»Das ist mir zu wenig, Donata.«
»Wir können nicht Tag und Nacht zusammen sein.«
»Und warum nicht?«
»Weil ich das nicht aushalten könnte.« Donata hätte jetzt doch gerne eine Zigarette gehabt und ärgerte sich über diesen Wunsch. »Sieh mal, mein Lieber, mein Mann und ich haben von Anfang an getrennte Schlafzimmer gehabt, und tagsüber ist jeder seinem eigenen Beruf nachgegangen.«
»Ja, aber er war dein Mann. Er wußte, daß du ihm gehörtest ...« Er fand diese Formulierung dann doch selber zu stark und verbesserte sich: »... zu ihm gehörtest.«

»Ja, so war es wohl«, stimmte Donata gleichmütig zu.
»Ich bin mir deiner überhaupt nicht sicher«, beklagte er sich.
»Das ist wahrscheinlich der Reiz unserer Beziehung. Aber, ich bitte dich, hör jetzt auf, mit mir zu diskutieren und iß!«
»Ich habe keinen Appetit.«
»Dann werden wir gemeinsame Mahlzeiten in der nächsten Zeit von unserem Programm streichen müssen.«
»Donata, ich ...«
»Jetzt nimm dich zusammen! Dieses Stückchen Butterbrot wirst du doch wohl, mit oder ohne Appetit, herunter würgen können.« Ihr wurde bewußt, daß sie genau in den Ton verfiel, den sie hatte vermeiden wollen. »Soll ich dir ein bißchen Honig drauf tun?« fragte sie liebevoller.
Er nickte.
Frau Kowalsky hatte sein Butterbrot in kleine Häppchen geschnitten. Jetzt tat Donata auf jedes einzelne einen Klecks Bienenhonig und steckte ihm eines nach dem anderen in den Mund.
»Es geht also doch«, stellte sie zufrieden fest.
Er spülte den letzten Bissen mit einem Schluck Tee hinunter. »Ja, wenn du mich fütterst.«
›Benimm dich nicht wie ein Baby!‹ hätte sie beinahe gemahnt, sagte aber statt dessen: »Dann werde ich dir heute mittag wohl auch die Suppe eintrichtern müssen. Frau Kowalsky kocht eine ganz besonders gute Rindersuppe, extra für dich.«
»Sie hält große Stücke auf dich.«
»Das will ich hoffen. Die Leute, die einen bedienen, sollen einen doch wenigstens mögen, nicht wahr? Sonst wäre es schrecklich. Hast du noch einen besonderen Wunsch? Soll ich dir vielleicht ein Radio bringen? Oder einen Fernseher?«
»Nein, danke, ich ...« Er stockte.

»Sprich dich nur aus!«
»Als ich klein war, da hat meine Mutter mir vorgelesen, wenn ich im Bett liegen mußte.«
Donata lachte. »Und wenn es dir besser ging, hat sie mit dir ›Mensch-ärgere-dich-nicht‹ gespielt, ja?«
»Woher weißt du?«
»Das ist die Art liebender Mütter nun mal. Meine war auch so.« – ›Aber ich bin nicht deine Mutter‹, dachte sie, ›und ich werde diese Rolle auch nicht übernehmen!‹ »Hat G. Lippert das auch getan?« fragte sie.
»Gundula, meinst du? Bei der war ich nie krank. Sie hätte sich auch nicht um mich gekümmert«, meinte er, »dazu war sie nicht der Typ.«
»Was für ein Typ ist sie denn?«
»Kleines Mädchen. Egoistisch. Reichlich behämmert.«
»Das sind nicht gerade schöne Worte«, sagte Donata tadelnd, aber ihrem Herzen taten seine Worte wohl.
»Nur merkt man sowas nicht gleich, wenn man verliebt ist.«
Dazu schwieg Donata.
»Ist es dir nicht auch schon so ergangen?« forschte er. »Daß du dich verliebt hast und erst hinterher darauf gekommen bist, daß derjenige es gar nicht wert war?«
Sie dachte nach und ließ die Lieben ihres Lebens an ihrem geistigen Auge vorüberziehen. »Nein«, entschied sie dann, »es hat Auseinandersetzungen gegeben, Entfremdung und Trennung. Aber meiner Liebe wert war jeder.« Nach einer kurzen Pause fügte sie hinzu: »Es waren nicht so viele wie du jetzt vielleicht denkst.« Sie stand auf und räumte das Geschirr zusammen.
»Sag mir, wie viele«, drängte er.
»Nein.«
Er faßte ihr Handgelenk. »Warum denn nicht?«

»Weil es dich nichts angeht, mein Lieber. Ich stelle dir ja auch keine indiskreten Fragen.«
»Fragen sind nie indiskret, nur Antworten sind es zuweilen.«
»Genau deshalb sage ich es dir ja nicht.« Sie stutzte. »Aber das Bonmot stammt nicht von dir, das hast du irgendwo gelesen.«
»Bei Oskar Wilde. Richtig.«
»Du bist mir schon ein kleiner Sprücheklopfer. Aber jetzt, laß mich bitte los!«
Sein Griff wurde noch fester. »Was hast du vor?«
»Ich will das Tablett vor die Tür stellen, damit Frau Kowalsky dich nicht stört, wenn sie es abholt. Dann werde ich eine Runde schwimmen, das wirst du mir ja wohl gönnen, und mich anziehen.«
Er gab sie frei. »Und wann kommst du wieder?«
»Spätestens, wenn du dein Süppchen hast. Das habe ich dir ja versprochen.« Sie las die Enttäuschung in seinen Augen, war aber nicht bereit, sich erweichen zu lassen.
»Und was soll ich inzwischen tun?«
»Ruh dich aus, mein Lieber! Denk daran, du bist hier, um gesund zu werden. Soll ich dir doch ein Radio bringen lassen?«
»Nein, Danke.«
»Ganz, wie du willst.« Sie klappte die Beine des Bettischchens unter die Platte, warf Tobias noch einen Luftkuß zu, drückte die Türklinke mit dem Ellbogen nieder und verließ das Zimmer.

Das Wochenende verlief dann, entgegen Donatas Befürchtungen, ganz friedlich. Tobias war zwar ein wenig quengelig, aber er schlief oder döste doch meistens vor sich hin. Sie sah von Zeit zu Zeit nach ihm. Manchmal merkte er nicht einmal, daß sie in sein Zimmer kam.

Sein Bruder ließ nichts von sich hören.
Am Sonntagabend forderte Donata ihre Schwester auf, sie zu Tobias zu begleiten.
»Du erwartest doch wohl nicht, daß ich mich um ihn kümmere?« erwiderte Silvia mit hochgezogenen Augenbrauen.
»Nein, durchaus nicht. Seine Pflege kannst du voll Frau Kowalsky überlassen.«
»Anders wäre es auch ein bißchen viel verlangt.«
»Ja, sicher«, stimmte Donata ihr zu, »aber bekanntmachen will ich euch trotzdem. Du mußt doch wissen, wer mit dir hier im Haus ist.«
»Na schön, wenn du darauf bestehst.«
Donata stellte wieder fest, wie schwierig die Schwester doch war. Bestimmt wäre sie beleidigt gewesen, wenn sie es unterlassen hätte, sie mit Tobias bekannt zu machen. Jetzt tat sie, als müßte sie ein Opfer bringen, wenn sie ihn aufsuchte.
Die Temperatur des Patienten war wieder gestiegen; seine Wangen waren gerötet, und seine Augen funkelten. Er war gewaschen und zur Nacht zurecht gemacht. Aber seine Locken waren nicht mit Gel geglättet, und um Kinn und Wangen zeigten sich Spuren seines schnell sprießenden Bartes.
Er saß aufrecht, von vielen Kissen gestützt, im Bett, als Donata eintrat.
»Donata! Ich habe auf dich gewartet!« sagte er mit leichtem Vorwurf.
Sie ging nicht darauf ein, sondern zog Silvia mit ins Zimmer und schob sie vor. »Das ist also unser Hausgast, Silvia. Diplom-Architekt Tobias Müller.«
Silvia reichte ihm nicht die Hand, erwiderte dann aber doch sein gewinnendes Lächeln.

»Frau Silvia Münsinger«, machte Donata weiter bekannt, »meine Schwester. Sie wohnt auch hier, aber du wirst sie wohl kaum zu sehen bekommen, bevor du nicht wieder auf den Beinen bist. Sie hat sehr viel zu tun.« Donata wunderte sich, daß ihr diese faustdicke Lüge so glatt über die Lippen kam.
»Sie sind berufstätig, Frau Münsinger?« fragte Tobias, um Konversation zu machen.
»Das nicht. Aber ich habe eine Menge gesellschaftlicher Verpflichtungen.«
»Ach so«, sagte Tobias unbeeindruckt.
Silvia schnupperte. In der Luft lag der Hauch eines herben Toilettenwassers, der jedoch den Geruch von Krankheit und Medikamenten nicht überdecken konnte. »Rauchen«, fragte sie, »kann man hier wohl nicht?
»Aber ja doch. Selbstverständlich«, sagte Tobias.
»Nein, besser nicht, Silvia«, widersprach Donata.
»Dann ziehe ich mich lieber zurück.«
»Aber du bleibst doch noch, Donata?« fragte er fast flehend.
Silvia ging zur Tür. »Also dann — gute Nacht!«
»Ich komme später zu dir. Auf einen Whisky oder ein Glas Wein.« Donata zog sich einen kleinen Sessel an das Bett.
»Von deiner Schwester habe ich gar nichts gewußt«, sagte Tobias, als sie allein waren.
Donata erzählte ihm von Silvias Scheidung, ihren Kindern und von dem Verhältnis, in dem sie zueinander standen.
»Interessiert dich das überhaupt?« unterbrach sie sich.
Er öffnete die Augen, die ihm zugefallen waren. »Alles, so weit es dich betrifft. Wie standet ihr als Kinder zueinander?«
»Sie war so viel älter als ich. Mit den Jahren scheint sich das auszugleichen.«
»Hat sie dich verwöhnt? Bemuttert?«

»Im Gegenteil. Sie hat mich gepiesackt, wo sie nur konnte. Heimlich natürlich. Die Eltern haben es wohl nie gemerkt.«
»Sie war eifersüchtig?«
»Ja. Weil ich Vaters Liebling war. Das hält sie mir heute noch vor.«
»Das ist aber doch nicht deine Schuld. Dann hat sie es einfach nicht verstanden, den Platz in seinem Herzen zu besetzen.«
»Sie meint, ich hätte sie daraus verdrängt. Weißt du, ich glaube, es war so. Meine Mutter wollte mich gar nicht haben. Ich war ja ein Nachzügler. Sie war bei meiner Geburt schon Ende dreißig. Aber mein Vater hat darauf bestanden, daß sie mich zur Welt brachte. Und weil er sich dessen bewußt war, hat er sich mehr um mich gekümmert, als Väter es gewöhnlich tun. Er wollte etwas Besonders in mir sehen, um sich vor sich selbst zu rechtfertigen.«
»Du bist etwas Besonderes, Donata.«
»Er war es auch, der meinen Vornamen ausgesucht hat.«
»Donata, die Geschenkte. Ein Geschenk des Himmels. Erzähl mir mehr.«
Und so kam es, daß sie lange bei ihm saß, halb vergessene Erinnerungen an ihre Kindheit ans Licht zog und fast vergaß, daß es für sie längst Zeit war, Silvia aufzusuchen. Erst als sie merkte, daß seine Fragen ausblieben und er wirklich müde geworden war, ließ sie ihn allein.

Im Architekturbüro war Tobias Müller kein Thema mehr. Es hatte sich herumgesprochen, daß er krank geschrieben war, und da niemand – außer Donata – in einer persönlichen Beziehung zu ihm stand, machte sich auch niemand Gedanken über ihn. Donata und Arthur Stolze begegneten einander höflich und mit äußerster Vorsicht.
Es gab viel zu tun. Fünf Bauprojekte mußten neben der

»Mercator-Siedlung« gleichzeitig betreut werden, dazu kamen die Bemühungen und Entwürfe für Ausschreibungen und neue Aufträge. Donata ging ganz in ihrer Arbeit auf. Erst wenn der Abend nahte, wurde sie unruhig. Anders als früher drängte es sie nach Hause, und sie mußte sich zwingen, so lange zu bleiben, bis sie geschafft hatte, was sie wollte.

In ihrem Haus begrüßte sie dann erst die Schwester, duschte sich, zog sich um und ging mit einem Glas Wein in der Hand zu Tobias. Es war ihr klar, daß Silvia sich vernachlässigt fühlen mußte, aber das schien ihr unvermeidlich.

»Sei mir nicht böse«, sagte sie immer wieder, »aber ich muß mich um unseren Gast kümmern.«

Silvia nahm es mit einem Achselzucken hin. Manchmal sagte sie auch: »Du bist nicht verpflichtet mir Gesellschaft zu leisten.«

»Ja, ja, ich weiß, aber ich bin doch gern mit dir zusammen. Nur im Augenblick geht unser Gast vor. Es ist ja nur vorübergehend.«

Tatsächlich schätzte sie das Beisammensein mit Tobias, ganz abgesehen von ihrer Verliebtheit, sehr viel mehr. Ihm konnte sie von den Vorgängen im Büro und auf den Baustellen berichten, wofür die Schwester sich nie interessiert hatte. Er wußte nicht nur zuzuhören, sondern stellte auch die richtigen Fragen und zog die richtigen Schlüsse. Sie unterhielten sich lebhaft und angeregt, und meist wurde es dann zu spät, um noch bei Silvia hereinzuschauen.

Tobias ging es von Tag zu Tag besser, und er begann sich in der Einsamkeit seines Krankenzimmers zu langweilen. Er ließ sich jetzt doch ein Transistorradio bringen; Musik und Geräusche machten ihm keine Kopfschmerzen mehr. Frau Kowalsky versorgte ihn auch mit Büchern, und er las sich allmählich quer durch Donatas ganze Bibliothek.

Als Donata am Freitagabend nach Hause kam, erwartete er sie, ein Buch in der Hand, in einem der kleinen Sessel, einen Hausmantel über dem Pyjama.

»Aber, Tobias«, rief sie, »du gehörst noch ins Bett!«

Er umfing ihre Taille und zog sie auf seinen Schoß. »Mit dir!«

Sie hatte Mühe, ihr Glas im Gleichgewicht zu halten, und trank einen Schluck. »Laß mich los!« bat sie und merkte selber, daß es nicht sehr überzeugend klang.

»Heute nicht. Du weißt ja noch gar nicht, was passiert ist.«

Sie legte ihm den freien Arm um den Nacken. »Also was?«

»Ich habe mir die Haare gewaschen.«

Sie schnupperte in seinen braunen Locken. »Bravo.«

»Du ahnst nicht, was für eine Erleichterung das war.«

»Doch, Tobias.«

»Und ich bin zwei Stunden aufgewesen. Frau Kowalsky kann es bezeugen.«

»Ich glaube dir auch so.«

»Ich bin fast wieder ganz gesund, Donata.« Er begann am Gürtel ihres grünsamtenen Hausmantels zu nesteln.

Sie schlug ihm leicht auf die Hand. »Aber eben nur ›fast‹.«

Plötzlich fühlte sie, daß er hart unter ihr geworden war, hart und heiß und sehr lebendig. Ihre Augen wurden groß.

Er küßte ihren Hals und murmelte dicht an ihrem Ohr: »Donata, du weißt nicht, wie das ist. Den ganzen Tag liege ich da und denke nur an dich. Manchmal ist's mir, als müßte ich platzen ... oder verrückt werden.«

»Das ist nicht fair ...«

»... von dir mich zappeln zu lassen«, ergänzte er. Er nahm ihr das Glas aus der Hand und stellte es ab. Seine Lippen, nun nicht mehr spröde, sondern glatt und weich, suchten ihren Mund. Ihre Zungen berührten sich, und seine Hände streiften ihr den Hausmantel von den Schultern.

›Was für ein geschickter Verführer er doch ist!‹ schoß es ihr durch den Kopf, aber dann gab sie jeden Widerstand auf und ließ sich den Abgrund ihrer Leidenschaft fallen.
Später lagen sie, nackt aneinander geschmiegt, in seinem Bett. Sie hatte die Tür abgeschlossen, als sie wieder zur Besinnung gekommen war. ›Wenn das Kind in den Brunnen gefallen ist‹, hatte sie dabei flüchtig gedacht und über sich selber lächeln müssen.
Jetzt, den Kopf an seiner Schulter, die Hand auf seiner Brust, wurde ihr bewußt, daß dies das Schönste für sie war: erlöst in seinen Armen zu liegen. Die Ekstase, die sie aus sich heraus riß, bedeutete ihr immer auch eine Entfremdung, eine Entpersönlichung. Aber bei ihm ruhend hatte sie zu sich zurück gefunden. Oder doch nicht ganz? Sie fühlte sich nicht mehr als die kluge, selbstsichere, berechnende Frau in den besten Jahren, sondern neben ihm, der so viel größer und stärker war, als kleines Mädchen, sehr jung und sehr verletzlich und doch auch voll Vertrauen.
Sie suchte nach Worten, ihm das zu erklären, überlegte noch, ob es überhaupt richtig war, sich ihm mitzuteilen. Vielleicht würde er es lächerlich finden.
»Ich liebe dich, mein Kätzchen«, sagte er.
Neugierig bewegte sie den Kopf, so daß sie sein Profil sehen konnte. »So hast du mich noch nie genannt.«
»In Gedanken schon oft. Mit deinen gritzegrünen Augen und deinem kurzen Seidenhaar bist du mir schon immer wie ein Kätzchen vorgekommen – ein Kätzchen, das mir zugelaufen ist.«
Es berührte sie tief, daß er Ähnliches empfand wie sie.
»Am liebsten würde ich jetzt schnurren.«
»Versuch's nur, Kätzchen! Ich bin sicher du kannst es.«
Die Türklinke bewegte sich. Sie blickten erst hin, als das

Geräusch sie aufmerksam gemacht hatte. Rasch legte Donata ihm die Hand auf den Mund.
Sie warteten ab, aber nichts weiter geschah.
»Wer war das?« flüsterte Donata.
»Deine Schwester.«
»Bist du sicher?«
»Wer sonst?« Frau Kowalsky klopft an, bevor sie eintritt.
»Aber Silvia? Wie kommt sie denn dazu?«
»Sie besucht mich manchmal, wenn sie Langeweile hat.« Er küßte ihre Fingerspitzen. »Ihre gesellschaftlichen Verpflichtungen scheinen doch nicht so arg zu sein.«
»Aber sie muß doch wissen, daß ich bei dir bin.«
»Eben drum.«
»Sie spioniert mir nach?«
»So streng würde ich das nicht beurteilen.«
»Es ist mir sehr, sehr unangenehm, Tobias.«
»Mir nicht. Ich finde unsere ewige Geheimnistuerei schon längst zum Kotzen.«
Donata war nahe daran, ihm von ihrem Zusammenstoß mit Stolze zu erzählen. Aber dann schien ihr dafür doch noch nicht der richtige Zeitpunkt gekommen zu sein.
Sie war sich selbst noch nicht sicher, wie sie auf Stolzes Forderung reagieren sollte.

Silvia sagte nichts über die verschlossene Tür. Aber sie trug eine Miene äußerster Mißbilligung zur Schau und verhielt sich einsilbig.
Donata überlegte, ob sie selber das Thema anschlagen sollte. Aber dann dachte sie: ›Wozu?‹ – Silvia mußte wissen, was vor sich ging. Sie waren beide erwachsene Frauen, und es gab keinen Grund, sich ihr gegenüber zu rechtfertigen.
Am Samstag stand Tobias auf und hielt sich den ganzen

Tag auf den Beinen, zog sich dann aber gleich nach dem Abendessen erschöpft und todmüde zurück.
Donata und Silvia setzten sich vor den Fernseher, tranken Wein und ließen eine Show an sich vorüber flimmern. Hin und wieder wechselten sie ein Wort miteinander. Eigentlich war es Donata, die munter plauderte, um Silvias Verkrampfung zu lösen, wobei sie sich ziemlich dumm vorkam.
— ›Habe ich das nötig?‹ fragte sie sich.
Unvermittelt erklärte die Schwester, nachdem sie schon einige Gläser geleert hatte: »Du scheinst ein reichlich schlechtes Gewissen zu haben.«
Donata lachte auf. »Wie kommst du darauf?«
»Streite es nicht ab! Es spricht ja immerhin für dich.«
»Na, erlaube mal«, protestierte Donata, »ich ...«
Silvia ließ sie nicht aussprechen. »Doch. Ich kenne dich. Du redest so viel, weil du etwas zu verbergen hast.«
»Stimmt nicht. Ich rede, weil du dich in Schweigen hüllst.«
»Ich bin sehr nachdenklich geworden, und du weißt auch, warum.«
»Wegen Tobias?«
»Wegen dir und Tobias.«
»Das ist ja wohl meine Privatangelegenheit.«
»Nein, das ist eine Sache, die die Familie angeht. Mich, Silvi und Christian.«
»Daß ich nicht lache.«
»Wir haben einen Ruf zu verlieren. Christian und ich, wir können uns vielleicht darüber hinwegsetzen. Aber du verdirbst Silvi die Heiratschancen. Wer wird schon ein Mädchen nehmen, dessen Tante es mit einem Halbwüchsigen treibt.«
»Jetzt erlaube mal! Tobias ist fünfundzwanzig.«
»Du könntest seine Mutter sein.«
»Zum Glück bin ich es nicht! Und ich nehme dir nicht ab,

daß du dich ernsthaft um Silvis Heiratschancen sorgst. Wir leben ja nicht mehr im Mittelalter.«
»Jedenfalls ist mir die ganze Geschichte höchst zuwider.«
›Weil du mir den Jungen nicht gönnst‹, dachte Donata, ›weil du eifersüchtig bist!‹ — Aber das sprach sie nicht aus, weil sie die Schwester nicht verletzen wollte. Statt dessen sagte sie: »Das kann ich verstehen. Du hättest nicht damit gerechnet, daß ich mich noch einmal verlieben würde.«
»Es ist ein Skandal!«
»Unsinn«, widersprach Donata, »niemand wird es merken.« — Im gleichen Augenblick wurde ihr klar, daß dies nicht die Wahrheit war. Stolze hatte es herausbekommen, und wenn sie ihm glauben durfte, wußten es auch schon alle in ihrem Architekturbüro. Aber sie wollte die einmal eingeschlagene Linie nicht aufgeben. »Christian und Silvi werden nie darauf kommen, wenn du es ihnen nicht unter die Nase reibst.«
»Auch wenn ich schweige — irgend jemand wird es ihnen stecken.« Auf Silvias Wangen hatten sich kreisrunde rote Flecken gebildet. »Donata, ich bitte dich, muß das denn sein?«
»Niemand kommt gegen sein Schicksal an.«
»Meine liebe Donata, du machst es dir sehr einfach. Du stehst im Begriff, dein ganzes Leben, unser aller Leben, völlig durcheinander zu wirbeln und zu zerstören — aber natürlich bist du ganz unschuldig daran. Es ist dir so in den Sternen bestimmt, und dagegen kannst du dich nicht wehren.«
»Du weißt, ich halte nichts von Astrologie.«
»Wenn du dich auf dein Schicksal berufst, ist es genau dasselbe. Es liegt immer in unserer eigenen Hand, was wir aus unserem Leben machen.«
»Das glaube ich nicht, und ich könnte dir tausend Beispiele nennen, die das Gegenteil beweisen.«

Silvia zündete sich eine Zigarette an. »Ich habe nicht die Absicht, mit dir zu philosophieren. Wenden wir uns lieber den nackten Tatsachen zu. Wie soll es nun weiter gehen?«
»Mach dir darüber keine Sorgen. Tobias ist ja nur ganz vorübergehend hier im Haus. Sobald sein Bruder eine Wohnung für ihn gefunden hat ...«
»Bist du sicher, daß er sich wirklich danach umschaut? Ich bezweifle es. Jedenfalls hat er nichts mehr von sich hören lassen. Warum sollte er auch? Er weiß ihn ja bei dir in guter Obhut.«
Donata verzichtete darauf, der Schwester zu sagen, daß Sebastian das keineswegs so sah. »Wäre auch nicht weiter schlimm«, entgegnete sie, »dann muß Tobias sich eben selber auf die Suche machen.«
»Wirst du das von ihm verlangen?«
»Aber sicher.«
Silvia drückte ihre Zigarette in dem fast schon überquellenden Aschenbecher aus und zündete sich sofort wieder einen neue an. »Das nehme ich dir nicht ab. Du bist ja Wachs in seinen Händen. Wie könntest du es über dich bringen ihn aus dem Haus zu jagen? Er wird dir entgegen halten, daß hier doch Raum genug ist. Und damit hat er ja recht.«
Donata schwieg; dem war nichts entgegenzusetzen.
»Wenn das so ist«, erklärte Silvia mit Nachdruck, »dann muß ich dich leider verlassen.«
»Das ist doch albern. Du kannst mich doch nicht allen Ernstes vor die Entscheidung stellen: entweder ich oder er.«
»Doch, Donata. In einer von Sex vergifteten Atmosphäre könnte ich nicht atmen.«
»Überleg dir das gut!«
»Ich weiß, daß ich nie mehr so angenehm leben werde wie hier bei dir. Aber wenn dieser junge Mensch nicht geht, dann gehe ich.«

»Bildest du dir ein, ich könnte ihn mit dem Argument beeindrucken, daß du seine Anwesenheit nicht ertragen kannst? Bisher hatte er das Gefühl, daß du ihn recht gut leiden kannst.«
Silvia fuhr hoch. »Was hat er dir erzählt?«
»Nur, daß du ihn bisweilen besucht hast. Geheimnisse hat er keine ausgeplaudert — falls solche zwischen euch bestehen.«
»Nein, ich habe mich ihm natürlich nicht anvertraut. Wo denkst du hin. Aus reinem Mitleid habe ich hin und wieder zu ihm hineingeschaut. Gegen ihn habe ich ja auch nichts. Nur gegen euer Verhältnis.«
»Man könnte es auch eine Liebesgeschichte nennen. Ist dir das nie durch den Kopf gegangen?« Donata hatte plötzlich genug; sie stand auf. »Erlaubst du, daß ich mich zurückziehe?« fragte sie mit übertriebener Förmlichkeit.
»So wie ich die Dinge sehe, habe ich dir weder etwas zu erlauben, noch zu verbieten.«
»Da hast du auch wieder recht. Gute Nacht, Schwester. Es wird uns beiden gut tun, die ganze Angelegenheit einmal zu überschlafen.«
Sie atmete auf, als sie in die unverbrauchte, unverqualmte Luft der Diele trat. Ein Auszug Silvias würde kein Verlust für sie sein. Sie hatte nach dem Tod ihres Mannes jahrelang allein gelebt und würde es wieder können. Die Schwester war seinerzeit genau so provisorisch bei ihr eingezogen wie jetzt Tobias. Sicher wäre es vernünftig, wenn auch herzlos, sie hinauszugraulen.
Auf keinen Fall würde sie sich in ihrem eigenen Haus Vorschriften über ihren Lebenswandel machen lassen.

Am Sonntagnachmittag kam Dr. Sebastian Müller. Er hatte sich telefonisch angemeldet, und Donata hatte ihn zum Tee eingeladen. Er erschien in einem sehr konventionellen grauen Anzug und brachte einen Koffer mit Habseligkeiten seines Bruders mit. Donata nutzte die Gelegenheit, ihn Silvia vorzustellen.

Den Tee nahmen sie in dem eleganten Speisezimmer ein, das Donata nicht besonders liebte, weil es keinen Ausblick zum Garten hatte. Aber die Bäume draußen begannen ohnehin kahl zu werden, und bei zugezogenen Vorhängen und dem warmen Licht der geschickt verteilten Lampen wirkte es durchaus behaglich. Die silbernen Dosen, Kannen und Kännchen schimmerten auf dem weiß gedeckten Tisch. Frau Kowalski hatte einen Teestollen gebacken und Donata hatte selber hauchdünne Scheiben Vollkornbrot und Pumpernickel mit Käse und mit frischen Kräutern gewürzten Gurken- und Tomatenscheiben belegt.

Sie hatte sich schick gemacht. Sie trug ein leichtes grünes Wollkleid – dasselbe, das sie einmal für Tobias im Büro hatte anziehen wollen und dann verworfen hatte – war sorgfältig geschminkt und hatte eine ihrer hübschen Perücken aufgesetzt. Silvia hatte ein leuchtend buntes Seidenkleid gewählt und sehr kräftiges Make-up aufgelegt.

Tobias, als einziger, war, in Jeans und Rolli, ausgesprochen leger gekleidet; es wurde ihm selbst bewußt, und er entschuldigte sich. »Immerhin bin ich ja noch Patient.«

»Und ich dachte, du spielst den Sohn des Hauses«, gab sein Bruder zurück.

Donata traf diese zynische Bemerkung wie ein Hieb; ihre Augen funkelten vor unterdrücktem Zorn.

Silvia lachte beifällig.

Tobias lächelte. »Zum Spielen«, behauptete er, »bin ich hier überhaupt noch nicht gekommen.«

Sie nahmen Platz, Donata schenkte Tee ein, und Silvia bot Kuchen und Brote an.

Sebastian trank einen Schluck Tee und sagte, mit fast widerwilliger Anerkennung: »Schmeckt ausgezeichnet.«

Tobias strahlte ihn an. »Habe ich selbst bereitet. Aber unterstelle mir jetzt, bitte, nicht, ich hätte den Küchenjungen gemimt.«

»Na, jedenfalls scheinst du zu deinem alten munteren Selbst zurück gefunden zu haben.«

»Ja, ich habe mich prächtig erholt«, stimmte Tobias ihm zu, »ich denke, diese Woche fange ich wieder an zu arbeiten.«

Donata erschrak. Sie wußte, daß es so kommen würde, aber sie hatte das Problem vor sich hergeschoben. Jetzt erkannte sie, daß sie unbedingt mit Tobias sprechen mußte.

»Erst gehst du zum Arzt«, bestimmte Sebastian.

»Aber wieso denn?«

»Um dich gesund schreiben zu lassen. Du hast es seinerzeit nicht mitbekommen, aber Doktor Koch hat mir das ans Herz gelegt. Er will auch noch ein EKG von dir machen. Mit dieser Art Grippe ist nicht zu spaßen.«

»Nun übertreib aber nicht! Als wenn ich nicht selber beurteilen könnte, ob ich gesund bin oder nicht.«

»Du wirst tun, was ich dir sage!«

Donata war Sebastians Meinung, aber sie sprach es nicht aus, weil sie vor den anderen nicht den Anschein erwecken wollte, Tobias zu dirigieren.

»Zu Befehl, großer Bruder, ganz zu deinen Diensten«, spottete Tobias.

»Daran ist durchaus nichts komisch.«

Silvia rührte heftig in ihrer Tasse. »Wie steht es mit einer Wohnung für unseren Patienten?« fragte sie, ohne Sebastian anzusehen. »Ich hoffe, Sie hatten Erfolg bei der Suche.«

»Aber, Silvia, das klingt, als könnten wir Tobias nicht schnell genug los werden.« Donata blickte Sebastian herausfordernd an. »Davon ist nicht die Rede.«
Sebastian hielt ihrem Blick stand. »Ich finde Frau Münsingers Frage durchaus berechtigt.« Er wandte sich Silvia zu. »Ja, ich habe etwas gefunden. Vielleicht ist es nicht ganz das, was der Junge sich vorstellt ...«
Tobias fiel ihm ins Wort. »Bitte, sprich nicht über mich, als wäre ich ein Halbwüchsiger!«
Sebastian hob mit einer resignierenden Geste beide Hände. »Tut mir leid, es kommt mir manchmal so vor.«
»Mach dich nicht lächerlich! Du bist nur drei Jahre älter als ich. Wenn man es genau nimmt, nur zwei Jahre und neun Monate.«
»Ich sagte ja, es tut mir leid.«
Donata war völlig klar, daß Sebastian mit voller Absicht immer wieder auf Tobias' Alter anspielte, aber ihr schien es klüger, sich nicht einzumischen.
»Was ist nun mit der Wohnung?« wollte Silvia wissen.
»Es ist eher eine Unterkunft, aber sie ist sehr sauber und recht komfortabel.«
Tobias runzelte die Stirn. »Unterkunft? Was soll das heißen?«
»Es handelt sich um einen Platz in einer Wohngemeinschaft. Durch einen besonderen Zufall wird er zum ersten Dezember frei. Ich habe ihn natürlich sofort für dich reserviert.«
»Und es stecken bestimmt ganz besonders nette tolle Typen drin, wie?« fragte Tobias. »Hörer von dir, nehme ich an.«
»Eine Wohngemeinschaft, das ist doch wirklich reizend!« rief Silvia. »Genau das, was junge Leute heutzutage ja so lieben. Ich gratuliere, Tobias. Das haben Sie gut gemacht, Doktor Müller.«

Sebastian lächelte, halb geschmeichelt, halb unbehaglich.
»Wie gesagt, es war ein Zufall.«
»Wenn du keine Lust hast, da einzuziehen, Tobias«, sagte Donata, »du brauchst es natürlich nicht.«
»Natürlich nicht«, stimmte Sebastian ihr zu, »niemand zwingt dich. Du hast ja auch Gelegenheit dich selber umzusehen. Aber es ist nicht einfach.«
Tobias machte ein unglückliches Gesicht.
»Aber das alles müssen wir ja nicht jetzt gleich entscheiden«, meinte Donata.
»Natürlich nicht. Aber sieh dir die Leute erst mal an! Sprich mit ihnen. Das sind Typen, mit denen du dich bestimmt verstehst.«
»Ich dachte, aus dem Studentenalter wäre ich jetzt glücklich 'raus.« murrte Tobias.
»Es wäre ja auch nur eine Übergangslösung.«
»Die Frage ist«, sagte Donata, »ob er die braucht. Ich finde, er kann bleiben, bis er etwas gefunden hat, das ihm wirklich zusagt.«
»Donata, du bist ein Schatz!« rief Tobias erleichtert und küßte ihre Hand. »Wenn ich dich nicht hätte!«
Silvia und Sebastian schwiegen.
»Ich verspreche dir, Sebastian«, fuhr Tobias eifrig fort, »ich werde mir das Ganze ansehen. Vielleicht gefällt es mir ja wirklich. Aber wenn nicht, dann bleibe ich einfach hier. Es ist euch doch recht?«
»Ja, Tobias«, sagte Donata und widerstand der Versuchung über den Tisch weg seine Hand zu berühren.
Die anderen schwiegen. »Ist irgend etwas dagegen einzuwenden?« fragte Tobias, jetzt drängend.
»Es wirkt etwas sonderbar«, sagte Sebastian, nach den richtigen Worten tastend, »wenn ein junger Mann bei seiner Chefin lebt, finde ich.«

»Aber wieso denn?« rief Tobias. »Mir kommt das ganz natürlich vor.«
»Das ist es absolut nicht«, erklärte Silvia scharf.
»Ist dir niemals der Gedanke gekommen«, fragte Sebastian, »du könntest Frau Beck kompromittieren?«
»Kompromittieren? Ich weiß nicht einmal, was das heißt!«
»Ihren Ruf schädigen.«
»Weil ich ein leer stehendes Zimmer in ihrem sehr großen Haus bewohne?«
»Stell dich bitte nicht dümmer als du bist.«
»Ich finde es rührend, Doktor Müller«, mischte Donata sich ein, »daß Sie so um meinen Ruf besorgt sind. Aber ich denke doch, daß ich ihn selbst verteidigen kann.«
»Normalerweise ganz gewiß. Aber im Augenblick – entschuldigen Sie, daß ich das so offen ausspreche – scheinen Sie beide mir nicht ganz zurechnungsfähig zu sein.«
»Damit treffen Sie den Nagel genau auf den Kopf«, stimmte Silvia ihm zu.
»Es wird, es muß zu Klatsch und Tratsch kommen.«
»Um so etwas habe ich mich noch nie gekümmert«, behauptete Donata.
»Es würde Ihnen also nichts ausmachen, wenn ein Artikel in der ›Abendzeitung‹ über Sie erschiene? Etwa unter dem Motto: ›Donata Beck, die erfolgreiche Architektin, scheint ihr Herz für die Jugend entdeckt zu haben! Wie man hört, lebt sie mit einem zwanzig Jahre jüngeren Mann zusammen‹.«
»So lange man mich als ›erfolgreich‹ bezeichnet, könnte ich es durchaus ertragen«, erwiderte Donata, »im übrigen sind es keine zwanzig Jahre.«
»Sie scheinen sich nicht darüber klar zu sein, daß auch Ihr Erfolg, an dem Ihnen doch so viel liegt, darunter leiden kann, wenn dieses Verhältnis erst public wird.«

Donata holte Luft. »Mein lieber Doktor Müller, ich glaube Ihnen kein Wort. Ich nehme Ihnen einfach nicht ab, daß Sie so besorgt um mich sind. Sie kennen mich ja kaum. Wenn Sie schon Ihre Kassandrarufe nicht unterdrücken können, warum sind Sie dann nicht wenigstens ehrlich? Es geht Ihnen ja nicht um mich, sondern um Ihren Bruder.«
»Aber mir geht es um dich!« rief Silvia und schob ihren Teller mit einem angeknabberten Stück Kuchen von sich. »Hat jemand was dagegen, wenn ich mir eine Zigarette anzünde?«
Da niemand sich dazu äußerte, tat sie es.
»Sie haben nicht ganz Unrecht, Frau Beck!« gab Sebastian zu. »Was wird man von Tobias denken, wenn sich herumspricht, daß er mit einer so viel älteren Frau zusammen lebt?«
»Ich lebe nicht mit Donata zusammen«, widersprach Tobias hitzig, »ich wohne nur hier. Ich habe ihre Privaträume überhaupt noch nie betreten.«
»Du weichst mir aus«, stellte Sebastian fest, »das ist nicht der springende Punkt.«
»Du willst wissen, ob ich sie liebe?«
»Übernimm dich nicht! So große Worte scheinen mir in diesem Fall nicht angebracht.«
»Aber genau das ist die Wahrheit! Ich liebe Donata, und sie liebt mich ...« Er unterbrach sich. »Jedenfalls mag sie mich. Und was die Leute darüber denken werden? Daß ich verdammtes Glück habe.«
»Sei nicht so naiv! Man wird dir vorwerfen, daß du dich in das gemachte Bett gelegt hast.«
»Es ist, wie es ist«, entschied Donata, »das alles geht nur mich und Tobias etwas an. Ich weiß, wie sehr Sie sich nach dem Tod Ihrer Eltern um ihn gekümmert haben, Doktor Müller, und ich bin Ihnen von Herzen dankbar dafür. Aber

wie sehr Sie auch immer auf seine Jugend anspielen mögen – er ist inzwischen Ihrer gut gemeinten Vormundschaft entwachsen.«
»Siehst du das auch so, Tobias?«
»Ganz genau. Ich selber hätte es nicht besser formulieren können.«
»Dann habe ich nichts mehr dazu zu sagen.« Sebastian stand auf. »Aber bilde dir nur nicht ein, daß du dich wieder an mich wenden kannst, wenn du in der Patsche sitzt, in die du unweigerlich geraten wirst.«
Tobias sprang auf. »Warum sagst du mir sowas? Wir sind doch Brüder. Wir werden Brüder bleiben, was immer auch geschieht.« Er schien nahe daran in Panik zu geraten.
»Du hast deine Wahl getroffen«, entgegnete Sebastian kalt.
»Es geht hier doch gar nicht um Grundsatzentschlüsse«, erinnerte Donata, »sondern nur darum, ob Tobias so lange hier wohnen kann, bis er eine anständige Bleibe gefunden hat. Um weiter nichts.«
»Dieser Ansicht bin ich nicht«, erwiderte Sebastian, »es sind hier Worte gefallen, die weit über dieses Thema hinaus gehen.«
»Das mag sein, und ich finde es sehr gut so. Fest steht, wir lieben uns ...«
»Oh, Donata!« Mit wenigen Schritten war er bei ihr, zog sie hoch und nahm sie in die Arme. »Das ist das erste Mal, daß du das zugibst.«
Sanft versuchte sie sich zu befreien. »... aber wie wir unser Leben gestalten wollen, das wissen wir nicht. Darüber müssen wir erst noch nachdenken. Ihr macht es uns nicht leichter, indem ihr gleich das Schlimmste heraufbeschwört.«
»Donata, heirate mich!«
Sie schüttelte stumm den Kopf und drückte ihm zwei Finger auf die Lippen.

Angewidert verzog Sebastian das Gesicht. »Du weißt nicht mehr, was du sagst. Wenn es ginge, würde ich dich entmündigen lassen.« Er wandte sich zur Tür. »Es war ein reizender Nachmittag«, sagte er voll bitterer Ironie, »aber jetzt entschuldigen Sie mich, bitte.« Als Tobias zu ihm eilte, fügte er hinzu: »Danke, ich finde schon allein hinaus.« Der Blick, mit dem er seinen Bruder maß, war voller Verachtung.
»Mir ist nicht gut«, sagte Tobias.
»Es war zu viel für dich.« Donata begann das Geschirr zusammenzuräumen. »Am besten gehst du nach oben und legst dich hin.«
»Aber du kommst doch zu mir?«
»Bestimmt. So bald du dich ausgeruht hast.«
Er küßte Donata, bevor er sich zurückzog.
Silvia zündete sich eine neue Zigarette an. »Sein Bruder scheint ein vernünftiger Mann zu sein«, behauptete sie.
Donata nahm die Kanne vom Stövchen und blies die Kerze aus.
»Er sieht das Unheil, das auf euch zukommt«, fuhr Silvia fort.
Immer noch schweigend trug Donata das benutzte Geschirr zum Speiseaufzug.
»Es kann mit euch beiden nicht gutgehen.«
»Muß es ja auch nicht«, sagte Donata endlich.
»Was soll das nun wieder heißen?«
»Welche Liebesgeschichte geht schon gut aus — außer in Romanen? Ist deine etwa gutgegangen? Haben Christian und Silvi bis jetzt Glück gehabt? Ich finde, man muß dankbar sein, wenn man der Liebe begegnet. Wie es später ausgeht, darauf kommt es doch nicht an.«

Der Arzt schrieb Tobias noch für eine Woche krank und ermahnte ihn, sich vorläufig zu schonen.
Tobias paßte das gar nicht. Er brannte darauf, wieder zur Arbeit zu gehen. Morgens stand er auf, um Donata beim Frühstück Gesellschaft zu leisten und ging dann Herrn Kowalski bei Arbeiten im Haus und im Garten zur Hand. Er fühlte sich vollkommen fit und tat, als könnte er Bäume ausreißen. Aber schon nach wenigen Stunden überfiel ihn Müdigkeit, und spätestens nach dem Mittagessen hatte er das Bedürfnis, sich hinzulegen. Er mochte die Schwäche Donata nicht zugeben, aber sie erfuhr es von der Haushälterin. Sie wußte auch, daß er, wäre er wieder ganz gesund gewesen, sich nicht hätte bremsen lassen.
Endlich, am Freitagmorgen, erklärte er: »Nun ist aber Schluß mit dem Faulenzen! Heute fahre ich mit dir ins Büro.«
Sie sah ihn an, und er wirkte auf sie gesund genug, etwas zu unternehmen. Dennoch sagte sie: »Heute? Am Freitag? Das wäre doch Unsinn.«
»Nein, gar nicht!« widersprach er. »Ich finde es ausgesprochen vernünftig mit einem kürzeren Arbeitstag zu beginnen. Und am Wochenende habe ich dann ja schon wieder Gelegenheit mich auszuruhen.«
Jetzt konnte Donata ihm nicht länger ausweichen; der Zeitpunkt war gekommen, ernsthaft mit ihm zu reden. »Ich weiß nicht«, sagte sie sehr vorsichtig, »ob es überhaupt klug ist, die Arbeit wieder aufzunehmen.«
Er verstand sie nicht. »Du machst wohl Witze!«
»Mir ist zu Ohren gekommen – bitte, bleib ganz ruhig, mein Lieber, es besteht kein Grund zur Aufregung –, daß im Büro über uns geklatscht wird.«
Seine blauen Augen verfinsterten sich. »Wer behauptet das?«

Sie hielt seinem Blick stand. »Stolze.«
»Na und?«
»Und er ist der Ansicht, daß das dem Betriebsklima schadet.«
»Unfug!«
»Das habe ich ihm auch erwidert, aber je länger ich über den Fall nachgedacht habe . . .«
Tobias sprang auf. »Dieser vertrocknete Bürokrat! Wie kannst du dir von dem etwas einreden lassen?«
»Ich habe, wie gesagt, darüber nachgedacht und bin zu der Ansicht gekommen, daß er nicht so ganz unrecht hat. Bitte, setz dich wieder! Den wilden Mann zu spielen hat wirklich keinen Sinn.«
Er blieb stehen. »Aber wir haben uns doch nicht schlecht benommen – Küßchen getauscht oder Händchen gehalten oder irgend so etwas.«
»Natürlich nicht. Niemand macht dir ja auch einen Vorwurf. Aber man hat es uns eben angemerkt.«
»Und wenn es so ist?« Langsam ließ Tobias sich auf seinen Stuhl sinken. »Du kannst doch in deinem eigenen Betrieb tun und lassen, was du willst.«
»Es wäre schön dumm von mir, in meiner eigenen Firma Unruhe zu stiften – oder denkst du etwa nicht?«
»Aber den anderen kann das doch ganz egal sein, und es ist ihnen auch egal.«
»Wilhelmina soll außer sich vor Eifersucht sein.«
»Wilhelmina? Der habe ich doch niemals Avancen gemacht.«
»Du hast mit ihr geflirtet.«
»Wie mit jedem Mädchen. Was ist schon dabei?«
Donata zündete sich eine Zigarette an. »Flirtest du wirklich mit jeder?« fragte sie erstaunt.
»Ja, natürlich. Die Netten erwarten das, und die weniger

Netten freuen sich um so mehr darüber. Das ist doch ganz harmlos.«
»Wilhelmina scheint dich jedenfalls mißverstanden zu haben.«
»Dann ist sie ein ganz dummes Ding.«
»Mag sein.«
Er nahm sich eine Zigarette, was er selten tat, und wirkte unglaublich jung, während er ungeschickt paffte: »Wieso streiten wir uns eigentlich wegen Wilhelmina?«
Obwohl das Gespräch ernst genug war, mußte sie lächeln. »Erstens streiten wir uns gar nicht, und zweitens geht es auch nicht um Wilhelmina. Sie ist ja nur Volontärin und hat nicht einmal einen Anstellungsvertrag. Ich könnte sie jederzeit entlassen.«
»Warum tust du es dann nicht?«
»Weil niemandem damit geholfen wäre. Stolze stört sich an unserer Beziehung.«
»Hat er denn das Recht dazu?«
»Leider ja. Er war von Anfang an mit dabei, kümmert sich um die finanziellen Aspekte der Firma ...«
»Das könnte ich auch!« fiel er ihr ins Wort.
»Du hast nicht seine Erfahrung.«
»Dafür denke ich modern und weiß, wie es heutzutage auf dem Baumarkt zugeht. Er ist doch verstaubt bis zum geht nicht mehr.«
»Er hat Geld in der Firma.«
Tobias runzelte die Stirn. »Ohne das du nicht auskommen kannst?«
»Doch. Im Notfall könnte ich eine Hypothek auf das Haus nehmen. Oder es auch verkaufen.«
Wieder sprang er auf. »Dein schönes Haus?« rief er entsetzt.
Sie drückte ihre Zigarette aus. »Es ist ja noch nicht so weit,

Tobias«, sagte sie beruhigend, »vielleicht wird es ja auch nie dazu kommen. Ich habe das nur erwähnt, weil ich denke, daß wir alle Aspekte berücksichtigen sollten. Tatsache ist: Entweder verzichtest du auf deine Stellung oder Stolze zieht sich und sein Geld aus der Firma zurück. Vor diese Entscheidung hat er mich gestellt.«

Schweigend trat Tobias an das Panoramafenster. Sie folgte ihm und blickte in den fast schon winterlichen Garten hinaus. Die Bäume und Büsche standen schon kahl, und nur das Holz der Terrasse schimmerte noch in seinem warmen, rötlichen Ton. Das Wasser im Becken lud nicht zum Baden ein.

»Sei nicht verzweifelt«, sagte sie, »das ist zwar eine blöde Situation, aber wir werden schon mit ihr fertig.«

Er wandte sich ihr zu. »Ich kann dich nicht aufgeben, Donata.«

»Das sollst du ja auch nicht. Wir werden eine andere interessante Stellung für dich finden, und privat zusammen sein können wir, so oft wir wollen.«

»Aber das ist nicht dasselbe.«

»Nein, das ist es nicht«, gab sie traurig zu, »ich hatte dich auch gern an meiner Seite.«

»Warum heiratest du mich nicht, Donata? Das würde alles ändern. Niemand wird mehr über uns klatschen, wenn wir erst Mann und Frau sind.«

Sie verbarg ihre Rührung hinter einem Lächeln. »Mein lieber Junge, das kann doch nicht dein Ernst sein.«

»Doch ist es das! Mein heiliger Ernst! Und nenn mich nicht Junge! Es ist schon schlimm genug, wenn du ›mein Lieber‹ zu mir sagst.«

»Das magst du nicht?«

»Nein, ganz und gar nicht. Nenn mich ›Geliebter‹ oder, von mir aus auch, ›Tobias‹.«

»Ich werde es mir merken.«
»Und — willst du meine Frau werden? Glaub nur nicht, daß ich auf dein Geld scharf bin. Wir können einen Ehevertrag machen, Gütertrennung vereinbaren.«
»Das steht ja jetzt gar nicht zur Debatte. Ich muß fort. Ich bin schon zu spät. Denk über das nach, was ich dir gesagt habe! Wir müssen zu einer Entscheidung kommen. Und glaub mir eines: Selbst wenn es uns gelingen würde, Stolze noch einmal umzustimmen — was ich übrigens nicht für möglich halte —, auf die Dauer könnte es nicht gutgehen.«

Jetzt, da sie die Situation endlich geklärt hatte, fühlte Donata sich dennoch nicht wohler. Es kam ihr vor, als sei sie Tobias gegenüber nicht fair gewesen. Sie hatte ihm die Sachlage so dargestellt, daß ihm keine Wahl blieb, als sich zu fügen. Anstatt mit ihm zu diskutieren, hatte sie ihn brutal überfahren.
Was hatte er ihren Argumenten entgegenzusetzen gehabt? Daß er es liebte mit ihr zusammen zu arbeiten. Oh ja, das tat sie auch! Aber wie es aussah, konnten sie sich gerade das nicht leisten.
Donata war deprimiert. Sie bedauerte Tobias, und sie bedauerte sich selber. Außerdem war sie wütend auf ihren Geschäftsführer. Hätte sich Stolze etwa in Wilhelmina verliebt, so hätte er wohl im Traum nicht daran gedacht ihr zu kündigen. Es wäre ihm egal gewesen, wenn alle im Büro davon wüßten — wenn nur seine Frau nichts erführe. Tausende von Männern machten es so und kamen damit durch. Aber ihr, nur weil sie eine Frau war, wagte er Vorschriften zu machen.
An diesem Morgen kam sie zu spät. Alle anderen waren schon da, und es fiel ihr schwer freundlich zu grüßen.
»Herr Stolze läßt Sie bitten zu ihm ins Büro zu kommen«, verkündete Frau Sforzi.

»Er war also ausnahmsweise mal pünktlich?« fragte Donata bissig.
Rosemarie Sforzi, die einen solchen Ton nicht gewohnt war, sah sie verwundert an.
»Bitte, melden Sie mich ihm!«
Stolze empfing sie in der geöffneten Tür, und sie reichte ihm lächelnd die Hand. — ›Du mußt dich zusammennehmen‹, beschwor sie sich, ›du bist Geschäftsfrau, du darfst dich nicht von deinen Gefühlen hinreißen lassen!‹ — »Bitte, entschuldige, Arthur«, sagte sie, »daß ich mich verspätet habe. Du weißt, das kommt selten genug bei mir vor.«
»Du denkst doch nicht etwa, daß ich dir einen Vorwurf deswegen mache?« erwiderte er aalglatt. »Dazu hätte ich nicht das mindeste Recht.«
»Stimmt schon.« Donata nahm gegenüber dem Schreibtisch Platz und schlug die Beine übereinander. »Aber es ist mir eben selber unangenehm.«
Stolze achtete auf seine Bügelfalten, während er sich setzte. »Wie ist es denn passiert?«
»Ich bin später als gewöhnlich losgefahren und dann auch noch prompt in einem Stau geraten.«
»Sowas soll vorkommen.« Er bückte sich, um seine Cognacflasche hervorzuholen.
»Doch nicht schon jetzt!« entfuhr es Donata.
Bedauernd sah er auf die Flasche, bevor er sie wieder wegstellte. »Wahrscheinlich hast du recht.«
»Wenn du meinst, daß es dir guttut ...«
»Das täte es sicher. Aber manchmal muß man auch verzichten können.«
Donata hätte gerne gefragt, ob er etwas Besonderes mit ihr zu besprechen wünschte; sie verbot es sich, weil sie es ihm nicht zu leicht machen wollte, sondern sah ihn nur mit weit geöffneten Augen erwartungsvoll an.

»Tja, Donata«, begann er endlich und strich sich mit dem Ringfinger über den Schnurrbart, »den Fall Tobias Müller hätten wir nun also glücklich gelöst.«

Diese Bemerkung erschien ihr völlig unsinnig, aber sie sagte erst einmal nichts dazu, weil sie etwas Ähnliches erwartet hatte.

»Die Frage ist nur«, fuhr er fort, »ob wir ihn gleich ersetzen oder bis zum Frühjahr damit warten sollen.«

»Ich verstehe dich gar nicht«, sagte sie.

»Spreche ich chinesisch?«

›Es läuft alles falsch, ganz falsch‹, dachte sie, ›und es ist unerträglich‹. — »Er hat doch nicht gekündigt.«

»Noch nicht. Aber das steht heute oder morgen zu erwarten.«

»Er ist krankgeschrieben, Arthur.«

»Mein liebes Kind, diese Krankheit ist doch nur ein Vorwand. Damit schafft er sich eine Atempause, um sich in ungekündigter Position nach einer anderen Stellung umsehen zu können.«

»Nein, das glaube ich nicht, Arthur.«

»Er hat gemerkt, daß er mit seiner Beziehung zu dir hier angeeckt ist — ich gebe auch zu, daß ich zuletzt nicht sehr freundlich zu ihm war —, und er hat die Konsequenzen daraus gezogen. Du mußt dich damit abfinden, Donata. Im Grunde ehrt es ihn ja.«

»Du irrst dich.«

Mit einem Lächeln entblößte er seine makellosen Zähne. »So seid ihr Frauen! Was euch nicht paßt, wollt ihr einfach nicht wahrhaben.«

Schon allein sein Ton ging Donata erheblich auf die Nerven. »Tobias ist krank«, erklärte sie mit Nachdruck, »das heißt: Er war es. Inzwischen ist er wieder auf dem Weg der Besserung.«

Sein Lächeln erlosch nicht ganz; es wurde zu einer schwachen zynischen Grimasse. »Und woher willst du das wissen?«
»Weil ich ihn in meinem Haus aufgenommen habe.«
Er verlor die Beherrschung. »Was hast du?«
»Brüll mich nicht an! Ja, du hast ganz richtig gehört. Er war sehr krank, hatte hohes Fieber und keine Unterkunft. Seine Freundin hatte ihn aus der Wohnung geworfen. Da habe ich ihn in einem meiner Gästezimmer untergebracht.«
»Donata, wie konntest du nur!«
Donata schob ihr Kinn vor. »Für mich war das ganz natürlich, und ist es immer noch. Wo sollte der arme Kerl denn hin?«
»In eine Klinik zum Beispiel.«
»Für eine Einweisung war seine Erkrankung nicht gravierend genug.«
Er begann mit den Fingern auf die Schreibtischplatte zu trommeln. »Und wer weiß darüber Bescheid?«
»Das handelt sich doch nun wirklich um mein Privatleben. Es geht dich nicht das Geringste an.«
»Wenn du deinen Ruf ruinierst?«
»Das ist doch Quatsch, Arthur, und du weißt es. Millionen Paare leben heutzutage unverheiratet zusammen, und niemand stört sich daran. Außerdem ist es ja nur vorübergehend.«
»Er muß aus deinem Haus, und zwar sofort.«
Donata hatte vorgehabt, ihm zu berichten, daß sie mit Tobias schon über seine Kündigung gesprochen hatte. Jetzt schien ihr das unmöglich. »Aus meinem Haus«, sagte sie böse, »und aus meiner Firma, ja? Am besten sollte er wohl ganz aus meinem Leben verschwinden?«
»Du sagst es.«

»Und warum?« Auch Donata wurde laut. »Nur wegen des belanglosen Altersunterschiedes.«
»Er ist alles andere als belanglos.«
»Doch, Arthur, ist er. Wir kennen Eheleute ...«
»Du sprichst von Ehe?«
»... die weit weniger zusammen passen. Sie haben nicht die gleichen Interessen, nicht den gleichen Bildungsgrad, den gleichen Humor, und doch kommen sie irgendwie miteinander aus. Bei Tobias und mir stimmt alles, nur das Alter nicht.«
»Aber das ist entscheidend! Verdammt noch mal, jetzt muß ich mir doch einen Schluck nehmen.« Er tauchte hinter seinem Schreibtisch unter.
›Anscheinend hast du es nötig‹, dachte Donata, sprach es aber nicht aus, weil sie den Streit nicht zu einer Schlammschlacht ausarten lassen wollte.
»Du auch?« fragte er, die Flasche schon in der Hand.
»Nein, danke.«
Er goß sich ein, leerte das halbe Glas auf einen Zug und schenkte gleich wieder nach, bevor er die Flasche verschwinden ließ.
Donata hatte die Gelegenheit genutzt sich wieder zu fangen.
»Hör mal, Arthur«, sagte sie jetzt ruhiger, »darf ich dich daran erinnern, daß Aline mehr als zwanzig Jahre jünger ist als du?«
»Das ist etwas ganz anderes. Sie ist meine zweite Frau. Ich war über Vierzig, als ich sie heiratete. Da war es doch nur natürlich, daß ich keine Gleichaltrige, sondern eine Jüngere genommen habe.«
»Ich bin auch über Vierzig, Arthur, und es kommt mir auch ganz natürlich vor, mit einem jüngeren Mann zusammenzusein.«
»Du machst mich noch wahnsinnig, Donata!«

»Das liegt nicht in meiner Absicht. Ich will nur erreichen, daß du meinen Standpunkt verstehst.«
»In zehn Jahren bist du zweiundfünfzig und dann ist er ...«
»Spar dir deinen Atem, Arthur. Rechnen kann ich genau so gut wie du. Aber wer weiß schon, wer von uns dann noch lebt? Es geht mir nicht um die Zukunft. Ich will jetzt mit ihm zusammensein, so lange er noch verliebt in mich ist.«
Er zündete sich eine Zigarette an, ohne ihr eine anzubieten.
»Und wie lange, denkst du, wird das dauern?« fragte er spöttisch.
»Das ist nicht vorauszusehen«, erwiderte sie gelassen, »und darauf kommt es auch gar nicht an. Tatsache ist: Ich bin glücklich mit ihm, und ich will dieses Glück genießen.«
»Auf Kosten der Firma?«
»Das sehe ich nicht so, Arthur, aber wenn es denn sein müßte: ja, auch das. Ich liebe meinen Beruf, aber er bedeutet nur mein halbes Leben. Ich bin ja nicht nur ein Arbeitstier, sondern ein ganzer Mensch, liebesbedürftig wie alle anderen, nicht anders als du auch. Von dir hat niemand private Opfer verlangt.«
»Ich habe niemals die Firma geschädigt. Für mich gibt es keine andere Frau als Aline.«
»Wirf dich bloß nicht so in die Brust! Du hast auch deine Schwächen.«
»Nicht, daß ich wüßte.«
»Sei nicht so ein Heuchler, Arthur! Du weißt doch selber, daß du zuviel trinkst.«
»Ich behalte immer meinen klaren Kopf.«
»Das kannst du gar nicht. Das kann niemand, der schon vor zehn Uhr morgens zur Flasche greift. Ich mache mir schon lange Sorgen deswegen. Aber ich habe nie etwas darüber gesagt, weil ich mir klar darüber bin, daß du nicht damit aufhören kannst.«

»Was soll das?« fragte er wütend. »Wie kommst du überhaupt auf dieses Thema?«
»Ich versuche nur dir vor Augen zu führen, daß du mit deinem übermäßigen Alkoholgenuß unsere Firma mindestens so sehr in Gefahr bringst, wie ich mit meiner nicht ganz konventionellen Liebe.«
Er grinste bösartig. »Dann können wir ja beide einpacken, wie?«
»Genau so gut können wir auch weitermachen — mit ein wenig Duldsamkeit von deiner Seite.«
»Ich denke nicht im Traum daran.« Er drückte seine Zigarette mit einer Heftigkeit aus, als gälte es einen Feind zu vernichten. »Ich weiß, was dieser Junge will. Dich hat er jetzt schon in der Tasche. Nicht mehr lange, dann wird er das große Wort hier führen. Zum Befehlsempfänger bin ich aber nun einmal nicht geboren. Ich scheide aus.«
»Daran«, erklärte Donata und warf den Kopf in den Nacken, »kann ich dich leider nicht hindern.«
»So ist es. Aber merk dir meine Worte: Er wird dich ruinieren.«
Donata stand auf. »Darauf lasse ich es ankommen.«
»Du warst immer schon eine Spielerin.«
»So? Findest du? Das ist mir noch gar nicht aufgefallen.« Sie lachte. »Aber wenn es so ist — bisher habe ich jedenfalls Glück gehabt, nicht wahr?«

Tobias stürmte heraus, als Donata nach Hause kam. Sie winkte ihm zu und fuhr in die Garage. Er folgte ihr.
»Was ist los?« fragte sie, während sie ausstieg.
Er umarmte sie heftig. »Ich hatte solche Sehnsucht nach dir.«
»Dabei bin ich früher dran als gewöhnlich«, erwiderte sie lächelnd.

Er küßte sie, und es war ihr, als hätten sie ein ganz verstohlenes Rendezvous; es war kein unangenehmes Gefühl.

»Ich habe für dich gekämpft!« berichtete sie atemlos, als er sie endlich freigab. »Du bleibst, und Stolze geht.«

»Oh, Donata!« rief er, freudig überrascht und wollte sie wieder in die Arme nehmen.

»Hier ist nicht der richtige Platz«, sagte sie abwehrend, »man kann uns womöglich von der Straße her sehen.«

»Dann schließen wir einfach das Tor«, sagte er und drückte auf den entsprechenden Knopf.

Doch sie nutzte die Gelegenheit in die Diele zu schlüpfen.

»Du bist eine Spielverderberin«, beschwerte er sich, als er sie eingeholt hatte.

»Und du ein Tollkopf«, gab sie zurück.

»Ich bin glücklich.«

Sie stellte sich auf die Zehenspitzen, gab ihm einen kleinen Kuß auf die Nase und bat: »Warte auf mich! Ich will mich frisch machen.«

»Kann ich dir dabei nicht Gesellschaft leisten?«

»Lieber nicht«, sagte sie bedenklich.

»Silvia ist nicht da, wie du bemerkt haben wirst.« Jetzt erst wurde ihr bewußt, daß das Auto ihrer Schwester nicht in der Garage gestanden hatte. »Und die Kowalskis kommen bestimmt nicht ungerufen.«

Sie hätte sagen können, daß sie müde war, sich nach einer heißen Dusche sehnte, einem Drink, und so war es wirklich, aber sein beschwörender Blick und sein zärtliches Lächeln waren die stärkeren Argumente. Also nahm sie ihn mit in ihren eigenen Schlafraum, den er zuvor noch nie betreten hatte. Aber er hatte nur Augen für sie und ließ es sich nicht nehmen, ihr beim Ausziehen zu helfen, obwohl sie sich dagegen wehrte, weil es ihr völlig ungewohnt war.

Er küßte sie vom Hals bis zu den Füßen und steckte seine große Nase schnuppernd in ihre Achselhöhlen. »Hm, riechst du gut!« behauptete er.
»Ich bin verschwitzt.«
»Du riechst nach dir. Geh bloß nicht mit Wasser und Seife dran.«
»Aber ich habe das Bedürfnis ...«
Er verschloß ihr den Mund mit einem Kuß. »Nachher«, flüsterte er dann, »nachher kannst du machen, was du willst.«
Er nahm sie auf ihrem riesigen Ehebett, in dem zuvor noch nie ein anderer als ihr verstorbener Mann mit ihr geschlafen hatte. Danach spürte sie weder den Wunsch nach einer Dusche, einem Drink oder einer Zigarette, sondern gab sich ganz dem Genuß hin, in seinen Armen zu liegen und sich an seine glatte Brust zu schmiegen.
Seine Lippen berührten ihre Stirn. »Zufrieden, Kätzchen?«
Sie gab ein paar schnurrende Töne von sich.
»So ist's recht, Kätzchen.«
»Nicht ganz«, murmelte sie.
Sofort war er hellwach. »Was soll das heißen? Habe ich was falsch gemacht?«
Sie reckte sich und küßte sein Kinn. »Du nicht. Ich.«
»Unsinn, Kätzchen. Du warst wundervoll.«
»Aber ich habe dich belogen. Als ich vorhin erzählt habe, ich hätte für dich gekämpft.«
Er richtete sich auf. »Hast du nicht? Und ich hatte mich schon so gefreut.«
»Reg dich nicht auf! Es stimmt schon: Stolze geht, und du kannst bleiben. Nur habe ich nicht darum gekämpft. Es hat sich so ergeben.«
Erleichtert ließ er seinen Kopf auf das Kissen zurück sinken. »Und wo ist da der Unterschied?«

»Ist dir das nicht klar? Ich war drauf und dran, ihn von deiner Kündigung zu informieren. Aber er war derart unausstehlich, daß es nicht dazu kam. Um die Sache einzurenken, hätte ich mich vor ihm demütigen müssen. Und dazu war ich denn doch nicht bereit.«
»Das hättest du mir nicht zu sagen brauchen.«
»Doch, mein ...« Sie stockte, beinahe hätte sie schon wieder ›mein Lieber‹ gesagt. »... Geliebter. Ich nehme es zwar mit der Wahrheit nicht immer ganz genau. Im Geschäftsleben darf man nicht zimperlich sein. Aber wir beide, wir sollten uns nicht belügen.«
»Du hast recht, Kätzchen. Die Vorstellung, daß du für mich kämpfst, hat mir zwar wahnsinnig gutgetan. Aber zu wissen, daß du so tapfer warst, ehrlich zu sein, ist doch noch ein besseres Gefühl.«

Am Sonntag kamen Christian und Klein-Silvi zu Besuch. Donata machte sie mit Tobias bekannt, und sie fanden es ganz in Ordnung, daß sie ihn bei sich aufgenommen hatte. Die drei kamen gut miteinander aus. Tobias flirtete mit Silvi, die das sichtlich genoß, und beim Brunch kam es zu munteren Gesprächen.
»Aus der Bude ›rausgeflogen‹«, sagte Christian, während er sein Ei aufklopfte, »oh, du Jammer! Ein Glück, daß mir sowas nicht passieren kann.«
»Da würde ich mir nicht so sicher sein!« gab Tobias zurück. »Außerdem war es keine Bude, sondern schon eine ausgewachsene Wohnung.«
»Doch, bin ich! Ich ziehe von vornherein nicht zu einer Freundin.«
»Manchmal glaube ich, er hat was gegen Frauen«, verkündete Silvi in einem Ton, als stellte sie das seltene Exemplar einer fast schon ausgestorbenen Rasse vor.

»Spinn dich aus!« entgegnete Christian mit brüderlicher Grobheit.
»Sonst würde er sich doch auch ein bißchen mehr um mich kümmern. Denkt euch, ich sehe ihn fast nur, wenn wir Tante Donata besuchen.«
»Du bist ja auch nur meine Schwester.«
»Nur seine Schwester! Hört euch das an!« Jetzt wandte sie sich ihm zu. »Du könntest schon mal mit mir ausgehen.«
»Wozu?« gab Christian zurück.
»Wie wäre es, wenn wir drei mal ins ›P eins‹ gingen?« schlug Silvi vor.
»Tut mir leid, Silvi«, erklärte Tobias lächelnd, »das ist nichts für mich. Ich mache mir nichts aus Discos.«
»Verstehe ich nicht.«
»Ich bin wohl über das Alter hinaus.«
»Im ›P eins‹ triffst du sogar Männer über dreißig.«
»Gehn wir lieber mal zusammen ins Kino oder vielleicht ins Theater oder zum Essen, ja?«
»Oh, gerne. Wann?«
»Ich rufe dich an«, versprach er und fügte hinzu: »So bald ich Zeit habe. Ich hoffe, du kannst dich kurzfristig freimachen.«
Sie strahlte ihn an. »Für dich bestimmt!«
Christian kam auf das vorherige Thema zurück. »Sag mal, warum hat deine Freundin dich eigentlich gefeuert?« erkundigte er sich.
»Eifersucht.«
»Ach so. Das hätte ich mir denken können. Eifersüchtig sind die Mädels immer.«
»Ich nicht«, behauptete Silvi.
»Du gerade«, widersprach ihr Bruder.
Nach dem Essen entschloß man sich zu einem Spaziergang in den nahe gelegenen Isarauen. In der Nacht zuvor hatte es

geschneit, und die Wege, Bäume und Büsche entlang des Flusses wirkten wie weiß überpudert. Die Sonne schien aus einem hellen, fast farblosen Himmel und gab der Landschaft Glanz.
Zufällig ergab es sich — möglicherweise hatte Silvi auch das ihrige dazu beigetragen —, daß die drei jungen Leute, Silvi in der Mitte, vorausgingen und die Schwestern ihnen folgten. Da Donata und Silvia Stadtstiefel mit hohen Absätzen trugen, wurde der Abstand immer größer.
Christian kratzte Schnee zusammen, nicht genug, um einen Ballen daraus zu formen, und steckte ihn Silvi in den Nacken. Sie schrie auf, schimpfte und lachte und revanchierte sich, indem sie versuchte, den jungen Männern das Gesicht zu waschen. Sich gegenseitig jagend und nach Schnee bückend, boten die drei ein fröhliches Schauspiel.
»Wie die Kinder!« meinte Silvia. »Und Tobias ist eines von ihnen.«
Donata schwieg dazu.
»Ist dir nicht aufgefallen, wie gut er sich auf Anhieb mit Christian und Silvi verstanden hat?«
»Warum sollte er nicht?« gab Donata gleichmütig zurück.
»Sie sind fast Altersgenossen, nicht wahr?« stichelte Silvia weiter.
Als Donata nicht darauf einging, fuhr sie fort: »Ich verstehe ja, daß er dir gefällt. Gerade weil er so jung ist. Trotzdem tätest du gut daran, die Finger von ihm zu lassen. Er gehört zu einer anderen Generation.«
Jetzt wurde es Donata zu dumm. »Weißt du Silvia, wenn ich mal einen Rat von dir brauche, werde ich mich vertrauensvoll an dich wenden. Bis dahin verschone mich bitte damit. Okay?«
Aber die Schwester mochte nicht aufgeben. »Du rennst in dein Unglück, Donata. Du fühlst dich noch nicht alt, ich

weiß es und, zugegeben, noch wirkst du jung. Aber du machst dir keine Vorstellung, wie schnell das mit dir bergab gehen kann. Wenn du erst in die Wechseljahre kommst ...«
»Die sind bei mir schon vorbei«, warf Donata trocken ein.
Unwillkürlich blieb Silvia stehen. »Was sagst du da?«
»Daß ich aus den Wechseljahren heraus bin. Jedenfalls vertritt Doktor Heide Hurler diese Ansicht.«
»Das wäre ja entsetzlich!«
»Aber wieso denn? Sind Wechseljahre etwas so Schönes?«
»Mach dich nur über mich lustig!«
»Jedenfalls bin ich froh, daß ich das hinter mich gebracht habe. Ziemlich früh, das stimmt schon, aber ohne jede Schwierigkeit.«
»Und ich habe gar nichts gemerkt.«
»Ich auch nicht. Das ist ja gerade das Gute.«
Vor ihnen hakte Silvi sich bei Tobias ein.
Als nähme sie sich ihre Tochter zum Beispiel tat ihre Mutter das Gleiche bei Donata. »Wenn es bei dir wirklich schon so weit ist«, sagte sie vergnügt, »brauchen wir über die ganze Angelegenheit gar nicht mehr zu reden. Dann ist es mit der Erotik sowieso bald aus. Ich wette hundert zu eins, daß dir diese Liebschaft in aller kürzester Zeit nur noch lästig sein wird.«
»Dann kannst du ja auch endlich aufhören dich darüber aufzuregen.«
»Er bleibt nicht in unserem Haus, nicht wahr?« fragte Silvia hoffnungsvoll. »Du schickst ihn fort?«
»Ja«, sagte Donata nur.
»Bravo, Donata! Endlich kommst du zur Vernunft.«
»Ich habe mir das gründlich überlegt. Es wäre nicht gut für ihn. Ein junger Mann braucht eine in sich abgeschlossene Wohnung mit separatem Eingang.«
»Damit er Freundinnen empfangen kann?« fragte Silvia schadenfroh.

»Ich dachte eher an Freunde.«

»Ich will mich nicht mit dir streiten, aber ein Kostverächter scheint er jedenfalls nicht zu sein. Auf meine Silvi ist er sofort angesprungen.«

Donata war der Meinung, daß, ganz im Gegenteil, ihre Nichte Tobias ganz unverhohlen Avancen gemacht hatte, aber sie sprach es nicht aus. »Wie schön für sie«, sagte sie nur.

»Du bist gar nicht eifersüchtig? Wirklich nicht? Das ist gut, das ist sehr gut – der Beweis dafür, daß deine Gefühle schon abgekühlt sind.«

Die jungen Leute waren an einer Weggabelung stehengeblieben. »Hier entlang?« riefen Sie. »Dorthin?« – »Oder gehen wir schon wieder zurück?« –

Sie blieben stehen und warteten, bis Silvia und Donata herangekommen waren. Dann berieten sie gemeinsam und konnten sich nicht recht einig werden.

Sanft, aber bestimmt befreite Tobias sich von Silvias Arm. »Ich schlage vor, daß wir uns trennen«, erklärte er, »Donata und ich gehen weiter die Isar entlang ...«

»Da komme ich mit!« unterbrach Silvi ihn.

»Na gut, dann nehmen Donata und ich ...« dabei grinste er sie fröhlich an »:... den anderen Weg.«

»Du willst mich loswerden?« rief Silvi empört.

»Um die Wahrheit zu sagen: ja. Ich habe für eine Weile genug von euch jungem Gemüse. Ihr seid mir zu aufreibend.«

»Armleuchter!«

»Was für ein häßliches Wort aus Kindermund!« Mißbilligend schnalzte er mit der Zunge und reichte dann lächelnd Donata die Hand. »Komm mit mir, Geliebte!«

Sie schlug ein und ließ sich von ihm mitziehen, während sie deutlich empfand, daß die anderen hinter ihnen herstarrten.

»Das war ziemlich hart«, meinte sie, als sie außer Hörweiter waren.
»Anders wäre ich sie nicht losgeworden!«
»Das kommt davon, wenn man das Flirten nicht lassen kann.«
»Hat es dich in Verlegenheit gebracht?«
»Nein, hat es nicht«, bekannte sie, »ich bin ja stolz auf dich.«
Er blieb vor ihr stehen und blickte ihr lächelnd in die Augen.
»Daß du mich eingefangen hast.«
»Ja, mein Geliebter. Ich weiß, es kann nicht für immer sein. Aber ich möchte dich so lange wie möglich behalten.«
Sie fielen sich in die Arme und küßten sich, ungeachtet dessen, daß sie nicht die einzigen Spaziergänger an diesem schönen Wintertag waren. Aber sie waren auch nicht das einzige Liebespaar, und so blieben sie unbeachtet. Es hätte ihnen aber auch nichts ausgemacht, wenn man mit Fingern auf sie gezeigt hätte. In diesem Stadium der Liebe war ihnen die Meinung ihrer Mitmenschen völlig gleichgültig.

Da Arthur Stolze noch einige Wochen Urlaub guthatte, zog er sein Geld zwar erst ultimo aus dem Architekturbüro Beck, verließ die Firma jedoch praktisch schon Mitte Dezember. Die finanzielle Regelung hatte Donata ganz ihm überlassen. Sie vertraute ihm trotz der jüngst aufgetretenen Spannungen vollkommen.
»Du wirst mir fehlen«, sagte sie beim Abschied, und sie meinte es ernst.
Er hatte eine Runde für alle Mitarbeiter ausgegeben, und jetzt waren sie allein in seinem Büro zurückgeblieben, in dem alle seine privaten Dinge schon ausgeräumt worden waren.
»Ach, die Buchhaltung schaffst du schon«, meinte er, »ob

dein junger Mann etwas davon versteht, möchte ich allerdings bezweifeln.«

»Er ist mehr Künstler, ja«, stimmte sie ihm friedfertig zu.

»Mein letzter Rat: Wenn alles schiefgeht, wurschtele nicht einfach weiter, sondern melde Bankrott an. Damit kommst du immer noch am billigsten davon.«

»Ich werde daran denken.«

Er seufzte. »Es fällt mir nicht leicht, hier wegzugehen.«

»Du tust es freiwillig«, erinnerte sie ihn.

»Nicht ganz. Du hast mich in eine Situation gebracht, die ...«

Sie fiel ihm ins Wort. »Nicht, Arthur, bitte nicht! Vorwürfe sind genug gefallen.«

Er schwieg und sah sie aus seinen trüben braunen Augen traurig an.

»Ich gebe ja zu«, fuhr sie fort, »daß meine Liaison vielleicht nicht klug ist, aber warum sie dich derart auf die Palme gebracht hat, verstehe ich immer noch nicht. Vielleicht ist ja alles in ein paar Wochen, ein paar Monaten vorbei. Hast du daran nie gedacht?«

»Es ist mehr, als ich ertragen kann.« Er wandte sich zur Tür und ließ sie stehen, ohne ihr auch nur Lebewohl zu sagen. Sein Abgang kränkte sie, ohne sie jedoch wirklich zu verletzen. In ihren Augen war Arthur Stolze einfach nicht mehr ganz zurechnungsfähig.

Damit kam sie der Wahrheit ziemlich nahe. Stolze lebte seit langem in der Furcht, von seiner Frau betrogen zu werden. Dafür hatte er zwar keinen Beweis, aber das Gefühl beherrschte ihn, seit seine Potenz nachzulassen begonnen hatte. Aline tat zwar so, als wäre ihr das ganz gleichgültig, sie gab sich liebevoll, heiter und ausgeglichen. Aber gerade diese Haltung beunruhigte ihn tief. Sie mußte sich, dachte er, das, was er ihr nicht mehr geben konnte, bei einem anderen Mann holen. Anders war für ihn ihre Zufriedenheit nicht zu erklären.

Er wagte nicht mit ihr über dieses Problem zu sprechen, machte manchmal einen Ansatz, brachte es aber nicht über die Lippen. Durch eine Aussprache, dachte er, würde ja nichts gewonnen sein. Sie konnte behaupten, Sex sei ihr gleichgültig geworden – woher würde er wissen, ob sie ihn nicht betrog? Schlimmer aber noch würde es sein – und das war es, was er eigentlich erwartete –, falls sie ganz offen zugab einen Geliebten zu haben.

Was hätte er dann tun können? Sie anschreien? Nutzlos. Sie verprügeln? Das war nicht seine Art. Sie aus dem Haus weisen? Ein teures Vergnügen. Wie immer er reagierte: Er würde sie verlieren. Es blieb ihm nichts übrig, als beide Augen zuzudrücken und stumm zu leiden.

So übertrug er die Wut, die er gegen seine Frau empfand, ohne sich dessen bewußt zu sein, auf Donata. Sie konnte er anfeinden, eine Hure nennen, von ihr konnte er sich trennen, ohne Angst vor der Vereinsamung. In seinen Augen war sie genau so schuldig wie seine eigene Frau. Er hielt ihr auch nicht zugute, daß sie, im Gegensatz zu Aline, niemandem zur Treue verpflichtet war. Ihr Mann war sein Freund gewesen, etwa in seinem Alter, und er unterstellte instinktiv und ohne Berechnungen anzustellen, daß Philipp, wenn er jetzt noch lebte, auch nicht mehr in der Lage sein würde, sie zu befriedigen. Selbst wenn sie noch verheiratet wäre, würde sie genau so vehement auf Tobias geflogen sein, unterstellte er. Dies alles machte er sich nicht wirklich klar, wie er auch die Situation seiner Ehe nicht begriff. Hätte Donata ihm auf den Kopf zugesagt, was mit ihm los war, so hätte er es vehement abgestritten. Aber sie wußte so wenig wie er selber, daß sie nur den Sündenbock für seine Frau spielen mußte.

Sie hätte es wahrscheinlich komisch gefunden.

Durch Stolzes Abgang entstand eine Lücke im Architekturbüro, die nur sie selber zu spüren bekam. Die Mitarbeiter hatten ihn nie als einen der Ihren empfunden, sondern eher als einen Aufseher, der sie kontrollierte.
Wohl oder übel mußte Donata jetzt seine Aufgaben übernehmen. Nur weil es praktisch war, setzte sie sich in sein Büro hinter den riesigen Schreibtisch und nahm sich die Unterlagen der einzelnen Unternehmungen eine nach der anderen vor. Noch während sie sie studierte, begriff sie mit Erleichterung, daß sie alle Einzelheiten genau im Kopf hatte. — ›Wozu habe ich ihn überhaupt gebraucht?‹ dachte sie. Aber das war eine dumme Frage, wie sie im gleichen Atemzug erkannte. Es war sein Vermögen gewesen, das der Firma Sicherheit verschafft hatte. Der Posten des Geschäftsführers war noch von ihrem Mann sozusagen erfunden worden, um Stolze einen Anreiz zu geben und das Gefühl, tatsächlich aktiv beteiligt zu sein.
Donata hatte nicht vorgehabt, seinen Büroraum zu übernehmen; er war ihr zu repräsentativ, ja, zu pompös erschienen. Ihr kleines Zimmer hatte ihr durchaus genügt.
Aber nachdem sie nun einmal in Stolzes überaus bequemen Ledersessel saß, dessen besonders konstruierte Lehne den Rücken entlastete, dachte sie um. In ihrem bisherigen Zimmer würde sich beim besten Willen kein Platz für all die Ordner mit den Verträgen und Bauunterlagen finden lassen. Warum also nicht hierbleiben, Schließlich war sie die Chefin. Das Grün einer Pflanze, vielleicht einer Palme, würde den Raum gleich wohnlicher machen, und wenn erst ihr Zeichentisch hier aufgestellt war, würde er sofort nur halb so groß wirken.
Sie stand auf, schraubte den Sessel, der einige Zentimeter zu hoch für sie gewesen war, herab und probierte ihn noch

einmal aus. Jetzt paßte er ihr wie angegossen. Wenn sie auch, wie sie dachte, nicht so eindrucksvoll wirken würde wie Arthur Stolze, würde sie hier doch sehr gut Kunden empfangen können.
Danach telefonierte sie mit Frau Sforzi und bat sie, ihren Zeichentisch hereinbringen zu lassen. Sie öffnete Günther Winklein und Tobias die Tür, die ihn wenig später brachten.
»Du willst also jetzt hier residieren?« erkundigte sich Tobias.
»Wärst du selber gern hier eingezogen?«
»Aber nicht doch, Donata. Ich bleibe lieber unter meinesgleichen.«
»Und was wird aus deinem früheren Büro?« fragte Winklein.
»Das kannst du übernehmen, wenn du es haben willst.«
»Mit dem größten Vergnügen. Danke, Donata. In meinem Alter hat man gern einen Raum, in den man sich wenigstens hin und wieder zurückziehen kann.«
»Es beruhigt mich, wenn du das so auffaßt«, sagte Donata, »ich hätte die anderen nämlich nicht gern ganz ohne Aufsicht gelassen.«
»Mir traust du also nicht zu, daß ich für Ordnung sorgen kann?« fragte Tobias.
»Darüber habe ich noch gar nicht nachgedacht«, erwiderte sie ausweichend, »aber jetzt, wo du mich darauf ansprichst – nein, ich glaube nicht, daß du der richtige Typ dazu wärst.«
»Und warum nicht?«
›Weil du dir noch keinen Respekt verschaffen kannst, und schon gar nicht bei den Frauen‹, hätte sie beinahe gesagt, aber dann erklärte sie, indem sie ihn liebevoll musterte: »Du bist zu sehr Künstler.«
»Ich nicht?« protestierte Winklein.

»Ach, ihr Lieben, macht mir doch nicht das Leben unnötig schwer! Als wüßtet ihr nicht genau, wie ich es meine. Helft mir lieber beim Umräumen. Wir müssen den Schreibtisch verrücken, denke ich. Am besten nach links. Den Zeichentisch stellen wir unter die rechte Daube.«
Sie machten sich an die Arbeit. Der schwere Schreibtisch hinterließ dort, wo er gestanden hatte, tiefe Druckspuren in dem grauen Teppichboden. Tobias machte sich sofort daran, sie mit einem Schlüssel aufzulockern.
»Du kannst ihm ruhig helfen, Günther«, sagte Donata, »ich täte es auch selber, wenn ich nicht diesen engen Rock anhätte.«
Während die Männer damit beschäftigt waren, die Druckstellen verschwinden zu lassen, schob Donata mit den Füßen den roten persischen Läufer zurecht, so daß er wieder vor dem Schreibtisch zu liegen kam. »Jetzt brauche ich nur noch meine Box mit den Stiften.« Da sie wußte, daß Tobias sie holen würde, bedankte sie sich bei Günther Winklein und verabschiedete ihn. Die Tür ließ sie offen.
Wenig später zog Tobias die fahrbare Box herein und plazierte sie neben dem Zeichentisch.
»Danke, Tobias.« Sie sah sich um. »Das Zimmer ist hübsch geworden. Sieht richtig gut aus, nicht wahr?« sagte sie zufrieden.
Er machte ein unglückliches Gesicht.
Sie streichelte ihm sachte über die Wange. »Glaub nur nicht, daß ich dich als Hilfsarbeiter ausnutzen will. Das war nur heute, ganz ausnahmsweise. Wenn ich auf diesen Umzug eingestellt gewesen wäre, hätte ich mir Jeans angezogen und alles selbst erledigt.«
»Das weiß ich doch«, behauptete er, aber seine Miene erhellte sich nicht.
»Aber?« ermunterte sie ihn.

Er rang sich ein Lächeln ab. »Was soll's.«
»Wir hatten uns versprochen, ehrlich zueinander zu sein«, erinnerte sie ihn.
»Wir können nicht jeden Gedanken miteinander teilen.«
»An deinen bin ich brennend interessiert. Also spuck's schon aus!«
»Du wirst mich auslachen.«
»Laß es darauf ankommen!«
»Nun also, ja ... schließlich ist es keine Schande ... ich hatte gehofft, daß wir hier zusammen arbeiten könnten.«
Sie war leicht konsterniert. »Im Ernst?«
»Ja, warum denn nicht? Wir brauchen nur einen Stuhl an die Schmalseite des Schreibtisches zu stellen.«
Sie fiel ihm ins Wort. »Dann könntest du als mein Sekretär durchgehen, wie?«
»Das natürlich nicht. Es würde nicht den Eindruck erwecken, wenn du nicht ...«
»Ich bitte dich, Tobias, was für eine Idee! Nimm Vernunft an!«
»Ich ahnte schon, du würdest mich auslachen.«
»Durchaus nicht, im Gegenteil. Ich bin betroffen.«
»Du weißt doch, wie gern ich mit dir zusammen arbeite.«
»Ich auch, Tobias. Aber ich will auch mal meine Ruhe haben. Genau wie Günther. Du hast das von ihm ja eben gehört.« Sie verzog den Mund zu einem Lächeln. »Wir sind übrigens im selben Alter.«
»Ja, wenn das so ist.« Er zuckte die Achseln. »Tut mir leid, daß ich überhaupt davon gesprochen habe.«
»Muß es nicht. Ich hatte dich ja dazu gedrängt.«
»Trotzdem – verzeih mir, bitte!«
»Was denn? Du hast ja nichts verbrochen. Aber wenn du jetzt nicht gleich aufhörst zu schmollen, werde ich ernstlich böse.«

»Ich bin bloß enttäuscht.«
Sie merkte, daß die Tür immer noch einen Spalt breit offen stand und drückte sie ins Schloß. Sie hatten zwar leise gesprochen, so daß nicht anzunehmen war, daß die anderen draußen hätten zuhören können. Falls es doch passiert war, konnte es eher für ihn als für sie unangenehm sein. Doch was sie ihm jetzt sagen wollte, war so privat, daß es keinen Außenstehenden etwas anging.
»Tobias, ich liebe dich sehr, und das weißt du.«
»Aber du zeigst es mir nicht.«
»Ich habe dir von Anfang an klarzumachen versucht, daß ich nicht bereit bin, mein Schlafzimmer mit dir zu teilen, und genau so halte ich es mit meinem Büro.«
»Aber wieso, Donata? Ich verstehe das nicht.«
»Ich brauche meinen Schönheitsschlaf. Ich will nachts allein sein, mich im Bett wälzen, wenn mir danach zumute ist, das Licht anknipsen können und lesen, ohne jemanden zu stören.«
»Na schön, das sehe ich ja noch ein. Aber warum kannst du dein Büro nicht mit mir teilen? Der Raum ist doch groß genug. Sogar ein zweites Zeichenbrett läßt sich ohne weiteres hineinstellen. Wir würden so viel Spaß miteinander haben, Donata!«
»Es geht hier nicht um Spaß, sondern um Arbeit. Ich muß mich konzentrieren können. Vielleicht wäre das noch möglich, wenn jeder an seinem Zeichentisch stünde. Aber ich schreibe ja auch. Zum Beispiel Artikel für die ›DBZ‹.«
»Für die ›Deutsche Bauzeitschrift‹?« wiederholte er etwas töricht.
»Du fragst, als hättest du nie davon gehört.«
»Im Gegenteil. Ich habe schon Artikel von dir gelesen, noch bevor ich dich kannte. Nur habe ich im Moment nicht daran gedacht.«

»Dein Fehler, Tobias. Ich kann nicht schreiben, wenn mir jemand über die Schulter sieht.«
»Ich würde ja nicht ...«
»Hör jetzt auf, Tobias, bitte! Ich will mich nicht mit dir streiten.«
Plötzlich änderte er seine Haltung; er entspannte sich sichtlich. »Wäre das denn so schlimm, Kätzchen?«
»Ich hasse sinnlose Auseinandersetzungen.«
»Aber wir könnten uns doch wieder versöhnen.«
Er zog sie an sich und küßte sie.
Sie gab ihm nach, spürte, wie sehr sie ihn liebte, ohne daß sie ihre Verärgerung ganz überwand.
Dann stemmte sie ihm beide Fäuste gegen die Brust und schob ihn von sich. »Auch das paßt mir nicht ins Konzept«, erklärte sie und versuchte ihre Absage mit einem zärtlichen Lächeln zu versüßen, »Liebesstunden während der Arbeitszeit.«
Er nahm es nicht ernst. »Ich weiß gar nicht, wie ich das wieder gutmachen kann.«
»Indem du dich sofort wieder mit deinem Entwurf für die Mehrzweckhalle beschäftigst.« Sie ließ ihn stehen und setzte sich hinter den Schreibtisch.
»Jawohl, Chefin«, sagte er mit mühsamem Spott.
Sie schlug einen Ordner auf und schenkte ihm keinen Blick mehr. Erst am Geräusch der zuschlagenden Tür merkte sie, daß er sie verlassen hatte. Sie lehnte sich bequem zurück und dachte nach.
Sie bedauerte, daß sie ihn verletzt hatte, aber sie bereute es nicht. Sein Wunsch, das Chefzimmer mit ihr zu teilen, war zu unvernünftig gewesen. Das Argument, das am entscheidensten dagegen sprach, hatte sie ihm nicht einmal vorgehalten. Den denkbar schlechten Eindruck, den es bei den anderen Mitarbeitern und auch bei den Auftraggebern

machen würde, wenn er, der als letzter in die Firma eingetreten war, hier bei ihr einzöge. Nein, das war ganz und gar unmöglich. Wenn es ihr nicht mehr gelingen würde, ihn in seine Schranken zurückzuweisen, würde sie ihn aufgeben müssen.
Das Herz wurde ihr schwer bei der Vorstellung auf ihn zu verzichten. Aber sie war entschlossen, wenn es notwendig sein sollte, einen Strich zu ziehen.

Gewöhnlich pflegte Donata in der Vorweihnachtszeit eines ihrer berühmten Dinner zu geben. In diesem Jahr entschloß sie sich nach reiflichem Überlegen, darauf zu verzichten. In den vergangenen Jahren hatten stets Arthur Stolze und Aline teilgenommen. Nach allem, was geschehen war, wollte sie sie nicht mehr dabeihaben. Sie jedoch zu übergehen, noch bevor die Trennung ganz vollzogen war, erschien ihr taktlos.
Auch war sie sich noch nicht im klaren, welche Rolle sie bei einer solchen Gelegenheit Tobias zuweisen sollte. Ihn als hoffnungsvollen jungen Mitarbeiter vorzustellen und ihn als Tischherrn einer möglichst attraktiven Dame einzuweisen, hätte auf der Hand gelegen. Aber sie fürchtete, daß ihm das nicht passen würde. Er war in diesem Punkt sehr verletzlich, wie sie festgestellt hatte. Also zog sie es vor, die fällige Einladung aufzuschieben, bis ihre Beziehungen sich eingespielt und die Wogen sich geglättet hatten.
Ein anderes Problem war, wie sie die Weihnachtsferien verbringen sollten. Tobias wäre gerne nach Kitzbühel oder St. Moritz zum Skifahren gereist. Es war ihm dabei nicht nur um den Sport gegangen, sondern, wie er zugab, auch um die Gelegenheit, endlich einmal vierundzwanzig Stunden und mehr mit ihr zusammenzusein.
Aber gerade davor schrak sie zurück. Sie war an einen

gewissen persönlichen Freiraum gewöhnt, auf den sie nicht verzichten wollte. Abgesehen davon, mochte sie sich auch nicht der Konkurrenz von Frauen aussetzen, die um die zwanzig Jahre jünger waren als sie selber. Sie war immer sehr sportlich gewesen, eine glänzende Skifahrerin, aber sie hatte es schon vor Jahren aufgegeben. Sie wußte nur zu gut, daß ihr ein von Wind und Wetter zu stark gerötetes Gesicht nicht mehr stand, genau so wenig wie die dunklen Ringe unter den Augen, wenn sie sich übernommen hatte. Sie haßte eiskalte Finger genau so sehr, wie verschwitzt zu sein. Da sie das alles schon zuvor gestört hatte, wäre es ihr an der Seite von Tobias unerträglich geworden.
Also lehnte sie ab.
Er war tief gekränkt, weil er sie nicht verstand. »Du siehst das ganz falsch«, versuchte er zu erklären, »niemand verlangt ja von dir, daß du dich verausgabst. Du tust, als müßtest du eine Abfahrt nach der anderen bewältigen. Aber das stimmt ja gar nicht. Es genügt, du rutschst einmal am Tag 'runter, wenn du gerade Lust hast. Oder du läßt es überhaupt, gehst einfach spazieren oder legst dich in die Sonne.«
»Während du dich mit den süßen Skihäschen auf der Piste amüsierst.«
»Aber das werde ich nicht! Es gibt keine andere Frau, für die ich mich interessieren könnte. Wenn du willst, verzichte ich ganz auf die Bretter und leiste dir Gesellschaft.«
»Das wäre ein feiner Wintersporturlaub für dich. Nein, nein Tobias, das kommt überhaupt nicht in Frage. Ich hasse es, wenn jemand mir Opfer bringt.«
»Ich würde so gern mit dir verreisen.«
»Ich ja auch«, behauptete sie, ohne sich bewußt zu werden, daß sie log, »aber nicht ausgerechnet zum Wintersport.«
»In der warmen Jahreszeit werden wir keine Zeit dazu haben.«

Diese Feststellung war zu wahr, als Donata ihr hätte widersprechen können. »Fahr du allein!« schlug sie statt dessen vor.
»Genau das will ich nicht. Wenn du nicht fährst, bleibe ich auch.«
Schließlich einigten sie sich darauf, daß sie in München bleiben, aber hin und wieder die Gelegenheit wahrnehmen würden, tagsüber nach Kitz zu fahren. Das schien beiden ein annehmbarer Kompromiß.
Aber ein bitterer Nachgeschmack blieb zurück. Sie erkannten, daß sie ihre außerberuflichen Interessen nicht völlig gleichschalten konnten. Tobias mußte durch seinen Verzicht ein Opfer bringen, und Donata war gezwungen es anzunehmen. Diese Erkenntnis setzte ihr zu.
Ein paar Tage später – sie waren wieder einmal die letzten im Büro – erklärte sie: »Tobias, ich habe es mir überlegt. Wir machen es mit dem Winterurlaub doch anders.«
Er hatte ihr gerade in den Mantel helfen wollen, jetzt ließ er vor Überraschung die Hände sinken. »Ja, wie denn?«
»Ich komme doch mit.«
»Hurra!« schrie er, ließ ihren Mantel zu Boden fallen und schloß sie in die Arme.
»Nicht so stürmisch!« wehrte sie sich. »Du brichst mir noch die Knochen.«
»Das werde ich schon nicht.« Er hielt sie weiter fest. »Kätzchen wie du sind nicht so leicht zu knacken.« Er hob sie hoch.
»Bitte, jetzt nicht. Du hast viel zu tun. Am besten, du fängst gleich damit an.«
»Womit?« fragte er erstaunt.
»Dich um ein Hotel zu kümmern. Das wird jetzt, auf den letzten Drücker gar nicht so einfach sein. Am besten, du fängst gleich damit an.«

»Und wo will mein Kätzchen hin?« fragte er, während er sie zärtlich wiegte.
»Der Ort ist mir ganz gleich, nur sollte es ein erstklassiges Hotel sein. Und wir brauchen eine Suite, zwei Schlafzimmer und einen Wohnraum, damit wir uns nicht auf die Nerven gehen.«
Er stellte sie auf die Füße. »Ich hätte mir doch denken sollen, daß ein Haken daran ist.«
»Nun werde nur nicht undankbar. Ich verschaffe dir ja deinen geliebten Wintersport, was willst du mehr? Aber um dir gleich den zweiten Haken zu nennen: Ich werde nicht skifahren, sondern mir statt dessen einen guten Tag machen. Abends gehen wir dann zusammen aus, tanzen oder so etwas, falls du nicht zu müde bist.«
»Ich werde auch tagsüber nicht von deiner Seite weichen.«
»Genau das, mein ...« Sie stockte. »... Geliebter, kommt überhaupt nicht in Frage. Ich verlange, daß du dich tüchtig austobst. Auf den Pisten, versteht sich.«
»Na ja«, sagte er, »ganz so habe ich mir das nicht vorgestellt.« Er hob den Mantel auf. »Du kommst also nur mir zu Gefallen mit.«
»Das denn doch nicht. Eine Luftveränderung wird auch mir bestimmt guttun. Und davon abgesehen: Eine traute Feier im Kreis meiner Familie reizt mich überhaupt nicht.« Sie wollte ihm den Mantel aus der Hand nehmen.
Aber er hielt ihn ihr wieder hin. »Du bist wirklich eine Frau, die weiß, was sie will.«
»Ja, und zwar daß du dich jetzt gleich ans Telefon hängst. Vom Büro aus ist es billiger.« –
Noch am gleichen Abend kam er mit einer Erfolgsmeldung nach Hause: Es war ihm gelungen, eine Suite im »Palace-Hotel« in Sankt Moritz zu reservieren.
Sie feierten dieses Ergebnis mit einer Flasche Champagner. Silvia war schon zu Bett gegangen.

So sehr sich Donata auch gegen eine Veränderung ihres Lebens sträubte, sie konnte nicht verhindern, daß es doch geschah.

Nach dem Tod ihres Mannes hatte sie sich zunächst aus dem Gesellschaftsleben zurückgezogen. Aber immer weiter waren ihr die Einladungen zu Partys, offiziellen Feiern, Ausstellungen und Premieren ins Haus geflattert. Eines Tages dann, aus keinem besonderen Anlaß, hatte sie sich doch entschlossen, wenigstens die wichtigsten Termine wahrzunehmen. Es war nicht so, daß sie diese Abwechslung wirklich brauchte. Tagsüber kam sie ganz ungezwungen mit sehr vielen Menschen in Berührung. Aber sich sehen zu lassen, nicht in Vergessenheit zu geraten, gehörte zu ihrem Geschäft. Natürlich geschah es immer wieder, daß man sie um einen kostenlosen Rat bat.

Herren im Smoking, die als millionenschwer bekannt waren, scheuten sich nicht davor zurück sie zu fragen: »Gnädige Frau, ich plane den Umbau meines Gartenhauses zur Garage. Wenn Sie mir da vielleicht einen Tip geben könnten.«

In solchen Fällen pflegte sie mit liebenswürdigem Interesse alles anzuhören, was ihr der andere über das Vorhaben zu sagen wußte, um dann endlich, womöglich noch liebenswürdiger zu erklären: »Ich müßte mir die Unterlagen ansehen, um wirklich helfen zu können. Am besten kommen Sie damit in mein Büro. Ich würde mich freuen.«

Manchmal hatte sie mit dieser Taktik Erfolg, meist allerdings blieb es bei dem Partygeplauder. Donata nahm das ohne Enttäuschung hin.

Wenn sie großes Glück hatte, konnte sie aber auch auf jemanden treffen, der tatsächlich gerade einen Architekten für irgendein Bauvorhaben suchte und es als einen Wink des Schicksals nahm, gerade auf sie zu stoßen. Auf diese Weise hatte sie sich schon einige Aufträge an Land gezogen. Obwohl die Münchner Gesellschaft aus einem Kreis ganz bestimmter Leute bestand, in den Außenstehende selten eindrangen, war eben doch der Erinnerungseffekt wichtig. Im Jahr nach dem Tod ihres Mannes hatte sie, trotz aller Einladungen, den Eindruck gehabt, ganz schnell in Vergessenheit zu geraten.

Zuerst war es ihr nicht leichtgefallen, wieder da anzuknüpfen, wo der Faden gerissen war. Früher hatte Philipp sich stets die Zeit genommen sie zu begleiten. Sie hatte ihn als ihren Schutz und Schirm empfunden. Es konnte niemals geschehen, daß sie einmal allein in einer Ecke stand, ohne daß sich jemand um sie kümmerte. Immer waren sie zusammen aufgetreten, und zusammen waren sie ein attraktives Paar gewesen.

Es hatte sie Überwindung gekostet — ein Gefühl, über das sie bald nur noch lächeln konnte —, ihre Hemmungen abzulegen. Sie war sogar nahe daran gewesen, ihre Schwester um Begleitung zu bitten, eine Idee, die sie dann bald wieder verwarf. Silvia war eine Frau, die stets Rücksichtsnahme erwartete, auf ihr Befinden und ihre Launen. Außerdem waren zwei Frauen, die unbeachtet irgendwo herumstanden, genau so arm dran, vielleicht noch ärmer, als eine allein. Nein, sie war gezwungen, auch auf dem Parkett die gleiche Selbständigkeit zu zeigen wie im Beruf.

Sie tat es, und es gelang ihr überraschend gut. Auf besonders hohen Absätzen, den Kopf mit einer ihrer hübschen Perücken geschmückt, elegant gekleidet und sorgfältig geschminkt trat sie auf, mischte sich in eine Gruppe von Freunden, verließ sie bald wieder, um sich nach anderen Bekannten umzusehen, versprühte Charme und erntete Bewunderung und beifälliges Gelächter. Der Alptraum, das fünfte Rad am Wagen zu sein, erfüllte sich nie.

Schon bald begann sie ihre Ungebundenheit zu lieben. Sie konnte gehen, wann immer sie wollte, bleiben so lange sie Lust hatte, sich mit jemandem verabreden, wenn ihr der Sinn danach stand. Das alles hatte es in ihrer Ehe nicht gegeben.
Aber jetzt war Tobias da, und das änderte alles. Zu Beginn ihrer Beziehung hatte sie noch nicht daran gedacht ihn mitzunehmen. Aber das hatte zur Folge, daß sie ihm auch nichts von ihren Erlebnissen erzählen konnte, schlimmer noch, er erfuhr es von anderer Seite.
»Du warst vorgestern auf der Heyne-Party«, hielt er ihr eines Tages vor.
Sie hatten sich gerade geliebt, sie lag noch in seinen Armen und war auf nichts weniger als einen Vorwurf gefaßt gewesen; sie zuckte förmlich zusammen. »Wie kommst du darauf?« fragte sie.
»Es stand in der ›Abendzeitung‹.«
»Ach so.«
»Du hast mir nichts davon gesagt.«
»Wozu auch.«
»Weil es mich interessiert.«
Besänftigend küßte sie seine Brust. »Ach, Liebling, du kennst doch diese Partys ...«
»Nein, Donata! Genau die Partys kenne ich eben nicht.«
»Sie sind nicht interessant«, behauptete sie, »weiß Gott nicht.«
»Warum gehst du dann doch hin?«
»Weil ich mich sehen lassen muß.«
»Und ich muß das nicht?«
»Nein, wirklich nicht. Dazu bist du noch nicht groß genug. Sei froh darüber.«
»Immerhin bin ich ein paar Jahre älter als Nathalie Heyne, und die war auch dort.«

»Hast du es etwa auf die schöne Nathalie abgesehen?«
»Abgesehen habe ich es nur auf dich, Donata, und das weißt du. Aber allmählich komme ich darauf, daß du mich nicht wirklich liebst.«
»Sag sowas nicht!«
»Sonst wäre es dir doch ganz selbstverständlich mich mitzunehmen.«
»Ich wußte nicht, daß dir das Spaß machen würde«, behauptete sie, und merkte selber, daß diese Erklärung mehr als lahm klang.
»Du hättest mich wenigstens fragen können.«
Sie begann, mit dem Zeigefinger Kreise auf seiner glatten Brust zu malen. »Ich dachte, du hättest deinen eigenen Kreis. Ich frage dich ja auch nie, was du vorhast, wenn du abends fortgehst, mit wem du ausgehst ...«
»Mangel an Liebe«, unterbrach er sie.
»Wäre es dir lieber, ich würde eifersüchtig sein?«
»Ein bißchen schon.«
Sie lachte. »Ach, mein Katerchen! Nur ein großer Kindskopf wie du, kann Eifersucht mit Liebe verwechseln.« Dann fügte sie ernster hinzu: »Du gehst ja auch gar nicht so oft aus, daß viel dahinter sein könnte.«
»Du bist dir meiner sehr sicher.«
»Leider überhaupt nicht.« Sie zitierte: »Du bist so jung, du bist so schön, aus deinen Augen strahlt das Glück ...«
»Ein Gedicht von Storm«, sagte er trocken, »kenne ich. Vielleicht siehst du mich so. Aber von dir kannst du bestimmt nicht behaupten, du wärst schon alt und müde.«
»Nein, tue ich nicht.«
»Warum hast du dann nicht den Mut dich mit mir sehen zu lassen?«
»Das ist keine Sache des Mutes.«
»Nein? Ist es nicht? Schade, das hätte ich gerade noch

verstanden. Dann nenne mir doch, bitte, den wirklichen Grund.«
»Verzeih mir, aber ich habe einfach nicht darüber nachgedacht. Seit Jahren bin ich es gewohnt allein auszugehen. Es ist mir nicht in den Sinn gekommen, dich um deine Begleitung zu bitten.«
»Du willst mich nicht dabeihaben, gib es doch zu!«
»Nein, das stimmt nicht«, widersprach sie, während sie noch überlegte, wieviel Wahrheit in seiner Behauptung steckte.
Er packte sie bei den Schultern und drehte sie zu sich um, so daß sie ihm ins Gesicht blicken mußte. »Heißt das, du nimmst mich von jetzt an mit?«
»Wenn du es wirklich willst.«
»Ich bestehe darauf.«
»Also gut — abgemacht.«
Sie küßte ihn auf den Mund und spürte, wie sein Begehren wieder erwachte.
Rasch löste sie sich von ihm. »Nicht doch, nicht doch, für heute ist's genug.« Sie schwang die Beine über die Bettkante. »Ich muß dich jetzt verlassen.«
»Bleib doch noch, Kätzchen! Wenigstens fünf Minuten.«
Sie zog sich ihren seidenen Hausmantel über. »Nein, mein Katerchen! Ich weiß, was aus solchen fünf Minuten werden kann. Schlaf gut und träume süß!« Von der Tür her warf sie ihm noch eine Kußhand zu, dann war sie draußen.
Sie hatte den Eidruck, von ihm überfahren worden zu sein. Er hatte sie in die Ecke gedrängt, so daß ihr nichts anderes übrig geblieben war, als ihm seinen Wunsch zu erfüllen.
Aber andererseits fand sie, daß er im Recht war. Wenn er ihr seine Jugend schenkte, sich nicht an ihren Jahren stieß, so durfte er wohl auch die Privilegien mit ihr teilen, die sie ihrem Alter und ihrer gesellschaftlichen Stellung verdankte.

Wie nicht anders zu erwarten war, machte Tobias sich gut als Donatas Begleiter. Sie beriet ihn in der Frage der Kleiderordnung, ansonsten wußte er selber genau, wie er sich zu verhalten hatte. Er unterstützte ihr Auftritte, drängte sich nie vor oder versuchte ihr die Schau zu stehlen. Sehr rasch wurde er akzeptiert, oder jedenfalls sah es so aus. Donatas Freunde boten ihm nicht gerade das Du an, aber sie ließen ihn auch nicht links liegen, sondern zogen ihn in ihre Gespräche mit ein.

Er galt als ein guter, repräsentabler junger Mitarbeiter Donatas, der es sich zur Aufgabe gemacht hatte, ihr, der alleinstehenden Frau, zur Seite zu stehen. Daß intime Beziehungen zwischen ihnen bestanden, ließen sie sich in der Öffentlichkeit nicht anmerken. Manche mochten es ahnen, andere schlossen es gerade wegen des Altersunterschiedes völlig aus. Aber alle verstanden, daß sie den intelligenten, gewandten jungen Mann gerne um sich hatte.

Am langen Samstag vor dem letzten Advent besuchten sie eine Kunstausstellung des Goldschmieds Eickelbaum in der Theatinerstraße. Obwohl heute, bei der Eröffnung, nur geladenes Publikum zugelassen war, herrschte eine drangvolle Enge. Donata hatte nicht vorgehabt lange zu bleiben; sie wollte sich nur sehen lassen. Aber die ausgestellten Schmuckstücke waren so faszinierend, daß sie nicht gehen wollte, bevor sie alles gesehen hatte. Ausnahmsweise schenkte sie den anwesenden Bekannten nur ein Lächeln und ein Kopfnicken, und ließ sich von Tobias einen Weg an den Vitrinen vorbei bahnen.

Ein breiter goldener Armreif, schlicht und sehr modern, gefiel ihr besonders. »Ist der nicht wunderschön, Tobias?« rief sie begeistert.

»Soll ich ihn dir zu Weihnachten schenken?«

»Untersteh dich! Wenn ich ihn haben will, kaufe ich ihn mir selber.«
»Ich habe irgendwo gelesen, daß Schmuck nur Spaß macht, wenn man ihn geschenkt bekommt.«
»Der Autor hat mich nicht gekannt. Außerdem mache ich mir gar nichts aus Geschmeide.«
»Stimmt nicht. Ich sehe doch, wie hingerissen du bist.«
»Wegen seiner Schönheit. Sieh nur diesen Anhänger! Ist er nicht ein Gedicht?«
»Aber trotzdem machst du dir natürlich nichts daraus«, spottete er.
»Ich muß nicht alles besitzen, was mir gefällt«, stellte sie richtig, »ich liebe zum Beispiel auch einige Gemälde von Picasso, besonders die aus seiner blauen Periode, aber nie würde ich mir einen ins Haus hängen, selbst wenn ich es mir leisten könnte.«
»Na, vielleicht ist das ganz gut so. Es würden bestimmt ein paar Monatsgehälter draufgehen, wenn ich hier zuschlagen würde. Soll ich dir etwas zu trinken holen?«
»Nein, danke. Gehen wir lieber anschließend ins ›Franziskaner‹ und trinken eine Weiße, ja?«
»Mit Vergnügen.«
Sie hatten ihren Rundgang, der eher ein mühsames Geschiebe gewesen war, beendet und bahnten sich einen Weg zur Tür. Als sie auf die Straße wollten, prallten sie fast gegen Anton Mittermeier, der gerade im Begriff war einzutreten. Der Baulöwe, groß und schwergewichtig, trug einen mit Pelz besetzten und wahrscheinlich auch gefütterten grauen Mantel.
Als er Donatas ansichtig wurde, lüftete er seinen Bowler, eine in München ganz unübliche Kopfbedeckung, und sagte mit übertriebener Bewunderung: »Aah, die schöne Donata!« Dann setzte er seinen Hut sofort wieder auf, weil

er wohl seine rasierte Glatze nicht dem Nordwind aussetzen wollte.

»Nett, daß wir uns hier treffen, Herr Mittermeier!« gab sie strahlend zurück. »Die Ausstellung ist einzigartig.«

»Trotzdem wollen Sie schon gehen?«

»Nachdem ich alles gesehen habe. Vielleicht komme ich an einem ruhigen Tag mal wieder.«

In Mittermeiers Begleitung, halb hinter seinem breiten Rücken versteckt, war ein zierliches, sehr junges Mädchen, das ungeduldig von einem Fuß auf den anderen trat.

»Nur nicht drängeln, Traudel!« beschwichtigte sie Mittermeier. »Oder willst du schon vorgehen?«

»Du hast die Einladung«, erinnerte das Mädchen und zog einen Schmollmund.

»Dann wart' es ab!« Er legte ihr den Arm um die Schultern und zog sie vor. »Das hier ist Traudel Wanninger, ein Mädchen, aus dem vielleicht noch mal was werden kann ... und du, Traudel, hast die Ehre, Frau Donata Beck kennenzulernen, die erfolgreichste Architektin der Bundesrepublik.«

»Freut mich«, bemerkte Traudel, durchaus nicht beeindruckt, und konnte sich nicht verkneifen, Tobias zuzulächeln.

Donata machte den Baulöwen und seine Freundin mit Tobias bekannt.

»Sie sind also der bemerkenswerte junge Mann, dem es gelungen ist, den alten Stolze aus dem Architekturbüro Beck zu drängen«, bemerkte Mittermeier, halb fragend.

»Ganz so war's nicht«, erklärte Donata hastig.

»Von mir aus hätte er bleiben können«, sagte Tobias.

»Sehr großzügig von Ihnen!« Mittermeier stülpte die Lippen vor.

»Es hat private Differenzen zwischen mir und Arthur

Stolze gegeben«, behauptete Donata, »mit denen Tobias Müller nicht das Geringste zu tun hat.«

Mittermeier hob die buschigen grauen Augenbrauen. »Ach, wirklich nicht?«

Traudel, die sich langweilte, wandte sich an Tobias. »Wie hat Ihnen denn die Ausstellung gefallen?«

»Prächtig. Sie werden Augen machen.«

Mittermeier nahm Donata beiseite; er stellte sich zwischen sie und die jungen Leute. »Ich kann Sie ja verstehen, Donata. Jugend hat immer ihren Wert, und man muß sich den Spaß etwas kosten lassen. Aber wenn ich Ihnen einen Rat geben darf ...«

»Ja, bitte?« – Donata, der an nichts weniger gelegen war, setzte eine bewundernde Kleinmädchenmiene auf.

»Passen Sie auf, daß Sie sich nicht ruinieren!«

»Ich glaube nicht, daß die Gefahr besteht.«

»Der gute Stolze wird Ihnen noch fehlen.«

Die jungen Leute unterhielten sich angeregt hinter seinem Rücken.

»Ich habe versucht ihn zu halten«, sagte Donata, »aber da war nichts zu machen.«

»Er hat halt nicht mehr das Zeug zu einem Platzhirsch.«

»Als Platzhirsch«, sagte Donata, »habe ich ihn, soweit ich mich erinnern kann, nie gesehen.«

»Na ja, er soll zu Hause auch so seine Schwierigkeiten haben.«

»Tatsächlich? Davon weiß ich gar nichts.«

»Sie sind halt immer noch sehr naiv, Donata.«

Donata lächelte. »So? Meinen Sie?«

»Zugegeben, Sie haben eine große Karriere gemacht. So etwas bringt den Menschen leicht dazu, seine Kräfte zu überschätzen.«

»Kann sein«, gab Donata zu, »daß ich wirklich dazu neige.«

»Also: Seien Sie vorsichtig!«
Die jungen Leute lachten.
Abrupt drehte er sich zu ihnen um. »Was ist denn hier so komisch?«
Traudel kicherte. »Herr Müller ist so witzig, er ...«
Mittermeier fiel ihr ins Wort: »... ist der geborene Alleinunterhalter. Habe ich mir schon gedacht.«
Traudels Lächeln erlosch. »Aber, Daddy, ein harmloser Spaß ...
»Nichts ist harmlos an diesem jungen Mann.« Er packte sie beim Arm. »Komm jetzt!« Auf der Schwelle vor dem Juweliergeschäft drehte er sich noch einmal u. »Denken Sie an meine Worte, Donata!«
Donata und Tobias blieben betreten zurück.
Sie fand als erste die Sprache wieder. »Gehn wir auf ein Bier?«
»Dazu habe ich die Lust verloren.«
»Auch recht. Fahren wir also nach Hause.«
Sie mußten sich gegen den Wind stemmen, als sie sich auf den Weg zur Tiefgarage machten.
»Was hat dieser Heini bloß gegen mich?« fragte Tobias, leicht verstört.
»Ich könnte jetzt sagen, daß du ein bißchen zu stark mit seiner Freundin geflirtet hast ...«
»Habe ich nicht, auf Ehre. Ich habe bloß versucht, sie ein bißchen zu amüsieren.«
»Glaube ich dir ja, Geliebter. Tatsächlich war er von vornherein gegen dich eingenommen.«
»Aber warum bloß?«
»Überleg mal!«
Sie hatten inzwischen die Straße überquert und die Passagen am Max-Josef-Platz erreicht, von denen aus der Abstieg in die Garage begann. Hier drinnen war es behaglicher.

Geschäfte mit eleganten Auslagen hielten den eisigen Wind ab. Leute hasteten oder bummelten vorbei, blieben betrachtend vor den Auslagen stehen oder betraten die Geschäfte. In einer Ecke saß ein verlumpter Bettler, den Hut auf den Knien.
»Hast du mal eine Mark?« verlangte Donata.
»Der hat bestimmt eine Sozialrente.«
»Ja. Sicher. Trotzdem.« Donata war stehengeblieben.
»Und er versäuft das Geld doch nur.«
»Soll er! So lange wir genug zu trinken haben.«
Tobias warf eine Münze in den Hut, die klirrend aufprallte. Donata zog ihn mit sich fort. »Mich stören solche Penner auch. Bei uns hat es niemand nötig, wirklich zu betteln. Aber andererseits machen sie mir doch ein schlechtes Gewissen. Weil es uns so gut geht.«
»Was hat Mittermeier dir gesagt?«
»Na, was schon?«
Jetzt war es Tobias, der stehenblieb. »Kannst du mir nicht endlich mal eine vernünftige Antwort geben?« fragte er heftig.
Donatas grüne Augen funkelten. »Schlag bitte einen anderen Ton an!«
Tobias hatte sichtbare Mühe seine Stimme zu dämpfen. »Dieser Mensch hat mich beleidigt, und du, anstatt mich zu verteidigen, steckst es einfach ein. Wie ein Schulmädchen hast du dagestanden und ihm zugehört, wie er mich madig gemacht hat – sag mir jetzt bloß nicht, das hätte er nicht getan! –, statt ihm energisch kontra zu geben.«
»Mittermeier spielt eine Rolle im Baugewerbe. Ich habe zwar noch nie einen Auftrag von ihm bekommen und werde wohl auch nie einen kriegen – trotzdem, er ist ein wichtiger Mann.«
»Das gibt ihm noch lange nicht das Recht über mich herzuziehen.«
»Hat er ja gar nicht, Geliebter.«

»Was denn sonst?«
Sie setzte sich wieder in Bewegung. »Er hat mich davor gewarnt mich zu ruinieren.«
Er hob die Stimme: »Dich von mir ruinieren zu lassen, wie?«
»Tobias«, sagte sie, »ich habe es mir deinetwegen mit Arthur Stolze verdorben. Das war nicht deine Schuld, ganz gewiß nicht. Aber es ist nun mal passiert. Ich kann mich aber deinetwegen jetzt nicht auch noch mit Mittermeier überwerfen. Es gibt bestimmt auch noch andere, denen du oder, sagen wir, unsere Beziehung, ein Dorn im Auge ist.«
»Was haben diese alten Knacker bloß gegen mich?«
»Genau das sind sie, denke ich. Und sie sehen in dir einen Jungen, der durchaus imstande ist, ihnen die eine oder andere der hübschen Miezen auszuspannen, in die sie so viel Geld investieren müssen, um sie bei der Stange zu halten. Außerdem hast du dich erdreistet, eine reife Frau wie mich zu bezaubern. Sie haben den Verdacht, daß du kassierst, wo sie zahlen müssen.«
»Aber das tue ich doch gar nicht.«
»Das wissen sie nicht.«
Sie hatten den ausgekachelten Gang erreicht, der ins Untergeschoß führte, und stiegen hinab.
»Du hast mich in eine unmögliche Situation gebracht«, beklagte er sich.
»Ich — dich?« Sie mußte lachen.
»Man wird glauben, daß du mich aushältst.«
»Nicht, solange du fleißig zur Arbeit kommst, keinen Luxuswagen fährst und kein Penthouse bewohnst.«
»Du verstehst mich nicht, Donata.«
»Doch, sehr gut sogar. Wir stecken beide im gleichen Schlamassel. Aber ist es denn wirklich so wichtig, was die anderen über uns denken, solange wir miteinander glücklich sind?«

»Wir können unserer Beziehung mit einem Schlag alles Fragwürdige nehmen.« Sie hatten inzwischen die Stufen und den langen Gang hinter sich gelassen und den Kassenraum erreicht. »Laß uns heiraten, Donata!«
Sie sah zu ihm auf. Er stand vor ihr, stark, groß und jung, einen sorgenvoll entschlossenen Ausdruck in dem glatten, vom Alter noch nicht gestreiften Gesicht, der gar nicht zu ihm paßte. Wieder konnte sie ein Lachen nicht unterdrücken.
»Was ist daran komisch?« fragte er verletzt.
»Bitte, bitte, nimm's nicht persönlich!« Sie legte ihm die Hand auf den Arm. »Es ist mir nur gerade eingefallen, daß dies dein dritter Heiratsantrag ist, und keiner war so unromantisch — vor dem Geldautomaten im Kassenraum einer Tiefgarage. Lach mit mir! Du hast doch Humor.«
Er blieb ganz ernst. »Mag sein, daß ich kein Talent dazu habe, meinen Antrag im richtigen Augenblick und der passenden Umgebung vorzubringen. Ich habe noch keine Erfahrung darin. Aber das ändert doch nichts an der Tatsache, daß ich recht habe. Es gibt nichts, was dagegen spricht.«
»Doch, Tobias, mindestens zehn gute Gründe. Bitte, erspare mir, sie dir aufzuzählen, denn du kennst sie selber.«
»Donata, ich ...«
Sie schob ihn beiseite, steckte den Parkschein und eine Geldmünze in den Automaten. Während der Automat arbeitete, wandte sie sich ihm wieder zu. »Dräng mich nicht. Tobias, ich werde darüber nachdenken.« Sie holte die Quittung und die Münzen und hängte sich bei Tobias ein. »Wir haben ja Zeit, Tobias. Wenn wir etwas haben, dann ist es Zeit, viel Zeit.«
Doch schon während sie ihn mit sich fortzog, meldete sich eine innere Stimme, die fragte: ›Stimmt das denn wirklich? Bleibt dir Zeit, Donata? Kann eine Liebe wie die deine denn von Dauer sein?‹

Aber sie ging nicht darauf ein, sondern erklärte forsch: »Wir haben doch ganz andere Probleme zu lösen. Ich habe mich nach einer Wohnung für dich umgetan, und ich glaube, ich habe schon das passende für dich in Aussicht ...«
»Die brauche ich gar nicht, wenn du mich heiratest!«
Ohne auf diesen Einwand einzugehen, fuhr sie fort: »... in der Werinherstraße, nichts Überwältigendes, zwei Zimmer, Küche und Bad, aber in zentraler Lage. Und dann müßtest du dich, spätestens zum Frühjahr hin, nach einem eigenen Auto umsehen.«
»Bevor ich dich kannte, bin ich mit meinem Fahrrad sehr gut zurechtgekommen.«
»Da warst du ja auch noch Student. Jetzt bist du Architekt, und zwar in fester Stellung.«
Sie waren die Treppe hinunter gegangen und tauchten jetzt in die Dunkelheit der Garage ein. Beide blieben stehen, um sich an die veränderten Lichtverhältnisse zu gewöhnen.
»Also, selbst als Mitfahrer bin ich dir lästig!«
»Absoluter Quatsch!« erklärte sie energisch. »Aber so gerne ich dich an meiner Seite habe — es kann doch mal vorkommen, daß ich nach Rosenheim muß, und du, sagen wir, nach Gröbenzell. Das schaffen wir nicht in einem Auto.«
»Dann leg dir doch einen Firmenwagen zu. Ich brauche kein eigenes Auto.«
Sie bemühte sich im Dämmerlicht seinen Ausdruck zu erkennen. Er wirkte hart.
»Dann bist du anders als andere junge Männer«, sagte sie.
»Merkst du das jetzt erst?«
Er wollte sie in die Arme nehmen, aber ihr war nicht danach zumute. Auch hier, in der Düsternis der Tiefgarage, fühlte sie sich noch in der Öffentlichkeit.
»Laß mich!« bat sie. »Wir wollen doch kein Schauspiel bieten.«

Er ließ sie sofort wieder frei, und sie tat zwei hastige Schritte auf die Fahrbahn, ohne darauf zu achten, daß sich ein Wagen in Richtung der Ausfahrt näherte. Er riß sie zurück, und der Wagen glitt vorbei.

»Ohne mich«, sagte er, »wärst du glatt unter die Räder gekommen, mein Kätzchen. Da siehst du, wie sehr du mich brauchst.«

»Ja, mein Katerchen, ich geb's ja zu!« sagte sie und gab ihm einen raschen Kuß.

Sie hatte zwar einen Schrecken bekommen, und ihr Herz schlug heftig. Dennoch dachte sie, daß der Wagen, der im Schrittempo gefahren war, doch wohl noch hätte rechtzeitig stoppen können, die Gefahr also nicht allzu groß gewesen war.

»Aber jetzt laß uns zusehen, daß wir rasch hier fortkommen.«

An diesem Abend saß Donata vor dem Spiegel und betrachtete lange und prüfend ihr ungeschminktes Gesicht. Obwohl ihre Haut, von der Kehle bis zum Haaransatz, glatt und gepflegt war, mußte sie sich zugeben, daß sie nicht mehr jung wirkte. Das lag nicht so sehr an den zarten Fältchen um die Lider oder den Lachfalten um die Mundwinkel, als an dem erfahrenen wissenden Ausdruck ihrer Augen. Aber sie gefiel sich so, wie sie heute war. Sie hätte nie mehr das unbedarfe Mädchen von puppenhafter Hübschheit sein mögen, das sie vor zwanzig Jahren gewesen war. Sie glaubte auch nicht, daß sie, wenn sie jetzt noch so wäre, Tobias gefallen hätte.

Nein, im Moment ergänzten sie sich, er, der jungenhafte Mann und sie, die gereifte Frau, ganz wundervoll. Wenn auch alle Welt anderer Meinung sein mochte. Sie waren ein Paar, das nicht nur, trotz aller Konflikte, blendend miteinan-

der auskam, sondern das sich auch zusammen sehen lassen konnte.
Aber wie würde es in zwei, drei Jahren sein! Wenn Falten aus den Fältchen geworden waren? Wenn ihr Kinn schlaff wurde? Nun gut, dagegen konnte ein geschickter Chirurg etwas tun. Aber niemand konnte verhindern, daß ihre Augen dann noch älter blickten, zynisch vielleicht oder hoffnungslos enttäuscht.
Jetzt fühlte sie sich noch mitten im Spannungsfeld des Lebens, aber konnte sie sicher sein, daß diese Lust ihr erhalten bleiben, daß sie nicht nachlassen würde?
›Nein‹, antwortete sie sich ehrlich.
Es war ein Wunder, daß Tobias sie liebte. Aber es konnte nicht von Dauer sein. Nein, sie konnte ihn nicht heiraten, und sie mußte ihm das klarmachen, damit er von diesem völlig illusorischen Ziel abließ.

Donata und Tobias hatten Glück mit ihrem Urlaub in St. Moritz. Im Oberengadin war schon Schnee gefallen, als sie eintrafen, und gleich am nächsten Tag konnte Tobias seine erste Abfahrt nach Corviglia unternehmen. Donata meldete sich im Kurhaus in St. Moritz-Bad an. Fast jeden Vormittag nahm sie dort eines der eisenhaltigen Bäder, nicht, weil sie sie nötig hatte, sondern weil sie fand, daß ein Übermaß an Gesundheit ihr nicht schaden könnte. Anschließend genoß sie die Massagen einer energischen, nicht mehr jungen Frau. Täglich ging sie auch spazieren, selbst wenn es schneite, und genoß die reine prickelnde Höhenluft.
Der See war auch schon zugefroren, und immer wieder geriet sie in Versuchung sich Schlittschuhe auszuleihen. Aber sie verzichtete dann doch, weil sie sich geschworen hatte, auf sportliche Aktivitäten zu verzichten.

Statt dessen unternahm sie Schaufensterbummel und erstand sogar das eine oder andere Kleidungsstück, das ihr besonders gefiel, obwohl ihr alles überteuert schien. Aber in München hatte sie so selten Zeit und Ruhe einzukaufen.
Wenn Tobias dann bei Einbruch der Dämmerung ins Hotel zurückkam, empfing sie ihn hübsch und ausgeruht im bequemen Hausanzug und ließ ihm gleich ein Bad einlaufen. Sie scherzten und alberten, während er in der Wanne saß, sie bewunderte seinen schönen männlichen Körper und schrubbte ihm den Rücken. Oft kam es vor, daß sie sich anschließend liebten, nicht so oft jedoch, daß es zur Gewohnheit geworden wäre.
Ihre Suite mit dem Blick auf den vereisten See und die ihn umschließenden Bergriesen war prachtvoll. Donata hatte das große, er das kleinere Schlafzimmer bezogen, dazwischen lagen der Wohnraum und das Bad. Morgens überließ sie es ihm, putzte sich nur die Zähne und frühstückte mit ihm zusammen noch im Hausdress. Erst wenn er zum Skifahren aufgebrochen war, machte sie sich schön und zog sich an.
Abends aßen sie mitten im eleganten Publikum im prunkvollen Speisesaal des Hotels. Er langte kräftig zu, während sie sich an die Salate hielt und sich ansonsten nur hie und da einen kleinen Happen nahm. Im sogenannten »Roten Saal« spielte allabendlich eine Combo auf, und oft benutzten sie die Gelegenheit miteinander zu tanzen. Seltener verließen sie das Hotel um im »Pinocchio« einzukehren, eine kleine Tanzbar, die sie besonders liebten. Wenn Tobias einmal besonders müde war, zogen sie sich auch gleich nach dem Essen in ihr Wohnzimmer zurück um fernzusehen.
Am Heiligen Abend war das ganze Haus weihnachtlich geschmückt, und in der Halle stand eine prächtige Tanne. Donata hatte daran gedacht, ein Tännchen in ihrem Wohn-

raum aufzustellen, sah aber dann doch davon ab. Sie waren ja keine Kinder mehr.

Lange hatte sie überlegt, was sie ihm schenken konnte ohne ihn zu beleidigen. Eine Armbanduhr oder ein Schmuckstück durfte es jedenfalls nicht sein. Endlich hatte sie sich für einen Prachtband über die großen Luxusliner entschieden, jene überwältigenden Ozeanriesen, die das Reisen zwischen Europa und Amerika möglich gemacht hatten, als es noch keinen Flugverkehr gab. Sie hatte das Buch schon in München erstanden und auf dem Grund eines ihrer Koffer, schön verpackt, mitgebracht.

Als sie sich für das Weihnachtsdinner umgezogen hatten, trafen sie sich, er im Smoking, sie im Abendkleid, im Wohnraum, um sich ihre Geschenke zu übergeben, beide auf eine Überraschung gefaßt. Sie hielt das große Buch hinter dem Rücken, bevor sie es ihm lächelnd überreichte. Im Gegenzug gab er ihr sein Geschenk, offensichtlich auch ein Buch, ebenso groß, nur anders verpackt. Sie bedankten sich, küßten sich, lösten die Bänder und das bunte Papier und stellten fest, einen Augenblick sprachlos, daß sie sich beide für den anderen das gleiche Buch ausgesucht hatten. Sie brachen in ein freudiges Gelächter aus.

»Ich kann deines umtauschen«, erbot er sich, als er sich endlich wieder gefaßt hatte, »ich habe den Kassenzettel noch.«

»Um keinen Preis«, erwiderte sie, »ich will es behalten. Für mich ist es ein Beweis, wie gut wir uns verstehen.«

»Wenn es dessen noch bedurft hätte!«

»Du hast recht!« gab sie zu. »Soll ich dir ein Geständnis machen? Ich erinnere mich nicht, je so glücklich gewesen zu sein wie mit dir.«

Er sah sie aus hungrigen Augen an. »Weißt du, was ich mir jetzt wünsche?«

»Nur zu«, erklärte sie heiter, »von mir aus lassen wir das Dinner sausen. Du weißt, daß ich mir sowieso nichts aus dieser Esserei mache.«
»Hexe!«
»Was habe ich denn getan?«
»Du willst mich in Versuchung führen, obwohl du weißt, daß mein Magen leer ist.«
»Dein Pech! Du hättest nicht damit anfangen sollen.«
Sie nahmen noch einen Aperitif, dann fuhren sie in gelöster Stimmung hinunter.
Nach den Feiertagen begann Donata sich zu langweilen. Sie sehnte sich nach ihrer Arbeit, wollte Tobias jedoch nicht zur Abreise drängen, wie sie es am liebsten getan hätte. Sie hatten sich vorgenommen, bis nach Silvester zu bleiben und, wenn es ihnen gefiel, sogar noch länger. In Bayern herrschte klirrende Kälte, auf ihren Baustellen gab es nichts zu tun, und für Notfälle hielt Günther Winklein die Stellung.
Gerade, als sie sich vorgenommen hatte, trotz allem offen zu Tobias zu sein und ihm den Grund ihrer wachsenden Nervosität zu erklären, sorgte ein Zufall für Abwechslung. Als sie eines frühen Nachmittags die Hotelbar betrat, um sich eine Tasse Kaffee zu bestellen, sah sie zwei Herren beim Kartenspiel. Ansonsten war der gemütliche, holzgetäfelte Raum leer und, bis auf den Tisch der Kartenspieler, schlecht beleuchtet. Die jungen Gäste waren beim Sport, die älteren lagen in der Sonne oder hatten sich auf ihre Zimmer zurückgezogen. Die beiden Herren gehörten zu der Combo, wie Donata wußte, und auch sie kannten sie vom Sehen her und standen höflich auf. Der Behäbige, Glatzköpfige war Bassist, der Kleine, Quirlige Schlagzeuger.
»Bleiben Sie doch sitzen«, sagte sie rasch, »lassen Sie sich

durch mich nicht stören!« Den Jungen hinter der Bar — er war wirklich noch ein Junge, augenscheinlich ein Ersatz für den eigentlichen Keeper — bat sie um einen Espresso.
Sie war von der Straße her gekommen und hatte Mütze und Handschuhe schon ausgezogen und in ihrer Schultertasche verstaut. Als sie jetzt ihre wattierte Jacke ablegen wollte, beeilte sich der Bassist ihr zur Hilfe zu kommen.
Nach so viel Liebenswürdigkeit wollte sie den Männern nicht den Rücken zudrehen, sondern setzte sich seitlich zur Bar. Die Espressomaschine zischte.
Der Schlagzeuger mischte, der Bassist hob ab und fragte:
»Sie fahren nicht Ski, gnädige Frau?«
»Nein. Ich beschränke mich auf Bäder, Massagen und Spaziergänge.«
»Hätte ich nicht gedacht.«
»Aber wieso nicht?«
»Heutzutage sieht man doch die seltsamsten Figuren auf den Pisten«, sagte der Schlagzeuger mit einem Blick zu ihr hin, der deutlich ausdrückte, daß er ihre schlanke Linie bewunderte.
»Ich hab's aufgesteckt«, erklärte Donata, »ich kann mir einen Beinbruch nicht leisten.« Der Junge stellte die kleine Tasse mit dem heißen schwarzen Getränk vor sie hin, und sie bedankte sich.
»Dann geht es Ihnen wie uns. Wir sind hier im Engagement.«
»Ja, ich weiß.«
»Und wir können nicht riskieren, daß es platzt«, fügte sein Kollege hinzu.
Donata kramte ihr Zigarettenpäckchen aus der Schultertasche, und ehe sie sie anzünden konnte, war der Bassist aufgestanden und gab ihr Feuer.
»Sie spielen sechsundsechzig?« fragte sie beiläufig.

»Zum Skat fehlt uns leider der dritte Mann.«
»Ich spiele Skat«, erklärte Donata impulsiv.
Das Gesicht des Bassisten hellte sich auf. »Und Sie würden uns die Ehre geben?«
»Aber mit Vergnügen!«
So kam es, daß Donata eine Beschäftigung gefunden hatte, mit der sie sich die Nachmittage vertreiben konnte. Während ihrer Zeit in der Schreinerei und am Bau, auch später noch als Studentin, hatte sie leidenschaftlich gern Skat gespielt. Später hatte sie es dann aufgegeben. Sobald sie jetzt die Karten in Händen hielt, war sie mit Feuereifer bei der Sache. Auch die Musiker waren höchst vergnügt, einen Partner gefunden zu haben, und die Stunden vergingen wie im Fluge.
Tobias, dem sie es ganz vergnügt gleich am ersten Abend erzählte, war nicht sehr begeistert, aber er war klug genug, seinen Unmut nicht zu äußern. Er mußte sich zugeben, daß dieser Zeitvertreib harmlos genug war. Es störte ihn jedoch – darüber war er sich selber nicht klar –, daß ihr Tag jetzt nicht mehr auf ihn gerichtet war, auf das Ziel ihn am späten Nachmittag zu empfangen, sondern daß die Gewichte sich verlagert hatten.
»Freust du dich denn nicht für mich?« fragte Donata.
»Ja, schon, natürlich, mein Kätzchen.«
»Aber?«
»Ich finde es schon ein wenig merkwürdig, daß du dich ausgerechnet in einem Höhenluftkurort in eine düstere Bar verkriechst.«
Sie lachte. »Luft habe ich hier schon mehr getankt, als für mich gut sein kann.«
Sie unterhielten sich im Wohnzimmer. Er war schon halb ausgezogen, hatte nur noch seine Skiunterwäsche an, und als Donata ihren Bericht begann, hatte er sich gesetzt.

Jetzt zog er sie zärtlich auf den Schoß. »Weißt du, was ich mir überlege ...« begann er.
Sie knabberte an seinem Ohrläppchen. »Du wirst es mir schon verraten.«
»... eigentlich genügt es mir morgens skizulaufen. Ich kann genau so gut auch mittags zurückkommen.«
Mit Schwung stellte sie sich wieder auf die Beine. »Jetzt auf einmal?«
»Ja, Kätzchen. Warum nicht?«
»Weil es gegen unsere Abmachung ist. Wir sind hierher gereist, damit du nach Herzenslust skifahren kannst.«
»Aber inzwischen bin ich gar nicht mehr so wild darauf.«
»Stimmt nicht. Gerade eben bist du ganz begeistert hier herein gestürmt.«
»Begeistert in deine Arme zu fliegen!«
»Nein, von dem schönen Tag, den du erlebt hast.«
Er merkte, daß er schon zu weit gegangen war, und daß sie ihn für albern gehalten hätte, wenn er aus so nichtigem Anlaß gekränkt oder eifersüchtig geworden wäre.
Also machte er einen Rückzieher und behauptete: »Es war ja nur ein Vorschlag, mein Kätzchen. Irgendwie hatte ich plötzlich den Eindruck, du würdest dich vernachlässigt fühlen.«
»Nein, überhaupt nicht. Nur das Nichtstun ist mir ein bißchen auf die Nerven gegangen. Aber los jetzt! Sonst wird das Badewasser kalt.«
Von nun an beeilte er sich mehr als sonst, abends so rasch wie möglich ins Hotel zu kommen, in der uneingestandenen Hoffnung, er könnte einmal früher auf dem Zimmer sein als sie. Aber das gelang ihm nie. Denn schon bevor die Bar sich zu füllen begann, mußten die Musiker sich umziehen, um rechtzeitig zur Teezeit auf ihrem Podium zu sein. So nahm das Spiel noch vor Einbruch der Dämmerung sein zwangs-

läufiges Ende. Für Donata hatte es dann meistens auch lange genug gedauert.

Donata und Tobias hatten auf ihrer ersten gemeinsamen Reise unter sich bleiben wollen. Trotzdem war es merkwürdig, saß sie überhaupt keinen Kontakt zu den anderen Gästen des Hotels fanden. Niemals wurden sie auch nur in ein Gespräch verwickelt. Es war nicht so, daß man sie schnitt. Ihr Gruß oder ihr Lächeln wurde jeweils freundlich erwidert. Das war aber auch schon alles.
In der ersten Woche ihres Aufenthaltes war Donata eines Vormittags auf eine Dame etwa in ihrem Alter getroffen, deren Gesicht ihr vom Speisesaal her vertraut gewesen war. Die Begegnung hatte sich in einer Boutique abgespielt, in der die Dame sich etwas einpacken ließ, während Donata gerade erst gekommen war.
Sie hatte gegrüßt und unbefangen gefragt: »Haben Sie etwas Schönes gefunden?«
»Oh ja! Eine Bluse aus reiner Seide. Champagnerfarben. Genau das, was ich mir schon lange gewünscht habe«, war die Antwort gewesen.
Die Verkäuferin hatte das gute Stück wenigstens so weit aus der Umhüllung gezogen, daß Farbe und Stoff zu sehen waren.
»Wirklich wunderschön«, bestätigte Donata. Sie begann sich umzusehen.
Die Verkäuferin hatte der Dame die Tüte gereicht und gleichzeitig Donata gefragt: »Haben Sie einen besonderen Wunsch?«
»Eigentlich nicht.«
Überraschend hatte die Dame das Geschäft nicht verlassen, sondern war zögernd stehengeblieben. Als Donata sich einige Pullover zeigen ließ, hatte die Dame endlich die

Frage, die ihr anscheinend am Herzen lag, vorgebracht: »Sagen Sie, ist der reizende junge Mann in Ihrer Begleitung eigentlich Ihr Bruder?«
»Wie kommen Sie darauf?«
»Ich habe so etwas läuten hören. Aber geglaubt habe ich es von Anfang an nicht.«
»Er ist einer meiner Mitarbeiter.«
»Ach so. Ja dann.« Die Dame wandte sich der Tür zu. »Grüezi mitnand.«
»Auf Wiedersehen!« hatte Donata ihr nachgerufen.
Kurz hatte sie resümiert, daß im Hotel über sie geredet wurde, aber sie hatte dieser Tatsache keine Bedeutung zugemessen. Auch daß die Dame es bei zukünftigen Begegnungen immer nur bei einem kurzen Gruß beließ, war ihr gleichgültig gewesen.
Es war ihr klar, daß sie und Tobias als Paar aus dem Rahmen fielen und für die anderen nicht leicht einzuordnen waren. Sie gehörten nicht dazu. Für die Gesellschaft der Jungen war sie zu alt. Tobias für die der Älteren zu jung. Zudem war das Publikum im teuren und luxuriösen »Palace« bürgerlich bis kleinbürgerlich. Die Reichen und Berühmten, der wirkliche Jet Set, in dem sie sicher kein Aufsehen erregt hätten, hatte sich in ihre eigenen, Tag und Nacht bewachten Villen in den Schweizer Bergen zurückgezogen.
Eines Abends beobachtete Donata im »Roten Saal«, daß ein sehr junges Mädchen, das zwischen Vater und Mutter saß, kein einziges Mal zum Tanz geholt wurde und immer verdrossener blickte. Sie bat Tobias, sich um die Kleine zu kümmern.
Er trat an den Tisch der Familie, verbeugte sich lächelnd und bat korrekt und höflich um einen Tanz.
Das Mädchen strahlte auf und machte schon Anstalten sich zu erheben, aber der Vater drückte auf ihren Arm und

erklärte: »Tut mir leid, aber meine Tochter ist noch erschöpft vom Skilaufen.«
Tobias schluckte die Kränkung. »Dann vielleicht ein andermal«, sagte er unerschüttert und zog sich zurück.
Zurück bei Donata erzählte er ihr, was passiert war.
»Vielleicht ist die Kleine wirklich zu müde«, meinte Donata.
»Unsinn! Warum wären sie dann mit ihr in den Tanzsaal gegangen?«
»Um die Musik zu hören, zuzusehen.«
»Glaube ich nicht. Es würde mich nicht wundern, wenn sie gleich am Arm eines anderen vorbeitanzen würde.«
Aber das geschah nicht. Niemand näherte sich mehr dem Mädchen, und eine halbe Stunde später verließ sie mit ihren Eltern den Saal. Tobias konnte sich also einreden, daß er gar nicht brüskiert worden wäre.
Aber Donata wußte nur zu gut, daß es doch geschehen war. Man hielt im Hotel ihren Freund zumindest für einen Bruder Leichtfuß, der sich von ihr, der älteren Frau, aushalten ließ. Sie beschloß, sich nun ihrerseits um die anderen Gäste überhaupt nicht mehr zu kümmern. Sie brauchte sie ja nicht. Sie hatte Tobias, und sie hatte ihre Musiker zum Skat. Das genügte ihr vollkommen. Sie war sogar froh, daß ihr keine Bekannten von München her über den Weg gelaufen waren.
Aber das Publikum von Sankt Moritz bestand natürlich nicht nur aus den Gästen des »Palace Hotels«. Es war Donata klar, daß Tobias auf den Pisten mit jüngeren Leuten aus bescheideneren Unterkünften zusammenkam, und sie gönnte ihm das Vergnügen. Doch hin und wieder überschnitten sich diese Welten, und dann wurde es schwierig.
So saßen sie eines Abends im »Pinocchio«, als eine junge Frau, ein weißes Pelzkäppchen keck auf der blonden Mähne, den schweren Ledervorhang, der die Kälte abhielt, beiseite schob und suchend in die Tanzbar blickte.

Sie stürmte auf ihren Tisch zu und rief laut, um die Musik der Band zu übertönen: »Ach, hier bist du also, Tobias! Ich bin so froh, daß ich dich endlich gefunden habe.« Sie knöpfte ihre Lammfelljacke auf.

»Guten Abend, Sybille«, sagte er ohne Enthusiasmus, erhob sich, half ihr aus der Jacke und reichte sie einem Kellner, der sie zur Garderobe trug.

›Eigentlich‹, dachte Donata, ›Sollte er uns bekanntmachen.‹ — Aber er tat es nicht, war der Situation offensichtlich nicht gewachsen, und Donata ihrerseits entschied sich dafür nicht einzugreifen, sondern abzuwarten.

Unaufgefordert und ohne Donata zu beachten, ließ sich Sybille an ihrem Tisch nieder. »Plötzlich ist mir eingefallen, daß wir ganz vergessen haben unsere Adressen zu tauschen. Kannst du dir sowas vorstellen? Das wäre ein schöner Schlamassel geworden!«

»Ich habe zur Zeit keine eigene Wohnung«, sagte Tobias; er war so verlegen, wie Donata ihn noch nie erlebt hatte.

»Aber ich!« Sybille beugte sich eifrig über den Tisch. »Ich wohne in München-Bogenhausen, Robert Koch Straße vierzehn, meine Telefonnummer ist ...« Sie unterbrach sich. »Sag mal, willst du dir das nicht besser aufschreiben?«

»Ich behalt's auch so.«

»Glaube ich dir nicht!«

»Ich brauche doch bloß im Telefonbuch nachzusehen, nicht wahr?«

»Wirst du es auch tun?«

Donata fand, daß es nun genug wäre. Sie legte ganz sacht, aber doch besitzergreifend ihre Hand auf seinen Arm. »Laß uns tanzen!«

Er sprang auf. »Mit Vergnügen!« Er zog sie mit sich auf das Parkett und schloß sie in die Arme. »Bist du mir böse?«

Sie schmiegte sich an ihn und sah lächelnd zu ihm auf.
»Warum sollte ich?«
»Du hast wirklich keinen Grund, das mußt du mir glauben. Es ist alles ganz harmlos. Sybille ist mit einer Freundin hier. Ich habe mit den beiden ein bißchen ... nun, ja, geflirtet. Aber ich hatte keine Ahnung, daß sie es auf mich abgesehen hat.«
»Mein armer unschuldiger Cherubin!«
»Ich war wie vom Donner gerührt, als sie hier hereinplatzte.«
»Das war nicht zu übersehen. Du hast nicht einmal daran gedacht, uns bekanntzumachen.«
»Natürlich. Du hast recht. Dann hätte sie gemerkt ...«
»Keine Sorge, sie merkt es auch so.«
»Es tut mir so leid, Donata!«
Sie legte ihm den Zeigefinger auf die Lippen. »Psst! Wir sind hierhergekommen, um uns zu amüsieren, nicht um zu diskutieren. Lassen wir uns das Vergnügen doch nicht verderben!«
Fünf Tänze hintereinander blieben sie auf dem Parkett, gaben sich dem Rhythmus der Musik und dem erotischen Genuß der Bewegungen hin, und als sie an ihren Tisch zurückkehrten, war die schöne Sybille verschwunden.

Wenige Tage nach Sylvester fuhren Donata und Tobias nach München zurück, bester Laune und mit dem Gefühl, neue Kraft getankt zu haben. Wegen der Hotelrechnung hatte es eine kleine Auseinandersetzung gegeben. Er hatte darauf bestanden zu gleichen Teilen zu zahlen, und sie hatte es schließlich dabei belassen, obwohl sie der Meinung gewesen war, daß er für sich allein ja nie und nimmer eine Suite gebraucht hätte. Aber sie war sicher, früher oder später eine Möglichkeit zu finden, ihm das zu viel gezahlte Geld auf die eine oder andere Weise wieder zurückzugeben. Voll Freude und Tatkraft waren sie beide bereit, sich auf neue Aufgaben zu stürzen.
Aber es gab keine. Der Auftrag für die Mehrzweckhalle, auf

den Tobias so viel Zeit und Energie verwendet hatte, war einem anderen Architekturbüro zugefallen. Der Umbau, an dem Günther Winklein gearbeitet hatte, war inzwischen fertiggestellt und bezahlt worden — dadurch war gerade so viel eingenommen worden, daß der Betrieb zwei Monate weiter laufen konnte. Der Bau des Pallenbergschen Hauses ruhte und konnte erst zum Frühjahr wieder aufgenommen werden. Das Gleiche galt für die »Mercator-Siedlung« in Rosenheim.
Neue Aufträge kamen nicht in Sicht.
Aber es kam noch schlimmer. Das Haus in der Wolfratshausener Straße, das für einen Brotfabrikanten namens Herbert Siebner erbaut worden war, hatte zwar termingerecht zum Herbst bezogen werden können, die letzte Rate des Honorars war aber noch nicht bezahlt worden. Statt dessen lag ein Brief auf Donatas Schreibtisch, in dem Siebner sich über Mängel am Bau beklagte und mit einem Prozeß drohte.
»Was wirst du tun?« fragte Tobias ganz erschüttert.
Sie zuckte die Achseln. »Versuchen, zu einer gütlichen Einigung zu kommen.«
»Hast du das nötig?«
»Was willst du damit sagen?«
»Sind diese Mängel vorhanden? Und sind sie wirklich so gravierend, daß er sich vor der Zahlung drücken kann?«
»Weder noch. Aber ein Prozeß würde eine teure und langwierige Angelegenheit werden. Es müßten Gutachten gemacht und Gegengutachten vorgelegt werden, und wie es ausgehen würde, weiß man nie.«
»Und das weiß dieser Siebner auch, also ist er doch ein Gauner!«
So verärgert sie selber war, mußte sie über seine Empörung doch lächeln. »Er ist ein ganz normaler Geschäftsmann.

Wenn der Bau erst steht, wissen die meisten Kunden nicht mehr, wozu sie einen Architekten überhaupt gebraucht haben.«

»Das ist doch keine Entschuldigung!«

»Nein, sicher nicht. Aber doch eine Erklärung. Wer ein neues Haus bezieht, ist meist knapp bei Kasse. Hypothekenzinsen sind zu zahlen, und man braucht neue Möbel, um sich einzurichten.«

»Das kann auf diesen Siebner doch nicht zutreffen – ich meine, der muß doch Geld wie Heu haben.«

»Die reichsten Leute, mein Lieber«, sagte sie resigniert, »sind meist auch die geizigsten. Außerdem ist es nicht ausgeschlossen, daß Siebner sich an mir rächen will.«

Seine tiefblauen Augen weiteten sich vor Erstaunen. »Rächen? Wofür?«

»Ursprünglich wollte er ein ausgebautes Dachgeschoß. Aber das haben die Behörden uns nicht genehmigt. Er bestand trotzdem darauf und hatte den Baumeister schon auf seine Seite gebracht. Aber da konnte ich nicht mitziehen, verstehst du?«

»Wäre es nicht schwarz zu machen gewesen?«

»Ja, natürlich. Doch bei der behördlichen Abnahme des Baus wäre die Sache mit Sicherheit aufgeflogen. Das hätte Abriß bedeutet oder eine hohe Geldstrafe oder sogar auch beides. Siebner wäre noch verärgerter auf mich geworden, und mein Ruf als Architektin hätte Schaden genommen. Ich saß also in einer ziemlichen Zwickmühle. Wenn ich es mir recht überlege: Schon damals sah ich Unheil auf mich zukommen.«

»Eine scheußliche Geschichte«, sagte er teilnahmsvoll.

»An so etwas muß man sich in unserer Branche gewöhnen.« Sie lachte auf. »Überleg's dir gut, Tobias! Vielleicht willst du doch lieber noch umsatteln.«

»Nie und nimmer.« Er wollte sie in die Arme nehmen, verbot es sich dann aber, weil er wußte, daß sie Vertraulichkeiten während der Arbeitszeit nicht mochte, auch wenn sie, wie gerade jetzt, allein in ihrem großen Büro waren.
Sie hatten beisammengestanden; nun nahm sie hinter ihrem Schreibtisch Platz.
Obwohl er ein Zeichen dafür sah, daß er entlassen war, konnte er sich noch nicht entschließen zu gehen. »Und du willst wirklich klein beigeben?«
»Nicht sofort. Man muß solchen Haien die Zähne zeigen. Erst werde ich mein Honorar anfordern und ihm zu verstehen geben, daß ich einem Prozeß mit Gelassenheit entgegensehe. Bitte, schick mir jetzt doch Frau Sforzi herein.«
Es wäre gut gewesen, wenn ihr Artikel über das Haus in der Wolfratshauser Straße in der »DBZ« erschienen wäre. Das hätte Siebner mit Sicherheit stolz gemacht. Donata hatte fest damit gerechnet. Der Bau war interessant genug, sie hatte ihn selber abgelichtet und mit großer Genauigkeit beschrieben. Aber sie hatte ihn mit dem schlichten Vermerk »zu unserem Bedauern für eine Veröffentlichung nicht geeignet« zurückerhalten. Das war ihr noch nie passiert, und sie hatte den Verdacht, daß die Ursache zu dieser Ablehnung in ihrem Lebenswandel liegen könnte. Der Redakteur, der ihre Beziehung zur »DBZ« darstellte, war jedenfalls ein verknöcherter alter Junggeselle, dem eine solche Prüderie wohl zuzutrauen war.
Donata wollte sich nicht lächerlich machen, indem sie in sein Büro stürmte, protestierte und Rechenschaft forderte. Aber irgendwann, irgendwo würde Dr. Graaf ihr schon über den Weg laufen, und dann würde sie ihn zur Rede stellen. Dazu war sie entschlossen.
Mit Tobias sprach sie nicht darüber.

Einen Lichtblick in dieser Zeit der Enttäuschungen brachte der Besuch des Ehepaars Strutzinger. Er, Oberstudienrat, mochte um die Fünfzig sein, sie, kaum jünger, hatte ein kleines Grundstück in einem oberbayerischen Dorf geerbt. Sie hatten für die Beratung und Planung das Architekturbüro Donata Beck gewählt, weil sie zufällig ebenfalls in der Schlierseestraße wohnten.
Donata mußte sich Mühe geben, nicht allzu deutlich zu zeigen, wie sehr sie sich über einen möglichen Auftrag freute. Es kam zu dem üblichen ersten Gespräch. Sie fertigte eine Skizze nach den Wünschen und Vorstellungen der potentiellen Kunden an. Das Haus sollte zwei Wohnungen enthalten. Das Erdgeschoß sollte für das Ehepaar bestimmt sein, der erste Stock für den schon erwachsenen Sohn, der erst allein, später womöglich mit einer Frau dort einziehen sollte. Donata deutete an, daß das junge Paar wahrscheinlich besser unten untergebracht sein würde, zumal ein Kindersegen doch nicht auszuschließen war. Aber als sie merkte, daß der Studienrat das Treppensteigen vermeiden wollte, schwenkte sie sofort auf die vorgeschlagene Linie um. Wie die Strutzingers später das Haus zwischen sich und der Familie des Sohnes teilen wollten, war schließlich allein ihre eigene Sache.
Mit ihnen fuhr sie zur Besichtigung des Baulandes hinaus. Das Grundstück war klein, aber, da nahe München gelegen, sehr wertvoll. Der Charakter der umliegenden Häuser war ausgesprochen ländlich, und Donata war klar, daß sie sich diesem Stil anpassen mußten, wollten sie die Baugenehmigung bekommen. Das Ehepaar Strutzinger war damit vollkommen einverstanden.
Anschließend traf man sich im Konferenzraum. Frau Sforzi und Wilhelmina hatten Getränke bereitgestellt. Tobias stieß dazu, Donata machte ihn bekannt. Er legte die Mappe mit

den Formularen nach der Vertragsordnung für Architekten und Ingenieure griffbereit vor sich auf den Tisch.
Aber im Augenblick, da er sie öffnen wollte — es war der »magische Augenblick«, wie Donata und Arthur Stolze ihn unter sich genannt hatten — begannen die Eheleute miteinander zu tuscheln.
Donata ahnte Unheil und sah Tobias warnend an. Er zog die Hand vom Schloß der Mappe zurück.
Der Oberstudienrat setzte sich aufrecht hin. »Ich glaube, wir sollten uns die Angelegenheit doch noch einmal überlegen«, erklärte er ohne Verlegenheit.
»Unsereiner baut ja nur einmal im Leben, nicht wahr?« fügte seine Frau hinzu.
»Sehr richtig«, erklärte Donata, denn sie spürte, daß Überredungskünste hier nichts nutzen würden.
Tobias wollte protestieren, hielt dann aber doch wohlweislich den Mund.
»Wie gut, daß Sie das verstehen!« rief die Frau des Oberstudienrates erleichtert.
»Ja, das tue ich. Obwohl ich sehr daran zweifle, ob ein anderer Architekt bessere Arbeit leisten könnte als wir.«
»Darüber wollen wir uns doch, bitte, nicht streiten«, sagte der Oberstudienrat und erhob sich.
Die Frau folgte seinem Beispiel. »Sie sind noch so jung«, sagte sie bedauernd.
»Ich arbeite länger als zehn Jahre als selbständige Architektin«, stellte Donata richtig.
Frau Strutzinger wandte sich an Tobias. »Und Sie?« rutschte es ihr neugierig heraus.
»Seit sieben Jahren«, log er, ohne mit der Wimper zu zucken.
»Komm, Lottchen«, sagte der Oberstudienrat, »das hat doch jetzt keinen Zweck mehr. Auf Wiedersehen und einen schönen Tag noch!«

»Warten Sie, ich bringe Sie hinaus!« Mit einem Satz war Tobias bei der Tür und öffnete sie den Eheleuten.
Als er zurückkam, hatte Donata sich eine Zigarette angesteckt; sie inhalierte tief, um sich zu beruhigen.
Tobias ließ sich in den Sessel neben ihr sinken. »So ein Reinfall«, stöhnte er.
»Das kannst du laut sagen.«
»Habe ich was falsch gemacht?«
»Nicht, daß ich wüßte.«
»Wäre ich nicht dazugekommen, hättest du den Abschluß bestimmt geschafft.«
»Kann sein oder kann nicht sein. Mir scheint eher, daß Strutzinger zu den Menschen gehört, die ihre Macht genießen. Wahrscheinlich werden wir nicht die letzten Architekten sein, die er wegen seines Häuschens aufsucht. Er wird noch einige andere damit verrückt machen.«
»Glaubst du?« fragte er zweifelnd.
»Es hat keinen Zweck uns nachträglich darüber den Kopf zu zerbrechen.« Sie lachte auf. »Jedenfalls eins steht fest: Du scheinst mir eine Aura von Jugend zu verleihen.«
»Du bist jung, Donata«, behauptete er ernsthaft, »wären wir verheiratet gewesen, jeder mit einem goldenen Ring an der rechten Hand, seriös bis zum Gehtnichtmehr, hätten wir den Auftrag bekommen.«
»Oder auch nicht.«
»Du weißt genau, daß ich recht habe.« Unvermittelt ließ er sich vor ihr auf die Knie sinken. »Bitte, Donata, heirate mich!«
»Tobias! Wenn nun jemand hereinkommt!«
»Wird er merken, daß ich dir einen Heiratsantrag mache.« Er legte seinen Kopf in ihren Schoß. »Bitte, Donata!«
Sie massierte seinen Nacken. »Das ist ganz unmöglich.«
Er blickte flehend zu ihr auf. »Kann ich nicht verstehen.«

»Ich kann nicht einmal mehr Kinder bekommen.«
»Na und?« Er stand auf. »Du glaubst doch nicht im Ernst, daß ich dich zur Mutter und Hausfrau machen will?«
»Es ist etwas anderes, ob man keine Kinder haben will oder keine mehr bekommen kann.« Sie drückte ihre Zigarette aus. »Verstehst du das denn nicht?«
»Die Kinderfrage ist doch total irrelevant. Bisher hattest du keine, und warum denn jetzt auf einmal?«
»Eines Tages wirst du einen Sohn wollen«, sagte sie und stand auf.
»Eines Tages werde ich vielleicht an Krücken gehen. Was soll das alles? Tatsache ist: Du willst mich nicht heiraten, weil du mich nicht genug liebst.«
»Das ist doch Unsinn.«
»Ich verstehe ja, daß du nicht Tag und Nacht mit mir zusammen sein willst, daß du einen gewissen Freiraum brauchst, und du wirst zugeben, daß ich das immer respektiert habe. Aber das läßt sich in einer Ehe doch auch alles arrangieren. Ich will dich ja nicht in Besitz nehmen, Donata, es ist mir nur zuwider, als dein Gigolo aufzutreten.«
»Dann mußt du dich von mir trennen.«
Er starrte sie an. »Ist das dein Ernst?«
Beinahe hätte sie »ja« gesagt, aber dann würde ihr bewußt, wie schmerzlich es für sie sein würde, ihn zu verlieren. »Es wäre schlimm für mich«, gab sie zu.
»Oh, Donata!« Er riß sie in die Arme und küßte sie.
Nur ganz kurz erwiderte sie seinen Kuß. Dann schob sie ihn von sich. »Bitte, nicht hier und nicht jetzt!«
»Das ist auch so etwas — wenn wir verheiratet wären, könnten wir uns küssen, wann und wo wir wollen.«
Sie mußte lachen. »Nun, das denn doch nicht.«
Seine Miene erhellte sich. »Weißt du, was ich tun werde?

Ich lasse mir einen Bart wachsen. Mit Bart werde ich bestimmt seriöser wirken und noch besser zu dir passen.«
»Ach, du Tollkopf, sagte sie liebevoll und wollte zur Tür. Aber er behielt das letzte Wort. »Du wirst schon sehen!«

Die Wohnung, die Donata für Tobias gefunden hatte, gehörte einem Autoverkäufer, der von seiner Firma zum Mutterhaus nach Düsseldorf beordert worden war. Da er nicht für immer dort bleiben wollte, hatte er sich entschlossen, sie möbliert zu vermieten, vorläufig für ein Jahr. Sie war, unweit des Architekturbüros gelegen, für einen Junggesellen ideal, einfach und praktisch eingerichtet, sogar mit Spülmaschine und Mikrowelle versehen.
Aber es war nicht einfach, Tobias zu überreden, den Vertrag zu unterschreiben. Er sah nicht ein, warum er Donatas Haus verlassen sollte, behauptete, keinen separaten Eingang zu brauchen und auf den Besuch von Freunden leicht verzichten zu können.
Schließlich kam sein Bruder Donata zur Hilfe. »Gut und schön«, sagte Sebastian, als er Sonntag nachmittags zu Besuch kam — Christian und Klein-Silvi ließen sich, seit sie von dem Verhältnis ihrer Tante mit dem jungen Mann wußten, nicht mehr blicken —, »du fühlst dich wohl hier, es macht dir auch nichts aus, als nicht zahlender Gast bei deiner Chefin zu leben ...«
Tobias ließ ihn nicht ausreden. »Das läßt sich doch leicht ändern. Ich werde Miete zahlen. Daß ich nicht schon eher darauf gekommen bin!«
»Ich habe doch keine Pension«, verwehrte sich Donata.
Sie saß mit den Brüdern bei Kuchen und Tee im Frühstückszimmer zusammen. Die verschneiten Büsche und Bäume vor dem Panoramafenster wirkten bizarr und so nah, daß sie Kälte auszuströmen schienen, obwohl das Haus gut geheizt

war. Tobias hatte Feuer im offenen Kamin gemacht und spielte während des Gesprächs mit der Feuerzange.

»Frau Becks Haus«, fuhr Sebastian fort, »kann doch niemals eine Adresse für dich sein.«

»Und warum nicht? Es ist doch heutzutage üblich, daß auch unverheiratete Menschen zusammen leben.«

»Aber nicht in eurem Fall, und du weißt genau, warum.«

»Weil wir nicht gleichaltrig sind?«

»Vor allem, weil sie deine Chefin ist.«

»Stell dir nur mal vor, Tobias«, sagte Donata, »ich gebe eine Einladung und während die ersten Gäste schon in der Halle sind, kommst du die Treppe heruntergestolziert.«

»Das muß ja nicht sein. Ich könnte schon früher unten sein – oder ich komme mit dem Auto angefahren. Ja, so machen wir's.«

»Ich mag meine Beziehungen nicht einem Gespinst von Lügen verbergen.«

»Ich sehe nicht ein, warum du dich meiner schämst.«

»Das tue ich doch gar nicht, Tobias, im Gegenteil, ich bin stolz auf dich.«

»Dann zeig es auch!«

»In erster Linie geht es ja nicht um mich, sondern um dich. Ich will, daß du ein normales Leben führst, wie es einem jungen Mann in deinem Alter zusteht.«

»Das ehrt Sie, Frau Beck!« sagte Sebastian. »Du mußt endlich klare Verhältnisse schaffen, Tobias. Den Ruf, daß du dich von einer älteren Frau ...« Er verbeugte sich entschuldigend vor Donata. »... hast aushalten lassen, wirst du so leicht nicht wieder los.«

»Ich lasse mich nicht aushalten.« Tobias stieß mit der Feuerzange gegen die brennenden Holzscheite, daß die Funken stoben. »Daran ist kein wahres Wort.«

»Solange du hier lebst, mein Junge, sieht es aber ganz so

aus. Der äußere Schein ist manchmal genau so wichtig wie die Tatsachen, ganz davon abgesehen, daß du hier Vorteile genießt, die du dir selber noch gar nicht leisten könntest. Wenn ich dich mal darauf aufmerksam machen darf: Diese Haushälterin putzt dein Zimmer und vielleicht macht sie sogar deine Wäsche, du benutzt das Schwimmbad und den Fitneßraum – das alles könntest du nicht mal bezahlen, selbst wenn Frau Beck dein Geld annehmen würde.«

Tobias wurde kleinlaut. »Darüber habe ich noch gar nicht nachgedacht«, gestand er.

»Sieht dir ähnlich!« bemerkte sein Bruder trocken. »Jetzt paß mal auf! Niemand beneidet dich um dein gutes Leben, und ich denke auch nicht, daß Frau Beck dir jemals vorhalten wird, du hättest sie ausgenutzt ...« Er unterbrach sich. »... oder doch erst dann, wenn es zum Krach kommt.«

»Für so kleinlich, lieber Doktor Müller«, warf Donata ein, »sollten Sie mich denn doch nicht halten.«

»Gut, ich glaube Ihnen das, Frau Beck. Aber 'rauswerfen werden Sie ihn doch, wenn er nicht mehr spurt.«

»Sie haben eine etwas sonderbare Weise sich auszudrücken, Doktor Müller! Aber ich gebe zu, daß es dazu kommen könnte.«

»Und was dann, Tobias? Ich nehme dich nicht noch einmal auf.«

»Das brauchst du auch nicht. Ich komme schon allein zurecht.«

»Das habe ich schon mehr als einmal gehört, mein Junge. Aber ich nehme es dir nicht ab.«

»Es ist doch wirklich besser, Tobias, wenn du eine eigene Wohnung hast, eine eigene Adresse, ein gewisses Maß von Freiheit«, beschwor ihn Donata. »Das heißt ja nicht, daß du von hier verbannt bist. Dein Zimmer steht dir natürlich auch weiterhin zur Verfügung.«

»Du willst mich loshaben«, beklagte er sich.
»Das wäre nur zu verständlich«, sagte sein Bruder, »bisher bist du noch bei jeder Frau 'rausgeflogen, früher oder später.«
»Bei jeder?« fragte Donata amüsiert.
»Es waren nur zwei!« Tobias sprang auf. »Und bei Isabell bin ich freiwillig gegangen, weil ich ihre Unordnung nicht mehr ertragen konnte.«
»Versuch bloß nicht, uns was vorzumachen«, erwiderte sein Bruder, »kein Mann verläßt eine Frau, bloß weil sie unordentlich ist — bestimmt nicht, bevor er eine andere Unterkunft gefunden hat.«
»Wie dem auch war, lassen wir die Vergangenheit ruhen!« schlug Donata vor. »Versuch lieber zu begreifen, Tobias, daß ich nur dein Bestes will. Wenn du hierbleibst, wirst du eines Tages das Gefühl haben, in einem goldenen Käfig eingesperrt zu sein. Aber ich will nicht, daß du mich verläßt.«
»Deshalb wirfst du mich hinaus?«
Donata war des Streitens müde. »Nenn es, wie du willst. Ich bestehe jedenfalls darauf, daß du dir diese Wohnung nimmst.«
»Und das völlig zu Recht, meine liebe Frau Beck. Tobias, Menschenskind, nun werde doch endlich erwachsen!«
Tobias blickte auf seinen Bruder herab. »Zugegeben, du bist ein paar Jahre älter als ich, aber ich bin der Reifere von uns beiden. Du sitzt in deiner winzigen Bude, spielst den großen Intellektuellen und läßt keine Frau wirklich an dich heran. Im Gegensatz zu mir scheust du dich vor einer festen Bindung.« Wütend warf er die Feuerzange vor den Kamin. »Das wollte ich dir schon immer mal sagen.«
Donata hob die Feuerzange auf und hängte sie an den schmiedeeisernen Ständer. »Jetzt reicht's mir aber. Du

fährst jetzt sofort in die Weringerstraße und unterschreibst den Vertrag. Ich habe Herrn Grundert fest zugesagt, daß du die Wohnung zu seinen Bedingungen übernimmst. Sonst wäre sie längst fort. Für die Kaution komme ich auf. Du kannst mir das Geld später wiedergeben, wenn du es gerade mal hast.«
Sebastian stand auf und verbeugte sich. »Wir müssen uns wohl bei Ihnen entschuldigen, Frau Beck.«
»Müssen Sie nicht. Aber wenn Sie sich danach besserfühlen. Von mir aus.«
Als die beiden Männer gegangen waren, stellte Donata das benutzte Geschirr auf einem Tablett zusammen und trug es zum Speiseaufzug. Danach legte sie noch einen Scheit auf das Feuer und kauerte sich davor. Sie fühlte sich sehr allein.
Silvia hatte sich mehr und mehr von ihr zurückgezogen und war auch heute nicht zu Hause. Sie traf sich mit ihren Kindern in der Stadt. Es würde wohl nicht mehr lange dauern, bis sie eine eigene Unterkunft gefunden hatte.
Aber natürlich war es nicht die Schwester, die sie vermißte. Silvia wäre wohl der letzte Mensch gewesen, der ihre Situation verstanden und ihr Trost gegeben hätte.
Sie trauerte um Tobias. Es war so schön gewesen, ihn hier bei sich zu haben. All die Nächte, die sie miteinander verbracht hatten, die gemeinsamen Frühstücksstunden, seine Späße und seine Zärtlichkeit — nein, es würde nicht ganz damit vorbeisein, es würden sich Gelegenheiten ergeben. Aber es würde doch alles viel schwieriger werden.
Von ihr aus hätte er, so lange er immer wollte, bei ihr wohnen bleiben können. Er hatte sie nie gestört, sie hatte sein Dasein genossen.
Es war um seinetwillen, daß sie ihn fortgeschickt hatte, aber es schmerzte tiefer, als sie erwartet hatte. Sie brachte ihm ein wirkliches Opfer, und es tat doppelt weh, daß er das nicht begriff.

Der Auszug von Tobias vollzog sich gänzlich unspektakulär. Donata war nicht zugegen, als er am Abend seine Sachen zusammenpackte. Frau Kowalski half ihm und achtete darauf, daß er nichts vergaß.
Donata saß allein im Frühstückszimmer, als er kam, um sich zu verabschieden. Sie hörte weder Musik, noch hatte sie ein Feuer im Kamin gemacht, denn sie war sehr darauf bedacht, keine Sentimentalität aufkommen zu lassen.
»Bis morgen dann«, sagte sie freundlich und blickte von ihrem Buch auf, als er eintrat.
»Ja, dann bis morgen«, erwiderte er, aber er stand da und rührte sich nicht von der Stelle.
»Oder soll ich dich bringen?«
»Nein, laß nur. Ich nehme mir ein Taxi.«
»Du hättest deinen Bruder anrufen können.«
»Wozu? Ich bin doch kein Kind mehr.«
Jetzt konnte sie doch nicht anders, sie legte ihr Buch beiseite, stand auf und ging auf ihn zu. »Sei nicht traurig, mein Katerchen«, sagte sie und schlang die Arme um ihn, »es ist ja keine Trennung.«
Er hielt sich steif und erwiderte ihre Umarmung nicht.
»Was denn sonst?«
»Ein neues Arrangement. Zu deinen Gunsten.«
»Nein. Du weißt, daß ich das nie gewollt habe.«
»Aber es ist zu deinem Besten.«
Er faßte ihre Handgelenke und drückte sie von sich. »Wann wirst du endlich darauf kommen, daß ich selber weiß, was für mich gut ist?« Dann drehte er sich um und ging.
Ihr stiegen Tränen in die Augen. Beinahe hätte sie ihn zurückgerufen. Warum nur mußte sie ihn und sich selber so quälen? Aber sie wußte es nur zu gut. Sie war nicht der Mensch, der sich über alle Konventionen hinwegsetzen konnte. Ihren Erfolg verdankte sie nicht zuletzt ihrer Diszi-

plin. Sie aufzugeben hieße, sich selber fallenzulassen, und das wollte und konnte sie nicht. Sie fühlte sich für Tobias verantwortlich. Er sollte ein Leben führen können, wie es seinem Alter entsprach.
Unwillkürlich straffte sie die Schultern. Es tat weh, aber sie würde darüber hinwegkommen. Sie besaß die Kraft dazu.
Aber jetzt, in diesem Augenblick, war es fast unerträglich. Was sollte sie mit sich anfangen? Es war noch zu früh zu Bett zu gehen. Das Buch, mit dem sie sich zu schützen versucht hatte, interessierte sie nicht wirklich. Fernzusehen hatte sie auch kein Lust, und wenn sie eine ihrer Lieblingsplatten auflegte, würden ihr bestimmt die Tränen kommen. Gewöhnlich hatte sie die Abende mit Tobias verplaudert.
Was hatte sie getan, bevor er in ihr Leben getreten war? Sie wußte es nicht mehr. Es kam ihr selber seltsam vor, aber sie hatte es vergessen.
In dieser deprimierten Stimmung traf Silvia sie an, als sie von einem ausgedehnten Bridge-Nachmittag nach Hause kam. Sie brachte einen Schwall von Zigarettenrauch und Eau de Toilette in den Raum. »Ist er fort?« rief sie.
Donata nickte nur.
»Dem Himmel sei Dank! Das hast du gut gemacht, Donata. Jetzt können endlich wieder friedliche Verhältnisse eintreten.«
Donata schwieg.
»Was machst du denn für ein Gesicht? Sag bloß nicht, daß es dir leidtut!«
»Es ist nicht einfach für mich.«
»Ach was, das kommt dir jetzt nur so vor. Warte ein Momentchen, ich hole uns nur was zu trinken.« Sie lief hinaus und kam wenig später mit einer angebrochenen Flasche Whisky und einem kleinen Silberkübel voller Eiswürfel zurück.

Ganz mechanisch hatte Donata inzwischen Gläser auf den Tisch gestellt.
Silvia verteilte Eis, goß Whisky ein und ließ sich in einen der Sessel fallen. Sie griff zur Fernbedienung und drückte einige Knöpfe nacheinander, auf der Suche nach einem Programm, das ihr gefiel.
»Bitte, nicht!« sagte Donata.
»Was — nicht?« fragte Silvia.
»Ich will nicht fernsehen.«
Silvia schaltete den Apparat aus. »Soll mir auch recht sein.« Sie kramte ihr Zigarettenpäckchen aus der Handtasche und hielt es der Schwester hin. Donata bediente sich, und Silvia gab ihr und sich selber Feuer.
»War es ein starker Abgang?«
»Wie man es nimmt.«
»Nun sei doch nicht so mundfaul! Ich dachte, wir wollten uns mal ganz gemütlich unterhalten.«
Donata sagte nicht, daß sie am liebsten alleingeblieben wäre, um die Schwester nicht zu kränken. Sie war sich auch nicht sicher, ob sie das wirklich wollte. Sie wußte es nicht. »Erzähl du was!« bat sie statt dessen.
Silvia schlug die langen Beine übereinander. »Ich kann dir nur sagen, ich bin unendlich froh, daß du den Jungen mit gutem Wind losgeworden bist. Nichts gegen Tobias an sich. Er ist ein netter Kerl, keine Frage. Aber er hatte kein Recht hier zu sein. Jetzt, wo er weg ist, können uns endlich auch die Kinder wieder besuchen. Laden wir sie doch gleich ...«
Donata ließ sie nicht aussprechen. »Konnten sie das bisher etwa nicht?«
»Aber ich bitte dich! Unter diesen skandalösen Umständen ...«
»Ich erinnere mich nicht, daß es einen Skandal gegeben hätte.«

»Na schön. Du bist noch mal haarscharf daran vorbeigekommen.«
»Eigentlich hätte ich von Christian und Silvi gedacht, daß sie in dieser schwierigen Situation zu mir halten würden.«
»Wie denn?«
»Sie hätten einen Rahmen der Normalität bieten können.«
»Also wirklich, Donata! Das war keine Aufgabe für sie.«
»Ich habe auch keine Pflicht für sie darin gesehen — es wäre einfach liebevoll gewesen, findest du nicht auch?«
»Nein, absolut nicht.«
»Du weißt, ich habe einiges für sie getan.«
»Du hast sie verwöhnt, ja. Aber gerade deshalb hat es sie doppelt verletzt, daß du sie hinter diesen hergelaufenen jungen Mann zurückgesetzt hast!«
Donata nahm noch einen Schluck; der genossene Whisky machte sie zusehends lockerer. »Die jungen Leute verlangen von uns, daß wir Verständnis für ihre Verliebtheiten haben. Ich meine, wir könnten das Gleiche auch von ihnen erwarten.«
»Wie könnten sie verstehen, daß eine Respektsperson wie du sich so danebenbenimmt?«
»Ich habe niemals die Respektsperson gemimt.«
»Aber du warst es für sie. Immer so tüchtig, so vernünftig, so überlegen — und dann das!«
»Du sprichst über mich, als wenn ich eine Großmutter wäre.«
»Wenn du nur früh genug mit dem Kinderkriegen angefangen hättest, könntest du es längst sein.«
»Danke.« Donata drückte ihre Zigarette aus.
Silvia zündete sich eine neue an. »Du solltest das nicht als Beleidigung auffassen. Es ist nur die Wahrheit.«
»Meine liebe Silvia, es gibt Probleme, die sich nicht einfach rechnerisch lösen lassen.«

»Das zahlenmäßige Verhältnis ist aber auch niemals unwichtig. Das müßtest du als Archtektin doch am besten wissen.«
»Sei dem, wie ihm sei, deine Kinder haben mich enttäuscht, und du übrigens auch.«
Silvia warf den Kopf in den Nacken. »Was hätte ich denn tun sollen?«
»Dich auf meine Seite stellen. Mir meine Liebe gönnen. Dich mit mir freuen. Statt dessen ist dir nichts Besseres eingefallen, als den Teufel an die Wand zu malen.«
»Nun vielleicht«, gab Silvia überraschend zu und schenkte sich Whisky nach, »hätte eine andere Frau anders reagiert. Aber ich bin nun mal, wie ich bin.«
»Ich hatte gehofft, wir könnten Freundinnen werden.«
»Wir sind Schwestern.«
»Ohne Freundschaft bedeutet das gar nichts.«
Silvia stieß Rauch durch die Nasenlöcher. »Warum erzählst du mir das alles? Soll ich mich vor dir auf den Bauch werfen und um Verzeihung winseln? Da kannst du lange warten. Meine Haltung in dieser Affäre war absolut korrekt.«
»Ich will, daß du ausziehst!« — Genau das hatte Donata ihrer Schwester schon lange sagen wollen; jetzt war sie selber verblüfft, daß sie es ausgesprochen hatte.
Silvia war geradezu geschockt; sie schnappte nach Luft.
Um ihr Zeit zu geben, mit dieser Eröffnung fertig zu werden, zündete Donata sich eine Zigarette an.
»Das ist doch nicht dein Ernst?« stieß Silvia endlich hervor.
»Doch.«
»Ich hatte nie den Eindruck, daß ich dich störe.«
»Du beschränkst meine Freiheit.«
»Nun erlaube mal! Nur weil ich gegen dieses unmögliche Verhältnis war ...«

Donata fiel ihr ins Wort. »Nicht nur deshalb. Ich werde das Haus wahrscheinlich verkaufen ...«
»Das wäre doch hirnrissig!«
Donata ließ sich nicht unterbrechen. »... und wenn es so weit ist, will ich mich ganz frei entscheiden können und nicht vorher lange Diskussionen mit dir durchstehen.«
»Jetzt verstehe ich dich überhaupt nicht mehr. Ich dachte, du liebst dein Haus.«
»Ich habe es geliebt. Aber es ist doch nur etwas ganz Materielles — Holz, Ziegel, Mörtel, nach meinen Vorstellungen zusammengefügt. Ich hatte lange Jahre Freude daran, aber inzwischen ist es zu groß für mich geworden. Anders ausgedrückt könnte man auch sagen: Ich bin ihm entwachsen.«
»Und was wird aus deinen Cocktailpartys? Deinen berühmten Dinners?«
»Das Ergebnis hat den Aufwand nie gelohnt.«
Silvia schlug sich mit der Hand, die die Zigarette hielt, gegen die Stirn. »Mir ist's, als spräche ich mit einer Fremden.«
»Vielleicht bin ich das wirklich für dich. Aber mach dir nichts daraus. Das soll in den besten Familien vorkommen. Wichtig ist nur, daß du begreifst, was ich will. Ich bitte dich auszuziehen.«
»Wann?«
»So bald wie möglich natürlich. Ich will dich nicht drängen müssen und mich auch nicht mehr mit dir streiten.«
Silvia drückte ihre Zigarette aus. »Und was soll aus den Kowalskys werden?«
»Das ist zweitrangig. Ich bin sicher, daß sie Ersparnisse haben. Wahrscheinlich werden sie in den Ruhestand gehen, es sei denn, der neue Besitzer besteht darauf, sie noch für eine Weile zu behalten — was ich übrigens an seiner Stelle tun würde.«

»Du redest, als wäre alles schon entschieden.«
»Es ist nahe daran.«
»Nenn mir nur einen winzigen plausiblen Grund. Deine Argumente – das Haus ist zu groß, du bist ihm entwachsen – leuchten mir einfach nicht ein.«
»Na schön, wenn du dir das nicht selber denken kannst: Ich brauche Betriebskapital.«
Silvia erschrak sichtlich. »Laufen die Geschäfte so schlecht?«
»Ja.«
»Dann gebe ich dir einen Rat: Leg das Geld, was du aus dem Verkauf erzielst, in guten Wertpapieren an. Dann brauchst du überhaupt nicht mehr zu arbeiten.«
Donata lachte auf. »Das sieht dir ähnlich. Du bist nicht imstande zu begreifen, daß Arbeit mehr ist als bloßes Geldverdienen. Sie ist mein Lebensinhalt.« Jetzt stand auch sie auf. »Geh schlafen, Schwester! Ich werde noch lüften.«
Als sie dann in der offenen Terrassentür stand, atmete sie tief die frische, trockene Winterluft ein. Sie stellte fest, daß sie sich schon viel besser fühlte, als beim Abschied von Tobias. Endlich hatte sie es geschafft, Silvia gegenüber deutlich zu werden. Das hätte sie schon längst tun sollen. Sie war entschlossen, diese harte Linie einzubehalten, bis die Schwester endlich auszog. Mit ihr zusammen zu leben, war nie eine Lösung gewesen.
Donata begriff, daß sie nach dem Tod ihres Mannes versucht hatte, so weiter zu machen wie bisher. Das große Haus hatte ihr die Gelegenheit dazu geboten, und sie hatte sie genutzt. Auf die Idee, ganz neu und ganz anders noch einmal zu beginnen, war sie gar nicht gekommen.
Noch war es ihr nicht wirklich ernst damit, das Haus zu verkaufen; sie spielte nur mit dem Gedanken. Aber sie mochte es nicht mehr so wie früher. Es hatte sich ihrer Liebe entgegengestellt. In einer normalen Wohnung, in einem

gewöhnlichen Mietshaus, hätte Tobias bei ihr bleiben können, so lange sie beide es gewollt hätten. Es gab unzählige Paare, die das taten. Weder der Altersunterschied hätte dabei eine Rolle gespielt, noch die Tatsache, daß sie seine Chefin war.
Das Haus und der Lebensstil, den es ihr bot, hatte die Kluft zwischen ihnen nicht unüberbrückbar gemacht. Wenn sie Tobias nicht, wie er es nannte, in die Rolle eines Gigolos drängen oder ihn ganz verlieren wollte, mußte sie sich seinen bescheidenen Verhältnissen anpassen.
Wenn die Entscheidung hieß ihn oder das Haus zu wählen, würde sie ihr nicht schwerfallen.

Die Auftragslage des Architekturbüros war ausgesprochen schlecht. Außer der »Mercator-Siedlung«, an der die Arbeiten noch bis Ende des Jahres weitergehen würden, hatte sich nur ein einziger neuer Auftrag ergeben: Dr. Heide Hurler hatte das Haus ihres Großvaters in Alt-Schwabing geerbt und hatte sich an Donata um Hilfe gewandt. Die Villa des sehr alten Herrn war verkommen, sie mußte von Grund auf renoviert und nach den Wünschen der Ärztin umgebaut werden. Aber da sie eine Freundin war, konnte und wollte Donata ihr Honorar nicht nach der HOAI berechnen, sondern nur einen Betrag für die tatsächlichen Unkosten kassieren.
Eines Morgens im Februar — es war der erste schöne Tag nach diesem langen kalten Winter — ließ Donata ihr Team im Konferenzzimmer zusammenkommen und schilderte ihm ganz offen die Lage.
»Falls es nicht ganz unumgänglich ist«, schloß sie, »will ich trotzdem niemanden entlassen. Aber ich bin der Ansicht, wir sollten uns alle mit doppeltem Eifer in die Arbeit werfen. Wenn wir uns um jede Ausschreibung bemühen,

egal ob es sich um ein gewaltiges oder ein winziges Objekt handelt, wenn unsere Pläne so exzellent ausfallen, daß sie nicht zu überbieten sind, dann sollte es doch mit dem Teufel zugehen, wenn wir nicht aus dieser Krise herauskämen!«
Ihre Worte wurden mit Beifall aufgenommen. Besonders die erst im letzten Herbst engagierten Kräfte waren erleichtert, daß die gefürchtete Kündigung doch noch nicht vor der Tür stand. Selbstverständlich hatten alle das befürchtet.
»Wir werden unser Bestes tun, Donata«, beteuerte Günther Winklein, indem er sich als Ältester der Angestellten zu ihrem Sprecher machte.
»Euer Bestes könnte nicht gut genug sein«, erwiderte sie, »ich verlange mehr. Ihr müßt euch buchstäblich selbst übertreffen!«
Das Telefon tönte, sie nahm den Hörer ab und fragte: »Ja?« – Sie wußte, daß der Anruf nicht von auswärts kam, sondern Frau Sforzi das Gespräch vermittelte.
Sie hörte zu. »Sagen Sie ihm, daß ich in einer Besprechung bin. Ich rufe in einer halben Stunde zurück.« Wieder lauschte sie, dann brachte sie ihre Angestellten, die begonnen hatten, sich leise zu unterhalten, mit einer energischen Armbewegung zur Ruhe. »Also gut, stellen Sie durch!« – Wieder hörte sie zu.
Die anderen wußten nicht, wer ihr Gesprächspartner war, konnten auch nicht verstehen, was er sagte. Aber es wurde ihnen deutlich, daß der Mann sehr aufgeregt war, und sie verfielen in beklommenes Schweigen.
»Nein, das können Sie uns nicht anlasten, Herr Pichler.« erklärte Donata scharf. »Ich gebe zu, es handelt sich um eine Schlamperei, und ich bedaure, daß so etwas vorgekommen ist. Aber die Verantwortung liegt in erster Linie bei Obermann!« Es entstand eine Pause. »Selbstverständlich behauptet er das, das war nicht anders zu erwarten! Ich komme

selbst hinaus und sehe mir den Schaden an!« — Donata legte den Hörer auf.

Es war ihr anzusehen, daß sie kochte. Alle, außer Tobias, duckten sich unwillkürlich oder vermieden doch zumindest ihren Blick.

»Wer ist für die Häuser eins bis sieben in Rosenheim verantwortlich?« — Das war eine dumme Frage, denn sie kannte die Antwort selbstverständlich, aber ihr Bedürfnis sich Luft zu machen war stärker als ihre Vernunft.

»Ich«, sagte Tobias.

»Hast du dich vergewissert, daß das Wasser aus den Leitungen gelassen worden ist?« — Auch das war eine rein rhetorische Frage, denn hätte er es getan, wäre es ja nicht passiert.

»Ich habe es angeordnet.«

Seine Ruhe steigerte noch ihren Zorn. »Aber nachgesehen hast du nicht.«

»Donata, erwartest du im Ernst ...«

»Du wirst staunen, doch, das tue ich. Ich erwarte, daß auf meinen Bauten alles, aber auch alles bis ins letzte Detail unter Kontrolle ist.« — Sie sprang auf.

»Ein Wasserrohrbruch?« fragte Tobias, der jetzt doch sehr blaß geworden war.

»In drei Häusern!«

»Tut mir entsetzlich leid, Donata!«

»Das nutzt mir gar nichts.« Sie wandte sich zur Tür. »Ich fahre hin.«

Tobias war mit wenigen Schritten bei ihr. »Soll ich dich begleiten?«

»Nein, danke«, sagte sie und ließ ihn stehen.

Die Tür knallte hinter ihr ins Schloß.

»Wie kann sie nur sowas von gemein sein?« rief Wilhelmina; ihre Pausbacken glühten.

»Da bin ich aber ganz anderer Meinung«, sagte Günther Winklein mit einem süffisanten Lächeln.
»Ach, wirklich?« fragte Wilhelmina aufgebracht.
»Ihr kennt die Chefin nicht gut genug. Wenn unser Herr Müller nicht ihr Liebhaber wäre, wäre er nicht so glimpflich davongekommen.«
Tobias drehte sich zu ihm um. »Am liebsten würde ich Ihnen jetzt eine runterhauen. Genau das hätten Sie verdient.«
»Warum tun Sie es nicht?« fragte Winklein aufreizend. »Sie können sich in dieser Firma doch offensichtlich alles erlauben.«
Wilhelmina war außer sich. »Tobias ... Herr Winklein, ihr werdet euch doch nicht etwa prügeln?« rief sie händeringend. »Ihr wißt doch genau, wie es um uns steht. Da könnt ihr doch nicht auch noch ...«
Tobias hatte sich wieder gefaßt. »Keine Sorge, Wilhelmina, ich lasse mich nicht provozieren.«
»Ich weiß überhaupt nicht, warum Sie auf mich losgehen wollten, Herr Müller!« behauptete Winklein. »Ist es Ihnen etwa peinlich, der Liebhaber der Chefin zu sein?«
Wilhelmina warf sich förmlich zwischen die beiden Streithähne. »Jetzt ist es aber genug«, verlangte sie, »wirklich genug! Auseinander mit Ihnen. Gehen Sie alle wieder zurück an Ihre Zeichentische, aber sofort! Sie wissen, was die Chefin von uns erwartet.«
»Mich würde es interessieren, woher ausgerechnet Sie Küken das Recht hernehmen, uns Befehle zu erteilen«, schimpfte Winklein.
Aber Wilhelminas Durchgreifen hatte Erfolg. In sehr kurzer Zeit war das Konferenzzimmer geräumt.
Donata bedauerte ihr Verhalten, kaum daß sie aus der Stadt hinausfuhr; sie empfand es als beschämend so völlig die Beherrschung verloren zu haben.

Grund ärgerlich zu sein hätte sie gehabt, aber nicht so übertrieben zu reagieren. Pannen waren am Bau nun einmal unvermeidbar, und es war ja tatsächlich so, daß die praktische Ausführung in den Verantwortungsbereich des Bauunternehmers fiel. Aber sie hatte gelernt, daß man sich darauf nicht verlassen, sondern sich immer mit eigenen Augen oder auch einem Handgriff davon überzeugen mußte, ob alles in Ordnung war. Tobias verfügte nicht über ihre Erfahrung.
Es wäre durchaus berechtigt gewesen ihn zur Rede zu stellen, aber doch nicht in diesem Ton und nicht vor versammelter Mannschaft. Er mußte es als Demütigung empfunden haben.
Sie war fest entschlossen sich noch heute bei ihm zu entschuldigen.
Sie wollte am späten Nachmittag mit ihm sprechen, wenn die anderen gegangen waren.
Aber dazu kam es nicht. Sie mußte feststellen, daß er nicht wie sonst längergeblieben war. Er hatte nicht gewartet, bis auch sie Schluß machte.
Das Lächeln, mit dem sie ihn hatte um Verzeihung bitten wollen, erstarb auf ihren Lippen. Die Enttäuschung traf sie wie ein Schlag in den Magen. Sie krümmte sich.

In den nächsten Tagen verkehrten Donata und Tobias nur rein geschäftsmäßig mteinander und gingen sich ansonsten, so weit das möglich war, aus dem Weg.
Sie dachte nicht daran, noch einen Versöhnungsversuch zu starten. Keinesfalls wollte sie den Eindruck erwecken, daß sie hinter ihm herjammerte. Wenn er es für richtig hielt zu schmollen, sollte er es nur tun. In der Sache immerhin hatte sie recht gehabt. Auch sie hätte eine Entschuldigung erwarten können.
Wie die Dinge lagen, konnte sie nichts anderes, als Haltung

zeigen, und das kostete sie gewaltige Anstrengung. Natürlich drückte der Konflikt auch auf die Stimmung im Büro. Es wurde weniger gelacht und gescherzt, geflirtet und geneckt als früher, aber alle stürzten sich versessen in die Arbeit.
Von dem Zusammenstoß zwischen Tobias und Günther Winklein ahnte Donata nichts. Aber Wilhelminas Besorgtheit fiel ihr auf, die ganz im Gegensatz zu ihrer üblichen munteren Art stand. Donata nahm sich vor, mit der jungen Frau zu reden und ihr auf den Zahn zu fühlen. Wilhelmina konnte, ihrer Meinung nach, doch den wenigsten Grund haben, unter dem Bruch ihrer Beziehungen zu Tobias zu leiden. Sie, Wilhelmina, hatte ja nie ein Hehl daraus gemacht, wie sehr sie Tobias mochte.
Aber es bot sich keine Gelegenheit, sie beiläufig zu fragen; allzu feierlich wollte Donata es nicht machen. Statt dessen kam es zu einem Gespräch mit Rosemarie Sforzi.
Die Sekretärin pflegte sich, wenn gerade keine Besucher im Architekturbüro waren, ausgesprochen mürrisch zu geben. Daran war Donata gewöhnt, sie nahm es hin und schob es auf private Sorgen.
Aber eines Morgens, als Frau Sforzi ihr die Post hereinbrachte, schien ihr Gesicht noch finsterer als gewöhnlich.
Donata stand hinter dem Zeichentisch. »Was ist denn eigentlich los mit Ihnen?« fragte sie. »Fühlen Sie sich nicht wohl?«
»Es geht schon«, war die ausweichende, mit einem Achselzucken begleitete Antwort.
Donata trat auf die Sekretärin zu und nahm die Post entgegen. »Wenn Sie nämlich krank sind, sollten Sie besser zu Hause bleiben.«
»Zu Hause?« wiederholte die Sekretärin und lachte freudlos auf. »Da würden mir die Wände auf den Kopf fallen.«
»So schlimm kann es doch nicht sein«, sagte Donata, wäh-

rend sie die eingetroffenen Schreiben – es waren nur Absagen – eines nach dem anderen überflog.
»Noch schlimmer!« platzte Frau Sforzi heraus.
Überrascht blickte Donata auf; einen solchen Ausbruch der sonst eher stillen Frau hatte sie nicht erwartet.
»Ich wollte nicht darüber reden«, fuhr die Sekretärin fort, »es geht ja niemanden was an, habe ich mir gedacht. Aber wie die Dinge stehen, sollten Sie es jetzt doch wissen, Frau Beck: Ich bin mit einem sehr attraktiven Mann verheiratet, und es ist die Hölle.«
Donata ahnte, worauf die Sforzi hinauswollte, aber sie schwieg.
»Tino ist zwar nicht jünger als ich, sondern gleichaltrig – und trotzdem. Ich habe mir mit ihm zuviel zugemutet. Es ist als hätte man ein zu dickes Stück von einem Apfel abgebissen, das einem in die falsche Kehle gerutscht ist. Als müßte man ersticken.«
Donata verstand, was die Frau ihr begreiflich machen wollte, aber sie war nicht bereit sich nun ihrerseits mitzuteilen.
»Donnerwetter«, sagte sie statt dessen, »Sie werden ja geradezu poetisch.«
»Besser kann ich es nicht beschreiben.«
»Haben Sie denn nie an Scheidung gedacht?«
»Eher würde er mich totschlagen. Ich hätte mich niemals mit ihm einlassen dürfen, das war mein Fehler. Dafür muß ich jetzt büßen.«
Donata setzte sich auf die Schreibtischkante. »Wenn Sie noch einmal vor die Entscheidung gestellt würden, würden Sie es dann nicht wieder tun?«
»Niemals! Wo denken Sie hin?«
»Sie würden auf alles verzichten, was Ihnen diese Ehe gebracht hat? Auch auf die Höhepunkte, die zärtlichen Stunden? Die muß es ja doch gegeben haben.«

Darauf wußte Frau Sforzi nichts zu sagen.
»Sie wären wirklich lieber ganz für sich allein geblieben?« insistierte Donata. »Hätten ein Leben ohne Aufregung vorgezogen? Stille Feierabende mit einem Buch, einer Handarbeit oder vor dem Fernseher?«
Bei dieser Vorstellung wurde Frau Sforzi kleinlaut. »Ich hätte mir einen anderen nehmen können.«
»Meine liebe Frau Sforzi, das ist doch nicht Ihr Ernst. Als Sie noch in Ihren Tino verliebt waren — damit will ich übrigens nicht behaupten, daß Sie es jetzt nicht mehr sind —, hatten Sie für einen anderen Mann doch überhaupt keine Augen. Und ich glaube, das war ganz gut so. Sie kennen mich, ich bin eine Frau, die in erster Linie ihrem Verstand folgt. Aber wenn man sich immer nur daran halten würde, wäre das Leben doch sehr langweilig, nicht wahr? Den einen lieben und den anderen heiraten, nur weil der Verstand dafür spricht — puh, mir schaudert bei dem bloßen Gedanken.«
»Sie müssen ja nicht unbedingt einen anderen heiraten, Frau Beck!« Die Sforzi schlug sich mit der Hand auf den Mund. »Oh, Entschuldigung, das hätte ich nicht sagen sollen.«
Donata ließ sich vom Schreibtisch gleiten. »Mein Privatleben steht überhaupt nicht zur Debatte. Sie haben mir Ihren Kummer erzählt, und ich habe Ihnen zugehört. Lassen wir es dabei bewenden.«
»Ja, natürlich, Frau Beck, und ich danke Ihnen.«
Erst als Frau Sforzi aus dem Zimmer gehuscht war, wurde es Donata klar, daß die Sekretärin sie nicht etwa vor Tobias hatte warnen, sondern sie über seinen Verlust hatte trösten wollen, etwa nach dem Motto: »Seien Sie froh, daß Sie noch einmal davongekommen sind.«
Sie wußte nicht, ob sie darüber lachen oder sich ärgern sollte. Aber eines fühlte sie ganz deutlich: Sie litt heftiger

unter dem Verlust des Freundes, als sie es je für möglich gehalten hatte. Er fehlte ihr überall. Es war ihr, als könnte nichts die Leere wieder ausfüllen, die er in ihrem Inneren hinterlassen hatte.

Obwohl ihr nicht danach zumute war, besuchte Donata auch weiterhin Partys und Vernissagen. Sie erwartete nicht, dort Zerstreuung zu finden, aber sie wußte, daß es richtig war, sich auch ohne Tobias sehen zu lassen.
Als sie eines Abends aus der Innenstadt nach Hause fuhr, machte sie, einer plötzlichen Eingebung folgend, einen Umweg über Alt-Bogenhausen. Schon von weitem sah sie, daß die Baustelle unbeleuchtet war, was nicht hätte sein dürfen. Sie parkte ihr Kabriolett unvorschriftsmäßig auf dem Bürgersteig, weil es keine andere Möglichkeit gab, und sprang hinaus.
Im schwachen Licht einer entfernten Laterne sah sie, daß sich jemand auf der Baustelle bewegte. Sie erschrak und dachte, daß ein Stadtstreicher sich den Umbau zum Quartier erkoren haben könnte. Um nicht ganz wehrlos zu sein, holte sie ihre schwere Taschenlampe aus dem Handschuhfach. Als sie sich umdrehte und wieder auf das Haus zuging, war die Beleuchtung wieder eingeschaltet, und sie stellte fest, daß der Mann, der sich daran zu schaffen gemacht hatte, Tobias war.
»Du hast mir einen schönen Schrecken eingejagt!« rief sie mit klopfendem Herzen.
»Und du willst wieder mal mit hohen Absätzen eine Baustelle inspizieren«, gab er zurück.
Sie sahen sich in die Augen und brachen gleichzeitig in ein befreiendes Gelächter aus. Ohne zu wissen, wie ihr geschah, lag sie in seinen Armen, und sein intensiver Kuß erweckte ihre Leidenschaft.

»Du kommst zu mir«, bestimmte er, als er sie endlich freigab.
»Ja!« sagte sie atemlos. »Aber was hast du hier gemacht?«
»Mich vergewissert, daß alles in Ordnung ist – wie ich es von dir gelernt habe.« Er zog sie wieder in die Arme und fügte hinzu: »Wenn dich jemand in der Nacht angerufen hätte, weil die Beleuchtung nicht in Ordnung war, hättest du mir wohl nie verziehen.«
»Doch«, sagte sie, »alles!« Sie küßten sich wieder.
Danach gab sie zu: »Ich wäre wütend geworden. Das werde ich immer, wenn etwas nicht klappt. Das ist einer meiner schlimmsten Fehler.«
»Und ich schnappe ein, wenn jemand mir Vorwürfe macht, ob sie nun berechtigt sind oder nicht. Du solltest das meiner Jugend zugute halten.«
»Wir sind wirklich ein paar ganz große Dummköpfe, nicht wahr?«
Wieder brachen sie in Gelächter aus.
»Fahr du schon vor«, sagte er dann, »ich möchte mein Rad nicht gern hierlassen.«
»Ist schon recht. Ich erwarte dich dann.«
»Du hast doch meinen Wohnungsschlüssel noch?«
»Denkst du, ich hätte ihn in die Isar geworfen?« – Sie gab ihm noch einen raschen Kuß, dann lief sie zum Auto zurück.
In der Werinherstraße brauchte sie einige Zeit, bis sie einen Parkplatz gefunden hatte, so daß sie nicht sehr lange vor ihm in seiner Wohnung war. Sie war sehr einfach eingerichtet, mit dunklen, rustikalen Möbeln, vielen farblich aufeinander abgestimmten Kissen, die sie Tobias geschenkt hatte, um es ihm gemütlich zu machen. Die schweren gelben Vorhänge gehörten zum Eigentum des Vermieters.
Donata war schon, vor dem großen Streit, mehrfach hier gewesen und kannte sich aus. Es hatte sich kaum etwas

verändert, ein paar Bücher waren hinzugekommen, und die Stereo-Anlage war neu. Alles war blitzsauber und aufgeräumt, als hätte er Besuch erwartet.
Das brachte sie auf den Gedanken, ob er damit gerechnet haben könnte, sie auf der Baustelle zu treffen. Es wäre möglich. Er kannte ja ihre Gewohnheit, hin und wieder nach Arbeitsschluß noch nach dem Rechten zu sehen. Aber er hatte nicht wissen können, wann. Also hatte er sich vielleicht schon mehrere Abende dort zu schaffen gemacht, in der Hoffnung sie zu treffen.
Diese Vorstellung rührte sie, und sie hätte gern gewußt, ob ihre Annahme richtig war. Aber natürlich würde er es niemals zugeben.
Donata legte ihre Handtasche auf das Bücherregal, in dem auch die Stereo-Anlage untergebracht war, hängte ihren braunen Seidenmantel auf einen Arm des freistehenden Kleiderständers und ihre, heute rotblonde Perücke dazu. Mit allen zehn Fingern fuhr sie sich durch das kurzgeschnittene helle Haar, um es aufzulockern. Dann ging sie in die Mini-Küche und setzte Wasser auf.
Tobias kam hereingestürmt, warf einen Blick in die Zimmer und rief: »Wo steckst du, Kätzchen?«
Donata trat aus der Küche und sah ihm lächelnd entgegen. Tobias hatte sich in den letzten Wochen sehr verändert. Er hatte sich einen Bart wachsen lassen, der sehr viel heller ausgefallen war als sein Haar, das er nun nicht mehr mit Gel glättete, sondern locker trug. Der Bart, kurz gestutzt und sehr gepflegt, ließ ihn älter erscheinen, was ja auch die Absicht war. Aber seine tiefblauen Augen strahlten immer noch, besonders gerade jetzt, jungenhafte Fröhlichkeit aus.
»Nachlässiges Weib!« rief er. »Dein Mann kommt müde und verschmutzt von der Arbeit heim, und du hast ihm noch kein Bad eingelassen?«

»Hätte ich das sollen?«
»Unbedingt.«
»Na schön. Dann schalte ich den Herd wieder ab. Ich wollte uns einen Tee kochen.«
»Erstens kann ich das besser als du, und zweitens geht das Bad vor.«
Gehorsam verstöpselte sie die Wanne und drehte die Hähne auf.
Er beugte sich von hinten über sie und sagte: »Solltest du dich nicht freier machen?«
»Warum?«
»Damit dein schönes Kleid beim Rückenschrubben nicht pitsch-patsch naß wird.«
Sie wußte, was kommen würde, und so tat sie, um was er sie gebeten hatte, zog Kleid, Schuhe, Strümpfe und Halter aus und behielt nur ihr Höschen an. Als er dann in der Wanne saß, versuchte er, sie zu sich zu ziehen, aber sie wich ihm eine Weile aus, bis sie ihn dann doch gewinnen ließ. Sie liebten sich in der für zwei Menschen eigentlich viel zu kleinen Wanne.
Später saßen sie sich beim Tee gegenüber, er im Pyjama und Hausmantel, sie in seinem viel zu großen Frotteemantel. Für Donata gab es unendlich viel zu erzählen, und er hörte ihr zu, aufmerksam, interessiert, mit einem winzigen belustigten Lächeln um die Mundwinkel.
»Weißt du, was mir am meisten gefehlt hat?« fragte sie endlich.
Sein Lächeln wurde breiter. »Oh ja, das weiß ich.«
»Nicht das, was du denkst! Mit dir zu reden. Du bist der einzige Mensch, mit dem ich so richtig reden kann. Ich könnte die ganze Nacht weiter schwatzen.«
»Dann tu's doch!«
»Du weißt, daß das nicht geht. Ich muß Kleider und Wäsche wechseln.«

»Und wenn du das morgen früh machst? Deinen Drachen von Schwester kannst du anrufen.«
»Wir sind sie ja bald los.«
»Darüber bin ich sehr froh. Mich hat sie zwar nie gestört, aber sie hat mich zu deutlich spüren lassen, daß ich sie störe.«
»Dabei wäre das Haus wirklich groß genug für drei Menschen gewesen.«
»Willst du es wirklich verkaufen?«
»Mal sehen, was sich ergibt. Jedenfalls habe ich festgestellt, daß ich nicht mehr daran hänge, verstehst du? Der Besitz ist mir nicht mehr so wichtig.«
»Wie was?«
»Wie du, wenn du es denn unbedingt hören willst. Meine Arbeit und du, ihr seid mir das Wichtigste auf der Welt.«
»In dieser Reihenfolge? Das ist nicht gerade schmeichelhaft.«
»Aber es ist wahr, und du solltest eigentlich glücklich darüber sein. Meine Arbeit wird mir Halt geben, wenn ...«
Sie sprach nicht weiter.
Aber er hatte sie schon verstanden. »Ich werde dich nie verlassen.«
»Ich glaube dir, daß du jetzt so denkst, und das ist schon wunderbar genug. Aber wer kann in die Zukunft sehen?«

Die nächsten Wochen wurden eine glückliche Zeit für Donata. Erst jetzt, da sie sich wieder gefunden hatten, wurde ihr ganz bewußt, wie sehr sie unter der Trennung von Tobias gelitten hatte. Sie genoß es mehr denn je, mit ihm zusammenzusein. Die Wochenenden verlebten sie in ihrem Haus, und als Silvia endlich auszog, feierten sie das ganz ungeniert. Donata dachte eine Form gefunden zu haben, mit Tobias zusammenzusein oder, genauer gesagt, sie glaubte, daß dies ganz formlos möglich wäre. Daß er nicht mehr ganz so unbekümmert war wie früher fiel ihr zwar auf, aber sie machte sich keine Gedanken, sondern schob es darauf, daß er an ihrer Seite rasch erwachsen geworden wäre.

In diesem Frühling gelang es ihr auch wieder einen Auftrag an Land zu ziehen. Es war der Baulöwe Anton Mittermeier, dem sie ihn verdankte, und sie wußte, daß er eher als eine Herausforderung als eine Unterstützung gedacht war. Sie hatte nie verleugnet, daß sie es haßte, wenn Mieter aus alten Häusern vertrieben und billiger Wohnraum in teure Luxusquartiere umgestaltet wurde. Genau ein solches Objekt, im Münchener Stadtteil Haidhausen gelegen, hatte Mittermeier ihr angeboten, und er hatte sich ganz offen daran geweidet, daß sie ihre Grundsätze verleugnen und annehmen mußte. Sie hatte ihren Stolz geschluckt, denn sie war für ihre Belegschaft verantwortlich, und wenn sie nicht bereit gewesen wäre, den Umbau auszuführen, hätte Mittermeier das Projekt ja gewiß nicht fallenlassen, sondern einfach einen anderen Architekten damit betraut.

Aber als eine Besichtigung des alten Hauses mit dem Bauunternehmer Blume angesetzt war, bat sie Tobias sie zu vertreten. Er verstand sie, teilte ihren Widerwillen allerdings nicht, sondern sonnte sich in dem Bewußtsein, als Mann eben doch mehr Härte aufzubringen. Wenn erst die letzten Mieter draußen waren, dachte Donata, würde ihr auch diese Aufgabe Freude machen. Bis es so weit war, litt sie darunter, mit scheelen Augen beobachtet oder gar gehaßt zu werden.

Sie arbeitete an dem Entwurf für einen Kindergarten, als ihr Frau Sforzi eine Besucherin meldete. »Eine Frau Helm möchte Sie sprechen. Sie ist zwar nicht angemeldet, aber sie sagt, es sei wichtig.«

»Eine Kundin?«

»Schon möglich.«

»Schicken Sie sie bitte herein!«
Donata ging zur Tür, um die Besucherin zu empfangen. Falls es sich um eine künftige Auftraggeberin handelte, konnte man nicht höflich genug sein, falls es eine Vertreterin war, wollte sie sie so schnell wie möglich wieder loswerden.
Die junge Frau war weder das eine, noch das andere. Sie war jene Sybille, die Tobias im »Pinocchio« ihre Adresse gegeben hatte. Donata erkannte sie sofort.
»Weiß Tobias, daß Sie hier sind?« fragte sie statt jeder Begrüßung.
»Nein.«
»Dann haben Sie Glück gehabt.« Sie wies mit der Hand auf einen der Zeichentische. »Er arbeitet gewöhnlich dort.«
»Das habe ich mir nicht so vorgestellt.«
»Wahrscheinlich gibt es im realen Leben einige Dinge, die nicht Ihren Vorstellungen entsprechen. Kommen Sie herein!« — Sie schloß die Tür hinter der Besucherin.
Sybille Helm war zweifellos ein schönes Mädchen. Ihre goldene Mähne fiel ihr üppig und glänzend bis auf die Schultern, das taillierte, fliederfarbene Kostüm betonte ihre Figur und das Blau ihrer erstaunlichen Augen. Obwohl sie flache Schuhe trug, war sie einen guten Kopf größer als Donata.
So zog die Architektin es vor, rasch hinter ihrem Schreibtisch Platz zu nehmen, um ihrer eigenen Erscheinung mehr Bedeutung zu geben. »Setzen Sie sich!« sagte sie freundlich.
»Ich will Sie nicht lange aufhalten.«
Donata lehnte sich zurück und wappnete sich innerlich gegen das, was nun kommen würde.
Sybille warf den Kopf in den Nacken. »Tobias und ich, wir lieben uns nämlich.«
Donata rechnete nach, daß sie sich in den letzten Wochen

nicht sehr häufig gesehen haben konnten. »Aha«, sagte sie nur.
»Jetzt erwarte ich ein Kind von ihm.«
»Ich gratuliere.«
»Ihr Zynismus wird Ihnen gar nichts nutzen.«
»Ich habe es ernst gemeint. Es ist doch herrlich, ein Kind zu bekommen, und von einem Mann wie Tobias erst recht.«
»Schon, ja, aber es wirft Probleme auf.«
»Die mich nun wirklich nichts angehen.«
»Doch, gerade Sie, Frau Beck. Er behauptet, er wäre Ihnen verpflichtet. Wenn es sich um Geld handelt ...«
»Nein«, sagte Donata.
»Ich bin bereit seine Schulden zu zahlen.«
›Sieh mal an‹, dachte Donata, ›einen reichen Vater hat sie also auch!‹ — »Nein«, sagte sie noch einmal.
»Sie müssen ihn freigeben!«
»Er ist frei.«
»Aber er gibt vor ...«
Donata hatte plötzlich keine Lust mehr, kampflos das Feld zu räumen. »Tatsache ist, wir sind verlobt«, behauptete sie.
Das brachte Sybille aus dem Konzept. »Ja, aber«, stammelte sie, »sind Sie nicht viel älter als er?«
»Doch«, gab Donata unumwunden zu.
»Aber dann können Sie in doch nicht ernsthaft heiraten wollen?«
»Und warum nicht? Wir haben eine Menge gemeinsamer Interessen.«
»Aber ich bekomme ein Kind von ihm!«
»Er weiß es, nehme ich an.«
»Ja, natürlich.«
»Wenn Sie meine aufrichtige Meinung hören wollen —

das ist eine Angelegenheit, die nur Sie, Tobias und das Kind angeht. Ich habe nicht das Mindeste damit zu tun und will mich damit auch nicht belasten.«

»Aber Sie müssen doch einsehen — wie können Sie ihn denn heiraten wollen, wenn er Sie jetzt schon betrügt?«

»Die gleiche Frage sollten Sie sich selber stellen.«

»Ich bin dazu gezwungen. Des Kindes wegen.«

»Unsinn. Sie sind durchaus in der Lage, das Kind allein großzuziehen. Ich bin sicher, daß er die Vaterschaft anerkennen und zahlen wird. Es besteht kein Grund, sich und ihn wegen des Kindes unglücklich zu machen — falls es denn wirklich unterwegs ist.«

»Wollen Sie etwa unterstellen, daß ich lüge?«

»Nein, aber daß Sie sich irren könnten. Meiner Berechnung nach sind Sie noch nicht einmal im dritten Monat.«

»Das können Sie nicht wissen!«

›Oh doch‹, dachte Donata, ›ich weiß es ganz genau. Es muß passiert sein, als ich ihn wegen der Wasserrohrbrüche vor dem versammelten Team heruntergeputzt habe. Vielleicht ist er da zu ihr hingestürzt, um sich seelisch aufrichten und bewundern zu lassen, vielleicht auch hat er sie ganz zufällig getroffen, aber das ist ja egal. Aber warum soll ich das diesem Mädchen erzählen‹ — »Man braucht Sie doch nur anzusehen«, sagte sie.

»Sie wollen damit sagen, daß noch Zeit genug ist abzutreiben?«

»Nein, überhaupt nicht. Das fände ich abscheulich. Sie sind gesund und jung und offensichtlich nicht mittellos. Also bringen Sie das Kind zur Welt. Aber benutzen Sie es nicht als Geisel, um Tobias unter Druck zu setzen.«

Sybille schnappte hörbar nach Luft.

»Offen gesagt«, fuhr Donata fort, »Sie sind doch alles andere als ein kleines Dummerle, das in die Patsche geraten

ist, weil es sich mit den Möglichkeiten der Verhütung nicht auskennt. Das können Sie mir nicht vormachen. Falls Sie wirklich schwanger sind, dann nur, weil Sie es so gewollt haben. Weil Sie die einzige Möglichkeit darin gesehen haben, Tobias an sich zu fesseln. Das ist der schlagende Beweis dafür, daß Sie nicht zueinander passen. So sehe ich es jedenfalls. Mehr ist dazu nicht zu sagen. Und jetzt gehen Sie, bitte!«
Sybilles Wangen hatten sich heftig gerötet. »So leicht werden Sie mich nicht los!«
»Oh doch, meine Liebe. Tobias kann jeden Augenblick zurückkommen, und ich denke nicht, daß Sie die Auseinandersetzung hier mit ihm fortführen wollen.«
»Sie hören noch von mir!« drohte Sybille, wandte sich aber zur Tür.
»Hoffentlich nicht!« sagte Donata. »Hoffentlich sehen Sie ein, daß ich nicht der richtige Ansprechpartner für Sie bin.«
Dann war sie allein, und ihre Selbstsicherheit fiel von ihr ab wie eine schlecht befestigte Maske. Bildete sie sich wirklich ein, mit diesem schönen jungen Mädchen konkurrieren zu können? Mit allen jungen Frauen dieser Welt? Was hatte sie ihnen entgegenzusetzen? Reife und Erfolg, ohne Zweifel. Aber war das genug?

Tobias kam voller Eindrücke und Ideen von der Inspizierung des verkommenen Miethauses zurück. Donata ließ ihn ausführlich berichten und ermunterte ihn, einen ersten Entwurf zu Papier zu bringen. Zwar brannte sie darauf, mit ihm über Sybille zu sprechen, aber sie fand, daß es nicht der richtige Zeitpunkt war. Außerdem war sie sich ihrer selbst noch nicht sicher genug. Auf keinen Fall wollte sie ihn durch Vorwürfe verletzen.
Erst nach Feierabend, als die anderen schon gegangen waren,

suchte sie ein privates Gespräch. Sie fand Tobias im Computerraum, wo er gerade den Grundriß ihres Kindergartenmodells in das elektronische Gerät eingegeben hatte.
Donata blickte ihm über die Schulter auf das flimmernde Bild. »Hübsch, nicht wahr?« fragte sie selbstzufrieden.
Er sprang auf. »Was heißt hier hübsch? Die Einteilung ist genial. Warte, ich laß ihn dir ausdrucken.«
Immer wieder von neuem fasziniert beobachteten beide das geschäftige und zielstrebige Tun des Gerätes, das, nicht größer als eine Faust, fast wie ein lebendes Wesen wirkte. Jetzt nahm es sich einen der Stifte, die Tobias eingelegt hatte – den breiteren für die grobere Arbeit – und fing an die ersten Linien zu ziehen. Es ging dabei nach einem seltsamen System vor, das nicht dem menschlichen Verstand entsprach und selbst für die beiden Architekten immer noch undurchschaubar war. Aber sie wußten, daß es den im Computer eingegebenen Plan exakt darstellen würde.
Donata war sich immer noch nicht schlüssig, wie sie die fällige Aussprache beginnen sollte und entschied sich, sozusagen mit dem Kopf voraus ins kalte Wasser zu springen.
»Tobias«, fragte sie, »willst du mich immer noch heiraten?«
Überrascht sah er sie an. »Was für eine Frage!«
»Sie ist ziemlich unmißverständlich.«
»Bist du wirklich ... jetzt auf einmal ...« stotterte er.
Er atmete tief durch, um sich zur Ruhe zu bringen. »Ja, Donata, tausendmal ja!« Er wollte sie in die Arme reißen.
Sie wich vor ihm zurück. »Ein einziges, klares ›Ja‹ würde mir genügen.«
»Ja, Donata, ich will.«
»Dann sollten wir so schnell wie möglich das Aufgebot bestellen.«

Er strahlte. »Einverstanden, mein Kätzchen! Wir lassen alles stehen und liegen und gehen gleich morgen zum Standesamt. Meine Papiere sind in Ordnung.«
Diesmal gab sie ihm nach, als er sie küssen wollte. Es war so gut, in seinen Armen zu liegen, seinen kräftigen jungen Körper zu spüren und sich so sehr geliebt zu fühlen.
»Mein Gewissen ist nicht ganz rein«, gestand sie, als er sie freigab, »ich habe dich überrumpelt, nicht wahr?«
Er lachte. »Du weißt genau, wie sehr ich darauf gewartet habe. Ich hatte es schon nicht mehr zu hoffen gewagt.« Rasch wurde er wieder ernst. »Ich verstehe nur nicht, wieso du auf einmal ...«
»Deine Freundin Sybille war hier.«
Seine gute Laune war dahin; er wurde rot vor Zorn. »Wie konnte sie sich unterstehen ...«
Sanft legte sie ihm einen Finger auf den Mund. »Reg dich nicht auf, mein Katerchen! Ich habe sie natürlich abgeschmettert.«
Er küßte ihre Hand. »Ich schäme mich, daß das passiert ist. Ich hatte gehofft, du würdest es nie erfahren. Sie bedeutet mir nichts, wirklich nichts, verstehst du ...«
»Du brauchst mir nichts zu beichten, Geliebter. Ich habe mir schon alles zusammengereimt.«
»Ich fühlte mich so gedemütigt – ein Nichts an deiner Seite!«
»Ja, ich weiß. Und eben deshalb will ich dich heiraten. Damit so etwas nie wieder vorkommt.« Lächelnd fügte sie hinzu: »Und falls doch, will ich wenigstens das Recht haben, eine richtige Szene zu machen.« Sie trat einen Schritt zurück und deklamierte: »Sie wagen es hier aufzukreuzen? Sie Flittchen, Sie! Was unterstehen Sie sich? Er ist mein Mann!«
»Sowas«, sagte Tobias skeptisch, »sieht dir aber gar nicht ähnlich.«
»Meinst du? Ich kann ganz schön eifersüchtig sein.«
»Glaube ich dir nicht. Dazu bist du viel zu selbstbewußt. Du

weißt genau, daß dir keine andere Frau das Wasser reichen kann. Deshalb liebe ich dich ja so sehr.« Er nahm sie in die Arme. »Ich werde niemals von dir loskommen.«
›Schön wäre es!‹, dachte sie. ›Aber was ist schon von Dauer? Nicht einmal das Leben‹. — »Wir werden zusammenbleiben«, versprach sie, »so lange wir miteinander glücklich sind.«
»Für immer!« behauptete er, und sie wußte, daß er es glaubte.

QUELLENVERZEICHNIS

TRAUMTÄNZER
Copyright © 1985 by Autor und Wilhelm Heyne Verlag
GmbH & Co. KG, München
(Der Titel erschien bereits in der Allgemeinen Reihe
mit der Band-Nr. 01/9754)

SPÄTE LIEBE
Copyright © 1990 by Autor und Wilhelm Heyne Verlag
GmbH & Co. KG, München
(Der Titel erschien bereits in der Allgemeinen Reihe
mit der Band-Nr. 01/8281)

Marie Louise Fischer

Eine Auswahl:

Alles was uns glücklich macht
01/5773

Flucht aus dem Harem
01/5836

Geliebter Heiratsschwindler
01/6220

Glück ist keine Insel
01/6455

Plötzlicher Reichtum
01/6612

Ein Mädchen wie Angelika
01/6698

Millionär mit kleinen Fehlern
01/6775

Zweimal Himmel und zurück
01/6959

Der japanische Garten
01/6980

Der Weg zurück
01/7687

Ich spüre Dich in meinem Blut
01/7768

Im Schatten des Verdachts
01/7878

Wenn das Herz spricht
01/7936

Frauenstation
01/8062

Späte Liebe
01/8281

Sanfte Gewalt
01/8429

Liebe meines Lebens
01/8652

Alle Liebe dieser Welt
01/8760

Und sowas nennt ihr Liebe
01/8879

Unruhige Mädchen
01/9077

Ein Herz verzeiht
01/9434

Einmal und nie wieder
01/9576

Traumtänzer
01/9754

Geliebter Prinz
01/9944

Das Geheimnis des Medaillons
01/10073

Heyne-Taschenbücher

Joanna Trollope

»... mit großem erzählerischem und psychologischen Talent dargeboten.«
Frankfurter Allgemeine Zeitung

Affäre im Sommer
01/9064

Affäre im Sommer
Großdruck-Ausgabe
21/12

Die Zwillingsschwestern
01/9453

Wirbel des Lebens
01/9591

Zwei Paare
01/9776

Herbstlichter
01/9904

01/9776

Heyne-Taschenbücher